# MUSULMÁN

# OTROS LIBROS POR HANK HANEGRAAFF

*Cristianismo en crisis*

*La oración de Jesús*

*Nueva Biblia Juvenil Bilingüe*

*Triángulo Apocalíptico* (con Sigmund Brower)

*El tercer día*

*El código del Apocalipsis*

# MUSULMÁN

LO QUE USTED NECESITA SABER ACERCA DE LA RELIGIÓN
DE MÁS RÁPIDO CRECIMIENTO MUNDIAL

## HANK HANEGRAAFF

GRUPO NELSON
Una división de Thomas Nelson Publishers
*Desde 1798*

NASHVILLE   MÉXICO DF.   RÍO DE JANEIRO

Título en inglés: *Muslim*
© 2017 por Hank Hanegraaff
Publicado por Thomas Nelson
Publicado en Nashville Tennessee, por W Publishing, un sello de Thomas Nelson. Thomas Nelson es una marca registrada de HarperCollins Christian Publishing.

Editora en Jefe: *Graciela Lelli*
Traducción y adaptación del diseño al español: www.produccioneditorial.com

ISBN: 978-1-41859-842-6

Impreso en Estados Unidos de América

18 19 20 21 22 LSC 9 8 7 6 5 4 3 2 1

*Dedico este libro con gratitud a Jack Countryman, quien me ha enseñado con sus palabras y ejemplo lo que significa amar a mi Señor, a mi familia y mi oficio. Igual que él, también yo oro: «Señor, por favor, no me pongas en el banquillo».*

# CONTENIDO

# PRÓLOGO

## El hombre de las respuestas bíblicas se convierte en el hombre de las respuestas coránicas

Conocido como el hombre de las respuestas bíblicas, Hank Hanegraaff se ha ganado una merecida reputación por la rigurosidad de sus investigaciones, la honestidad de sus valoraciones y la claridad de su pensamiento. En *Musulmán: Lo que usted necesita saber acerca de la religión de más rápido crecimiento mundial*, Hanegraaff se convierte en el hombre de las respuestas coránicas, dirigiendo sus notables capacidades analíticas a la religión del islam, un estudio que los acontecimientos mundiales hacen cada vez más oportuno, importante y necesario para los cristianos.

Durante los años en que he venido advirtiendo sobre la naturaleza y magnitud de la amenaza global que supone la yihad, muchas personas me han dicho que no es necesario conocer el Corán y la enseñanza islámica; solo hemos de saber que hay musulmanes que quieren matarnos y que hemos de detenerles. Durante el mandato de Barack Obama esta fue, esencialmente, la política del gobierno estadounidense. En el año 2011, la administración Obama ordenó a los servicios policiales y de inteligencia que no mencionaran al islam o la yihad en relación con el terrorismo, y el propio Obama proclamó reiteradamente que el islam era una religión pacífica y tolerante. El lema de la principal iniciativa contraterrorista de la administración Obama era «Contrarrestar el extremismo violento», y trataba por todos los medios de no hablar del islam. Pero esta negación e intencionada ignorancia no era el mayor problema de este programa. Lo que lo condenaba al fracaso era que, como dice un adagio tan antiguo como los propios conflictos bélicos, ninguna guerra se gana sin conocer al enemigo. Abandonar voluntariamente cualquier esfuerzo por entender la ideología, motivos y objetivos del enemigo era una receta para la derrota, por lo que no es de extrañar que durante los ocho años de la administración Obama, la yihad mundial avanzara en todos los frentes. Organizaciones relacionadas con los Hermanos Musulmanes se atrincheraron en los niveles más elevados del gobierno estadounidense, el Estado Islámico (ISIS) estableció un califato en Irak y Siria, ocupando un territorio más extenso que la superficie de Gran Bretaña, y las masacres yihadistas se fueron incorporando cada vez más a la vida diaria en Europa y América del Norte.

Este libro contiene el antídoto a todo esto. El material que nos ofrece Hanegraaff es de una extraordinaria amplitud y profundidad. Abarca los versículos belicosos del Corán, la sanguinaria trayectoria de Mahoma, el profeta del islam, y el carácter intrínsecamente político, autoritario y supremacista de la ley islámica; aborda también los numerosos errores de contenido y lógicos del Corán, sus contradicciones con numerosas doctrinas cristianas (algo que puede sorprender a algunos cristianos ingenuos que hablan de las «tres fes abrahámicas» y creen que «el diálogo interreligioso» será la cura del terrorismo yihadista y de la persecución de los cristianos por parte de los musulmanes); el significado e importancia del califato y la región del Levante para los musulmanes; y mucho más.

La sección más importante de este libro explora los errores islámicos sobre la deidad de Cristo, el pecado original, el canon, la Trinidad, la resurrección, la encarnación, la nueva creación y la escatología. Hanegraaff concluye: «La conclusión es esta: hemos establecido el criterio de la doctrina cristiana esencial junto a la réplica islámica y hemos tenido ocasión de observar su carácter desviado. Se niega la deidad de Cristo convirtiéndole en un mero "esclavo de Alá". El pecado original se reformula como un desliz, un mero ataque de amnesia. Pretende usurparse el canon divino mediante los errores de contenido del Corán, su ética deficiente y su falsa elocuencia. La incomprensible Trinidad es secuestrada por un impostor unitario moralmente deficiente. La resurrección —la proeza más sublime de la historia humana— se degrada hasta convertirla en mera fantasía, y la encarnación deviene blasfemia. Un caprichoso Alá niega la deslumbrante verdad de que "si alguno está en Cristo, es una nueva creación". Y la escatología —el hilo que teje el tapiz de la Escritura formando un armonioso dibujo— se ve vergonzosamente denigrada por la sensual seducción de la incoherente farsa escatológica islámica».

Este es sin duda el meollo del asunto: en la yihad islámica global, el mundo occidental, construido sobre la fe cristiana, no solo se enfrenta a una amenaza violenta y subversiva, sino también a un desafío al cristianismo y al propio orden social occidental, basado en principios judeocristianos.

Sin embargo, las iglesias han sido especialmente lentas, no solo para enfrentarse a este desafío, sino incluso para reconocerlo. Mientras los grupos musulmanes están haciendo esfuerzos coordinados para convertir al islam a jóvenes cristianos y colocarles camino de la yihad —algunos de los principales dirigentes yihadistas internacionales han sido jóvenes norteamericanos de trasfondos cristianos (el talibán John Walker Lindh, Adam Gadahn de Al Qaeda o John Georgelas de ISIS)—, los dirigentes cristianos de todas las denominaciones han sido notablemente negligentes: no se están haciendo esfuerzos significativos para preparar a los jóvenes cristianos para afrontar el proselitismo islámico y responder a los argumentos de los predicadores musulmanes.

La gravedad de esta negligencia se complica por el hecho de que el islam comparte un rasgo común con muchas falsificaciones espirituales: una sencillez y franqueza que parecen contrastar favorablemente con la aparente complejidad y las dificultades del cristianismo (sin duda, una de las tácticas favoritas de los proselitistas musulmanes ha sido atacar la doctrina de la Trinidad presentándola como ilógica y, por tanto, falsa y evidencia de la falsedad del cristianismo en su conjunto).

En su obra, Hank Hanegraaff muestra, no obstante, que cuando las analizamos más de cerca, la simplicidad y superficial claridad del islam se disuelven en un caos de contradicciones, dislates y falta de lógica, presentando unas doctrinas prestadas del cristianismo que se han tergiversado y torcido gravemente hasta ser irreconocibles para formar parte de la gran incoherencia que es la teología islámica. Un notorio ejemplo de esto es la representación de Jesús en el Corán y los hadices (las tradiciones sobre Mahoma): Jesús nace de una virgen, se le llama «la Palabra de Dios», habla desde la cuna, realiza milagros durante su infancia, es inmaculado y volverá al final del mundo. Aunque nada de esto se dice de Mahoma, se sostiene que este es el profeta más importante, de hecho, el «sello de los profetas».

Naturalmente, esta rareza es un subproducto de la apropiación islámica de las doctrinas cristianas que, en el mejor de los casos, se entendieron de forma imprecisa. Pero pocos son conscientes del carácter inconsistente y frágil de la doctrina islámica, puesto que incluso la mayoría de los cristianos que entablan diálogo con musulmanes se muestran muy reticentes a abordar verdades incómodas por temor a ofenderles.

*Musulmán* es, de nuevo, el antídoto. Cuando la analizamos más de cerca, la doctrina islámica se disuelve en el caos, y aquí tenemos este análisis más minucioso. El islam contiene, efectivamente, enseñanzas que incitan a la violencia y plantea una amenaza directa, no solo para la seguridad de los no musulmanes, sino también para la propia supervivencia de los gobiernos no constituidos de acuerdo con las restricciones de la ley islámica. Como demuestra Hanegraaff, el islam ha venido librando durante mil cuatrocientos años una guerra perpetua contra los gobiernos que no aplican la *sharía* y hoy lo sigue haciendo.

La idea general no es tan reconfortante como la que podemos hacernos escuchando a quienes predican «¡Paz! ¡Paz!» cuando no hay paz, pero Hank Hanegraaff nunca ha sido de los que rehúyen de los hechos cuando no son políticamente correctos o fáciles de asumir, y tampoco lo hace ahora. Por encima de todo, en este libro muestra que la resistencia a la yihad mundial es una batalla espiritual, y en ella los cristianos tienen a su disposición el arma más colosal y potente: la verdad.

El conflicto entre el islam y el mundo occidental no se extinguirá ni se desvanecerá. Las doctrinas islámicas sobre las que se fundamenta, como muestra Hanegraaff, van a seguir generando conflictos a una escala cada vez mayor. Pero ahora, por fin, con *Musulmán*, los cristianos pueden equiparse y preparar a otros para resistir en los días difíciles que sin duda van a llegar y, cuando lleguen, sostenerse con firmeza en la verdad de Cristo.

Por todo ello, tenemos una inmensa deuda de gratitud con Hank Hanegraaff.

—Robert Spencer

Director de Jihad Watch y autor de los superventas del *New York Times Guía políticamente incorrecta del islam (y de las cruzadas)*, *The Truth About Muhammad* y los más recientes *The Complete Infidel's Guide to Free Speech* y *Confessions of an Islamophobe*.

# INTRODUCCIÓN

*Alá concederá al islam su victoria en Europa: sin*
*espadas, sin armas de fuego, sin conquistas.*
—Muamar el Gadafi[1]

Durante el trigésimo tercer aniversario del derrocamiento del sah de Irán, tuve la oportunidad de hablar en las universidades de Teherán y en la Allameh Tabataba'i. Mientras esperaba para subir al avión de United Emirates de Dubái a Teherán, me sentí cautivado por un anciano iraní. Su hijo inició una educada conversación conmigo, diciéndome que su padre había cumplido cien años.

Durante el vuelo me senté al lado de Mojdeh, una competente persa con dos másteres. Tras un rato de agradable conversación me ofreció su generosa ayuda por si la necesitaba durante mi estancia en Irán. Cuando salimos del avión, dos hombres musulmanes me besaron y les escuché la palabra *salaam* (paz).

A la mañana siguiente conocí a Fátima, una traductora cuyo rostro, literalmente, iluminaba la habitación. Parecía divertida cuando le dije que no había salido del hotel y me aseguró que podía salir tranquilo por las calles de Teherán durante la noche con toda confianza. Tenía razón. Durante las cinco noches siguientes estuve andando por las calles de Teherán (a veces era muy tarde) y todo el mundo me saludó con sonrisas y gentileza.

En pocas palabras, sin excepción, los persas que conocí en Irán eran personas extraordinariamente hospitalarias. Mis encuentros subrayan la distinción entre los musulmanes y la religión del islam. *Muchos musulmanes son pacíficos y tolerantes; sin embargo, la historia demuestra de forma concluyente que el islam no es una religión pacífica y tolerante.*

El islam es el único sistema religioso importante de la historia de la raza humana con una estructura legal y sociopolítica que ordena la violencia contra el infiel. Esta realidad mundial hace del islam una ideología religiosa que adopta el terrorismo no como un recurso temporal, sino como una política permanente.[2] Y esta es la realidad histórica, desde las primeras masacres en la Medina del siglo VII hasta nuestros días, con los ataques terroristas del 11 de septiembre en Manhattan y los acontecimientos posteriores.

El relato actual afirma que decir la verdad sobre este asunto equivale a radicalizar a los musulmanes y exacerbar unas hostilidades que, de otro modo, estarían inactivas. Por todo el mundo occidental ha resonado una cantinela: «Nuestro adversario no es el islam». Estas fueron precisamente las palabras de Hillary Clinton tras los ataques terroristas de París en noviembre de 2015.[3] Y el mensaje de Clinton concuerda con el de George W. Bush, que el 20 de septiembre de 2001 declaraba las enseñanzas del islam «buenas y pacíficas». Bush siguió diciendo: «Los terroristas traicionan su propia fe, intentando, de hecho, secuestrar al islam».[4]

Barack Obama fue más lejos, observando que los Estados Unidos y los musulmanes de todo el mundo «comparten principios comunes, a saber: los principios de la justicia y el progreso; la tolerancia y la dignidad de todos los seres humanos». Y no solo esto, sino que «a lo largo de la historia, el islam ha demostrado con palabras y hechos las posibilidades de tolerancia religiosa e igualdad racial».[5]

El antiguo secretario de Estado John Kerry fue igual de enfático: «El verdadero rostro del islam es el de una religión pacífica que se basa en la dignidad de todos los seres humanos». Y para que nadie malinterpretara lo que quería decir, Kerry procedió a explicar su profunda convicción de que «las sociedades musulmanas están abogando por los derechos humanos universales y las libertades fundamentales, y entre ellas la libertad esencial de practicar la propia fe de un modo abierto y libre».[6] Lo que Kerry dijo como secretario de Estado durante el gobierno de Obama no es muy distinto de lo que había dicho Condoleezza Rice cuando ocupaba este mismo cargo con Bush. El presidente, dijo Rice, quiere dejar «muy, muy claro» que «el islam defiende la paz y la no violencia».[7]

Podríamos citar otros muchos ejemplos, entre ellos el del ex primer ministro Tony Blair, que expresaba su indignación contra cualquiera que aludiera a terroristas, como Osama bin Laden, como *islámicos*: «Me indigna, como a la inmensa mayoría de musulmanes, escuchar que alguien describe a bin Laden y a sus compañeros como terroristas islámicos. Son simple y puramente terroristas. El islam es una religión pacífica y tolerante, y los actos de estas personas son completamente contrarios a las enseñanzas del Corán».[8] Blair observó que sus convicciones sobre el islam no surgían en un vacío. A diferencia de la inmensa mayoría de los políticos y expertos no musulmanes, dejó claro que él ¡había leído el Corán![9]

¿Pero es el islam, de verdad, una religión pacífica y tolerante? Esta pregunta no se presta a una respuesta simplista. En primer lugar, debemos observar que la palabra *islam*, derivada de la raíz *s-l-m*, significa «sumisión (a la voluntad de Alá)». Como expresa correctamente el venerable erudito musulmán Abdullah Yusuf Ali en su respetada traducción del Corán: «Ciertamente para Alá la religión es el islam [*l-is'lāmu*] (el sometimiento a su voluntad)» (3:19).[10] Así, cuando Mahoma instruyó a sus adeptos a combatir a «la gente del libro hasta que paguen la *yizia* con voluntaria sumisión, y se sientan sometidos» (Corán 9:29),[11] estaba diciendo claramente que someterse a Alá significaba combatir a cristianos y judíos hasta su rendición o muerte. Y como Alá deja claro en la siguiente aleya (versículo), hacer la guerra contra «el pueblo del libro» no era necesario por una cuestión de defensa propia, sino por lo que él percibía como la falsedad de sus tradiciones judeocristianas.

Es, pues, justo notar que, en el puro sentido occidental, el islam no es una religión, sino una matriz sociopolítica legal y global que ha generado una cosmovisión antagónica contra todo lo que no sea ella misma.[12] Quiero decir, de nuevo, que puede haber millones de musulmanes pacíficos y tolerantes, pero esto no significa que el islam sea una religión de estas características.

Determinar si es o no es así requiere una mirada objetiva e imparcial a la historia del islam, que incluye una consideración sin prejuicios de realidades históricas como el asesinato en el siglo VII de la poetisa Asma bint Marwan, por orden de Mahoma por una ligera crítica poética,[13] o el del documentalista holandés Theo van Gogh, asesinado en noviembre de 2004 por Mohammed Bouyeri por oponerse por medios artísticos a la subyugación de las mujeres.[14]

Aunque las élites culturales se esfuerzan por censurar este tipo de consideraciones colectivas, las fuentes islámicas son más que francas. El primer biógrafo de Mahoma, Ibn Ishaq,[15] es un ejemplo de las fuentes islámicas que narraron las matanzas de cientos de judíos qurayza forzados a arrodillarse en las zanjas llenas de cadáveres y sangre antes de ser brutalmente decapitados por el apóstol: «El apóstol salió al mercado de Medina (que hoy sigue siendo su mercado) y cavó zanjas en él. Después envió a buscarles y les cortó la cabeza en aquellas trincheras a medida que se los iban trayendo en grupos». Ishaq afirma abiertamente que los judíos inmolados «fueron 600 o 700 en total, aunque algunos elevan la cifra a 800 o 900».[16] Por otra parte, como deja claro el Corán, además de aquellos que decapitó, Mahoma «hizo prisioneros» a muchos otros (en este contexto, esposas e hijos. Corán 33:26).

A los cinco años de esta carnicería, Mahoma sucumbiría a una furiosa fiebre.[17] Las matanzas islámicas, no obstante, han seguido sin tregua. Apenas habían transcurrido dos años de su muerte (632), cuando las hordas musulmanas masacraron a millares de cristianos en Siria. Un año más tarde asesinaron en masa a los monjes de distintos monasterios de Mesopotamia.[18] Durante los trescientos años siguientes, los imperialistas islámicos consiguieron subyugar a dos terceras partes del mundo cristiano. Entre los territorios conquistados estaban Palestina, donde nació Cristo, Egipto; cuna del monasticismo; y Asia Menor, donde comenzó a florecer la Iglesia primitiva.[19]

Hacia la Edad Media la amenaza musulmana era tan grave que, a pesar del cisma de 1054,[20] el emperador Alejo de Constantinopla imploró al pontífice de Roma que acudiera en ayuda de la atribulada Iglesia oriental. Fue así como, en 1095, el papa Urbano II convocó la primera cruzada cristiana. Aunque los revisionistas históricos han reformulado con cinismo las cruzadas como empresas imperialistas, esta es una idea difícil de sostener.[21] En cualquier caso, el alivio que trajeron los cruzados cristianos fue de corta duración. En 1244, los musulmanes reconquistaron los lugares santos cristianos, asesinaron a miles de personas en Cesarea, pasaron a espada a otros millares en Antioquía y vendieron a decenas de miles como esclavos. A comienzos del siglo XIV, las cruzadas eran historia, pero el horror musulmán seguía muy vivo.[22]

En India el sah musulmán Jahan (1593-1666), constructor del Taj Mahal, asesinó a miles de personas cerca de Calcuta y dio a escoger a multitudes entre el islam o la muerte. Como observa el historiador Serge Trifkovic: «Las masacres perpetradas por los musulmanes en India no tienen precedente en la historia, más elevadas en cuanto al número de muertos que el Holocausto, o las masacres de los armenios por parte de los turcos; más numerosas, incluso, que la carnicería de las poblaciones nativas en América del Sur a manos de los invasores españoles y portugueses».[23]

En la investigación de si el islam es o no una religión bondadosa y pacífica, el Imperio otomano merece una especial consideración. Aunque este alcanzó su cénit en el siglo XVI, sus atrocidades más notables son más recientes. Consideremos el exterminio masivo de los armenios o la destrucción de los cristianos en Asia Menor: en ambos casos se trata de asesinatos masivos perpetrados por musulmanes en el siglo XX. En nuestro tiempo recordamos a menudo el trastorno genocida de Adolf Hitler, pero padecemos una lamentable amnesia cuando se trata de Abdul Hamid II, que comenzó sus políticas de limpieza étnica a comienzos de siglo masacrando sistemáticamente a 300.000 armenios. Cuando estalló la Primera Guerra Mundial, los dirigentes musulmanes de Turquía se habían conjurado para eliminar a toda la población cristiana: su mantra «Turquía para los turcos» se convirtió en una masacre con la limpieza étnica de un millón y medio de cristianos. Uno de los episodios más notables de esta matanza fue el exterminio de la histórica ciudad de Esmirna. Los turcos fueron casa por casa asesinando a sus habitantes, saqueando sus posesiones y violando a las mujeres. En total, para 1923, tres millones y medio de cristianos habían sido exterminados.[24]

Uno de ellos fue el obispo de Esmirna, monseñor Crisóstomo. El 9 de septiembre de 1922, el «Carnicero de Ionia» escupió a Crisóstomo antes de entregarlo a una turba musulmana. Le sacaron los ojos y le arrastraron de la barba por las calles del barrio turco. «De vez en cuando, cuando encontraba las fuerzas para hacerlo, Crisóstomo levantaba la mano derecha y bendecía a sus perseguidores, repitiendo: "Padre, perdónales". Uno de los turcos se enfureció tanto por este gesto que le cortó la mano con la espada. El obispo cayó al suelo y la furiosa multitud le descuartizó. La matanza culminó con la quema de Esmirna».[25]

Otras tragedias merecen nuestra atención, entre ellas el grotesco martirio de numerosos clérigos cristianos durante el genocidio armenio. Uno de ellos fue atado y cortado en pedazos mientras todavía respiraba. A otro lo impregnaron de aceite y lo quemaron vivo. Un tercero fue torturado durante cuarenta y un días antes de ser ejecutado. Otro fue sepultado vivo. Podrían citarse otras muchas atrocidades de este tipo, como la de un obispo a quien le clavaron unas herraduras en los pies antes de cortarle en pedazos. Las decapitaciones eran tan numerosas que las mujeres griegas llevaban canastos llenos con las cabezas de sus seres queridos.[26] Irónicamente, fue Hitler quien anticipó con gran cinismo la amnesia colectiva del mundo moderno. «He dado la orden a mis escuadrones de la muerte de que exterminen sin piedad y sin misericordia a hombres, mujeres y niños de raza y lengua polaca», dijo. «*Después de todo, ¿quién se acuerda del exterminio de los armenios?*».[27]

Ciertamente, ¿quién recuerda a los judíos qurayza brutalmente asesinados por Mahoma, las masacres de India, los horrores perpetrados sobre la humanidad a manos de los turcos otomanos o la indignidad en noviembre de 2015 cuando durante un minuto de silencio en recuerdo de la masacre de París, un grupo de hinchas musulmanes en Estambul prorrumpieron en abucheos o en cantos de *Allahu Akbar, Allahu Akbar, Allahu Akbar*?[28] ¿Quién se acuerda que aquel mismo año un grupo de militantes musulmanes en Siria intentaron forzar a dos mujeres y seis hombres cristianos a convertirse al islam? Ante su negativa, violaron brutalmente a las mujeres antes de decapitarlos a todos. Aquel mismo día algunos militantes le cortaron las yemas de los dedos a un niño de doce años en un intento fallido de forzar a su padre cristiano a convertirse al islam.[29] Cuando el padre rechazó la forzada conversión, fue torturado y posteriormente crucificado en cumplimiento del mandamiento coránico: «Yo infundiré terror en los corazones de los incrédulos. Cortadles el cuello y cortadles los dedos» (Corán 8:12, *Shakir*). ¿O quién se acuerda de Jacques Hamel, quien el 26 de julio de 2016 fue brutalmente degollado en el norte de Francia mientras distribuía el cuerpo y la sangre de Cristo?[30]

¿Es el islam una religión pacífica y tolerante? Permita que sean el Corán y el consenso compartido de los hadices y la historia los que respondan esta pregunta.[31] Mientras tanto, considere detenidamente otra realidad histórica. El islam no solo ha avanzado por la espada, sino que continúa haciéndolo mediante la emigración sin integración, «como una pitón engulle a su presa:

lentamente, mediante una larga digestión».[32] La rana hervida en agua lentamente puede ser legendaria. Sin embargo, se trata de algo muy real.

Aunque los políticos occidentales puedan estar en un estado de negación, para el difunto dictador libio Muamar el Gadafi el asunto estaba claro. En una vibrante alocución ante miles de personas inmortalizada en la cadena de televisión Al Jazeera, se jactaba de los millones de musulmanes ya instalados en Europa. Esto, dijo, es una segura señal de que «Alá concederá al islam su victoria en Europa: sin espadas, sin armas de fuego, sin conquistas. Los cincuenta millones de musulmanes de Europa la convertirán en un continente musulmán dentro de unas décadas». Y cincuenta millones de musulmanes es solo el comienzo. Cuando Alá añada Turquía a la Unión Europea, «habrá cien millones de musulmanes en Europa», siguió diciendo Gadafi; «Europa está en un aprieto, lo mismo que Estados Unidos. Con el tiempo van a tener que escoger entre convertirse al islam o declararles la guerra a los musulmanes».[33]

No deberíamos ignorar desdeñosamente las palabras de Gadafi. Es cierto que era un sádico, pero no tenía nada de tonto. Aunque violó a cientos de adolescentes en calabozos especialmente construidos para ello,[34] entendía mejor que muchos que Europa avanza rápidamente hacia su extinción: una pulsión de muerte nacida del control de la natalidad, el aborto, la eutanasia, las relaciones sexuales homosexuales, la transgeneridad, etcétera. En otras palabras, en naciones como Gran Bretaña y Bélgica, la cultura nativa se está extinguiendo, y una cultura musulmana que se multiplica con rapidez llena el vacío. Hoy Europa no solo depende de combustibles fósiles extranjeros, sino también de la fertilidad extranjera.[35]

Esto es, sin duda, lo que Gadafi tenía en mente. Una civilización que se está haciendo demográficamente islámica acabará sucumbiendo también, inevitablemente, a los postulados políticos del islam. No hay necesidad de estrellar aviones en los edificios cuando, con paciencia, estos mismos edificios pueden ser de uno. Pensemos en el periodo en que los musulmanes cambiaron el nombre de Constantinopla por Estambul y la cruz que adornaba la basílica de Santa Sofía por una medialuna. Si Gadafi hubiera visto a la Alemania de Angela Merkel —a quien *Time* llama «líder del mundo libre»[36]— admitiendo a más de un millón de inmigrantes habría, sin duda, reivindicado con arrogancia el cumplimiento de su predicción.

Merkel es el rostro de una nación donde el índice de mortalidad supera al de natalidad.[37] Aunque es la mayor de tres hermanos, ella no tiene hijos, y conoce como pocos las consecuencias de una nación que pierda su fuerza laboral. En 1960, Alemania recibió inmigración turca para suplir su necesidad de mano de obra. Pero aquello fue entonces y esto es ahora. En septiembre de 2015 Merkel llegó a un acuerdo para introducir refugiados sirios en Alemania cruzando Austria. No se trataba de cientos o de varios millares, sino de centenares de miles de personas. *Time* observa que a medida que «siguen llegando los refugiados —casi un millón hasta ahora y sin límite previsto»— muchos alemanes han comenzado a cuestionar la mentalidad de Merkel. Su «ingenua confianza —"¡Lo tenemos controlado!"— se está enfrentado con el agotamiento de los voluntarios».[38] Por otra parte, tras los ataques terroristas de París,[39] una buena parte de la población alemana se está dando cuenta de los peligros de la migración sin asimilación.

No así los políticos estadounidenses, que parecen mayoritariamente ajenos a estas mismas realidades. Son extrañamente reticentes a acoger refugiados sirios en sus hogares, pero, en cambio, están más que dispuestos a recibir millones de inmigrantes en una nación sumergida ya en una deuda de casi veinte billones de dólares.[40]

¿Por qué preocuparse por unos inmigrantes a los que nunca tendrán que vestir y alimentar personalmente, o por una deuda que pueden pasarles a sus hijos y nietos?

Gadafi entendía perfectamente lo que los políticos occidentales parecen ignorar ingenuamente. Desde la caída de Constantinopla, el Imperio otomano avanzó firmemente hasta Europa, con la mirada puesta en la riqueza de Austria y Alemania. De no haber sido por el liderazgo del rey Jan Sobieski de Polonia, quien el 11 de septiembre de 1683 detuvo la amenaza musulmana a las puertas de Viena, Europa sería hoy Eurabia.[41] El 11 de septiembre de 2001 el mundo occidental experimentó otro de estos momentos de verdad. En esta ocasión no surgió ningún Jan Sobieski que comprendiera plenamente que lo que estaba en juego era el destino del mundo occidental. Lejos de ello, sus élites políticas, como Merkel, afirman con obsesivo sentido autodestructivo que «el islam pertenece a Alemania»[42] e, indirectamente, a lo mejor del mundo occidental.

En un artículo del *Wall Street Journal* titulado «It's the Demography, Stupid: The Real Reason the West Is in Danger of Extinction» [¡Es la demografía, estúpido!: la verdadera razón por la que Occidente está en peligro de extinción], el comentarista político Mark Steyn observa que inmediatamente después del 11 de septiembre algunos importantes dirigentes occidentales como el primer ministro canadiense Jean Chrétien o el presidente estadounidense George W. Bush se apresuraron a visitar mezquitas islámicas para mostrar una postura ecuánime. Aunque «la fiebre visitadora de mezquitas fue amainando», esta marcó, no obstante, «el tono de nuestro acercamiento general a estas atrocidades. La antigua definición de nanosegundo era el tiempo transcurrido entre el cambio de luz en un semáforo de Nueva York y el primer bocinazo del coche de atrás; la nueva definición es el tiempo transcurrido entre un ataque terrorista y la nota de prensa de algún *lobby* islámico advirtiendo de una reacción violenta contra los musulmanes».[43]

Steyn seguía observando que «en la mayoría de los casos, se consideraría de muy mal gusto desviar la atención de un "delito de odio" que acaba de producirse creando alarmismo hacia otro puramente hipotético».[44] La ex fiscal general del Estado Loretta Lynch ponía de relieve la suposición de Steyn. Al margen de cuáles fueran sus ideas personales tras el ataque terrorista de San Bernardino, su primera comparecencia pública no fue para lamentar la muerte de estadounidenses inocentes, sino más bien para escenificar, junto a un grupo de apoyo musulmán, que su «mayor temor» era que las profundas convicciones islámicas de los atacantes Sayed Farook y Tashfeen Malik llevaran a relacionarles injustamente con los musulmanes y las mezquitas.[45]

Todo ello nos lleva de nuevo a la cuestión que nos ocupa. ¿Son este tipo de actos terroristas fruto de una religión que ha sido forzada, o es exactamente lo que cabe esperar del verdadero islam? ¿Encaja con la realidad la convicción de Obama en el sentido de que los musulmanes de todo el mundo comparten sus principios: «unos principios de justicia y progreso, de tolerancia y dignidad de todos los seres humanos»? ¿Está en lo cierto Tony Blair cuando asegura que los actos de los terroristas son completamente contrarios a las enseñanzas del Corán? Por otra parte, ¿cómo debería responder al islam Donald Trump, actual presidente estadounidense, durante su mandato como principal líder del mundo libre?

¿Es posible atribuir la realidad de millones de musulmanes pacíficos a una especie de disonancia cognitiva que les permite disfrutar de sus enseñanzas y tradiciones a pesar de la sangrienta historia en que estas se forjaron? ¿Podría ser que lo que les gustaría que fuera cierto sobre su religión, en realidad no lo es?

¿Y es responsabilidad de los verdaderos cristianos utilizar las desviaciones socioreligiosas del islam como una oportunidad para comunicar la gracia y la verdad que solo Cristo puede traer al corazón humano?

Responder este tipo de preguntas requiere una comprensión sustancial de la religión de mayor crecimiento del mundo. Entender mal los hechos en una era de terrorismo y expansionismo islámico tiene un precio que nadie puede permitirse.

## Mahoma: De los harapos a la riqueza y a la radicalización

Todos los musulmanes, sin excepción, están comprometidos con la *shahada:* «No hay más dios que Alá, y Mahoma es su profeta». Comencemos, pues, nuestro recorrido considerando con cierto detalle la vida y legado del hombre más representativo del islam. Según las fuentes musulmanas más autorizadas, Mahoma se casó con una niña de seis años y consumó el matrimonio cuando esta tenía solo nueve. Durante una de sus conquistas, posiblemente la mayor, Mahoma mandó decapitar a un hombre judío, tomó a su mujer como botín y, tras someterla a un tratamiento de belleza, la violó en su propia cama. Por otra parte, cada una de sus estrategias de guerra prepararon el camino para lo que, catorce siglos más tarde, sería la secta pseudoreligiosa con mayor crecimiento del mundo.

## Revelaciones indignas de confianza: El emperador está desnudo

En el capítulo 2 mostraremos que, aunque el islam se apoya en numerosas revelaciones, solo el Corán se considera como la palabra eterna de Alá. Los musulmanes lo consideran un texto increado e inalterable, sin error, incuestionable en cuanto a su ética y cuya elocuencia está por encima de cualquier cosa que el mundo haya jamás conocido. En realidad, el emperador está desnudo. Las páginas del Corán están llenas de *revelaciones indignas de confianza,* entre ellas una abierta negación de la crucifixión de Cristo. Los errores éticos son asimismo manifiestos. Increíble pero demostrable, el Corán aprueba el asesinato, el adulterio, el robo, el falso testimonio y la codicia. Por otra parte, la elegancia coránica es mera apariencia. La disposición del Corán es tediosa, comunes sus supuestas proezas proféticas y burdamente exagerada su sofisticación.

## LA *SHARÍA* ES EL ESTADO Y EL ESTADO ES LA *SHARÍA*

El capítulo 3 muestra la opresión que supone la *sharía.* Nos enfrentamos aquí con la realidad de que, en el sentido occidental de esta palabra, el islam no es una religión, sino una destructiva fuerza socioeconómica y política que se mueve sobre los carriles de la *sharía.* Un buen resumen de este asunto es que la *sharía* es el Estado y el Estado es la *sharía.* La cuestión es sencillamente que en el islam no hay distinción entre *sharía* y Estado. Esto es particularmente perturbador si tenemos en cuenta que la *sharía* sanciona la desigualdad de las mujeres como un valor esencial. La *sharía* otorga a los hombres el derecho de tener hasta cuatro esposas, mientras que a las mujeres les niega esta facultad. Además, mientras la *sharía* permite que los maridos golpeen a sus mujeres, este permiso no se extiende a las esposas. Las mujeres tampoco pueden iniciar el divorcio. Esta es una prerrogativa exclusiva de los hombres que pueden ejercer con relativa facilidad. Por otra parte, la *sharía* ordena una guerra *proactiva* y *perpetua* contra los judíos y los cristianos: «Primero invítalos al islam; si rechazan el islam, exígeles la *yizia* (impuesto sobre los *kafirs*). Si rechazan la conversión y la *yizia,* combátelos».[46] El consenso de la *sharía,* en consonancia con la voluntad de Alá, ordena la guerra como un «deber religioso, por el carácter universal de la misión musulmana y (la obligación de) convertir a todos al islam, por persuasión o por la fuerza».[47] Finalmente, mostraremos que no hace falta que los ciudadanos del mundo occidental imaginen cómo sería la vida bajo la *sharía*, porque es algo que ya han experimentado. En España, durante lo que las élites culturales describen como «la edad de oro del islam», la *sharía* dictaba prácticamente todos los aspectos de la vida pública y privada. Lejos de un cuadro bucólico de musulmanes, judíos y cristianos viviendo en un «paraíso» andaluz, los no musulmanes estaban sujetos a la severidad de la *sharía*. Su elección era sencilla: *shahada, sometimiento* o *espada*.

## LEVANTE: ENCRUCIJADAS DE LA HISTORIA MUNDIAL

En la cuarta sección de nuestro recorrido viajaremos al Levante y analizaremos con más detenimiento la tierra que enlaza tres continentes (Europa, Asia y África). El Levante es el escenario de algunos de los principales acontecimientos de la historia, es la zona en que se originaron dos de las grandes religiones monoteístas y donde se puso el fundamento para una tercera. Por ello, se alude correctamente al Levante como encrucijada de la historia mundial. El Levante, esencialmente el borde occidental del Creciente Fértil, presume de tener a Jerusalén como su epicentro. Para los judíos, la destrucción del templo de Jerusalén puso fin a la era de los sacrificios. El judaísmo se expresa ahora principalmente en el estudio de la Torá más que en los sacrificios del templo. Varias tradiciones judías agradecen la presencia de un aliado democrático en Medio Oriente, pero creen que la santidad de la vida judía está por encima de la santidad de la tierra judía. Para los cristianos, el Levante sigue teniendo una gran trascendencia histórica y arqueológica, pero no genera ya un mandato escatológico. Desde la destrucción de Jerusalén hasta el tiempo en que el cristianismo se convirtió en la religión oficial del Imperio romano, esta ciudad dejó de desempeñar un papel fundamental en la historia del mundo hasta que Constantino la transformó en destino de las peregrinaciones cristianas. Los primeros cristianos no tenían interés en la reconstrucción del templo, puesto que la muerte y resurrección de Jesús habían superado su significado. De modo que, bajo el control cristiano, el monte del Templo se convirtió prácticamente en un vertedero de basura. La agresión islámica cambió todo esto. En el siglo VII, el califa Umar tomó Jerusalén y esta ciudad se convirtió en un importante foco del mundo islámico. Cuando Umar llegó al monte del Templo se sorprendió de ver el estado de abandono y decadencia. Lo puso en orden y construyó la mezquita de Al-Aqsa en su extremo sur. La Cúpula de la Roca se construyó más adelante en el mismo lugar en que habían estado los templos judíos o muy cerca de su antigua ubicación. El monte del Templo sigue teniendo un importante significado para el islam. Es el mismo lugar en que Dios pidió a Abraham que sacrificara a Ismael y en que Buraq, un animal con cabeza humana y cola de pavo real, transportó a Mahoma durante su infame viaje nocturno. La cúpula, decorada con ochenta kilos de oro, es ahora el monumento más reconocido de Levante. El mensaje que se refleja desde su cúpula dorada es inequívoco: el islam es la culminación del judaísmo y el cristianismo y Mahoma es el clímax de los profetas.

## Estado Islámico: Regreso del califato

El capítulo 5 subraya el retorno del califato y, con él, el de un brutal califa llamado Abu Bakr al-Baghdadi. Baghdadi adoptó el nombre de Abu Bakr, en honor al primer califa y favorecido suegro de Mahoma, y Baghdadi como homenaje a Bagdad, ilustre capital de la dinastía abásida, considerada ampliamente como el califato por excelencia del Imperio islámico. Como apodo, Estado Islámico no es solo emblemático de una red de terrorismo del siglo XXI, sino indicativo del camino de Mahoma. Vestido con túnica y turbante negros evocadores de la indumentaria adoptada por Mahoma durante su sometimiento de La Meca, Baghdadi anunciaba el «establecimiento de la religión: un libro que guía y una espada que apoya».[48] Hay un buen número de aliados que favorecen este retorno del califato, entre ellos Arabia Saudita. Bob Graham, exsenador demócrata, calificó valientemente Estado Islámico de «producto de los ideales, dinero y apoyo organizativo saudíes».[49] Sin embargo, las élites occidentales han seguido aludiendo a los Estados sujetos a la *sharía*, Arabia Saudita entre ellos, como aliados pacíficos contra el terrorismo. Peor aún, los gobiernos occidentales, junto a las instituciones académicas y medios de comunicación, han demostrado ser aliados en la transmisión de un falso relato con respecto a los principios religiosos que conforman Estado Islámico. Está todavía por ver si Estado Islámico conseguirá cumplir su sanguinaria misión de extender el califato o será suplantado por un retoño ideológico todavía más peligroso. Lo que sí sabemos es que el califato abolido por Mustafa Kemal Atatürk en 1924 ha vuelto con sed de venganza, y ello en medio del desmoronamiento de una cultura poscristiana.

## PRINCIPALES ERRORES DEL ISLAM

Por último, durante la última parte de nuestro recorrido y posiblemente la más importante, analizaremos los principales errores del islam que comprometen, confunden o contradicen directamente las doctrinas cristianas esenciales. Puesto que el contraste es la clave de la claridad, vamos a poner la vara recta de la verdad esencial junto a la imitación islámica para evidenciar su distorsión. Los principales errores del islam comienzan con la madre de todos los errores, a saber: el desconocimiento de la deidad de Cristo. En un grave error, el islam convierte a Jesucristo en un simple esclavo de Alá y el pecado original en un desliz, un mero ataque de amnesia; el supuesto canon divino queda entredicho por los graves errores de contenido, su ética deficiente y falsa elocuencia del Corán; un impostor unitario moralmente inadecuado usurpa el lugar de la incomprensible Trinidad; la resurrección —la proeza más sublime de la historia humana— se degrada hasta convertirla en mera fantasía, y la encarnación deviene blasfemia; un Alá caprichoso niega la radiante verdad de que todos los que están en Cristo son una nueva creación; y la escatología —el hilo que teje el tapiz de la Escritura formando un armonioso dibujo— se ve vergonzosamente denigrada por la sensual seducción de la incoherente farsa escatológica islámica.

Iniciamos ahora nuestro recorrido por los confines de la religión de mayor crecimiento mundial con una profunda mirada al hombre venerado por todo verdadero musulmán como el modelo por excelencia del ser humano.

# Capítulo 1

# Mahoma

## De los harapos a la riqueza y a la radicalización

*¡Usted puede negar a Alá, pero no al profeta!*[1]
—Muhammad Iqbal, «padre espiritual» de Pakistán

«El amor por el profeta corre como sangre por las venas de la comunidad [musulmana]», salmodió el filósofo y poeta musulmán Muhammad Iqbal.[2] «¡Usted puede negar a Alá, pero no al profeta!».[3] Mahoma es venerado como la verdad, el exaltado, el perdonador, el que levanta muertos, el escogido de Dios, el sello de los profetas, el mediador, la estrella resplandeciente, el que justifica y el perfecto. Se le otorgan cientos de otros de títulos como paz del mundo y gloria de los tiempos.[4] Una cosa es evidente: *todos los musulmanes* se dedican profundamente a la vida y práctica de Mahoma, sin excepciones.[5]

Muhammad al-Ghazali (m. 1111), a quien se considera en general como el musulmán más influyente, aparte del propio Mahoma, declaró que la clave de la felicidad era «imitar al mensajero de Dios en todas sus idas y venidas, sus movimientos y descanso, su forma de comer, su actitud, su sueño y su forma de hablar».[6] Annemarie Schimmel, la venerable académica de Harvard, se mostró de acuerdo. En su clásico *And Muhammad Is His Messenger: The Veneration of the Prophet in Islamic*

*Piety* [Y Mahoma es su profeta: la veneración del profeta en la devoción islámica], Schimmel observa que la *imitatio Muhammadi* [la imitación de Mahoma], con su atención a los detalles más minuciosos de la vida diaria, ha impartido a la comunidad musulmana una asombrosa uniformidad de conducta. «Esté donde esté, uno sabe cómo debe comportarse cuando entra en una casa, qué fórmulas de saludo utilizar, qué cosas evitar, cómo comer y cómo viajar. Durante siglos los niños musulmanes han crecido de este modo».[7]

Todo esto pone de relieve una notable verdad: no se puede comprender el islam sin comprender a Mahoma. Se dice que es de noble cuna, elegantes formas, perfecto intelecto, modelo de humildad y de toda humanidad.[8] Y se le venera como el mayor de los profetas:[9] mayor que Moisés o Abraham; mayor que José o Juan; mayor que Jesús de Nazaret.[10] Todo ello dicho de un hombre cuyos primeros cuarenta años son espectacularmente corrientes.

Mahoma nació en La Meca seis siglos después del nacimiento de Cristo y murió en Medina a la edad de sesenta y dos años (570-632 A. D.).[11] Su padre, Abd Allah, murió antes de su nacimiento y Amina, su madre, poco después. Cuando tenía seis años fue a vivir con un abuelo, que murió tres años después. A los nueve se le envió con su tío Abu Talib y después con la rica viuda Jadiya, con quien se casó a los veinticinco. A partir de este momento, Mahoma siguió una vida de meditaciones místicas.

Habría que esperar a los cuarenta para tener algún indicio de que Mahoma se convertiría en progenitor de la que hoy es la religión de mayor crecimiento en el mundo.[12] Tres noches prepararon el camino de su nacimiento. Diez años forjaron el patrón de sus catorce siglos siguientes.

## NOCHE DEL DESTINO

La noche del destino de Mahoma comenzó de forma épica. En una cueva del monte Hira una presencia se materializó asiendo una tela cubierta de caracteres. Con una fuerza tan grande que le hizo temer la muerte, la misteriosa presencia le instó: «¡Recita!». Dos veces experimentó un agudo temor de morir. La tercera vez hizo lo que le pedía.

¡Recita en el nombre de tu Señor, el que todo ha creado!

Ha creado al hombre de un coágulo.

¡Recita! Tu Señor es el más generoso,

él, que ha enseñado con el cálamo,

ha enseñado al hombre lo que este no sabía.[13]

Estas palabras angustiaron tanto a Mahoma que pensó en su corazón:

¿Qué soy, un *poeta* o un *poseso*? ¡Nunca dirán esto de mí los quraysh! [la tribu pagana que gobernaba La Meca]. Subiré a la cima del monte y me echaré abajo para morir y descansar. Así pues, abandoné la cueva, y cuando había recorrido la mitad de la ladera de la montaña oí una voz del cielo que decía: «*¡Oh, Mahoma!, tú eres el mensajero de Dios y yo soy Gabriel*». Al levantar la vista vio un ser que llenaba el horizonte y oyó de nuevo las palabras: «*¡Oh Mahoma!, tú eres el mensajero de Dios y yo soy Gabriel*».[14]

Cuando oyó estas palabras por segunda vez, abandonó la idea de suicidio, regresó a Jadiya, «se sentó en su regazo» y le expresó sus temores.[15] Le angustiaban dos posibilidades: «poeta o poseso». Jadiya estaba convencida de una tercera. No era ni poeta ni poseso, sino «*el* profeta».[16] A pesar de esto, Mahoma seguía sin estar convencido. Durante muchos años luchó contra la duda.[17] ¿Era realmente profeta y poeta o acaso estaba poseído por un demonio?

A veces su incertidumbre era tan aguda que comenzaba de nuevo a considerar el suicidio.[18] A su tiempo, la confianza de ser profeta prevaleció sobre la idea de que estaba poseído. Como tal, Mahoma escogió la vida, y durante las dos décadas siguientes cambió la trayectoria de la historia humana. Durante los diez primeros años ejerció el rol de profeta, los otros diez actuó como un tirano. Diez los pasó en La Meca y otros diez en Medina.

El periodo de La Meca resultó difícil. La conversión de Jadiya fue fácil, como lo fueron también las de Zaid, hijo adoptivo de Mahoma, su primo Ali de diez años y Abu Bakr, su futuro suegro.[19] Pero ganar convertidos entre los quraysh, custodios de la Kaaba, resultó mucho más difícil. Estos tenían buenas razones para rechazar el mensaje monoteísta de Mahoma y pocas para recibirlo. La Meca era el lugar de peregrinaje de las tribus politeístas de toda la península arábiga.[20] Y los peregrinajes, como la venta de dioses y artículos, generaban beneficios. Como era de esperar llegó la persecución y, con ella, la duda. Misericordiosamente, Gabriel se materializó para volver a vivificar al atribulado profeta.

# Viaje Nocturno

Según la tradición islámica, la noche del destino de Mahoma no fue la primera vez que se le había aparecido el ángel. Antes de la muerte de su madre, cuando todavía no tenía cinco años, yacía postrado en el desierto, con el pecho abierto desde la garganta hasta el estómago. Gabriel le sacó el corazón y extrajo un coágulo negro con agua de Zamzam,[21] tras lo cual le restauró la vida.[22] Ahora, con cincuenta años, Gabriel se apareció a Mahoma por tercera vez, mientras estaba postrado cerca de la sagrada mezquita de La Meca, le fue sacado de nuevo el corazón y puesto en una copa de oro.[23] Lavado con agua del pozo de Zamzam, montó en una cabalgadura con cabeza humana y cola de pavo real. Fue así como Mahoma, en compañía de Gabriel, emprendió un viaje nocturno que vivirá para siempre en la infamia.

Buraq no era una bestia corriente. Con cada paso alcanzaba el horizonte y con súbita rapidez llevó a Mahoma «desde la mezquita sagrada a la mezquita más lejana» (Corán 17:1). A su llegada a Masjid Al-Aqsa en Jerusalén,[24] Gabriel presentó a Mahoma una elección que le cambiaría la vida: leche o vino. Sabiamente, el profeta se decidió por la leche, con lo que escogió el bien en lugar del mal: un camino recto ascendente a los cielos en lugar del perverso camino que lleva al infierno. Con su bestia atada a una argolla de un muro de la mezquita, Mahoma inició un viaje mágico y misterioso.

Elevándose desde una roca sagrada, ascendió hacia siete cielos. Las puertas del primero se abrieron y se encontró cara a cara con el padre de toda la humanidad. Adán procedió a venerar a Mahoma como el mayor de todos sus descendientes.[25] El profeta ascendió luego a un segundo nivel en el que saludó a Juan y Jesús: dos de los muchos profetas que habían allanado el camino delante de él. La ascensión siguió hasta un tercer cielo en el que se encontró con José, hijo de Jacob: hombre de asombrosa belleza. Tras encontrarse con Idris (Enoc), personificación de la verdad, en el cuatro nivel, Mahoma ascendió al quinto donde vio a Aarón, quien, como los que estaban en niveles inferiores, profesó fe en el llamamiento profético de Mahoma. En el sexto nivel celestial se encontró con un mar de lágrimas: el poderoso Moisés lloraba al darse cuenta de que su rival abriría la entrada al paraíso a mayores multitudes que las que habían seguido a Moisés. No obstante, todo esto no era sino un preludio de lo que todavía iba a ver.

En el último nivel del cielo, el apóstol de Alá se encontró con Abraham, quien, a través de Ismael, había engendrado a los árabes, construido la Kaaba y puesto en su interior una piedra negra que había caído del firmamento. Además, en el séptimo cielo Mahoma contempló un facsímil de la Kaaba terrenal llena de ángeles (setenta mil) que daban vueltas a su alrededor como lo habían estado haciendo durante millones de años. Cuando Mahoma siguió su camino después de Baitul Ma'mur («la casa muy frecuentemente visitada»),[26] llegó a Sidrat al-Muntaha, el árbol del loto en el límite del cielo más alto.[27] Sus frutos eran enormes, sus hojas, como orejas de elefante y de sus raíces surgían los cuatro ríos de la tierra. Fue entonces cuando comenzó a adentrarse por un territorio desconocido, un espacio al que ningún hombre ni ángel habían accedido jamás. Pasando *del cielo a la otra vida*, se encontró en la presencia misma de Alá. Entre los fieles musulmanes se debate con vehemencia si Mahoma vio o no realmente a Alá.[28] De lo que nadie duda es de que Alá le prescribió onerosamente cincuenta plegarias diarias al profeta y a su descendencia.

Dando por terminada la misión, Mahoma comenzó su descenso por el sexto cielo donde, inesperadamente, Moisés le instruyó a subir de nuevo a la otra vida para pedir una reducción de las oraciones. Alá cedió y redujo a cuarenta el número de plegarias. Mientras Mahoma pasaba por el sexto cielo se le pidió de nuevo que negociara una reducción mayor. Este proceso siguió hasta que el paquete de plegarias se redujo a cinco. Aunque Moisés le importunó pidiéndole que siguiera regateando, Mahoma se negó resueltamente a ello. En lugar de regresar una vez más al salón del trono de Alá, el profeta descendió por los cielos y se encontró milagrosamente en el terreno de la Gran Mezquita de La Meca.[29]

Allí comenzó a hablar a los adeptos de sus encuentros con Adán,

Abraham y Alá. Aunque la mayoría de los oyentes consideraban que su relato era demasiado fantástico, Abu Bakr dijo rebosante: «Si el mensajero de Dios dijo que es así, ¡entonces así es!».[30] Esta fue la razón por la que, a partir de aquel día, a Abu Bakr se le conoce como Al-Siddiq, «el muy creyente».[31]

Aunque los relatos de la noche del destino y el viaje nocturno llevaron a algunos a hacerse musulmanes, la mayoría simplemente se sintieron decepcionados. «Durante la época del peregrinaje, los quraysh apostaron guardias a lo largo de las carreteras que llevaban a La Meca para informar a todos los viajeros que Mahoma era un peligroso hechicero que no tenía el apoyo de sus vecinos ni jefes tribales y que debían evitarle».[32] Muchos miembros de su familia biológica se convirtieron también en fervientes oponentes, entre ellos Abu Lahab, su tío paterno.[33] Y para empeorar las cosas, tanto Jadiya (su primera discípula) como su tío Abu Talib (su fiel defensor) murieron durante el año del viaje nocturno (619).[34]

Mientras las cosas comenzaban a desarrollarse precipitadamente en La Meca, algo mágico estaba sucediendo unos trescientos cincuenta kilómetros al norte. En el año 620, seis hombres de Yazrib juraron lealtad a Mahoma en un estrecho valle llamado Aqaba, en los aledaños de La Meca.[35] Al año siguiente (621), con ocasión del peregrinaje pagano, un grupo de doce discípulos reconocieron a Mahoma como su profeta en lo que se conocería como primer juramento de Al-Aqaba.[36] Un año después (622) la situación adquiriría tonalidades incluso más resplandecientes.

En el segundo juramento de Aqaba, setenta y tres hombres y dos mujeres de Yazrib se conjuraron para proteger a Mahoma como a su propia familia a cambio de la promesa del paraíso. «Den testimonio de que yo soy el mensajero de Alá y protéjanme como a ustedes mismos, a sus hijos y esposas», murmuró el profeta. «¿Qué sacaremos a cambio?», replicaron ellos. «El paraíso», susurró Mahoma. «Tras decir esto, nuestro santo profeta declaró: "Escojan a doce de ustedes para que me acompañen como representantes de sus tribus en todos los asuntos"».[37]

Apenas tres meses después del segundo juramento, Mahoma emprendió una huida por la noche (llamada la Hégira) que marcaría su última década en el planeta y catorce siglos de historia.

# Huida Nocturna

En consonancia con los juramentos de Aqaba, Mahoma animó a los adeptos de La Meca a migrar al territorio de sus doce discípulos. Fue así como al anochecer de un día de septiembre, Mahoma y sus *muhajirun* (emigrantes) abandonaron La Meca y comenzaron la Hégira (huida) que marcó el nacimiento del islam.[38] A partir del año 622, su destino no se conocería ya como Yazrib, sino como Medinet-el-Nebi, la ciudad del profeta. Mientras que en La Meca Mahoma había sido un profeta marginado, en Medina se convirtió en un monarca que, en solo diez años, transformó la península arábiga.

Mahoma resultó ser un astuto diplomático, capaz de poner de relieve las similitudes islámicas entre aquellos que el Corán describe como «pueblo del libro». En primer lugar, Mahoma subrayó la concordancia entre su monoteísmo y el de los judíos y cristianos.[39] Por otra parte, recalcó que Moisés era el profeta judío por antonomasia.[40] Y, finalmente, de acuerdo con las sensibilidades judías y cristianas, ordenó a sus adeptos que oraran mirando hacia Jerusalén.[41]

A medida que Mahoma conseguía poder y prestigio político, todo esto fue cambiando. En su momento recibió mensajes de Alá en el sentido de que aquellos del pueblo del libro que sostenían que Jesús era el Hijo de Dios eran culpables del imperdonable pecado del *shirk* (Corán 4:116).[42] Además, comenzó a subrayar la primacía de Abraham, quien supuestamente habita en el séptimo cielo, por encima de Moisés, que está en el sexto, y de Jesús, que mora en el segundo, en el nivel más bajo.[43] Por otra parte, Mahoma fingió un mensaje de Alá que cambiaría para siempre la orientación geográfica de la oración de Jerusalén a La Meca (Corán 2:142-49).[44]

Más siniestro todavía, Mahoma comenzó a recibir revelaciones de que anegaría en sangre la península arábiga.

# Nexo del Mal

Como observa el aclamado escritor sufí Steve Schwartz: «Las comunicaciones angélicas se siguieron produciendo durante dos años antes de que el profeta comenzara a compartirlas abiertamente».[45] Durante la década siguiente (612-622), Mahoma devino cada vez más ruidoso. Ibn Ishaq dijo que los ciudadanos de La Meca «nunca habían experimentado problemas como los que habían tenido con ese hombre; había declarado insensato su modo de vida, insultado a sus antepasados, injuriado su religión, dividido a la comunidad y maldecido a sus dioses».[46]

Los diez años siguientes (622-632) trajeron mucho más que maldiciones. Durante aquellos años, Mahoma pasó de las palabras a las armas. En el año 623 se produjo el primer derramamiento de sangre.

## 623 A. D.: Primer asesinato de la historia musulmana

*Cuando os enfrentéis a los incrédulos,*
*descargad los golpes en el cuello.*
—CORÁN 47:4

En La Meca, Jadiya, la primera esposa de Mahoma, le había colmado de riquezas, pero en Medina no gozó del mismo lujo. Por ello, hubo de afrontar el imponente reto de encontrar fuentes alternativas para financiar su nueva religión. La solución llegó en forma de una revelación coránica que sancionaba los ataques terroristas. «Cuando os enfrentéis a los incrédulos, descargad los golpes en el cuello» (47:4).

Con esta nueva revelación en la mano, Mahoma ordenó la práctica de asaltar las caravanas que iban y venían de La Meca. Su primer asalto fue infructuoso y con el segundo solo consiguió un poco más de éxito. Aunque marcó el primer disparo en la «causa de Alá»[47] no produjo ni sangre ni botín. Las cuatro incursiones siguientes fueron también poco espectaculares. Con su séptimo intento los musulmanes consiguieron, finalmente, ingresar dinero en las arcas. Consignaron el primer asesinato de la historia musulmana («Wāqid disparó una flecha a Amr bin al-Hadrami y le mató»)[48] y llevaron los despojos de guerra a su base de Medina.

El primer asesinato musulmán suscitó una seria inquietud por toda la península arábiga. Los quraysh estaban horrorizados de que alguien, y muy especialmente un miembro de una de las tribus, pudiera matar y saquear durante el mes sagrado de rayab. Los judíos también se sintieron ultrajados y «vieron en aquel asalto un presagio contra el apóstol». Aun «sus hermanos musulmanes les reprocharon por lo que habían hecho», temiendo que Alá pudiera volver contra ellos aquel acto perverso y arbitrario.[49]

Una vez más, sin embargo, «Dios alivió la ansiedad de los musulmanes por esta cuestión» por medio de una revelación divina.[50] «Te preguntan si es lícito combatir en los meses sagrados. Diles: "Combatir en los meses sagrados es un gran pecado, pero apartar a los hombres del sendero de Alá, la incredulidad y expulsar a la gente de la mezquita sagrada es aún más grave para Alá. Y [sabed] que la sedición es peor que matar"» (Corán 2:217 *Malik*).[51]

Acallada así la conciencia, Mahoma y los asaltantes musulmanes iniciaron un año que trajo consigo la infame batalla de Badr.

## 624 A. D.: De profeta temeroso a tirano político

*¡Oh, profeta! Exhorta a los creyentes a combatir. Por cada*
*veinte hombres verdaderamente pacientes y perseverantes*
*que hubiese en vuestras filas no deberán flaquear ante*
*doscientos, y si hubiere cien no deberán flaquear ante*
*mil, y sabed que les venceréis, pues ellos no razonan.*
—CORÁN 8:65 SHAKIR

Como ha observado acertadamente el elocuente apologista del apóstol de Alá, Stephen Schwartz: «Los musulmanes ven la batalla de Badr como un importante evento en la historia humana y creen que las fuerzas de Mahoma fueron favorecidas por la ayuda divina y de los ángeles»,[52] que superaban en número al ejército de Mahoma en una proporción de tres a uno. Quinientos ángeles lucharon a favor de Mahoma bajo las órdenes de Gabriel y otros quinientos bajo las del arcángel Miguel.[53]

Como el asalto que tuvo lugar durante el mes sagrado de rayab, también la batalla de Badr se produjo durante un mes sagrado, en este caso el de ramadán. Mahoma atacó con fuerza letal una gran caravana, cargada de botín, que se dirigía a La Meca por la ruta costera desde Siria. Abu Jahl, «el principal activo del ejército quraysh contra los musulmanes»,[54] no pudo nada contra el apóstol y su banda de hombres y ángeles, que ganaron la batalla de forma decisiva.[55]

Pero con el botín de guerra se plantearon también importantes desafíos, como justificar el asesinato de sus parientes mecanos, el reparto del saqueo y cómo motivar a los hombres para que se arriesgaran al martirio por la causa de un presunto profeta y de una incipiente religión. El primer problema se solucionó por medio de una revelación coránica que decía: «Y sabed que no fuisteis vosotros quienes los matasteis, sino que fue Alá quien les dio muerte; [...] no fuiste quien arrojó [el polvo que llegó a los ojos de los incrédulos en el combate], sino que fue Alá quien lo hizo» (8:17). El segundo, mediante otra revelación que afirmaba: «Sabed que un quinto del botín de guerra que logréis le corresponde a Alá y a su mensajero» (Corán 8:41), dejando así cuatro quintas partes al resto de los salteadores. La tercera dificultad se resolvió prometiendo a quienes morían un paraíso lleno de huríes (*ḥūr*): voluptuosas mujeres «de hermosos ojos grandes y luminosos como perlas» (Corán 56:22-23). Schwartz afirmó:

> En Badr el profeta exhortó también a sus tropas prometiéndoles la entrada directa al paraíso para quienes murieran en el campo de batalla. Una parte de su recompensa sería una dotación de esclavos para siempre y muchachas de «ojos oscuros» o «grandes». Estas amantes virginales se describen en el Corán como «eternamente jóvenes, con vasos, jarros y una copa de vino extraída de un manantial [que fluirá permanentemente, que no provocará jaqueca ni embriaguez] y la carne de ave que deseen».[56]

La batalla de Badr resultó decisiva en otro sentido. En Badr, Mahoma concluyó su transición de profeta temeroso a tirano político. En La Meca, el día después del viaje nocturno, Abu Jahl se burló del profeta.[57] En Medina, el día después de la batalla de Badr, el profeta —convertido en tirano— se reía con desdén cuando sus hombres arrojaron a sus pies la cabeza de Jahl.[58]

La decapitación de Jahl se convertiría en la firma del terror islámico desde aquel día en adelante.

# 625 A. D.: Exilio y ejecución a discreción del profeta

*Yo infundiré terror en los corazones de los incrédulos. Golpeadles*
*[con vuestras espadas] sus cuellos y cortadles los dedos.*
—CORÁN 8:12

El terror islámico se manifiesta de muchas formas. La decapitación es una de ellas y otra, la amputación de los dedos. Como se observa en la traducción coránica de Yusuf Ali, cuando se inutilizan las manos de una persona «no puede ya blandir la espada, o servirse de la lanza o de otra arma y fácilmente es hecha prisionera».[59]

A pesar de estas brutales medidas, Mahoma no fue siempre vencedor en el campo de batalla. Un año después de su victoria en Badr, Mahoma fue derrotado por los mecanos en el monte Uhud. Schwartz señala que el combate de Uhud fue más feroz aún que en Badr. El profeta «fue derribado por un golpe de espada» y «un estremecimiento recorrió el campo de batalla». Algunos musulmanes huyeron, otros siguieron luchando ferozmente. «Creyendo que su profeta había muerto, los hombres se apresuraron a seguirle en la muerte con los brazos abiertos para que las vírgenes del paraíso se deleitaran en concederles sus favores. Pero Mahoma logró ponerse en pie y condujo a su destacamento a refugiarse en las elevaciones del monte Uhud. Los qurayza habían ganado la batalla de las armas, pero la supervivencia del profeta había convertido aquella derrota en una victoria moral para los musulmanes».[60]

A partir de aquel día, los que seguían el ejemplo de Mahoma luchaban con pasión carnal. El asalto de la caravana mecana en los aledaños de Medina había proporcionado a los musulmanes una importante riqueza. Ahora comenzaron también a buscar las riquezas dentro de la ciudad. Percatándose de que una de las tribus judías (los qaynuqa) estaba enfrentada con otras dos (los quraysh y los nadir), aprovecharon su vulnerabilidad y deportaron a esta tribu y requisaron sus propiedades y posesiones.[61] Los judíos que se exiliaron conservaron la vida, pero muchos de los que se quedaron murieron.[62]

Entre estos últimos se encontraba la poetisa judía Asma bint Marwan, que injurió a los musulmanes por seguir a un hombre cuya violencia y conducta consideraba deplorable. «¿Esperan acaso algo bueno de él después de haber matado a sus jefes?». Tras escuchar su reprensión, Mahoma dijo: «¿Quién me librará de la hija de Marwan?». Aquella misma noche, Umayr «fue a su casa y la mató. Por la mañana se presentó delante del apóstol y le contó lo que había hecho. Él le respondió: "¡Has ayudado a Dios y a su apóstol, oh Umayr!". Cuando le preguntó si tendría que sufrir alguna fatídica consecuencia, el apóstol le dijo: "Dos cabras no se acornearán por esto"».[63]

A pesar de que Mahoma presenta el asesinato de Asma como un acto de ayuda a Dios, el ilustre biógrafo musulmán de comienzos del siglo XX Muhammad Hussein Haykal describió correctamente su espantoso horror. En *The Life of the Noble Prophet Muhammad* [La vida del noble profeta Mahoma], el autor explica que «Umayr ibn 'Awf la atacó por la noche cuando estaba rodeada de sus pequeños, uno de los cuales estaba amamantando».[64] Trágicamente, Asma no fue sino una de tantos ejecutados por orden de Mahoma.[65] Y los qaynuqa fueron solo los primeros en exiliarse. Poco después de su exilio, Mahoma desterraría también a la tribu judía de nadir.[66] Tras desposeer a dos tribus judías, Mahoma y los musulmanes eran sumamente ricos.

En los años siguientes también llegarían a ser sumamente sanguinarios.

## 626 A. D.: Revelaciones interesadas sobre matrimonio y divorcio

*Cuando Zaid termine con el vínculo conyugal [y su exesposa*
*haya concluido con el tiempo de espera luego del divorcio],*
*te la concederemos en matrimonio para que los creyentes no*
*tengan ningún impedimento en casarse con las exesposas de*
*sus hijos adoptivos si es que estos deciden separarse de ellas.*
—CORÁN 33:37

Del mismo modo que Mahoma iba acumulando riquezas acumulaba también esposas, y de las formas más insólitas. Tras la muerte de Jadiya cuando Mahoma tenía cincuenta años, este se casó con una niña de seis llamada Aisha y consumó el matrimonio cuando ella cumplió los nueve años.[67] Además de Jadiya y Aisha, Mahoma tuvo otras esposas y esclavas sexuales, una de las cuales se negó a casarse con el profeta tras la decapitación de su marido.[68] La más notable entre ellas fue su prima Zainab, quien, según el decreto de Alá, se divorció de su marido en el año 626.[69]

El matrimonio de Mahoma con Zainab es interesante por distintas razones. En primer lugar, como pone de relieve la organización musulmana Islam's Women, «El profeta (la paz y la bendición sean sobre él) pidió a su prima Zainab que se comprometiera en matrimonio con Zaid bin Harita, su hijo adoptivo». No había nada que hablar o discutir. Alá había hablado por el profeta, y aquello era el fin de la cuestión: «Un verdadero creyente o una verdadera creyente no deben, cuando Alá y su mensajero hayan dictaminado un asunto, actuar en forma contraria; y sabed que quien desobedezca a Alá y a su mensajero se habrá desviado evidentemente» (Corán 33:36 *Hilali-Khan*).[70]

Por otra parte, Islam's Women dice: «Los árabes creían erróneo que un hombre se casara con la viuda o esposa divorciada de su hijo adoptivo. Puesto que Alá quería abolir esta primitiva costumbre, mandó al ángel Jibril [Gabriel] para que le dijera al profeta (la paz y la bendición sean sobre él) en secreto que un día Zainab sería su esposa». Así pues, «Alá había tomado la decisión en los cielos» de que Zainab se divorciara de Zaid y se casara con Mahoma. «Cuando Zaid termine con el vínculo conyugal [y su exesposa haya concluido con el tiempo de espera luego del divorcio], te la concederemos en matrimonio para que los creyentes no tengan ningún impedimento en casarse con las exesposas de sus hijos adoptivos si es que estos deciden separarse de ellas, y sabed que esto es un precepto de Alá que debe ser acatado» (Corán 33:37 *Hilali-Khan*).[71]

Finalmente, «Zainab solía decir con mucho orgullo a las otras madres de los creyentes que su matrimonio no lo había acordado su familia, sino Alá arriba en los cielos con su amado profeta (que la paz y la bendición estén sobre él). Cuando los hipócritas criticaban al profeta (que la paz y la bendición estén sobre él) por este matrimonio, Alá contestó: "No hay falta alguna del profeta (que la paz y la bendición estén sobre él) en aquello que Alá ha hecho legal para él"» (Corán 33:38 *Hilali-Khan*).[72]

¡Qué casualidad! Siempre que Mahoma quería algo inusual (i. e., casarse con su prima, esposa de su yerno) venía una orden del cielo que lo autorizaba.[73] Las páginas del Corán están llenas de ejemplos. En 4:3,

Mahoma recibió una revelación de Dios permitiendo que los hombres se casaran «con otras mujeres que os gusten: dos, tres o cuatro». Pero en 33:50 recibe la aprobación de Dios para casarse con «la mujer creyente que ofrece su alma al profeta si es que el profeta quiere tomarla por esposa». Por ello, mientras a los demás musulmanes se les permitía tener solo hasta cuatro esposas, Alá hizo con Mahoma una excepción y le permitió casarse con todas las mujeres que deseara. Aun Aisha, su esposa preferida, parecía reconocer este patrón cuando le dijo a Mahoma: «Siento que tu Señor se apresura a cumplir tus anhelos y deseos».[74] Es también perturbador el hecho de que el Corán permita a los hombres golpear a sus esposas para que estas puedan «volver a la obediencia» (Corán 4:34 *Hilali-Khan*).[75]

No obstante, la violencia física perpetrada por los hombres no es nada cuando lo comparamos con las macabras decapitaciones y esclavitud que le esperaba a la última de las tribus judías.

## 627 A. D.: Año del holocausto judío

> *Luego hizo salir de sus fortalezas a la gente del libro que*
> *les habían ayudado [a los incrédulos], e infundió el terror*
> *en sus corazones: para un grupo decretó que se le diera*
> *muerte y para otro que fuera hecho prisionero.*
> —CORÁN 33:26

La noche en que Mahoma huyó a Medina había tres tribus judías prósperas en la ciudad. Cinco años más tarde, todas habían sido expulsadas o erradicadas. Los qaynuqa y los nadir salvaron mayoritariamente la vida, pero los qurayza no fueron tan afortunados. Como observa Yusuf Ali en su comentario coránico: «Los hombres qurayza fueron asesinados, las mujeres, vendidas como cautivas de guerra, y sus tierras y propiedades, divididas entre los *muhajirun*».[76]

La matanza de los qurayza vivirá para siempre en la infamia. Aun desde una perspectiva completamente musulmana, los detalles de este episodio son espantosos. Después de que el apóstol llamara a los qurayza «hermanos de los monos», Alá comenzó a «poner terror en sus corazones».[77] El relato, según lo desarrolla uno de los primeros biógrafos de Mahoma en un tomo titulado *The Life of Muhammad* (La vida de Mahoma) es tan apasionante como espantoso. «El apóstol salió al mercado de Medina (que hoy sigue siendo el mercado de la ciudad) y cavó zanjas en él. Después mandó traerlos [a los judíos qurayza] y los decapitó, arrojándolos en las zanjas a medida que se los traían en grupos». Ibn Ishaq sigue diciendo que el número de judíos que Mahoma decapitó «fueron unos 600 o 700 en total, aunque algunos hablan más bien de 800 o 900».[78]

No obstante, esto fue solo el comienzo de los horrores. Después de «acabar con ellos» el apóstol mandó traer al jefe de la desterrada tribu de nadir. Con «las manos atadas al cuello con una cuerda, le cortaron la cabeza».[79] Después, el profeta ejecutó su venganza sobre dos mujeres: una de ellas hermosa y la otra con un ataque de histeria. Aisha, la esposa del profeta, cuenta la historia de la segunda mujer del siguiente modo:

> «Estaba junto a mí, hablando y riendo de forma inmoderada mientras el apóstol ejecutaba a sus hombres en el mercado cuando, de repente, una voz invisible pronunció su nombre. "Santo cielo —grité yo—, ¿qué quieren?". "Me van a matar", contestó ella. "¿Por qué?", le pregunté. "Por algo que hice", respondió ella. Se la llevaron y la decapitaron. Aisha solía decir: "Nunca olvidaré su buen ánimo y su forma de reírse cuando ella sabía que la iban a matar"».[80]

La suerte de la segunda mujer fue peor que la muerte. El apóstol cambió algunas de las mujeres cautivas por caballos y armas, pero a aquella bella joven la mantuvo para sí. Según su biógrafo: «El apóstol le había propuesto casarse con ella y le puso el velo, pero ella le dijo: "No, déjeme como una concubina, porque esto será más fácil para mí y para usted"».[81] Esta mujer había visto el asesinato de su marido y no quería parte con un hombre cuyas manos estaban manchadas de sangre. Escogió, pues, resueltamente los horrores de la servidumbre sexual antes de la repulsiva desdicha del matrimonio con un hombre así.

Cuando fue capturada, solo había algo equiparable a su repugnancia por el profeta, y era su «repugnancia por el islam». El desarrollo ulterior de esta situación sigue envuelto en misterio. Ishaq nos dice algunas cosas: «El apóstol la apartó y sintió un cierto disgusto. Mientras estaba con sus compañeros oyó el son de sandalias tras él y dijo: "Este es Thalaba ibn Saya que viene a darme la buena nueva de que Rayhana ha aceptado el islam y este vino a anunciar este hecho. Esto le causó placer"».[82] Leyendo entre líneas viene a la mente la palabra *compulsión*. Todos en Medina, también Rayhana, estaban al servicio de Mahoma.

Ahora el profeta puso su mirada en el mundo.

## 628 A. D.: Tratados traicioneros

*Ciertamente Alá hará realidad la visión que tuvo su mensajero y entraréis en la mezquita sagrada, si Alá quiere, algunos con las cabezas rasuradas y otros con el cabello recortado, sin temer absolutamente nada.*

—CORÁN 48:27

Mahoma había subyugado Medina. Pero su visión era conquistar también La Meca. Como observa Yusuf Ali en su traducción del Corán: «El profeta soñó que había entrado en la sagrada mezquita de La Meca, inmediatamente antes de decidirse acerca del viaje que produjo el Tratado de Hudaybiyyah».[83] Con este tratado, afirmaba Yusuf Ali, «la puerta quedaba abierta para la libre propagación del islam por Arabia y, después, por todo el mundo».[84]

El Tratado de Hudaybiyyah fue un pacto entre los musulmanes y los mecanos que se firmó en marzo de 628 en el extremo occidental de la ciudad de La Meca, en un lugar llamado Hudaybiyyah.[85] El acuerdo implicaba una tregua de diez años y la autorización a los musulmanes de circunvalar la pagana Kaaba al año siguiente (629). Este tratado fue impopular entre los musulmanes. Pero Mahoma sabía lo que estaba haciendo.

Hudaybiyyah establecería el patrón para la propagación del islam desde aquel momento hasta hoy. La fórmula estaba clara. Si usted tiene superioridad militar, utilícela para conquistar. Si no, firme un tratado. De este modo, cuando el líder palestino Yasser Arafat fue criticado por hacer concesiones a Israel, calmó la preocupación de sus críticos haciendo referencia a Hudaybiyyah. «No estoy dando más valor a este tratado [los Acuerdos de Oslo] que el que nuestro profeta Mahoma firmó con los quraysh [en La Meca]».

Arafat siguió diciendo que «el califa Umar había rechazado este acuerdo y lo había considerado *sulha dania* [una tregua despreciable]. Pero Mahoma [la paz sea con él] lo aceptó y nosotros hemos ahora de aceptar este acuerdo de paz [Oslo]».[86] Mortimer Zuckerman, entonces redactor jefe de *U.S. News & World Report*, entendió mejor que la mayoría esta alusión de Arafat a Hudaybiyyah. «Los israelíes tienen que responder una pregunta histórica», escribió Zuckerman. «¿Es Arafat un verdadero pacificador, o se cree acaso su propia retórica cuando invoca la doctrina del profeta Mahoma sobre hacer tratados con los enemigos cuando se es débil y violarlos cuando se es fuerte?».[87] Cuando el Consejo de Relaciones Islámico-Americanas (CAIR por sus siglas en inglés) entendió que Zuckerman no se fiaba de ellos, se formó un considerable escándalo. Los electores del CAIR generaron tal agitación que la revista se vio obligada a modificar las observaciones de Zuckerman.[88]

Es probable que muchos musulmanes de nuestro tiempo vean el acuerdo nuclear con Irán como una Hudaybiyyah. Como Mahoma, el ayatolá Jamenei es plenamente consciente de sus actuales debilidades. Cuando se fortalezca, si esto llega a ocurrir, bien podría encontrar un pretexto conveniente para violar el acuerdo. Naturalmente, si todo esto falla, siempre queda el dogma chiita de la *taqiyya* (fingimiento religioso).[89]

# 629 A. D.: La joya de Arabia

> *Y os hizo heredar sus tierras, sus hogares y sus bienes, y también [os hará heredar] otras tierras que todavía no habéis pisado; y Alá tiene poder sobre todas las cosas.*
> —CORÁN 33:27[90]

Como en el caso de Arafat, los seguidores de Mahoma consideraron el Tratado de Hudaybiyyah como una muestra de debilidad. Tanto los quraysh de La Meca como los judíos de Jáybar fueron igualmente convencidos. Ambos se arrepintieron toda la vida de su error. El primer objetivo de Mahoma era Jáybar. La Meca vendría más adelante.

Después de Hudaybiyyah, Mahoma inició una marcha épica hacia la joya de Arabia. El historiador inglés Edward Gibbon lo expresa así:

El antiguo y rico pueblo de Jáybar, a unos seis días de viaje al noreste de Medina, era la sede del poder judío en Arabia: el territorio, una pequeña zona fértil en el desierto, estaba cubierto de plantaciones y ganado, y protegido por ocho castillos, algunos de los cuales se consideraban inexpugnables.[91]

Aunque los judíos de Jáybar eran los mejor preparados para la guerra de toda Arabia, las hordas musulmanas arrollaron en seguida siete de sus ocho ciudadelas. Aunque inicialmente la octava fortificación hizo frente a la determinación musulmana, finalmente, esta también cayó.

La conquista de Jáybar resultó un hito en la historia islámica. Esta victoria dio a Mahoma riquezas inconmensurables, un armamento superior y algunas de las mujeres más bellas de Arabia. Una de ellas era Safiyya, con quien se casó poco después de torturar y asesinar a su marido, Kinana, jefe de Jáybar. Kinana había tenido la custodia del tesoro de la tribu de nadir, pero se había negado a confesar su ubicación. Mahoma le dijo a uno de sus hombres: «"Tortúrale hasta arrebatarle lo que tiene", de manera que este encendió un fuego sobre su pecho con sílex y acero hasta que este quedó casi muerto. Después el apóstol lo entregó a Muhammad bin Maslama y este le decapitó».[92]

Muerto Kinana, Mahoma mandó «peinar y embellecer» a Safiyya y «pasó la noche con ella en una tienda».[93] El profeta distribuyó el resto de las mujeres de Jáybar «entre los musulmanes».[94] Cuando las ciudades oyeron lo que había sucedido en Jáybar se sintieron aterrorizadas. Ishaq comenta: «Cuando el apóstol terminó con Jáybar, Dios puso el terror en el corazón de los hombres de Fadak que oyeron lo que este había hecho a los hombres de Jáybar. Estos le enviaron una oferta de paz con la condición de que les dejara la mitad de su producción». Mahoma aceptó sus términos y «Fadak se convirtió en su propiedad privada».[95]

Mahoma continuó su conquista de territorios y tribus hasta el otoño de 629, cuando puso su mirada en La Meca. En 622 había huido de la ciudad durante la noche; siete años más tarde regresaría a plena luz del día. Había huido de La Meca como profeta perseguido. Ahora regresaba como un poderoso dirigente político con un séquito de dos mil musulmanes. Besó la piedra negra, rodeó siete veces la Kaaba e hizo los preparativos para casarse con Maymuna.

No obstante, al tercer día, los quraysh le dijeron: «Su tiempo ha terminado, de manera que váyase de aquí». Mahoma les respondió: «Qué mal les haría si me permitieran quedarme y dar una fiesta de boda en la ciudad».[96] Los mecanos no accedieron a su petición y le ordenaron salir de la ciudad. ¡No volverían a hacerlo!

## 630 A. D.: La Meca rediviva

*Ciertamente te concedimos [¡oh, Mahoma!] una victoria*
*evidente. Alá te perdonará las faltas que cometiste y las que*
*pudieses cometer, completará su gracia sobre ti, te afianzará*
*en el sendero recto y te concederá una gran victoria.*
—CORÁN 48:1-3 (*SAHIH INTERNACIONAL*)

Tras la conquista de Jáybar, el Tratado de Hudaybiyyah no era ya necesario ni conveniente para Mahoma. Ahora era el cacique más rico y poderoso de Arabia. De modo que en enero de 630 se puso camino de La Meca con un ejército de diez mil guerreros experimentados. Sabiendo que no podrían hacer frente a las fuerzas musulmanas, los mecanos se rindieron sin combatir.

Apenas un mes antes los dirigentes de la ciudad le habían ordenado abandonarla. Ahora incluso Abu Sufyan, el hombre más poderoso de toda La Meca, estaba a su merced. Mahoma se dirigió a él en un tono siniestro: «"Ay de ti, Abu Sufyan. ¿No es ya hora que entiendas que no hay más Dios que el único Dios?". Abu Sufyan respondió: "Esto ciertamente lo creo". Mahoma le dijo entonces: "Ay de ti, Abu Sufyan. ¿No es ya hora de que sepas que yo soy el apóstol de Dios?". Abu Sufyan respondió: "Por Dios, oh Mahoma, de esto tengo dudas en mi alma". Abbas, que estaba con Mahoma, le dijo a Abu Sufyan: "¡Ay de ti! ¡Acepta el islam y da testimonio de que Mahoma es el apóstol de Dios antes de que la espada cercene tu cuello!"». Coaccionado de este modo, Sufyan acató el islam. «Profesó la fe islámica y se hizo musulmán».[97]

A otros no les fue tan bien. Cuando Ibn Khatal fue descubierto aferrándose a las cortinas de la Kaaba, el profeta dijo: «Mátenlo».[98] Así, Abu Barzah «le abrió el vientre».[99] Ishaq observa que Khatal «tenía dos cantoras, Fartana y su amiga, que solían cantar coplas satíricas sobre el apóstol, por esto mandó que fueran muertas con él».[100] Una de ellas fue asesinada; la otra huyó y más adelante se le perdonó la vida.

Asimismo sucedió con el autor satírico Abdullah, hijo de Sa'd, que evitó la espada de manera fortuita. Mahoma había ordenado su ejecución porque «había sido musulmán y solía poner por escrito la revelación; después apostató y volvió con los quraysh».[101] Cuando se le llevó delante de Mahoma, el apóstol «guardó silencio», ¡esperando que uno de sus compañeros «se levantara y lo decapitara!». Sin embargo, los hombres de Mahoma estaban confusos en cuanto a sus intenciones. Uno de ellos le preguntó: «¿Por qué no me dio una señal, oh apóstol de Dios?». Mahoma «respondió que un profeta no mata señalando».[102]

Mahoma mataba de forma arbitraria. Perdonaba a algunos y a otros los ejecutaba de forma truculenta. Cuando disminuyeron las matanzas, Mahoma consideró la Kaaba. «La rodeó siete veces montado en su camello, tocando la piedra negra con una vara que tenía en la mano». Después de esto, «ordenó que todos los ídolos que había alrededor de la Kaaba se recogieran, se rompieran y quemaran con fuego».[103] A partir de este día, el apóstol sería su único ídolo y el islam su única ideología.

Los infieles serían desterrados de su suelo, y rodear la Kaaba se convertiría en el deseo de todo corazón musulmán.

## 631 A. D.: Sura de la espada

*Matad a los idólatras dondequiera les halléis, capturadles,*
*cercadles y tendedles emboscadas en todo lugar.*
—CORÁN 9:5

El año 631 fue el de la última incursión de Mahoma. Los habitantes de Arabia habían sido sometidos al estado islámico; ahora le llamaba el mundo. Partió, pues, con un ejército hacia Tabuk. El profeta tenía en «mente (la idea de combatir) a los cristianos de Arabia en Siria y Roma».[104] Esto concuerda con el comentario de Ibn Kathir sobre la famosa sura de la espada: «*Mata a los politeístas dondequiera que les encuentres*» (Corán 9:5 *Majestic*).

No esperes a encontrarles, búscales y rodéales en sus áreas y fortalezas, reúne información sobre ellos en los distintos caminos y sendas para que lo que se les ha hecho ancho les parezca más angosto. No tendrán, así, otra elección sino morir o aceptar el islam.[105]

Aunque cuando llegó a Tabuk con sus treinta mil hombres no encontró ningún adversario, el viaje de Mahoma por el desierto estableció el patrón para el resto de la historia islámica. Como bien ha dicho el famoso experto islámico Robert Spencer: «Poco después de la muerte de Mahoma, los musulmanes invadieron el Imperio bizantino enardecidos por la promesa de Mahoma en el sentido de que "al primer ejército de mis seguidores que invada la ciudad de César [Constantinopla] se le perdonarán sus pecados".[106] En 635, tan solo tres años después de la muerte de Mahoma, Damasco, la ciudad a la que se dirigía San Pablo cuando experimentó su impresionante conversión al cristianismo, cayó bajo el poder de los musulmanes». Dos años después cayó «Antioquía, donde a los discípulos se les llamó "cristianos" por primera vez (Hechos 11:26)». Y poco después, «la infeliz tarea de Sofronio, patriarca de Jerusalén, fue entregar la ciudad al triunfante Umar».[107]

Desde la caída de Jerusalén hasta el presente, el mundo ha conocido la yihad. El rastro de terror dejado por Mahoma es el legado del islam. Mahoma emigró a Medina pero nunca se integró. Cuando sus seguidores alcanzaron la masa crítica, «mató a los paganos» y tomó sus casas y tierras; más adelante «tomó» La Meca y la convirtió en el eje de sus conquistas; Mahoma sitió las ciudades de Arabia y tomó para sí sus mujeres, posesiones y riquezas. Todas sus «estrategias de guerra» prepararon el camino para lo que catorce siglos más tarde sería la más prolífica pseudoreligión del mundo (ver Corán 9:5).

Pero como cualquier otro hombre, pronto tendría que afrontar su propia mortalidad.

# 632 A. D.: Primer y último *hajj*

*Y convoca a los hombres a realizar el hajj (peregrinación);*
*vendrán a ti a pie, o sobre camellos exhaustos de todo*
*apartado camino de montaña (a realizar el hajj).*
—CORÁN 22:27 (*HILALI-KHAN*)

En marzo de 632, Mahoma llevaría a cabo su primer y último *hajj*.[108] Hordas procedentes de toda la península arábiga descendieron a la ciudad del profeta, deseosas de participar en el *hajj* bajo la tutela del maestro. Mahoma y sus esposas salieron de Medina rumbo a La Meca con una comitiva de treinta mil personas que oirían su última directriz religiosa. «Hoy los incrédulos han perdido las esperanzas de [haceros renunciar a] vuestra religión. No les temáis sino temedme a mí. Hoy os he perfeccionado vuestra religión, he completado mi gracia sobre vosotros y he dispuesto que el islam [sumisión] sea vuestra religión (Corán 5:3)».[109]

Desde aquel día, lo que Mahoma hizo en La Meca se convirtió en un patrón a imitar para todos los musulmanes.

El apóstol terminó el *hajj* y mostró los ritos a los hombres, y les enseñó lo que Dios había prescrito en relación con su peregrinación, la estación, el lanzamiento de piedras, las vueltas alrededor del templo y lo que estaba permitido y prohibido. Fue su último peregrinaje y despedida porque, después de aquel, el apóstol no volvió a peregrinar.[110]

En los meses que siguieron al *hajj*, el pasado de Mahoma volvió a él para cobrarse una venganza. Jáybar, que había sido su mayor victoria, amenazaba ahora con ser su peor derrota. Después de repartir a las mujeres entre sus hombres, él había tomado una y fue envenenado por otra. El ilustre historiador musulmán Al-Tabari (m. 923) explicó:

Cuando el mensajero de Dios descansó de su trabajo, Zainab bint al-Hariz, esposa de Salam ibn Mashkam, le sirvió un cabritillo asado. Zainab había preguntado qué parte le gustaba más al mensajero de Dios y se le dijo que era la paletilla. Ella puso, pues, abundante veneno en aquella parte, envenenó también el resto del asado y lo llevó a los comensales. Cuando lo puso delante del mensajero de Dios, él tomó la paletilla y degustó un bocado, pero no lo tragó. Con él estaba Bishr ibn al-Bará ibn Ma'rur, quien, como el mensajero de Dios, había tomado un pedazo de carne; sin embargo, Bishr sí tragó la comida, mientras que el mensajero de Dios la escupió diciendo: «Este hueso me dice que el animal ha sido envenenado». [Después le preguntó a Zainab qué le había inducido a envenenarle. Ella contestó:] «Usted sabe bien cómo ha afligido a mi pueblo. Me dije pues: "Si es profeta, lo sabrá; pero si es rey, me libraré de él"».[111]

Bishr murió aquel mismo día. Mahoma no fue tan afortunado. Como observó Aisha, que en aquel momento no tenía todavía veinte años: «Sufriendo los achaques de la enfermedad que le llevaría a la muerte, el profeta solía decirme: "¡Oh, Aisha! Todavía siento el dolor que me produjo la carne que comí en Jáybar, y ahora siento como si aquel veneno me estuviera cortando la aorta"».[112]

Desde entonces y hasta el momento de su muerte, Mahoma padeció fuertes dolores de cabeza y fiebre recurrente.[113] Viendo que su fin se acercaba y sabiendo quién era su favorita, las otras esposas renunciaron generosamente a sus turnos con el profeta. Fue así como el 8 de junio de 632 Mahoma murió en el regazo de Aisha y fue sepultado bajo el suelo de sus cámaras.[114]

Puesto que el homicidio de Mahoma está envuelto en un halo de intriga, dedico un apéndice a este asunto (Ver páginas 199-202). En resumen, los sunitas creen que Mahoma fue envenenado por la judía Zainab; mientras que los chiitas están convencidos de que lo fue por dos de sus esposas (Aisha, hija de Abu Bakr, y Hafsa, hija de Umar).

Hoy, catorce siglos después de su muerte, todos los musulmanes —sin excepción— juran lealtad a la vida y legado de Mahoma. Le alaban como el escogido de Dios y sello de los profetas. A la mera mención de su nombre, sea en conversación o en debate, se añade la frase *la paz sea con él*. No obstante, como todos los otros grandes personajes de la historia, su tumba es evidencia de que los vivos saben que van a morir.

Consideremos a Ciro el Grande. Este rey fue la personificación de un reino de bronce que gobernaría sobre la tierra. Sin embargo, a pesar del edicto más famoso de la historia de la humanidad y de dirigir un imperio que no fue eclipsado hasta el periodo de los romanos, Ciro murió apenas nueve años después de subyugar a Babilonia, la gloria de los caldeos.[115]

O pensemos en Alejandro Magno. También él ha quedado inmortalizado en los anales de la historia humana. Cuando Darío III le ofreció toda la parte del Imperio persa que quedaba al oeste del Éufrates a cambio de la paz, su respuesta fue una sangrienta guerra que ganó. No obstante, en el punto álgido de su poder, Alejandro siguió el camino de toda carne. A un mes de cumplir los treinta y tres años, moría aquel que había llorado porque no había más reinos que conquistar.[116]

Antíoco, el anticristo veterotestamentario —como Ciro y Alejandro antes de él—, gobernó el mundo con puño de hierro. Como principal villano del Imperio grecosirio, arrolló despiadadamente a sus enemigos. Crucificó a los judíos de Jerusalén por resistirse a sus propósitos helenizadores y con una arrogancia sobrehumana se autoproclamó la encarnación de Zeus. No obstante, apenas tres años después de haber cumplido su misión de profanar la fortaleza del templo, abolir el sacrificio diario e instaurar la abominación desoladora, la bestia siria murió.[117]

Mahoma no es en absoluto una excepción. Fundó la secta religiosa y política de mayor crecimiento mundial y sujetó brutalmente la península arábiga a su tiránico terror. En la mayor de sus conquistas hizo decapitar a un hombre judío, tomó a su esposa como botín, la hizo peinar y embellecer y la forzó a acostarse con él. Prometió a sus hombres bienes terrenales o una eternidad en los brazos de huríes. Sin embargo, igual que Antíoco, apenas tres años después de matar brutalmente a los judíos de Jáybar yacía muerto en los brazos de una mujer con la que se había casado cuando ella tenía seis años.

¡Cuán distinta fue la vida de Jesucristo! Él elevó a las mujeres a una igualdad ontológica con los hombres[118] y enseñó a todos sus seguidores los principios de un reino que no tendrá fin.[119] Ordenó a quienes le seguían que amaran a sus enemigos y oraran por quienes les perseguían.[120] Les instruyó a que volvieran la otra mejilla,[121] a ser pacificadores y no belicosos.[122] Cuando uno de sus discípulos atacó a un soldado con su espada, Jesús le dijo: «Guarda tu espada [...], porque los que a hierro matan, a hierro mueren».[123] Defendió a los oprimidos y condenó a los que pretendían una superioridad moral.[124] Y, por encima de todo, estableció el ejemplo moral decisivo al morir para que otros puedan tener vida.[125]

La distancia entre simples mortales, como Ciro, Alejandro, Antíoco y Mahoma, y aquel que dijo «Yo soy el camino, la verdad y la vida»[126] es del todo insalvable. De igual modo, la diferencia entre las declaraciones poco fiables del islam y las seguras revelaciones del cristianismo es la distancia entre lo limitado y lo infinito. No es solo que la superioridad profética de la Biblia la eleve muy por encima del Corán, sino que a medida que van apareciendo nuevas perlas arqueológicas, la veracidad de la Escritura se va iluminando más y más. Su ética impecable y numerosas evidencias objetivas demuestran que el origen de la Biblia no es humano sino divino. Su ética deficiente, errores de contenido y hueca elocuencia demuestran que el Corán carece del sello y aprobación divinos.

La primera está construida sobre la sólida roca; el otro, sobre las cambiantes arenas de unas revelaciones indignas de confianza.

# REVELACIONES INDIGNAS DE CONFIANZA

## El emperador está desnudo

*Ellos no le mataron, ni le crucificaron,*
*pero así se lo hicieron creer a ellos.*

—CORÁN 4:157

El islam se apoya en una multitud de revelaciones. Pero solo una de ellas se considera la eterna palabra de Alá, vehiculada por su profeta escogido, seis siglos después de la crucifixión de Cristo. Se considera increada e inalterable, sin error, con una ética fuera de toda duda y más elocuente que cualquier obra que el mundo haya conocido.[1]

El Corán está formado por 114 suras (capítulos), algunas de ellas reveladas en La Meca y otras en Medina. Las suras mecanas presentan a Mahoma como el profeta definitivo de Dios, mayor que todos los que vinieron antes de él. Estas suras comienzan con el relato de la creación de Adán por parte de Alá «de un coágulo de sangre» (96:2) y avanzan hasta la noche del destino en la que Mahoma descubre que ha sido llamado a ser el mensajero de Alá (aunque la *shahada* por la que los musulmanes son salvos, «No hay más dios que Dios; Mahoma es el mensajero de Dios», no aparece de este modo en el Corán, puede compilarse mediante la unión de varios pasajes). También incluidas en las suras mecanas está el famoso viaje nocturno de Mahoma «desde la mezquita sagrada a la mezquita lejana» (17:1), así como relatos de profetas subordinados con los que se encuentra por el camino. Aunque los nombres de estos profetas —Jesús, Abraham, Moisés, etcétera— son los mismos que en el relato bíblico, la narración de sus vidas y prácticas está radicalmente alterada.

A diferencia de las suras mecanas, las de Medina son menos proféticas y más políticas. Tanto los judíos como los cristianos se convierten en *persona non grata*. «¡Oh, creyentes! No toméis a los judíos ni a los cristianos por aliados. Ellos son aliados unos de otros. Y quien de vosotros se alíe con ellos será uno de ellos. Alá no guía a los inicuos» (5:51). Por otra parte, la pena por incredulidad en esta vida puede ser «que se les mate, o crucifique, o se les ampute una mano y el pie opuesto o se les destierre» (5:33). Mahoma presenta también persuasivas imágenes que predicen los placeres que aguardan a los musulmanes que están dispuestos a morir por causa del profeta. Estos recibirán abundancia de riquezas, «brazaletes de oro y perlas; y vestidos con seda» (22:23); disfrutarán de «ríos de vino» (47:15); y se entregarán a una incesante sexualidad celestial con hermosas mujeres, «de recatado mirar, que no fueron tocadas antes por ningún hombre ni genio» (55:56).

Para entender el Corán (revelaciones recitadas), los musulmanes se sirven de las tradiciones (revelaciones no recitadas) como las *siras* (biografías de Mahoma) y los hadices (narraciones).[2] «Juntos, las *siras* y los hadices, que comprenden los comentarios orales, observaciones y enseñanzas de Mahoma, forman la *sunna*, o "ejemplo" provisto por el profeta. De la *sunna* surge el cuerpo esencial de fe, moralidad y doctrina sobre el que se basa el islam».[3] Pero solo el Corán —y solo su texto en árabe— se considera infalible.

El respetado especialista en árabe W. St. Clair Tisdall lo expresa así:

> [Mahoma] oyó a Gabriel leyendo en voz alta o recitándole en voz claramente audible cada palabra del Corán, según estas se iban inscribiendo en la «Tabla Preservada» en el cielo. Se sostiene que el árabe es el lenguaje celestial y de los ángeles y que, por tanto, en el Corán tenemos tanto las propias palabras de Dios como su Palabra. Las palabras, metáforas, reflexiones, narraciones, estilo, todo ello es completa y enteramente de origen divino.[4]

Por supuesto, esta pretensión es manifiestamente falsa. Lejos de ser divino, el origen del Corán es claramente humano.

> Está impregnado del aire del desierto, nos permite oír los gritos de lucha de los seguidores del profeta cuando están a punto de iniciar la batalla, revela la actividad mental de Mahoma y muestra el progresivo declive de su carácter, su transformación de un entusiasta fervoroso y sincero, aunque visionario, en un consciente impostor y manifiesto sensualista.[5]

En marcado contraste con la Santa Biblia, el Corán está saturado de deficiencias éticas y de errores de contenido. Además, como veremos, la pretensión coránica que afirma «Si los hombres y los genios se unieran para hacer un Corán similar, no podrían lograrlo aunque se ayudaran mutuamente» (17:88), no es más que *hueca elocuencia*.

## ÉTICA DEFICIENTE

Jesús, quien es manifiestamente Dios en carne humana, dio al mundo dos grandes mandamientos: «Ama al Señor tu Dios con todo tu corazón, con toda tu alma, con toda tu mente y con todas tus fuerzas» y «Ama a tu prójimo como a ti mismo» (Mr 12:30-31). El Dios coránico viola ambas prescripciones con temerario desenfreno.

El Corán vulnera el primer gran mandamiento al convertir un Dios eterno, santo y majestuoso, que se revela en tres centros de conciencia, en un ser que no solo malinterpreta conceptos gramaticales básicos, sino que ni siquiera es capaz de asimilar unas realidades históricas irrefutables. En este sentido, Alá imagina burdamente que, en relación con el Hijo de Dios, la palabra *engendrado* presupone una reproducción de carácter sexual[6] en lugar de una relación especial,[7] y malinterpreta completamente la Trinidad al asumir que María es Dios[8] y el Espíritu Santo es el ángel Gabriel.[9] Por otra parte, en contra de las abrumadoras evidencias históricas, Alá niega la crucifixión de Jesucristo.[10]

La violación del segundo gran mandamiento por parte de Alá es aun más patente al aprobar el asesinato, el adulterio, el robo, el falso testimonio y la codicia.

# Mata

*No mates.*
—ÉXODO 20:13

En marcado contraste con el Dios de la Biblia, el Alá coránico ordena el asesinato y lo hace de un modo grotesco y horrendo. De sus más de cien órdenes homicidas, hay tres que se destacan inmediatamente.

La primera es la de Amr hijo de al-Hadrami, miembro de la propia tribu de Mahoma. Este asesinato (el primero de la historia musulmana) perturbó profundamente a los invasores musulmanes, puesto que se produjo durante el mes sagrado de rayab. Alá, no obstante, «alivió la ansiedad de los musulmanes sobre esta cuestión»[11] diciéndoles: «Y la sedición es peor que el homicidio».[12]

Por otra parte, los ataques de los terroristas islámicos están directamente prescritos por Alá, quien dijo a sus seguidores: «Cuando os enfrentéis a los incrédulos, descargad los golpes en el cuello» (Corán 47:4).[13] Nadie entendió este mandamiento de Alá más literalmente que el propio Mahoma, quien en el año 627 decapitó a más de seiscientos judíos en Medina.[14]

Por último, hemos de observar que Alá no solo permite el homicidio, sino que lo prescribe. «Se os ha prescrito que combatáis, aunque os disguste. Puede que os disguste algo que os conviene y améis algo que no os conviene. Alá sabe, mientras que vosotros no sabéis» (Corán 2:216). Lejos de considerarse un vicio, el homicidio se convierte, por tanto, en una virtud. Este mandamiento de Alá no puede entenderse como una alusión a la legítima defensa. El contexto de estas sanguinarias órdenes de Alá es la motivación de los musulmanes para el asalto de las caravanas mecanas.[15]

# Comete adulterio

*No cometas adulterio.*
—ÉXODO 20:14

En el islam, el adulterio es una práctica rampante. Los musulmanes chiitas han diseñado incluso un dogma llamado *mut'ah* como un medio para tener relaciones sexuales sin el inconveniente de un matrimonio permanente.[16] La duración de los matrimonios *mut'ah* oscila entre unas horas y varios días. Esto representa una buena opción para los chiitas solteros que desean tener relaciones sexuales sin comprometerse con una mujer. Los elementos cruciales del enlace *mut'ah* son un «regalo nupcial», que se paga en efectivo, y un compromiso de la mujer de permanecer soltera durante, al menos, dos ciclos menstruales tras la expiración del contrato *mut'ah*.[17]

Sin embargo, el adulterio no se limita, ni mucho menos, a la práctica del *mut'ah*. Desde el principio, Alá ha otorgado a todos los musulmanes su aprobación para que mantengan relaciones sexuales adúlteras con las mujeres capturadas: «aquellas que posee vuestra diestra» (Corán 4:24). En Jáybar, por ejemplo, Mahoma hizo que uno de sus hombres torturara y matara a un judío y poco después mantuvo relaciones sexuales con su viuda. El resto de las cautivas las distribuyó entre sus guerreros.[18]

Por otra parte, Alá está tan profundamente comprometido con el principio de la esclavitud sexual que recapitula reiteradamente sus órdenes adúlteras. En una ocasión le dice a su profeta: «Te son lícitas tus esposas, a las que has pagado su *mahr* (dote dada por el marido a su esposa en el periodo de la boda), y aquellas (cautivas o esclavas) que posee tu diestra y que Alá te ha dado» (Corán 33:50 *Hilali Khan*). En otra ocasión, les dice a los hombres musulmanes que han de «abstenerse de tener relaciones sexuales, sino con aquellas unidos a ellos en el vínculo matrimonial o (las cautivas) que posee su diestra» (Corán 23:5-6). Y, en Corán 70, deja muy claro que las relaciones adúlteras han de limitarse a las mujeres esclavas y cautivas. A quienes van más allá de esto les considera «transgresores» (70:30-31).[19]

Por último, Alá aprueba lo que en una sociedad educada se consideraría una poligamia adúltera. En el Corán 4:3, Alá permite el matrimonio a los musulmanes «con las mujeres que os gusten: dos, tres o cuatro». Irónicamente, en el Corán 33:50, Alá otorga a Mahoma su aprobación para que se case con «toda mujer creyente, si se ofrece al profeta y el profeta quiere casarse con ella». De modo que, mientras que a los otros hombres solo se les permite casarse con un máximo de cuatro mujeres, Alá concede a Mahoma una excepción que le permite contraer matrimonio al menos con doce mujeres.[20]

# Roba

*No robes.*
—ÉXODO 20:15

En primer lugar, como deja claro Alá, a los musulmanes *se les permite* robar, aunque solo a los infieles. Si un musulmán roba a otro musulmán, Alá ordena que se le ampute la mano: «Al ladrón y a la ladrona cortadles la mano» (Corán 5:38). A quienes rechazan los explícitos mandamientos de Alá se les califica de «infieles» e «hipócritas» y «tienen por morada el infierno» (Corán 66:9).

Por otra parte, Alá ordena a los musulmanes no solo que roben, sino también que se deleiten cuando lo hagan. «¡*Disfrutad* del botín hecho!», porque es «lícito y bueno» (Corán 8:69). Y las directrices de Alá no se limitan solo a robos de cosas pequeñas, sino también a la toma de enormes botines. Después de infundir terror en el corazón del pueblo del libro, aconseja a los musulmanes que roben «sus casas y sus bienes» (Corán 33:26-27).

Por último, es importante entender la naturaleza expansiva de las promesas de Alá. En un principio estos robos solo entrañaban el botín de las caravanas mecanas. Más adelante, los musulmanes fueron empoderados para robar ciudades enteras como Jáybar. Y, finalmente, Alá promete que por el uso de la espada el islam conseguirá un califato que abarcará toda la tierra.[21] Los incentivos de Alá son siempre los mismos. Cuatro quintas partes han de repartirse entre las hordas musulmanas, la quinta restante es para Alá y para su heraldo: «Sabed que, si obtenéis algún botín, un quinto corresponde a Alá y al mensajero» (Corán 8:41).[22]

# Da falso testimonio en contra de tu prójimo

*No des falso testimonio en contra de tu prójimo.*
—ÉXODO 20:16

En su famoso discurso en la Universidad del Cairo, Barack Obama citó las palabras de Alá impartidas en el Corán. «El santo Corán enseña que cualquiera que mata a un inocente, es como si hubiera matado a toda la humanidad. Y afirma también que quien salva a una persona, es como si salvara a toda la humanidad». Obama siguió diciendo: «En el combate contra el extremismo violento, el islam no es parte del problema, sino un elemento promotor de la paz».[23]

Como buen estudiante de historia, Obama sabía sin duda que aquello era pura y simplemente *taqiyya* (fingimiento religioso). Lo que hizo fue sacar un texto de su contexto y usarlo como pretexto para la paz, cuando de hecho el Corán pretende comunicar algo muy distinto. En el contexto, Alá está parafraseando al Dios del Talmud judío y lo está haciendo para desarrollar un argumento más amplio, a saber: que el homicidio, la crucifixión o la mutilación de los judíos están justificados porque la incredulidad equivale a la sedición.

Como saben perfectamente los lectores del Corán, el versículo que sigue al que Obama cita fuera de contexto dice esto:

> La retribución de quienes hacen la guerra a Alá y a su enviado y se dan a corromper en la tierra es esta: serán muertos sin piedad, o crucificados, o amputados de manos y pies opuestos, o desterrados del país. Sufrirán ignominia en la vida de acá y terrible castigo en la otra (5:33 *Shakir*).[24]

Por otra parte, lo que Obama hizo en El Cairo lo repiten constantemente organizaciones islámicas radicales como el Consejo de Relaciones Islámico-Americanas (CAIR). Tras los asesinatos islámicos en París en las oficinas de Charlie Hebdo y en un supermercado judío, Osama al-Qasem modificó las palabras del Corán en 5:32 e hizo caso omiso del versículo siguiente.[25] Los portavoces del CAIR dominan el arte de decir la verdad, pero no toda la verdad, con la intención de dar una impresión falsa e interesada (*kitman*). Su meta es siempre la misma: encubrir de los que no creen unos dogmas que estos considerarían detestables.

Por último, el Corán enseña abiertamente que Alá es el maestro del *makr* o engaño. Como se expresa en el Corán (3:54 y 8:30): «Alá (es el) mejor (de) los engañadores» (traducción literal). Algo que es hasta más perturbador desde la perspectiva del islam es que, como queda claro en 7:99, aun los musulmanes devotos han de tener cuidado de los engaños de Alá. Según la versión del venerable traductor musulmán Muhammad Pickthall:

«Que nadie se considere a salvo de las intrigas de Alá sino los que perecen». Irónicamente, numerosos traductores del Corán utilizan la palabra *engaño* para hacer que el término *makr* parezca benigno.[26]

Antes de seguir adelante, permítanme subrayar que hay probablemente millones de musulmanes devotos que no podrían ni plantearse tomar el camino de la *taqiyya*. Junto a multitudes de no musulmanes, estos consideran probablemente que las tácticas de fingimiento religioso de organizaciones musulmanas como el CAIR son, en el mejor de los casos, dignas de vergüenza.

## Codiciarás

*No codicies la casa de tu prójimo: no codicies su*
*esposa, ni su esclavo, ni su esclava, ni su buey,*
*ni su burro, ni nada que le pertenezca.*
—ÉXODO 20:17

El Dios de la Biblia condena la codicia en términos muy explícitos. En marcado contraste, el Dios del Corán la elogia. Cuando, siendo rey de Israel, David codició y tomó a la mujer de Urías, Dios le envió al profeta Natán para proclamar juicio sobre él.[27] Cuando Mahoma, el profeta de Alá, codició a la mujer de su prójimo —como en el caso de Zainab, esposa de Zaid, su hijo adoptivo— Alá le mandó al profeta un mensaje diciendo: «No hay culpa en el profeta en aquello que Alá ha hecho lícito para él» (Corán 33:38 *Hilali-Kan*).

Por otra parte, como antes hemos observado, el Dios del islam le permitió a Mahoma codiciar las riquezas y las mujeres de la península arábiga.[28] No solo codició mujeres con las que casarse, sino también esclavos y esclavas, bueyes, asnos y todo aquello que pudiera tomar. Si un profeta bíblico hubiera hecho algo así, habría sido duramente castigado por el Dios de Abraham, Isaac y Jacob, como lo fueron David y Salomón.[29]

Finalmente, la depravación de Alá se muestra en su permiso a los musulmanes para que tengan relaciones sexuales con cualquiera «(cautivas) que posea su diestra» (Corán 23:5-6).[30] Uno de los resultados directos de las muchas declaraciones coránicas de Alá en este sentido es que Mahoma y sus hombres practicaron ampliamente la esclavitud sexual y la consideraron algo perfectamente normal. En el islam la codicia está tan extendida que Alá permite a los hombres musulmanes la práctica de la poligamia (Corán 4:3).

Las deficiencias éticas del Alá del Corán llegan aún más lejos. En 4:34, Alá exhorta a los hombres musulmanes a «azotar»[31] a sus esposas para que «vuelvan a la obediencia».[32] Este mandamiento coránico es tan inaceptable para las sensibilidades occidentales que algunos traductores musulmanes cambian la expresión *azotarlas* por *golpearlas*. Abdullah Yusuf Ali llega incluso a añadir, de forma absolutamente gratuita, la palabra *suavemente*, aunque en el original árabe no existe este matiz.[33]

Cuando comparamos la moralidad personal de Mahoma con la de Jesús, la diferencia es extraordinaria. El Corán exhorta a Mahoma a pedir «perdón por tu falta» (Corán 40:55). Por el contrario, la ética de Jesús en todos los aspectos de la vida —incluida su forma de tratar a las mujeres— fue tan irreprochable que pudo preguntar: «¿Quién de ustedes me puede probar que soy culpable de pecado?» (Juan 8:46; ver también 2 Corintios 5:21; 1 Juan 3:5).

## ERRORES DE CONTENIDO

El Corán no solo está lleno de deficiencias éticas, sino también de errores factuales (el peor de ellos es su negación de la crucifixión de Cristo). Esta negación coránica se consigna en 4:157 y es explícita y enfática: «*No le mataron ni le crucificaron*, sino que les pareció así. Los que discrepan acerca de él, dudan. No tienen conocimiento de él, no siguen más que conjeturas. Pero, *ciertamente no le mataron*». Naturalmente, esta aseveración de Alá en el sentido de que Cristo no fue crucificado es falsa desde el punto de vista de los hechos.

### Crucifixión

El sufrimiento mortal de Jesucristo que se relata en el Nuevo Testamento es uno de los hechos mejor establecidos de la historia antigua. Incluso en esta era moderna de grandes adelantos científicos, existe virtualmente un consenso entre los eruditos del Nuevo Testamento —*conservadores y liberales*— en el sentido de que Jesús murió en una cruz romana, fue sepultado en la tumba de José de Arimatea y su muerte produjo la desesperación de sus discípulos.[34]

Mientras que Alá sostiene que Cristo no fue crucificado, la evidencia histórica apunta claramente en otra dirección. Los terribles padecimientos de Cristo conducentes a su muerte comenzaron en el huerto de Getsemaní tras la emotiva última cena. Allí experimentó una condición orgánica conocida como hematidrosis (secreciones mezcladas de sudor con sangre por la ruptura de diminutos capilares en las glándulas sudoríparas).[35]

Después de ser arrestado por la guardia del templo fue objeto de burla, golpes y escupitajos. La mañana siguiente, golpeado, magullado y sangrando, fue despojado de sus ropas y sometido a la brutalidad de la flagelación romana: un látigo con numerosos huesos astillados, cortantes como hojas de afeitar, y bolas de plomo redujo su cuerpo a temblorosas tiras de carne sangrante.

Mientras Jesús se desplomaba en el inmenso charco de su propia sangre, los soldados echaron una túnica escarlata sobre sus hombros, pusieron un cetro en sus manos y le clavaron una corona de espinas en el cuero cabelludo. Después, cargaron una pesada vigueta de madera sobre su cuerpo sangrante y le llevaron al «lugar de la Calavera» (Mateo 27:33). Allí, en una cruz, experimentó un atroz sufrimiento físico.

En «el lugar de la Calavera» los soldados romanos clavaron las manos y pies de Cristo en el madero con gruesos clavos de hierro de casi veinte centímetros. En las horas que siguieron Jesús experimentó ciclos de desgarradores calambres, asfixia intermitente y un dolor atroz cuando, intentando respirar, su cuerpo lacerado subía y bajaba, rozando la áspera madera.

Mientras los escalofríos de la muerte avanzaban por su cuerpo, Jesús gritó con fuerza: «Dios mío, Dios mío, ¿por qué me has desamparado?» (Mateo 27:46). Y en este grito angustioso se condensa la mayor de las agonías. Porque en la cruz Cristo llevó el pecado y el sufrimiento de toda la humanidad. Y después, terminada la pasión, Jesús entregó su espíritu.

Poco después, un legionario romano clavó su lanza por el quinto espacio intercostal, alcanzando el pericardio y el corazón de Cristo. Inmediatamente salió sangre y agua, demostrando de forma concluyente que la tortura de Jesús había concluido con su muerte. Como profetizó Isaías: «Él fue traspasado por nuestras rebeliones y molido por nuestras iniquidades» (Isaías 53:5). O en palabras del apóstol Pablo: «Cristo murió por nuestros pecados según las Escrituras» (1 Corintios 15:3).

Ciertos descubrimientos arqueológicos recientes no solo corroboran la descripción bíblica de la crucifixión romana, sino que también autentican los detalles bíblicos sobre el juicio que llevó a su muerte. En unas excavaciones en las ruinas de un antiguo teatro herodiano de Cesarea —la capital romana de Judea— se desenterró una inscripción del siglo I que confirma a Pilato como gobernador romano durante la época en que Cristo fue juzgado y crucificado.[36] Pueden aportarse muchas pruebas similares, entre ellas el descubrimiento de una cámara funeraria que data del siglo I y que da validez a la afirmación bíblica de que Caifás fue el sumo sacerdote que presidió los juicios religiosos que llevaron a la crucifixión.[37]

Como los arqueólogos, algunos historiadores de la antigüedad —como Flavio Josefo, un judío que escribía para los romanos— dan testimonio de la realidad histórica de la crucifixión de Cristo.[38] Cornelio Tácito, considerado ampliamente como el mayor historiador del siglo I del antiguo Imperio romano, aporta un testimonio confirmatorio de confianza.[39] Y como Josefo y Tácito, Cayo Suetonio Tranquilo, famoso por su biografía *Vida de los doce césares*, presenta pruebas externas confiables de la validez de un Cristo crucificado.[40]

Además, un amplio grupo de eruditos del Nuevo Testamento, tanto liberales como conservadores, concuerdan en que el cuerpo del Cristo crucificado fue sepultado en el sepulcro privado de José de Arimatea.[41] Hay que tratar aquí una última cuestión, a saber: que la negación coránica de la crucifixión de Cristo ha llevado también a una gran cantidad de otros errores. Desde la perspectiva musulmana, Jesús no fue nunca crucificado y, por tanto, nunca resucitó. El islam afirma que Dios hizo que alguien se pareciera a Jesús, y que este fuera crucificado erróneamente en su lugar. La idea de que fue Judas a quien Dios hizo que se pareciera a Jesús se ha popularizado en círculos musulmanes mediante una invención medieval titulada *El Evangelio de Bernabé*.[42]

Naturalmente, esto no es poca cosa. Como la negación de la crucifixión de Cristo, la impugnación de su resurrección equivale a arrancar el corazón de la fe cristiana histórica. Pero como sucede con su muerte, el islam está completamente equivocado cuando niega la resurrección de Cristo. Los apóstoles no se limitaron a propagar las enseñanzas de Jesús, sino que estaban completamente seguros de que se les había aparecido corporalmente. En 1 Corintios 15:3-7 el apóstol Pablo reitera un credo cristiano que eruditos de todas las persuasiones concluyen que puede fecharse meses después de la ejecución del Mesías. Este credo, que afirma claramente las apariciones de Cristo tras la resurrección, está libre de toda contaminación legendaria y se fundamenta, en última instancia, en el testimonio de testigos presenciales.[43]

Una de las apariciones más sorprendentes tras la resurrección es la de Santiago. Antes de estas apariciones, Santiago se avergonzaba de todo lo que Jesús representaba; más adelante, se mostró dispuesto a morir por la idea de que su pariente era Dios.[44] La cuestión que surge inevitablemente es esta: ¿qué podría haber sucedido para que alguien estuviera dispuesto a morir por la idea de que un miembro de su familia era Dios? La respuesta no es otra que las apariciones tras la resurrección de Cristo.

Lo que sucedió como consecuencia de la resurrección es algo único en la historia humana. En el lapso de unos cientos de años, un pequeño grupo de creyentes aparentemente insignificantes consiguió poner todo un imperio patas arriba. Aunque es concebible que hubieran estado dispuestos a afrontar torturas, injurias y hasta muertes crueles por lo que creían fervientemente que era cierto, es inconcebible que, como su Señor, hubieran querido morir por lo que sabían que era una mentira. Si su testimonio no era cierto,[45] no había ningún motivo posible para que dijeran lo contrario.[46]

La negación de la crucifixión de Cristo es ciertamente suficiente para descartar el Corán como una invención completamente humana. Pero hay más. Mucho, mucho, más.

## La Trinidad

En el tiempo de Mahoma, la reproducción humana suscitaba un interés muy limitado y se entendía de un modo bastante simple; en el Corán esta se describe hablando de un sencillo coágulo de sangre.[47] Por otra parte, posiblemente, ningún hombre del siglo VII hubiera siquiera imaginado la realidad de las partículas subatómicas (mucho menos la energía atómica que puede generar la fisión nuclear). No cabe duda de que, hace catorce siglos, la negociación de complejos tratados para preservar a la humanidad de un holocausto nuclear propiciado por la división atómica se habría considerado algo ridículo.

De igual manera, para Mahoma habría resultado incomprensible la idea de un Dios inefable capaz de crear el universo *ex nihilo*. El cristianismo siempre ha afirmado que el necesario prerrequisito para que el ser humano pueda comprender la realidad es una verdadera revelación. La mera razón es insuficiente. Por aguda que sea la vista de una persona, no podrá ver nada si está confinada en una oscuridad total. Igual que la luz es necesaria para ver, también lo es la revelación para conocer.[48]

Del mismo modo que Mahoma no habría podido comprender la compleja composición de la materia, tampoco podía concebir la complejidad de una deidad trina; algo que, de hecho, nadie puede comprender. Aunque podemos *percibir* lo que Dios nos ha revelado sobre su naturaleza, el Dios que dio existencia al universo con su palabra es, como tal, *incomprensible*. Dios es, ciertamente, inefable. Esta es precisamente la razón por la que los cristianos se sujetan a la revelación que Dios mismo nos imparte, mientras que los musulmanes utilizan la razón falible para remodelar a Dios a su propia imagen.

Sobre esto, C. S. Lewis afirmó correctamente: «Las religiones inventadas son las sencillas».[49] Puede que Lewis tuviera en mente la religión del islam. «Si el cristianismo fuera algo inventado, desde luego que lo haríamos mucho más fácil. Pero no lo es. No podemos competir en cuanto a simplicidad con aquellos que inventan religiones. ¡No podemos! Nosotros manejamos hechos. Naturalmente, cualquiera puede ser sencillo si no tiene que preocuparse de los hechos».[50]

El concepto cristiano de Dios es cualquier cosa menos simplista. No podemos *comprender* completamente aquello que *percibimos*. Aun en la eternidad seguiremos creciendo en nuestra comprensión de una deidad infinita, incomprensible e inefable, que ha querido revelar su triunidad a los mortales. En pocas palabras, su revelación es triple: (1) hay un solo Dios; (2) el Padre es Dios, el Hijo es Dios y el Espíritu Santo es Dios; (3) Padre, Hijo y Espíritu Santo son eternamente distintos.

En primer lugar, solo hay un Dios. El cristianismo no es una fe politeísta sino intensamente monoteísta. «Ustedes son mis testigos —afirma el Señor—, son mis siervos escogidos, para que me conozcan y crean en mí, y entiendan que yo soy. *Antes de mí no hubo ningún otro dios, ni habrá ninguno después de mí*» (Isaías 43:10).

En segundo lugar, en cientos de pasajes bíblicos se habla del Padre, Hijo y Espíritu Santo como único Dios verdadero. Un buen ejemplo de esto es lo que dijo el apóstol Pablo: «No hay más que un solo Dios» (1 Corintios

8:6). Hablando del Hijo, el Padre afirma: «Tu trono, oh Dios, permanece por los siglos de los siglos» (Hebreos 1:8). Y cuando Ananías mintió «al Espíritu Santo», Pedro señaló que no había mentido «a los hombres, sino a Dios» (Hechos 5:3-4).

En tercer lugar, Padre, Hijo y Espíritu Santo son eternamente distintos. La Escritura describe claramente las relaciones sujeto-objeto entre Padre, Hijo y Espíritu Santo. Por ejemplo, el Padre y el Hijo se aman mutuamente, hablan entre sí y, juntos, envían el Espíritu Santo.[51] Jesús proclama, además, que él y el Padre son dos testigos y jueces distintos (Juan 8:14-18). Si Jesús fuera el Padre, su argumento no solo habría sido irrelevante, sino fatalmente deficiente; y, si este fuera el caso, no podría ser realmente Dios.

Es importante observar que cuando los cristianos hablan de un Dios, hacen referencia a su naturaleza o esencia. Por otra parte, cuando hablan de las personas, se refieren a las distinciones personales dentro de la Trinidad. Dicho de otro modo, creemos en un *Ser* y tres *Personas*.[52]

Todo esto es muy distinto de la patética caricatura de Dios que representa el Alá coránico. No es solo que niegue la doctrina de la Trinidad, sino que la malinterpreta y la deforma. En un terco error conceptual o maliciosa distorsión, Alá reformula la Trinidad como el Padre, María y Jesús. Aunque el lenguaje coránico no es exactamente fluido, resulta instructivo intentar comprender la enrevesada refutación de la Trinidad que hace Alá:

> No creen, en realidad, quienes dicen: «Alá es el *tercero de tres*». No hay ningún otro dios que el único Dios, y si no paran de decir eso, un castigo doloroso alcanzará a quienes de ellos no crean. ¿No se volverán a Alá pidiéndole perdón? Alá es indulgente, misericordioso. El Ungido, hijo de María, no es sino un enviado, antes del cual han pasado otros enviados, y su madre fue solo una mujer. Ambos tomaban alimentos. ¡Mira cómo les explicamos los signos! ¡Y mira cómo son desviados! (Corán 5:73-75 *Arberry*).[53]

En primer lugar, hemos de observar que Alá parece pensar que los cristianos (a quienes él considera personas que no creen) sostienen que Dios es «el tercero de tres». Esto es, por supuesto, manifiestamente falso. Los cristianos, en concierto con judíos y musulmanes, sostienen que hay un solo Dios. El libro de Deuteronomio contiene la oración más importante (la *shemá* hebrea) del judaísmo veterotestamentario: «Escucha, Israel: el SEÑOR nuestro Dios es el único SEÑOR» (6:4). Y cuando los maestros de la ley le preguntaron a Jesús: «De todos los mandamientos, ¿cuál es el más importante?». Jesús les respondió: «El más importante es: "Oye, Israel. El Señor nuestro Dios es el único Señor"» (Marcos 12:28-29).

Por otra parte, si Alá es realmente Dios debería saber que los cristianos creen que el Mesías no es simplemente un hombre que «tomaba alimentos», sino más bien el Dios-hombre que había creado la misma comida que comía. El apóstol Pablo afirmó:

> Él es la imagen del Dios invisible, el primogénito de toda creación, porque *por medio de él fueron creadas todas las cosas* en el cielo y en la tierra, visibles e invisibles, sean tronos, poderes, principados o autoridades: todo ha sido creado por medio de él y para él. Él es anterior a todas las cosas, que por medio de él forman un todo coherente (Colosenses 1:15-17).

Por último, suponer, como hace Alá, que los cristianos piensan que María es el tercer miembro de la Trinidad significa malinterpretar totalmente el concepto bíblico de la Trinidad. Una cosa es que un musulmán del siglo VII como Mahoma se equivocara en esta cuestión; pero otra muy distinta imaginar que un Alá omnisciente pueda cometer un error tan elemental en un libro que, supuestamente, existe desde la eternidad,[54] un libro que fue dado para contestar a la afirmación de que Dios es «Él, Jesús y María».[55]

Aunque hay distintas formas de interpretar las declaraciones coránicas con respecto a la posición de María, esta declaración queda inalterada. Ningún cristiano fiel llegaría siquiera a considerar la posibilidad de elevar a María a la posición de Dios. Los cristianos veneran justamente a María, pero adorarla está estrictamente prohibido. Si hay algo claro en la Biblia es que la *theotokos* («Madre de Dios») es un instrumento humano de Dios (no es evidentemente una esposa o compañera), plenamente sujeta a la transformación mediante Cristo su Salvador (ver Lucas 1:48). (Para un tratamiento más amplio, ver Principales errores del islam, páginas 137 y ss.).

# Espíritu Santo

Como si la negación de la crucifixión y de la Trinidad no fuera error suficiente, Alá demuestra un despiste total y absoluto con respecto a la doctrina cristiana del Espíritu Santo. La Escritura identifica claramente al Espíritu Santo como la tercera persona de la Trinidad, no a María. En el Libro de los Hechos, cuando Ananías mintió al Espíritu Santo, Pedro le dijo: «*¡No has mentido a los hombres, sino a Dios!*» (5:3-4).[56] Los errores factuales de Alá sobre el Espíritu Santo son tan graves que le dejan fuera de cualquier reivindicación seria de divinidad.

A diferencia de Alá, aquellos que están familiarizados con el Espíritu Santo saben que él —no María— no es solo la tercera persona de la Trinidad, sino también quien inspiró a los verdaderos profetas para que hablaran las verdaderas palabras de Dios. En palabras del apóstol Pedro: «Ante todo, tengan muy presente que ninguna profecía de la Escritura surge de la interpretación particular de nadie. Porque la profecía no ha tenido su origen en la voluntad humana, sino que los profetas hablaron de parte de Dios, impulsados por el Espíritu Santo» (2 Pedro 1:20-21).[57]

Ciertamente, todas las decisiones importantes de la Iglesia cristiana embrionaria se tomaron bajo la dirección, guía y acción del Espíritu Santo. Y a medida que la Iglesia primitiva iba creciendo, los primeros cristianos comenzaban a entender lo que Jesús tenía en mente cuando dijo: «Pero les digo la verdad: Les conviene que me vaya porque, si no lo hago, el Consolador no vendrá a ustedes; en cambio, si me voy, se lo enviaré a ustedes» (Juan 16:7). De hecho, el abogado, consejero, consolador —el Espíritu Santo— estaba directamente implicado en todos los notables avances de la Iglesia cristiana. Por ejemplo, cuando los apóstoles de Jerusalén oyeron que Samaria había aceptado la vida y la verdad de Cristo, enviaron a Pedro y a Juan para que les impusieran las manos y recibieran el Espíritu Santo (Hechos 8:14-17). En la iglesia de Antioquía el Espíritu Santo reveló a los creyentes que Bernabé y Saulo debían ser apartados para ministrar a los gentiles (Hechos 13:2).[58] Y es el Espíritu Santo quien «intercede por los creyentes conforme a la voluntad de Dios» (Romanos 8:27).

En pocas palabras, en contraposición a lo que dice Alá, los cristianos no adoran a María como la tercera persona de la Trinidad, sino que adoran al precioso Espíritu Santo: el tercer centro de conciencia dentro del Dios único e inmutable. Aunque los creyentes veneran a María, la adoración pertenece solo a Dios. Solo el Espíritu Santo nos capacita para entender «lo que por su gracia él nos ha concedido» (1 Corintios 2:12).

Por otra parte, cabe observar que el Dios coránico comete tres errores elementales confundiendo al Espíritu Santo con el ángel Gabriel, quien dictó el Corán a Mahoma durante un periodo de unos veintitrés años. Como observa correctamente la organización fundamentalista musulmana Submission.org: «En el Corán, al Espíritu Santo se le define claramente como el ángel Gabriel, el mensajero entre el Dios todopoderoso y los seres humanos». Como sigue explicando esta web, el «Corán árabe le llama "Ruhhil-Qudus" (Espíritu Santo), "Ruuhanaa" (nuestro Espíritu), "Ruuhul'Amiin" (el Espíritu honesto) y "Al-Ruh" (el Espíritu). Por ello, cuando leemos estos versículos en el Corán, todo el Corán, vemos que Gabriel es el santo y honesto portador de revelaciones. De 2:97 aprendemos que estas referencias aluden sin duda a Gabriel».[59] Los musulmanes de Submission concluyen su artículo con estas palabras: *«En el Corán, el "Espíritu Santo" alude al ángel Gabriel y no tiene nada que ver con la Trinidad o parte de ella.* El Corán denuncia la Trinidad en los términos más fuertes».[60]

Abdullah Yusuf Ali estableció la conexión coránica entre el Espíritu Santo y el ángel Gabriel con la misma claridad en una nota de su notable versión inglesa. «El título del ángel Gabriel, por medio del que descendió la revelación», no es otro que «el Espíritu Santo» (ver Corán 16:102).[61]

A partir de una perspectiva cristiana, equiparar el Espíritu Santo con Gabriel es pura blasfemia. El Espíritu Santo es Dios y nunca debe confundirse con un ángel creado por él. Por otra parte, el infalible agente de la revelación divina es Dios, y solo él. En marcado contraste con un Corán erróneo, la Biblia es inerrante.[62] Como evidencia, el paletín del arqueólogo ha ido amontonando prueba tras prueba sobre personas, lugares y detalles consignados sobre los pergaminos y papiros de los manuscritos bíblicos.[63]

Por último, aunque concediéramos que el Espíritu Santo fue un ángel, no hay ninguna duda de que no era el ángel Gabriel (Jibril). Es mucho más probable que sea cierto lo que Mahoma sospechaba inicialmente, a saber: que estaba poseído por un espíritu maligno (*jinn*). Así, cuando se le dijo: «Lee en el nombre de tu Señor el Creador, quien creó al hombre de un coágulo de sangre» (ver Corán 96:1-2),[64] lo más probable es que la aparición que le hablaba fuera un *jinn* y no Jibril. Fue, de hecho, necesario que su primera esposa Jadiya hiciera un gran esfuerzo para convencerle de que su encuentro podía ser de origen divino y no diabólico.[65]

Como dejan claro algunas fuentes musulmanas fiables, el primer impulso de Mahoma siguiendo lo que él creía haber sido un encuentro con el *jinn* fue salir de las cuevas de Hira, subir «a la cima del monte y echarme abajo para morir y conseguir el descanso».[66] Aunque con el tiempo los pensamientos de suicidio fueron remitiendo, Mahoma siguió luchando con la duda y la depresión en los años siguientes, mortificado por la idea de estar poseído.[67]

Más adelante, los temores de posesión diabólica se sintetizaron en lo que se conoce popularmente como «versículos satánicos». En esencia, estos versículos coránicos aluden a un episodio de la vida de Mahoma durante el que este comprometió la misiva de un Dios unitario con unos versículos politeístas paganos. Esta es la esencia de la historia consignada por Al-Tabari, uno de los más célebres historiadores del islam: «Cuando el mensajero de Dios vio con tristeza que su tribu le daba la espalda y eludía el mensaje que les había traído de parte de Dios, anhelaba en su alma que Dios le mandara algo que le reconciliara con su tribu». Sus anhelos fueron satisfechos con una revelación en la que Alá dijo al profeta: «¿Has pensado en Al-lat, Uzza y Manat?».[68]

Las palabras de Alá no solo agradaron a los enemigos de Mahoma, sino que también aplacaron a sus entusiastas.

> Los musulmanes tenían una completa confianza en que los mensajes que recibía su profeta procedían de Dios, y no sospechaban que en ellos pudiera haber errores, confusiones o falsas impresiones. Cuando llegó a la postración, tras terminar la sura, el profeta se inclinó en adoración y los musulmanes le siguieron, confiando en el mensaje que les había dado y siguiendo su ejemplo.[69]

Sin embargo, a Gabriel no le gustó que los musulmanes se hubieran postrado, junto con los paganos, delante de dioses femeninos. Gabriel «se apareció al mensajero de Dios y le dijo: "Mahoma, ¿qué has hecho? Has recitado al pueblo algo que yo no os he traído de parte de Dios, y has dicho algo que no se te ha expresado"».[70] Afortunadamente, Alá no veía igual las cosas e informó a Mahoma que «Satanás había introducido algunas palabras en su recitación (*umniyyah*)» y «Dios abroga lo que Satanás introduce» (Corán 22:52).[71] Por ello, Dios absolvió a Mahoma de su declaración politeísta y «anuló las palabras que Satanás había puesto en su lengua».[72]

Naturalmente, Al-Tabari no fue el único que consignó el largo y difícil viaje de Mahoma por el politeísmo. Ibn Ishaq, el biógrafo musulmán más temprano de Mahoma, escribió un informe parecido que concluye con unas reconfortantes palabras de Alá a Mahoma en el sentido de que él anularía «lo que Satanás ha sugerido» y cambiaría las suras satánicas por otras más adecuadas. «Cuando Dios anuló lo que Satanás había puesto en la lengua del profeta, los quraysh dijeron: "Mahoma se ha arrepentido de lo que dijo sobre la posición de tus dioses ante Alá, lo ha cambiado y ha dicho otra cosa"».[73]

La «otra cosa» que introdujo Mahoma se condensa ahora en los versículos revisados de 53:19-23. Versículos en que «Al-lat, Uzza y otra tercera (diosa), Manat», se traducen como «nombres que ustedes han ideado», nombres que solo «siguen conjeturas». Como tales, los versículos satánicos se han convertido ahora en una mera caída momentánea en el politeísmo durante la cual Mahoma se postró delante de tres diosas paganas del panteón politeísta árabe.[74]

Los versículos satánicos tienen una gran importancia para los musulmanes. Si Satanás pudo poner palabras en la lengua de Mahoma una vez y hacerle temer, en otra ocasión, que el *jinn* le hubiera poseído, de ello se deduce que el profeta de Alá habría podido ser también engañado durante otras recitaciones.

Por ello, cuando Salman Rushdie, un escritor que creció en un entorno musulmán nominal, publicó una novela titulada *Los versos satánicos*, se desató, literalmente, todo el infierno.[75]

El revuelo que causó el libro de Rushdie fue inimaginable. Por todo el mundo los musulmanes pusieron bombas, organizaron quemas de libros y protagonizaron actos abiertamente intimidatorios. La revista *Time* afirmó:

El líder espiritual iraní, el ayatolá Ruhollah Jomeini, condenó públicamente a muerte al escritor británico de origen indio ofreciendo una recompensa de un millón de dólares por su cabeza (si el asesino era iraní Jomeini subió la cifra a tres millones). [Y] el gobierno venezolano amenazó a cualquier propietario o lector del libro con quince meses de cárcel. Japón impuso una multa a cualquiera que vendiera la edición inglesa, y posteriormente un traductor japonés murió apuñalado por su implicación con este libro.[76]

Si los cristianos se comportaran como los musulmanes, hace ya mucho tiempo que habrían promulgado una fetua contra el Corán. Sus deficiencias éticas son execrables, y numerosos sus errores de contenido. Contra las pruebas de la historia, Alá niega ciegamente la historicidad de la crucifixión de Cristo, se burla de la Trinidad, tuerce su formulación y confunde a su tercera persona con Jibril o con un *jinn*.

Todos ellos son errores serios. Pero las páginas del Corán están también llenas de faltas muy obvias. Por ejemplo, el Corán sostiene que el hombre «ha sido creado de un líquido fluente, que sale de entre la espina dorsal y las costillas» (Corán 86:6-7 *Majestic*). Esto es claramente erróneo. Los espermatozoides se forman en los testículos. Que Mahoma se equivocara en esto es una cosa; pero que lo hiciera Alá es otra muy distinta. Las explicaciones musulmanas de este asunto son divertidas cuando menos.[77]

Otro ejemplo tiene que ver con Alejandro Magno. Alejandro, quien murió un mes antes de cumplir los treinta y tres años, se convierte en un anciano musulmán mil años antes del surgimiento del islam (ver Corán 18:83-98).[78] Asimismo, Faraón amenaza a sus magos con la crucifixión mucho antes de que la inventaran los persas y la popularizaran los romanos (ver Corán 7:124).[79] Estos errores de contenido convierten, obviamente, al Corán en una invención absolutamente humana.

Pasemos ahora a un tercer asunto de gran trascendencia: *la falsa elocuencia del Corán.*

# FALSA ELOCUENCIA

Hace muchos años hubo un emperador que anhelaba ponerse las mejores ropas de la tierra. Los tejidos más extraordinarios. Los patrones más exquisitos. Los colores más brillantes. En su momento aparecieron dos estafadores que se presentaron como los mejores diseñadores, capaces de crear las prendas más bellas de todos los tiempos. «No solo poseían colores y patrones extraordinariamente bellos, sino que confeccionaban sus prendas con unos tejidos maravillosos que se hacían invisibles para aquellos que no eran aptos para sus posiciones o eran inusualmente estúpidos, o incompetentes».[80] El emperador pagó una gran suma de dinero a los estafadores y estos montaron dos telares y fingieron tejer el conjunto más bello y elegante de la historia. Naturalmente, los clérigos del reino no veían el vestido, pero puesto que tenían miedo, fingían admiración por la elegancia del nuevo traje del emperador. En su momento el emperador estrenó el nuevo traje y, con pompa y boato, encabezó una procesión por las calles del reino. Todos sus súbditos fingían admiración por la elegancia de sus nuevas ropas para que nadie sospechara que eran indignos de sus cargos, estúpidos o incompetentes. Y, de repente, sucedió lo inimaginable. Un niño demasiado pequeño para entender lo que sucedía soltó inesperadamente: «¡El emperador está desnudo!». El padre lo hizo callar al momento, y la farsa continuó.

*El traje nuevo del emperador*, de Hans Christian Andersen, ilustra acertadamente la falsa elocuencia del Corán. Como la falsa modestia o humildad, la falsa elocuencia no es real, sino imaginaria. Cuando Alá dice: «Si los hombres y los genios se unieran para producir un Corán como este no podrían conseguirlo aunque se ayudaran mutuamente» (17:88),[81] la elegancia que pretende no es más real que el traje del emperador. La disposición del Corán es pésima, sus profecías son poco notorias y su elegancia está burdamente exagerada.

## Una pésima disposición

Thomas Carlyle, ensayista e historiador social escocés del siglo XIX, observó irónicamente que «los mahometanos [seguidores de Mahoma] tratan el Corán con una reverencia que pocos cristianos conceden ni siquiera a la Biblia».[82] No obstante, la diferencia entre ambas obras es abismal. La Biblia es un majestuoso tapiz literario organizado en una atractiva coherencia, una clara cronología y un contexto discernible. En comparación, la disposición del Corán es confusa, inconexa y desorganizada.

Aunque Carlyle expresó una considerable admiración por Mahoma, su desdén por la disposición coránica de Alá era palpable. «Debo decir que nunca emprendí una lectura tan laboriosa como la del Corán. Un revoltijo fatigoso y confuso, crudo, irregular, con repeticiones infinitas, excesiva verbosidad, lleno de enredos; un texto de lo más tosco». Y esto no es todo. El Corán, seguía diciendo Carlyle, se publicó «sin ningún orden identificable, temporal o de otro tipo, posiblemente intentando solo, y no muy estrictamente, poner primero los capítulos más largos. Su verdadero inicio está, por ello, casi al final: porque las partes más antiguas eran las más cortas. Leído en su secuencia histórica quizá sería más fácil». Tal como está, es un libro redactado «¡casi tan mal como el peor!».[83]

Por otra parte, el experto islámico Robert Spencer ha expresado de manera apropiada:

> Para ser un libro que suscita tantas acusaciones de lecturas fuera de contexto, el Corán es un libro sorprendentemente descontextualizado. Aunque recrea muchos relatos bíblicos (normalmente con ligeras modificaciones), en su forma general carece de la disposición cronológica de los libros históricos veterotestamentarios o incluso del aproximado movimiento temporal de los Evangelios. Sus 114 capítulos (suras) se organizan más bien por su extensión, comenzando con los más largos; los relatos bíblicos y otras narraciones están distribuidas al azar por todo el libro.[84]

Spencer prosigue explicando que la primera revelación que Mahoma recibió de Alá no está al comienzo del Corán, sino tras noventa y seis capítulos, y que los títulos de los capítulos tienen poco o nada que ver con su contenido.

> La mayoría de los capítulos —«La vaca» (Corán 2), «La araña» (Corán 29), «Humo» (Corán 44)— toman su nombre de algún elemento del texto escogido, al parecer, de forma aleatoria y que no tiene necesariamente ninguna importancia particular. Solo algunos capítulos, como «Los botines» (Corán 8), llevan títulos que resumen realmente sus contenidos.[85]

Por último, es interesante notar que Alá, y solo él, se hace responsable de la pésima disposición de los pasajes coránicos. Sería sin duda comprensible que, en medio de «las batallas con los quraysh y los paganos, las riñas entre sus propios hombres y los tropiezos de su propio corazón»,[86] Mahoma creara un relato desarticulado, desorganizado y carente de coherencia interna. ¿Pero Alá? ¡Parece impensable! Sin embargo, es precisamente Alá, y solo él, quien se responsabiliza de la creación del Corán en «etapas bien dispuestas» (Corán 25:32; ver también 75:17).

De una cosa podemos estar seguros —a pesar de los miles de apologistas musulmanes que se esfuerzan por convencer a los crédulos de que la estructura del Corán es de una belleza incomparable—: ¡el emperador está desnudo!

## Pretensiones proféticas

Como en el caso de su estructura, las pretensiones proféticas del Corán merecen una respuesta. Su carácter torcido se hace rápidamente evidente cuando se coloca junto al recto fulgor de la profecía bíblica. La Biblia está llena de profecías que no habrían podido cumplirse por casualidad, acertadas conjeturas o engaño deliberado. Esta clase de profecías ofrecen poderosas pruebas de que Dios ha hablado. «Por eso te declaré esas cosas desde hace tiempo; te las di a conocer antes que sucedieran, para que no dijeras: "¡Fue mi ídolo quien las hizo! ¡Mi imagen tallada o fundida las dispuso!"» (Isaías 48:5). O en las palabras de Jesús: «Y les he dicho esto ahora, antes de que suceda, para que cuando suceda, crean» (Juan 14:29).

Por ejemplo, Daniel, escribiendo seis siglos antes de la venida de Cristo, fue empoderado por el Dios todopoderoso para hacer lo que el Alá musulmán no podía ni imaginar. Con impresionante precisión predijo una sucesión de naciones, que se iniciaba con Babilonia y pasaba por los Imperios medo y persa, hasta llegar a la persecución y sufrimiento de los judíos bajo Antíoco IV Epifanes —la bestia grecosiria del siglo II A. C.— con su profanación del templo de Jerusalén, su muerte prematura y la libertad de los judíos bajo Judas Macabeo.[87]

Por otra parte, la Biblia está llena de profecías que identifican a Jesús como aquel que puede surgir por el umbral de la profecía veterotestamentaria. Una cosa es segura: Jesús tenía que ser judío. Y no cualquier judío. Tenía que ser el descendiente judío del rey por antonomasia de Israel, y tenía que serlo a través de Isaí de la tribu de Judá y de la línea de Jacob. Dios dirigió soberanamente el curso de la historia humana desde Eva, que fue engañada, hasta María, que concibió. (Hay más consideraciones sobre la profecía en Principales errores del islam, en la página 158 y ss.).

En marcado contraste, las profecías que dan validez al origen divino del Corán brillan por su ausencia. Más aun, incluso las supuestas profecías que los apologistas musulmanes presentan como pruebas de la elocuencia coránica son inmensamente inferiores a las bíblicas. Tres ejemplos en particular establecen el insalvable abismo que existe entre la brillantez de la profecía bíblica y las pretensiones de las que aparecen en el Corán. En primer lugar tenemos la profecía coránica de que Mahoma regresaría a La Meca.

*Sura 48*. «Alá ha realizado, ciertamente, el sueño de su enviado: en verdad, que habéis de entrar en la mezquita sagrada, si Alá quiere, en seguridad, con la cabeza afeitada y el pelo corto, sin temor» (48:27). Primeramente, esta profecía es muy distinta de la bíblica. En el mejor de los casos, es un vaticinio autorealizable. Es algo que Mahoma dijo que haría y que él mismo llevó a cabo, más o menos, un año después.[88] Esto es muy distinto de la luminosidad que irradian los profetas bíblicos como Daniel, que escribió seis siglos antes de Cristo y que, por el poder del Dios todopoderoso, previó una sucesión de naciones que iría desde Babilonia hasta el nacimiento de Cristo.

Por otra parte, esta supuesta elocuencia profética queda limitada por la expresión «si Alá quiere». En otras palabras, «Si yo quiero», Mahoma *volverá* a La Meca. Y, por tanto, «Si yo *no quiero*», Mahoma no volverá a La Meca. Hablando estrictamente, las palabras de 48:27 son irrefutables y carentes de valor como defensa de las virtudes proféticas del Corán. La supuesta profecía se cumple tanto si Mahoma regresa a La Meca como si no. Por otra parte, si Alá es un ser verdaderamente omnisciente, no tendría ninguna necesidad de acotar esta predicción.

Por último, lo interesante de esta profecía coránica es que poco después de la predicción de Alá en el sentido de que Mahoma regresaría a La Meca, Mahoma intentó volver a La Meca y fracasó. Después firmó el Tratado de Hudaybiyyah, que casi garantizaba su regreso al año siguiente.[89]

En resumidas cuentas, no hay nada espectacular en la predicción autorealizable de que Mahoma regresaría a La Meca.

*Sura 30*. Otra profecía que frecuentemente se cita como supuesta prueba de la elocuencia coránica es 30:1-5. Esta profecía no solo es singularmente gris, sino que el lenguaje que utiliza Alá es, cuando menos, prosaico:

*Alif Lam Mim.* El Imperio romano ha sido vencido en los confines del país. Pero, después de su derrota, vencerán dentro de varios años. Todo está en manos de Alá, tanto el pasado como el futuro. Ese día, los creyentes se regocijarán del auxilio de Alá. Auxilia a quien él quiere. Es el Poderoso, el Misericordioso.

Como en la profecía anterior, la predicción de Alá en este texto no es más que hueca elocuencia. En una prosa afectada desde todo punto de vista, Alá predice que tras la derrota de Roma (en un territorio indeterminado) esta pronto vencerá (en un indefinido número de años). Curiosamente, en las notas de su traducción coránica, el apologista musulmán Yusuf Ali sostiene que la expresión «algunos años» (*biḍʿ*) designa «un periodo que va de tres a nueve años».[90] No obstante, como observa correctamente el venerado biógrafo musulmán Al-Tabari, la victoria romana no se produjo, de hecho, dentro de este marco temporal.[91] Aunque sería imprudente entrar en debates musulmanes internos, la idea general parece irrebatible, a saber: que difícilmente puede considerarse milagrosa la eficacia predictiva de Alá en este asunto.

Por otra parte, existen lecturas variantes de este pasaje en antiguos manuscritos coránicos.[92] Hay, pues, bastante debate entre los lingüistas árabes sobre si el texto predice más derrota o más victoria de los romanos. La belleza desde una perspectiva bíblica es que la gran cantidad de manuscritos bíblicos existentes permite que los críticos textuales encuentren los errores de los copistas y reconstruyan fielmente los autógrafos (originales). La lacra de la erudición musulmana es su intensa condena de la crítica textual alegando que el Corán árabe es la versión perfecta de un manuscrito custodiado en algún lugar del séptimo cielo.

Finalmente, las profecías de Alá se empequeñecen más todavía si consideramos que entre la profecía y su supuesto cumplimiento hay una ventana temporal muy breve. En la profecía que afirma «Mahoma volverá a La Meca», hay solo un año más o menos en juego, mientras que en la que estamos considerando, la ventana no es de más de una década. Cuán distinta es la elocuencia y exactitud de las profecías bíblicas. Por ejemplo, setecientos años antes del nacimiento de Jesús, el profeta Miqueas profetizó que la ciudad natal del Mesías sería Belén (Miqueas 5:2). No un Belén indeterminado, sino Belén Efrata, en los aledaños de Jerusalén. Si Jesús hubiera nacido en cualquier otro lugar que no fuera Belén Efrata, la profecía de Miqueas y, por tanto, toda la profecía bíblica habría sido desautorizada.

En marcado contraste, las profecías de Alá quedan con razón relegadas al ámbito de las conjeturas, el sentido común o algo peor.

*Sura 7.* Hasta ahora hemos desenmascarado la supuesta elocuencia de dos pseudoprofecías coránicas. Pero hay una tercera que tiene que ver con la afirmación de Alá en el sentido de que mucho antes de revelar el Corán a Mahoma como madre de todas las revelaciones, había divulgado la venida de Mahoma —«el último y mayor de los mensajeros de Alá»—[93] por medio de las Escrituras cristianas. O, como dice Alá en Corán 7:157: «En *la Torá* y *el Evangelio*».

Como prueba de que Alá había predicho la venida de Mahoma en la ley, algunos apologistas musulmanes como Yusuf Ali apuntan a Deuteronomio 18, donde Dios promete a Moisés que levantará «entre sus hermanos, un profeta como tú; pondré mis palabras en su boca, y él les dirá todo lo que yo le mande».[94] Sin embargo, como es obvio, las palabras *como tú* y *entre sus hermanos* no apuntan a la venida de Mahoma, sino más bien a una línea de profetas que culmina con el Mesías.[95] De hecho, en su incisiva y poderosa proclamación en el pórtico de Salomón, Pedro cita estas mismas palabras validando al Mesías como último y mayor mensajero de Dios (Hechos 3:22-23).

Como supuesta confirmación de que Alá predijo la venida de Mahoma en el evangelio, Yusuf Ali apunta a Juan 14:16, donde Jesús les dice a sus discípulos que el Padre «les dará otro Consolador [*parákletos*] para que los acompañe siempre». Ali afirmó: «Nuestros eruditos entienden que la palabra griega Paráclito [*parákletos*], que los cristianos interpretan como una referencia al Espíritu Santo, es en realidad Periclyte [*periklutós*], que sería la forma griega de Aḥmad [Mahoma; literalmente, el Alabado]».[96] También esto es absurdo en sí mismo.

En primer lugar, hasta hoy los arqueólogos han encontrado casi seis mil manuscritos griegos del Nuevo Testamento ¡y ninguno de ellos consigna *periklutós* en lugar de *parákletos*![97]

Por otra parte, una rápida mirada al contexto inmediato de este versículo identifica al Consolador como el Espíritu Santo. Porque como Cristo sigue diciéndoles a sus discípulos:

«Él [el Padre] les dará otro Consolador para que los acompañe siempre: el Espíritu de verdad, a quien el mundo no puede aceptar porque no lo ve ni lo conoce. Pero ustedes sí lo conocen, porque vive *con* ustedes y estará *en* ustedes» (Juan 14:16-17).

Es evidente que Mahoma no estaba *con* los discípulos, ni *en* ellos.

Por último, como Jesús prometió, el Consolador iba a venir a ellos en cuestión de días, no de siglos (Hechos 1:5).[98] (Para más detalles ver Principales errores del islam en páginas 166-167).

## Elegancia exagerada

Hasta ahora, hemos demostrado que la disposición del Corán es pésima (un revoltijo tedioso y confuso) y sus virtudes proféticas, singularmente grises. Como demostraremos ahora, también su elegancia se exagera enormemente. Esto es particularmente cierto si tenemos en cuenta que Alá se jacta de que «este Corán no puede haberlo inventado nadie fuera de Alá». En otras palabras, nadie que no fuera el trascendente Creador de todas las cosas podría siquiera imaginar la creación de un libro tan incomparablemente elegante. Su propósito es «confirmar los mensajes anteriores y [...] explicar detalladamente la Escritura». Y para los que dicen «[Mahoma] lo ha inventado», Alá tiene un desafío: «¡Traed un Corán semejante y llamad a quien podáis, en lugar de llamar a Alá!» (Corán 10:37, 38).

Decir la verdad al respecto requiere poco más que reiterar enfáticamente: ¡*el emperador está desnudo!* En primer lugar, la idea de que el Corán árabe es una copia elegante y perfectamente preservada de la «Madre del libro» custodiada en los cielos es un disparate total. La verdad es que nunca hubo un ejemplar original del Corán.

Puesto que «el contraste es la madre de la claridad»,[99] será útil contrastar la transmisión del Corán con la de la Biblia. Al principio de la historia religiosa y política del islam, Uzmán (el tercero de los llamados «califas bien guiados») ordenó la quema de las versiones variantes del Corán para establecer una sola versión autorizada.[100] Desde entonces, el descubrimiento de manuscritos que sobrevivieron a aquella quema no solo no se valora, sino que se censura. Para empezar, habría sido innecesario quemar ningún manuscrito de haber habido un ejemplar perfectamente preservado.

A modo de contraste, a lo largo de la historia eclesiástica del Nuevo Testamento nunca hubo una persona o grupo facultado para determinar el contenido de la compilación. Los libros neotestamentarios se escribieron más bien en diferentes momentos y lugares y después se copiaron y distribuyeron. Para cuando alguien consiguió finalmente un poder centralizado, hacía ya mucho tiempo que las copias habían sido sepultadas en las arenas del tiempo.[101] Aunque en el cristianismo no puede hablarse de una «Madre del libro», tenemos algo más: un verdadero tesoro de manuscritos. La belleza desde una perspectiva bíblica es que esta gran cantidad de manuscritos permite a los críticos textuales clasificar de forma verosímil los errores de los copistas para obtener los autógrafos. (Para más detalles ver Principales errores del islam en las páginas 152-155).

Por otra parte, como ha quedado bien documentado, la elegancia del Corán queda menoscababa por sus imperfecciones gramaticales. En su libro *Twenty-Three Years: The Life of the Prophet Mohammad* [Veintitrés años: un estudio de la vida del profeta Mahoma] el erudito musulmán del siglo XX Ali Dashti escribió:

El Corán contiene frases incompletas y no plenamente inteligibles sin la ayuda de comentarios: palabras extranjeras, palabras desconocidas en árabe y otras usadas con un sentido distinto del habitual; adjetivos y verbos conjugados sin observar la necesaria concordancia de género y número; uso de pronombres de forma ilógica y contraria a las reglas gramaticales y que, a veces, no tienen referente; y predicados que en pasajes rimados están muchas veces lejos de los sujetos. Estas y otras aberraciones semejantes en el lenguaje han dado argumentos a los críticos que niegan la elocuencia del Corán. [...]

Se han observado más de cien aberraciones en su texto de las reglas y estructuras normales del árabe. Huelga decir que los comentaristas se esforzaron en encontrar explicaciones y justificaciones de tales irregularidades. Entre ellos estuvo el gran comentarista y filólogo Mahmud al-Zamakhshari [1075-1144], de quien un autor árabe escribió: «Este pedante obsesionado con la gramática ha cometido un error sorprendente. Nuestra tarea no es hacer que las lecturas se adapten a la gramática árabe, sino tomar el Corán tal y como está y hacer que la gramática árabe se adapte a él».[102]

Comprensiblemente, Dashti no tuvo la temeridad de publicar sus observaciones durante su vida.

Por último, la supuesta elegancia del Corán se ve deslucida por una gran cantidad de errores. Baste como botón de muestra un triste ejemplo. Tiene que ver con el conocido relato que presenta a Jesús con cinco años formando pájaros de barro, infundiéndoles vida y observándoles marchar volando. «Os he traído un signo que viene de vuestro Señor. Voy a crear para vosotros, de la arcilla, [figuras] a modo de pájaros. Entonces, soplaré en ellos y, con permiso de Alá, se convertirán en pájaros. Con permiso de Alá, curaré al ciego de nacimiento y al leproso y resucitaré a los muertos. Os informaré de lo que coméis y de lo que almacenáis en vuestras casas. Ciertamente, tenéis en ello un signo, si es que sois creyentes» (Corán 3:49).

Lo que es especialmente notorio sobre este relato coránico inventado es que se trata de una turbia mezcla de verdad y error. La referencia a las sanaciones de Cristo «del ciego de nacimiento y el leproso» y a la resurrección de «los muertos» coinciden con los Evangelios del Nuevo Testamento. Sin embargo, el legendario cuento de los pájaros procede de un tardío evangelio gnóstico conocido como el *Evangelio de la infancia de Tomás*.[103] Este mismo evangelio describe a Cristo como un niño vengativo que mata a otro niño porque «chocó en su espalda». Después, Jesús dejó ciegos a los padres del niño por decirle a José: «Con semejante hijo no puedes habitar con nosotros en la aldea, debes enseñarle a bendecir, y no a maldecir, porque mata a nuestros hijos».[104]

Lo que no puede pasarse por alto en este texto es que el Alá musulmán no es capaz de diferenciar entre un relato gnóstico muy cuestionable y un legítimo relato evangélico. Además, el carácter de Jesús que se describe en los evangelios gnósticos es muy distinto del Jesús de la Biblia. El primero es petulante, mientras que el segundo es perfecto. Es un misterio que alguien —especialmente alguien que pretende ser divino— pueda confundir la elegancia de los Evangelios con la tosquedad de los documentos gnósticos. Es igualmente misterioso que alguien que analice los hechos pueda seguir convencido de la elegancia coránica.

En resumidas cuentas, es evidente que la supuesta revelación del Corán es poco fidedigna. Envilece la Biblia, niega la deidad de Cristo, desvirtúa la Trinidad, repudia la cruz. Y no solo eso, sino que propone una elocuencia artificial y está repleto de deficiencias éticas y factuales. Samuel Zwemer, un misionero cristiano que trabajó muchos años en Arabia, lo expresó de este modo:

El islam solo avanza con su negación de la autoridad de las Escrituras, la deidad de nuestro Señor, la bienaventuranza de la santa Trinidad, el carácter decisivo y trascendental de la cruz (más aún, su propia historicidad) y la preeminencia de Jesucristo como rey y Salvador. Y esta colosal negación va acompañada por la proclamación de la autoridad de otro libro, el Corán, el eclipse de la gloria de Cristo por otro profeta, Mahoma, y la sustitución del camino de la cruz por otro camino al perdón y la santidad. Tales negaciones y proclamaciones forman parte del Corán y representan las creencias ortodoxas de todos los que saben algo de su religión.[105]

# Capítulo 3

# La *Sharía* es el Estado y el Estado es la *Sharía*

*El Congreso no podrá hacer ninguna ley con respecto*
*al establecimiento de la religión, ni prohibiendo*
*la libre práctica de la misma; ni limitando la*
*libertad de expresión, ni de prensa; ni el derecho a*
*la reunión pacífica de las personas, ni de solicitar*
*al gobierno una compensación de agravios.*
—Primera Enmienda de la Constitución
de los Estados Unidos de América

En su introducción a la *Encyclopedia of Islamic Law* [Enciclopedia de la ley islámica], el profesor Kevin Reinhart de la Universidad de Dartmouth observa que «la ley islámica ha formado la columna vertebral del islam a lo largo de su historia. Ha dado a los musulmanes un sentido de unidad y reconocimiento en culturas tan heterogéneas como las chinas, africanas, soviéticas y norteamericanas. Sus resultados, especialmente en el ámbito de la moralidad cotidiana, han impresionado a figuras tan diversas como Martín Lutero y Edward Lane».[1]

El profesor Reinhart hizo bien al destacar a Lutero y a Lane como personas *impresionadas* por la *sharía* (la ley de Alá), pero se equivocó al dar a entender que la impresión que les causó fue positiva. Para Lutero no lo era en absoluto. Escribiendo en una crucial encrucijada durante la larga y tortuosa lucha entre el islam y Europa, Lutero describió el Corán de Mahoma como «un libro sucio y vergonzoso».[2]

La ley de Alá —dijo Lutero— es la ley de la espada.

> En su ley se ordena, como una obra buena y divina, que se mate y se robe, se devore y destruya cada vez más a quienes están a su alrededor; y al hacerlo piensan que están haciendo un servicio a Dios. Su gobierno no es, por tanto, un poder normal, como otros, para el mantenimiento de la paz, la protección del bien y el castigo de los malvados, sino una vara de ira y un castigo de Dios sobre el mundo incrédulo.[3]

Lutero estaba particularmente disgustado por el impacto de la *sharía* sobre las mujeres. «El Corán de Mahoma no le da importancia al matrimonio, sino que permite que todos tomen esposas a su antojo». Lutero decía también que la ley de Alá sujetaba a las mujeres a las humillaciones de ser «compradas y vendidas como el ganado. Aunque puede que haya algunos que no se aprovechen de ella, esta es la ley que rige y cualquiera puede seguirla si así lo desea».[4]

Edward Lane, el entrañable experto británico en Medio Oriente del siglo XIX, no tenía una impresión tan negativa como Lutero sobre la ley de Alá, pero estaba perplejo por «los impuestos que los gobiernos musulmanes exigen a sus súbditos no musulmanes por los que los primeros ratifican un pacto que les asegura protección, como una especie de compensación por no ser ejecutados».[5] En casi todo lo demás Lane era un amante de la cultura egipcia. Aunque su investigación sobre las mujeres musulmanas se vio considerablemente obstaculizada por los imperativos de la *sharía* sobre la segregación de género, esta misma cultura le permitió comprar una niña que más adelante se convertiría en su esposa. Como observa su biógrafo Jason Thompson, cuando Lane partió de Egipto «iba acompañado por una niña llamada Nefeeseh que él o su amigo Robert Hay habían comprado en el mercado de esclavos de El Cairo».[6]

A pesar de que Lutero y Lane tenían distintas opiniones sobre la *sharía*, ambos destacan aspectos de la ley de Alá que son enormemente problemáticos para la civilización en general. Los escritos de Lane ponen de relieve una cosmovisión en que el no musulmán está sujeto al pago de un impuesto urbano (*yizia*) como «compensación por no ser ejecutado» y como recordatorio de su posición de inferioridad. «Combatid a quienes no creen en Alá ni en el día del juicio, no respetan lo que Alá y su mensajero han vedado y no siguen la verdadera religión de entre la gente del libro, a menos que estos acepten pagar un impuesto con sumisión» (Corán 9:29).

Por su parte, Lutero nos recuerda que la ley de Alá no avanza por la palabra sino por la espada. «Matad a los idólatras dondequiera les halléis, capturadles, cercadles y tendedles emboscadas en todo lugar» (Corán 9:5). Su indignación por la ley de Alá sobre las mujeres debería ser también la nuestra. La *sharía* no solo sanciona la poligamia (Corán 4:3), sino que aprueba la posesión de mujeres como esclavas sexuales (Corán 33:50).

En última instancia, la *sharía* se fundamenta en las palabras de Alá y es, por ello, inalterable. Los debates sobre su interpretación se resuelven mediante «el registro de la acción normativa del profeta Mahoma (la *sunna*) consignado en los múltiples volúmenes de los hadices».[7] La *sharía* o divina ley islámica encarna la voluntad de Dios para cada aspecto de la sociedad y, por ello, no existe una verdadera distinción entre *sharía* y Estado. La *sharía* es el Estado y el Estado es la *sharía*. En palabras de la entusiasta musulmana Karen Armstrong: «Como religión de la primera *umma* [comunidad musulmana], la filosofía, ley y espiritualidad del islam eran profundamente políticas».[8]

La *sharía* lo rige prácticamente todo, desde la conducta personal hasta la forma de adoración, los asuntos legales y el gobierno nacional. Como observa la elocuente exmusulmana Ayaan Hirsi Ali, la *sharía* «es rigurosa y punitiva. Prescribe lo que debe hacerse con los no creyentes, tanto con los infieles como con aquellos que se apartan de la fe. Contiene reglas sobre el tipo de golpes permisibles cuando un marido castiga a su mujer».[9] Y puesto que Alá no está sujeto a ninguna adaptación, tampoco lo está la *sharía*. «Y luego a ti te revelamos una legislación [*sharía*], aplícala y no sigas las pasiones de quienes no reconocen [la unicidad de Alá y sus preceptos]» (Corán 45:18).

En su libro *Cruel and Usual Punishment* [Castigo cruel y habitual], la escritora de origen egipcio Nonie Darwish explica lo que para ella significó crecer en Egipto bajo la *sharía*:

Durante los primeros treinta años de mi vida, viví como una virtual esclava. Era un pájaro en una jaula; una ciudadana de segunda que tenía que cuidar lo que decía incluso con mis amigos más íntimos. Bajo la ley islámica tuve que vivir en una atmósfera de segregación por género, recordando siempre que una sentencia legal y social por «pecado» podía poner fin a mi vida.[10]

Darwish seguía explicando que la *sharía* «regula todos los aspectos de la vida diaria como la política, la economía, los procesos bancarios, el derecho mercantil y contractual, el matrimonio, el divorcio, la educación y custodia de los hijos, la sexualidad, el pecado, los delitos y las cuestiones sociales. La *sharía* no distingue entre vida pública y privada, trata todos los aspectos de las relaciones humanas como susceptibles de trato bajo la ley de Alá. Las leyes de la *sharía* se basan en el Corán y los hadices (dichos y ejemplo del profeta) y en siglos de debate, interpretación y precedentes».[11] Darwish afirmaba: «[La *sharía*] permite que una mujer sea azotada por no llevar el velo, castiga a las víctimas de violación y demanda la decapitación por adulterio. Yo nunca la cuestioné o me opuse a ella, o me atreví siquiera a pensar acerca de su validez».[12]

Aunque hoy muchos pretenden hallar concordancias entre la *sharía* y la ley mosaica, el contraste no puede ser más absoluto. Aun siendo una notoria atea, Hirsi Ali observó las diferencias:

> Moisés imparte una gran cantidad de leyes que rigen todos los aspectos cotidianos, desde la eliminación de los mojones delimitadores de la propiedad, el bozal de los bueyes, las prohibiciones de matrimonio con la madrastra o el castigo de lapidación por el delito de idolatría. La diferencia es que nadie invoca estos pasajes en la jurisprudencia actual, y los castigos prescritos hace mucho que han sido revocados. Si hay una serie de reglas que son «intemporales» en la Torá judía y la Biblia cristiana son los Diez Mandamientos, una lista de prohibiciones relativamente breve sobre el asesinato, el robo, el adulterio, etcétera.[13]

Es más, el objetivo de la ley mosaica era formar un pueblo compasivo, coherente e integrador donde las personas estuvieran por encima de las posesiones.

Entre ustedes no deberá haber pobres, porque el SEÑOR tu Dios te col-
mará de bendiciones en la tierra que él mismo te da para que la poseas
como herencia. Y así será, siempre y cuando obedezcas al SEÑOR tu
Dios y cumplas fielmente todos estos mandamientos que hoy te ordeno
(Deuteronomio 15:4-5).

Un acercamiento a las iniciativas mosaicas, aunque sea superficial, bastará
para moderar cualquier complejo de superioridad moderno: no sean egoístas
sino dadores generosos, y perdonen cada séptimo año sus deudas a quienes les
deben (Deuteronomio 15); reserven el séptimo año del ciclo de siembra para
los pobres entre ustedes (Éxodo 23); dejen los márgenes de sus campos sin
recolectar para que los necesitados no pasen hambre (Levítico 19); exoneren
a los pobres del pago de intereses (Levítico 25); cada tercer año dediquen el
diezmo de los levitas a los pobres (Deuteronomio 14). En pocas palabras, se
pedía a Israel que recordara las duras condiciones de su cautividad en Egipto
para que no abusaran de los extranjeros, pobres u oprimidos de entre ellos.[14]

La *sharía*, en cambio, demanda una actitud sustancialmente distinta
hacia los extranjeros e infieles. «Mahoma es el enviado de Alá y quienes
están con él son severos con los infieles y cariñosos entre sí» (Corán 48:29
*Hilali-Khan*). ¿Por qué? Porque desde la perspectiva de la *sharía*, los judíos,
cristianos y paganos son pueblos inferiores. «Ciertamente los que no crean
(en la religión del islam, el Corán y el profeta Mahoma [la paz sea con él]),
tanto gente de la Escritura (judíos y cristianos) como *Al-Mushrikun*, (idólatras) estarán eternamente en el fuego del infierno. Esos son lo peor de la
creación» (Corán 98:6 *Hilali-Khan*).

Por otra parte, como observa correctamente Hirsi Ali, la ley mosaica es
temporal, no permanente. Y a diferencia del expansionismo de la *sharía*, la
ley mosaica estaba circunscrita a un determinado ámbito geográfico. Era para
un pueblo específico en un periodo específico de la historia.[15] La ley mosaica
se cumple en Jesús mientras que, en la *sharía*, Mahoma es el último y mayor
de los profetas. A diferencia de Mahoma, Jesús nunca ordenó la decapitación
de los infieles y la opresión de las mujeres. Al contrario, enalteció a las mujeres[16] y enseñó a sus discípulos que los mansos heredarán la tierra (Mateo 5:5).

Por último, mientras que la *sharía* se aplica a todas las personas, en
todos los lugares, en todo momento, hace mucho tiempo que la ley mosaica

ha sido abrogada. Por ello, es inexplicable que expertos como Barack Obama digan que Levítico «sugiere que la esclavitud es correcta y comer marisco, una abominación».[17] Interpretar con un sentido anacrónico moderno la antigua palabra *esclavo* usada en el Próximo Oriente de la antigüedad no puede considerarse una opinión bien informada. Puede que en el Nuevo Mundo *los esclavos* fueran un activo o una posesión y estuvieran desprovistos de derechos y privilegios. En el Israel de la antigüedad no era ni mucho menos así. Los *esclavos* eran como *súbditos* o *siervos*. Por ello, cuando un cristiano alude a sí mismo como esclavo o siervo de Cristo, ni por un momento confundimos el significado de esta palabra. Aunque nunca llamaríamos esclavo a un moderno asesor presidencial, en la antigüedad, a un rey israelita vasallo, con toda la pompa y solemnidad de la monarquía, podía llamársele de este modo. En otras palabras, en el antiguo Israel la *esclavitud* denotaba subordinación y posición social.[18]

Aunque los equívocos de Obama sobre el marisco son más sutiles, inducen, aun así, al error. Está en lo cierto al sugerir que Levítico alude a la ingesta de marisco como «una abominación». Sin embargo, se equivoca al aislar este mandamiento de su contexto histórico. La distinción entre alimentos limpios e inmundos simbolizaba la diferencia entre lo santo y lo profano en el contexto de una antigua forma de gobierno teocrática. Por consiguiente, desde una óptica neotestamentaria, es tan moralmente apropiado comer marisco como un bistec.[19]

Sería negligente si no abordara explícitamente otra falacia que esgrimen hasta la saciedad aquellos que sitúan a la ley mosaica en el mismo plano que la *sharía*.

Si un hombre se encuentra casualmente con una joven virgen que no esté comprometida para casarse, y la obliga a acostarse con él, y son sorprendidos, el hombre le pagará al padre de la joven cincuenta monedas de plata, y además se casará con la joven por haberla deshonrado. En toda su vida no podrá divorciarse de ella (Deuteronomio 22:28-29)

Según las élites culturales, esto es poco menos que bárbaro. A decir verdad, no obstante, la ley mosaica no es en absoluto permisiva con los violadores. Si la mujer no estaba comprometida, se perdonaba la vida al violador en pro de la seguridad de la mujer. Tras perder la virginidad, aquella joven se consideraría poco deseable para el matrimonio, y en la cultura de aquel tiempo, una mujer sin un padre o marido que cubriera sus necesidades afrontaba una vida de abyecta pobreza, destitución y ostracismo social. Siendo así, se obligaba al violador a suplir para siempre las necesidades de la víctima de la violación. Por ello, lejos de ser bárbara, esta ley era un medio cultural de protección y provisión.

Había, además, precedentes en la ley mosaica para que la mujer que había sido objeto del ultraje no se casara con el violador si su padre decidía que se podía resolver la cuestión de un modo más adecuado (Éxodo 22:16-17). Por ello, la ley mosaica no se orientaba a forzar a las mujeres violadas para que contrajeran un matrimonio insoportable, sino a asegurar su futuro y el de sus hijos. No existen soluciones perfectas, ni entonces ni ahora, para las mujeres que han pasado por el horror de una violación. De hecho, si nos quedamos totalmente satisfechos con alguna forma de solución terrenal —aun la pena de muerte— nuestra sensibilidad moral está seriamente torcida. En última instancia, solo la eternidad podrá sanar y compensar todos los agravios.[20]

Lo que quiero decir es que, en lugar de ver prejuicios anacrónicos en la ley mosaica, haríamos bien en leer la Biblia de forma sinérgica. Igual que la presidenta de la Cámara de Representantes Nancy Pelosi no podía asimilar las cláusulas de la Ley de Protección al Paciente si no leía primero sus dos mil y pico de páginas, tampoco nosotros le hacemos justicia a la ley mosaica si no consideramos a fondo sus complejidades. No está más justificado ver realidades del Nuevo Mundo en las legalidades del antiguo Próximo Oriente que ver legalidades mosaicas en las realidades del Nuevo Testamento.[21]

En cambio, los musulmanes consideran que la *sharía* es hoy tan válida como hace catorce siglos. Para entender lo sigilosamente que se mueve la *sharía* en nuestro mundo moderno, solo hemos de mirar lo que ha sucedido en Brunéi (sudeste asiático). En 2014, el sultán de Brunéi, Hassanal Bolkiah, anunció su intención de imponer la *sharía* en tres fases.

La primera fase contiene «sanciones y sentencias de cárcel para "delitos" como embarazos fuera del matrimonio, la propagación de religiones aparte del islam y no asistir a las preceptivas oraciones de los viernes». En la segunda fase se contemplan «flagelaciones y amputación de manos por delitos contra la propiedad» y en la tercera, la «lapidación por delitos como el adulterio, el aborto, la homosexualidad y la sodomía y hasta la blasfemia». Todo esto, dijo el sultán, es ser coherente con «los mandamientos de Alá escritos en el Corán».[22]

Lo que Brunéi está imponiendo a sus ciudadanos es una tasa normal en los países musulmanes. Según la *sharía* de nuestro tiempo, la conversión del islam al cristianismo puede penarse con la decapitación, la horca o la lapidación. Y para que nadie piense que esto solo representa al islam más radical, tenga en cuenta que, de los más de mil quinientos millones de musulmanes que hay en todo el mundo, una mayoría suscribe los principios y preceptos de la *sharía*. O como bien ha dicho Hirsi Ali: «La *sharía* se ha propagado hasta el punto de que cuenta con una aceptación casi universal por todo el mundo musulmán».[23]

El informe del centro de investigaciones Pew Research Forum titulado «Musulmanes en el mundo: Religión, política y sociedad» documenta que «en la mayoría de los países investigados de Medio Oriente y norte de África, África subsahariana y Asia meridional están a favor del establecimiento de la *sharía*: el 71 % de los musulmanes de Nigeria, el 72 % en Indonesia, el 74 % en Egipto y el 89 % en los territorios palestinos».[24] Es decir: unos cincuenta millones de musulmanes nigerianos, unos ciento cincuenta millones de indonesios, sesenta millones de egipcios y otros cuatro millones de palestinos. Y esto es solo Nigeria, Indonesia, Egipto y Palestina. Este informe «consigna datos sobre todas las naciones con una población musulmana de más de diez millones a excepción de Argelia, China, India, Irán, Arabia Saudita, Sudán, Siria y Yemen».[25] Es plausible asumir que en los países no investigados con mayorías musulmanas habrá proporciones similares de personas que apoyan la *sharía*. Es, pues, seguro afirmar que la mayoría de musulmanes del mundo —más de ochocientos millones—[26] quieren la *sharía*. Y, como veremos ahora, ningún segmento de la población se ve más adversamente afectado por la *sharía* que las mujeres.

# MUJERES

Ningún presidente de la historia de los Estados Unidos ha entendido mejor el islam que Barack Obama. Obama cita el Corán con naturalidad y fluidez, y por haber crecido en un contexto musulmán, tiene una comprensión de la fe y práctica islámicas que va mucho más allá de lo académico. Obama ha tenido un inmenso impacto en el moderno relato occidental. En la Universidad de El Cairo, el expresidente observó que «como estudiante de la historia», estaba en una posición singular para entender «la deuda de la civilización con el islam». Con elevada retórica, estructuró el progreso que el mundo ha experimentado durante los catorce siglos de existencia del islam, y observó que «a lo largo de la historia, el islam ha demostrado con palabras y obras las posibilidades de la tolerancia religiosa y la igualdad racial».[27]

Teniendo en cuenta sus profundas convicciones sobre las aportaciones de la *sharía* a la tolerancia y la igualdad, Obama está comprensiblemente molesto con aquellos que no comparten su perspectiva acerca del islam. En un discurso desde una mezquita de Baltimore, Maryland, censuró «las distorsionadas descripciones de los medios de comunicación» sobre el islam y la información de estos medios sobre el terrorismo posteriores a las masacres musulmanas. «Algunas madres me han escrito diciéndome: "Mi corazón llora cada noche" pensando en cómo puede ser tratada su hija en la escuela. Una chica de trece años de Ohio me decía: "Tengo miedo". Otra muchacha tejana firmaba su carta así: "Una confusa adolescente de catorce años que intenta encontrar su lugar en el mundo"». Obama insiste en que hemos de conocer los hechos. «Durante más de mil años, las gentes se han sentido atraídas por el mensaje de paz del islam». El hecho es, al menos según Obama, que «la propia palabra islam procede de *salam*: paz».[28]

Naturalmente, el Corán no define esta palabra como «paz».[29] Y muchos de quienes han experimentado la *sharía* en sus carnes no compartirán el entusiasmo de Obama, en especial las mujeres. Mientras que él se duele por el modo en que se trata a las jóvenes musulmanas en las escuelas americanas, las musulmanas sufren por cómo se las trata bajo la *sharía*. Lo que Obama ensalza como un sistema maravilloso de ley y vida, ellas lo detestan como una opresión sistemática. Hirsi Ali es un ejemplo clásico. En un capítulo titulado «Encadenada por la *sharía*», Ali explicaba el horror de la *sharía* para las mujeres:

> Ningún otro colectivo es tan oprimido por la *sharía* como el de las mujeres musulmanas. [Ciertamente] este reglamento considera que,

en el mejor de los casos, una mujer vale como «medio hombre». La *sharía* subordina de muchas maneras a las mujeres en relación con los hombres: en el requisito de tutela por parte de los hombres, el derecho de estos a golpear a sus mujeres, el derecho sexual sin límites de los hombres para con sus esposas, el derecho de los hombres a practicar la poligamia y la limitación de los derechos legales de las mujeres en los casos de divorcio, en los derechos de propiedad, en casos de violación, en los testimonios judiciales y en el consentimiento al matrimonio. La *sharía* declara incluso que una mujer se considera desnuda si se ve alguna parte de su cuerpo aparte de su rostro y manos, mientras que mide la desnudez de los hombres solo entre el ombligo y las rodillas.[30]

Como estudiante de historia, Obama entiende todo esto y más. Es también muy consciente de que las mujeres musulmanas que viven en países occidentales no están en condiciones de exponer lo que muchos pueden considerar hipocresía. Como puso de relieve Nonie Darwish, las mujeres musulmanas que se quejan de las desigualdades de la *sharía* sufren enormes consecuencias:

Tanto el Corán, como los hadices y la *sharía* prescriben severos castigos para la mujer rebelde. Su marido puede golpearla y el tribunal de la *sharía* puede ordenarle que no salga de casa sin su permiso en *beit al taa*, que significa «casa de obediencia», una práctica que equivale a un arresto domiciliario.[31]

Cuando Darwish escribió sobre la *sharía* no estaba fanfarroneando. Como Obama, Darwish creció en un ambiente musulmán. Lo que para Obama es tolerancia, para Darwish fue aterrador. Desde su posición personal, la muchacha de trece años que escribió al presidente tenía toda la razón para tener miedo. No solo porque el hombre más poderoso del mundo en aquel momento consideraba que el islam era un sistema tolerante, sino también por lo que ella sufriría bajo su legalidad:

Una mujer musulmana que comete adulterio debe ser apedreada hasta la muerte; las muchachas solteras que tienen relaciones sexuales deben ser azotadas; el testimonio de las mujeres ante un tribunal vale la mitad que el de un hombre; las mujeres tienen la mitad de herencia que los hombres; no hay propiedad común entre marido y mujer; la indemnización por la muerte de una mujer es la mitad de la de un hombre; si su familia sigue la ley Shafii, debe extirpársele el clítoris durante la infancia, lo cual es una especie de castración femenina para que el hombre esté seguro de que se elimina su apetito sexual; la mujer necesita el permiso de su tutor para que su matrimonio sea válido; necesita también el permiso de su marido o de un pariente varón para viajar; las mujeres deben cubrir todo su cuerpo menos el rostro y las manos [...].

[En pocas palabras,] aunque el islam reivindica respeto para el cuerpo de la mujer, las leyes no apoyan tal reivindicación. La *sharía* apedrea a las mujeres por adulterio, pero a los hombres no se les apedrea por violación: este tipo de desigualdad de trato contradice cualquier reivindicación del islam de honrar a las mujeres.[32]

De hecho, es esencialmente un asunto de desigualdad. Dicho de forma sencilla: prácticamente, la *sharía* oprime a las mujeres en todas las dimensiones de su vida.

## Adulterio

Hace cien hace años Theodore Roosevelt, el vigésimo sexto presidente de los Estados Unidos, habló de la profundidad de la Biblia:

Todo hombre que piensa, cuando lo hace, entiende lo que un gran número de personas tiende a olvidar, y es que las enseñanzas de la Biblia están tan entretejidas y entrelazadas con toda nuestra vida cívica y social que nos sería, literalmente, imposible imaginar la vida si dichas enseñanzas se erradicaran. Perderíamos casi todas las normas por las que ahora juzgamos la moralidad, tanto la pública como la privada; todas las normas según las que, con más o menos resolución, nos esforzamos por configurar nuestra vida.[33]

Las percepciones modernas de la Biblia son notablemente distintas. En un libro titulado *La audacia de la esperanza: Reflexiones sobre cómo restaurar el sueño americano*, Obama demuestra un asombroso desdén por la Biblia cristiana. Levítico «sugiere que la esclavitud es correcta» y Deuteronomio propone que debe «apedrear a su hijo si se aparta de la fe», escribió Obama.[34] Es difícil no ver las implicaciones de estas declaraciones; dicho con sencillez, la Biblia está repleta de importantes errores. Ningún Dios digno de adoración enseñaría que la esclavitud es correcta. Y ningún padre en su sano juicio apedrearía a un hijo que se aparta de la fe.

El verdadero peligro en este punto es comprender mal el texto bíblico. Lejos de ensalzar las virtudes de la esclavitud, la Biblia denuncia esta institución como pecado. El Nuevo Testamento llega al extremo de poner a los traficantes de esclavos en la misma categoría que los asesinos, adúlteros, pervertidos y embusteros (1 Timoteo 1:10). Y como se ha observado anteriormente, en el Antiguo Testamento la esclavitud se aprobaba por unas realidades económicas más que por prejuicios raciales o sexuales. Aunque la Escritura reconoce la realidad de la esclavitud, nunca promueve su práctica. De hecho, Obama sabe que fue precisamente la aplicación de los principios bíblicos lo que, finalmente, llevó a la abolición de la esclavitud, tanto en el antiguo Israel como en los Estados Unidos.

Asimismo, sugerir que la Biblia enseña que los padres deben apedrear a un hijo que se aparta de la fe es también una errónea y perturbadora interpretación de Deuteronomio. Estos recursos legales no se prescriben para nuestro tiempo, sino en el contexto de una teocracia. Como muestra claramente cualquier análisis del contexto, el hijo en cuestión (no se trata de un niño) es culpable de una conducta exageradamente perversa que amenaza la salud y la seguridad de toda la comunidad. No se trata de un castigo prescrito por los excesos de un adolescente, sino por la degeneración de un hombre adulto. Por otra parte, la necesaria ratificación de los ancianos impedía un juicio precipitado por parte de los padres. Los criterios probatorios que prescribe la ley mosaica son, por tanto, superiores a los de la moderna jurisprudencia. El que Obama reivindique una moralidad superior a la bíblica es el colmo de la hipocresía. Especialmente si se tiene en cuenta que él aprobó personalmente la matanza sistemática de niños inocentes durante el segundo o tercer trimestre de su desarrollo fetal,[35] unos niños que merecen sin duda nuestra protección, ¡no la pena capital![36]

Todo esto es enormemente pertinente para el asunto que nos ocupa. En un relato sobre Jesús transmitido a lo largo de los siglos de boca en boca, los doctores de la ley llevaron delante de Jesús a una mujer que, parafraseando a Obama, se había «apartado de la fe». Le recordaron a Jesús que la ley de Moisés ordenaba apedrear a tales mujeres. Jesús les contestó: «Aquel de ustedes que esté libre de pecado, que tire la primera piedra» (Juan 8:7). Estas palabras coinciden con el mensaje central de la Escritura en el sentido de que Jesús perdona y lleva sobre sí el castigo del pecado.[37]

El contraste entre Jesús y Mahoma no puede ser más absoluto. En el *Sahih Musulmán* llevan ante Mahoma a una mujer embarazada de Ghamid. Tras confesar haber adulterado, la mujer suplicó al profeta ser purificada. Pero Mahoma mandó lapidarla una vez había dado a luz. «La enterraron en una zanja hasta el pecho y él [Mahoma] ordenó al pueblo que la apedrearan».[38] Este pasaje del *Sahih Musulmán* coincide totalmente con el mensaje central de Mahoma. Hablando desde la llanura de Arafa durante su último peregrinaje a La Meca, dijo a los adeptos: «Los adúlteros deben ser apedreados».[39]

Umar, el segundo califa del islam, amplió el edicto de lapidación de Mahoma diciendo: «En verdad Alá envió a Mahoma (que la paz sea con él) con la verdad y le mandó el libro sobre él, y el versículo de la lapidación formaba parte de lo que se le envió».[40] En consonancia con el ejemplo de Mahoma, la *sharía* no autoriza la lapidación de una adúltera embarazada «hasta que da a luz y el niño puede sobrevivir con la leche de otra».[41] La única fornicación que Mahoma permitía era la de un hombre musulmán con una de sus esclavas.[42]

Hirsi Ali cuenta la espeluznante historia de una niña somalí de trece años que fue declarada culpable de adulterio tras saberse que había sido violada por tres hombres. A diferencia de la joven de trece años de Ohio que expresó a Obama sus temores por las burlas en la escuela, Aisha Ibrahim Duhulow —llamada así en honor a la esposa de nueve años del profeta Mahoma— fue arrastrada, entre gritos y latigazos, a un estadio de Kismayo para ser apedreada:

Fue necesaria la concurrencia de cuatro hombres para enterrarla hasta el cuello en la fosa. A continuación, cincuenta hombres pasaron diez minutos apedreándola con piedras de todos los tamaños. Después de diez minutos, hubo una pausa. La desenterraron de la zanja y dos enfermeras la examinaron para ver si todavía estaba viva. Alguien percibió un pulso y una respiración. Volvieron a poner a Aisha en la fosa y la lapidación continuó.[43]

Tras esta lapidación, «un jeque local dijo a una emisora de radio que Aisha había proporcionado pruebas de su culpabilidad, admitido su delito y que "estaba contenta con el castigo que se le iba a infligir bajo la ley islámica"».[44]

La trágica realidad es que la práctica de la violación está inextricablemente relacionada con la propia conducta de Mahoma. Es difícil imaginar que Safiyya pasara voluntariamente la noche con Mahoma en su tienda después de que él hubiera torturado y asesinado brutalmente a su marido Kinana. Y de acuerdo con su ejemplo, las otras mujeres cautivas fueron violadas y vendidas como meros productos.[45]

## Violencia física

*Sahih al-Bujari*, una de las fuentes más confiables del islam, relata el dilema de una mujer que había sido sometida a abusos y que suplicó a Mahoma que pusiera fin a las brutales palizas de su marido. Tenía graves moratones y magulladuras verdes por todo el cuerpo. En lugar de poner fin a la violencia física del marido, Mahoma le otorgó una cata de sabiduría profética. Para poner fin a los golpes, la mujer solo tenía que acceder a los deseos sexuales de su marido. Aisha no se sintió tan fácilmente satisfecha. La horrible agonía que había padecido aquella mujer la hizo exclamar: «No he visto a ninguna mujer sufrir tanto como a *esta creyente. ¡Vea! ¡Su piel es más verde que su ropa!*».[46]

Tampoco Aisha fue ajena a los abusos conyugales y hablaba abiertamente del dolor de los golpes que le dio Mahoma, el profeta de Alá. Como relata *Sahih Musulmán*, era el día en que, por turno, Aisha tenía que pasar la noche con el mensajero de Alá. Cuando se dio cuenta de que ella se había dormido, el profeta se levantó y salió de la casa. Aisha se cubrió la cabeza, se puso el velo, se ciñó el manto a la cintura y salió tras él. Asustado por la sombra de ella, Mahoma regresó a casa. Aunque Aisha pudo llegar a la cama antes que él, su pesada respiración le delató. Tras confesar que había dejado la casa sin su permiso, el profeta de Alá disciplinó a su joven esposa. «Me golpeó en el pecho causándome dolor».[47]

Como Mahoma, también Alá aprueba que los maridos golpeen a las esposas. Mucho antes de que Mahoma naciera, le dijo a Job que tomara una «vara verde» y «golpeara» con ella a su esposa (Corán 38:44 *Shakir*).[48] El razonamiento de Alá era claro e inequívoco. Si un hombre temía que su esposa pudiera abandonarle, tenía que negarse, antes que nada, a dormir con ella. Si esto no funcionara, Alá prescribe la flagelación de la mujer rebelde. «¡Amonestad a aquellas de quienes teméis que se rebelen, dejadlas solas en el lecho, pegadles!» (Corán 4:34). Comentando este versículo fundamental, Al-Tabari, el distinguido erudito Shafii, dijo que si las esposas desobedientes «se niegan a arrepentirse, átenlas en casa y golpéenlas hasta que obedezcan lo que Alá les manda para con ustedes».[49]

*Reliance of the Traveller: The Classic Manual of Islamic Sacred Law* [Confianza del viajero: El manual clásico de sagrada ley islámica] explica las sutilezas de la *sharía*: «Cuando un marido observa señales de rebeldía en su esposa (sea en palabras, como cuando le responde con frialdad y solía hacerlo con educación, o cuando se niega a ir con él a la cama)», el primer recurso es advertirla. «La advertencia podría consistir en decirle: "Teme a Alá con respecto a tus obligaciones para conmigo", o en explicarle que la rebeldía anula su obligación de mantenerla y darle un turno entre las demás esposas, o informarla: "Desde un punto de vista religioso, es obligatorio que me obedezcas"».[50]

Si todas estas medidas no consiguen que la mujer rebelde vuelva a la cama, la *sharía* —junto con la práctica de Mahoma y la voluntad de Alá— prescribe una golpiza (aunque dentro de ciertos límites). El marido «no puede magullarla, romperle huesos, herirla o hacerla sangrar».[51] En total, la *sharía* ordena la ejecución de tres pasos esenciales y, si estos fallan, un cuarto: (1) amonestación; (2) dejar de dormir con ella; y (3) si esto es ineficaz, golpearla. Y si aun así no se consigue quebrar la rebeldía, el cuarto y último paso puede implicar el divorcio.[52]

Cabe destacar que, a fin de apaciguar las sensibilidades occidentales, algunas versiones inglesas del Corán insertan de forma innecesaria el adverbio *levemente* para suavizar el verbo *golpear*. El hecho es que este adverbio no aparece en el texto árabe original. Por otra parte, huelga decir que no hay ninguna circunstancia en que sea permisible que un hombre golpee a su mujer, ni levemente ni de ningún modo. La intimidad sexual tampoco debería forzarse jamás.

La intimidad entre un hombre y una mujer se ha comparado acertadamente con la misteriosa parábola de Cristo y su Iglesia. El marido es la imagen de Cristo y la esposa, la de la Iglesia. Del mismo modo que Cristo suple todas nuestras necesidades, se ordena que los maridos satisfagan las necesidades de su esposa. A diferencia del Corán, la idea bíblica de sumisión no suscita la imagen de un marido azotando a su esposa, sino más bien la de este sacrificando sus derechos por amor a ella.

> Esposos, amen a sus esposas, así como Cristo amó a la iglesia y se entregó por ella para hacerla santa. Él la purificó, lavándola con agua mediante la palabra, para presentársela a sí mismo como una iglesia radiante, sin mancha ni arruga ni ninguna otra imperfección, sino santa e intachable (Efesios 5:25-27).

Al marido se le llama, pues, a satisfacer a su esposa, es decir, a entender y suplir sus necesidades. A considerar la satisfacción de ella como más importante que la propia. A amar a su esposa como a su propio cuerpo. «Pues nadie ha odiado jamás a su propio cuerpo; al contrario, lo alimenta y lo cuida, así como Cristo hace con la Iglesia» (Efesios 5:29). La esposa debe, asimismo, satisfacer las necesidades de su marido.

> El hombre debe cumplir su deber conyugal con su esposa, e igualmente la mujer con su esposo. La mujer ya no tiene derecho sobre su propio cuerpo, sino su esposo. Tampoco el hombre tiene derecho sobre su propio cuerpo, sino su esposa (1 Corintios 7:3-4).

En palabras de Tomás de Aquino:

> El hombre debe dar satisfacción a los derechos conyugales de su esposa, a saber: con su cuerpo a través de la unión física, y de igual modo la esposa a su marido, por cuanto en este asunto se les considera iguales. La mujer no fue formada de los pies del hombre como una servidora, ni de la cabeza para enseñorearse de su marido, sino de su costado como una compañera.[53]

No hacerlo es un fraude, «porque significa tomar lo que pertenece a otra persona».[54]

Esta ecuación no deja lugar en absoluto para un número plural de esposas, y en ella tampoco caben los golpes. Ciertamente, el modelo ha de ser Cristo, no Mahoma.

## Cautivos

En agosto de 2014, dos meses después de la caída de Mosul, la segunda ciudad de Irak, los combatientes musulmanes capturaron algunas aldeas yazidíes en el flanco sur del monte Sinjar al norte de Irak. Rukmini Callimachi, corresponsal extranjero del *New York Times*, describió vívidamente los horrores que se produjeron tras la conquista:

> A los jóvenes adolescentes se les dijo que se quitaran la camisa; si tenían vello en las axilas, se les apartaba junto a sus padres y hermanos mayores. Aldea tras aldea, se llevó a los hombres y jóvenes a los campos de cultivo cercanos, se les obligó a tenderse en el suelo y fueron acribillados con armas automáticas.[55]

La experiencia de las mujeres y los niños fue peor. Según un relato de la página de reclutamiento *online* de Estado Islámico en *Dabiq*: «Después de su captura, las mujeres y niños yazidíes fueron divididos según la *sharía* entre los combatientes de Estado Islámico que habían participado en las operaciones de Sinjar, después de haber transferido una quinta parte de los esclavos a las autoridades de Estado Islámico para su reparto».[56]

Los cautivos se enviaron «a Siria o a otras ubicaciones de Irak, donde fueron comprados y vendidos para uso sexual». Una de las cautivas, una niña yazidí de doce años, fue violada por un devoto combatiente musulmán que «se tomó un tiempo para explicarle que lo que iba a hacer no era pecado. Puesto que la niña practicaba una religión distinta del islam, el Corán no solo le daba derecho a violarla, sino que condonaba y animaba dicha violación».[57] Tristemente, esta niña es solo una entre millares.

En diciembre de 627, catorce siglos antes de que las cautivas yazidíes fueran violadas y asesinadas en Irak, Mahoma y sus combatientes invadieron las aldeas de la próspera tribu judía banu mustaliq a orillas del mar

Rojo, entre Yeda y Rabigh. Según se relata en *Sahih al-Bujari*: «El profeta había atacado el campamento bani mustaliq por sorpresa, mientras estaban distraídos refrescando al ganado en los abrevaderos. Las tropas musulmanas ejecutaron a los hombres e hicieron cautivas a las mujeres y a los niños».[58] Como en el caso de los yazidíes, los hombres y muchachos judíos asesinados por Mahoma y sus hordas se libraron de las impensables atrocidades que iban a sufrir sus seres queridos. Según la ley de Alá, muchas fueron violadas y otras vendidas como esclavas.

Aunque las atrocidades cometidas con los yazidíes y los mustaliq acotan casi catorce siglos de historia islámica, el trato de las mujeres cautivas fue prácticamente idéntico. ¿Por qué? Porque, como se explicaba en *Dabiq*, lo que el Estado Islámico hace en el siglo XXI es una verdadera aplicación de las enseñanzas y prácticas de su profeta:

El *sabi* (la toma de esclavos a través de la guerra) es una gran *sunna* profética que, se sea o no consciente de ello, contiene mucha sabiduría divina y beneficios religiosos. La *sira* es un testimonio de los asaltos de nuestro profeta (*sallallāhu 'alayhi wa sallam*) a los *kafir* [no creyentes]. Mahoma ejecutaba a sus hombres y convertía en esclavos a las mujeres y los niños. Los asaltos del amado profeta (*sallallāhu 'alayhi wa sallam*) nos enseñan estas cosas. Pregunten a las tribus de banu mustaliq, banu qurayza y hawazin.[59]

Y aunque es triste decirlo, las afirmaciones de *Dabiq* se corresponden con la realidad. Estas se ponen de relieve tanto en la inalterable ley de Alá como en la vida y enseñanzas de Mahoma personificadas en la *sunna* y la *sira*:

Convertir en esclavos a las familias de los *kafir* y tomar a sus mujeres como concubinas es un aspecto firmemente establecido de la *sharía*. Si alguien niega o ridiculiza tales preceptos, estará negando o ridiculizando los versículos del Corán y las narraciones del profeta (*sallallāhu 'alayhi wa sallam*), y con ello apostatando del islam.[60]

Según la *sharía*, las mujeres (y las niñas) que han sido hechas cautivas durante la guerra pueden ser violadas por sus captores musulmanes;

y esto lo dice una de las fuentes musulmanas más reconocida. En el *Sahih Musulmán*, dos combatientes de Mahoma hablan de la forma adecuada de mantener relaciones sexuales con las cautivas de Mustaliq:

«Salimos con el mensajero de Alá (la paz sea con él) en la expedición de Balmustaliq y tomamos cautivas unas excelentes mujeres árabes. Nosotros las deseábamos ya que sufríamos la ausencia de nuestras esposas, pero (también) queríamos obtener rescate por ellas. Finalmente decidimos (tener relaciones pero observando) el *al-'azl* (retirando el pene antes de la emisión de semen para evitar la concepción). Entonces nos dijimos: "¡El mensajero de Alá (la paz sea con él) está con nosotros y estamos por hacer algo sin preguntarle!". Así es que le preguntamos al mensajero de Alá (la paz sea con él), que dijo: "No importa si no lo hacéis, porque no decreta Alá la creación de un alma como un ente hasta el día de la resurrección, sin que indefectiblemente sea"».[61]

Aquí tenemos a hombres musulmanes practicando el *coitus interruptus* porque la venta de cautivas embarazadas era difícil («queríamos obtener rescate por ellas»). Y en lugar de decirles a sus hombres que no deberían violar a sus cautivas, Mahoma les dice que no tienen por qué practicar el *coitus interruptus,* ya que «no decreta Alá la creación de un alma como un ente hasta el día de la resurrección, sin que indefectiblemente sea». En otras palabras, todo está predeterminado por Alá; no tienen, pues, que preocuparse por dejar embarazadas a sus cautivas y perder el deseado rescate.

Más horroroso todavía es que la autorización para la violación de las cautivas procede directa y específicamente de Alá. Este ordena una y otra vez a los hombres musulmanes que se abstengan «de comercio carnal, *salvo* con sus esposas o *con sus esclavas,* y esto no es censurable» (Corán 70:29-30).[62] Y, como se observa en el manual clásico de sagrada ley islámica *Reliance of the Traveller*: «Cuando se hace cautiva a una niña o a una mujer, estas se convierten en esclavas por la propia captura, y el matrimonio anterior de la mujer queda inmediatamente anulado».[63]

Esto es exactamente lo que le sucedió a una hermosa joven judía llamada Bara que fue capturada durante la masacre de Mahoma en Mustaliq.

El matrimonio de Bara con Musab Safwan fue anulado, ella pasó a llamarse Juwayriyya y a formar parte del harén de esposas y concubinas de Mahoma.[64]

El Estado Islámico está en lo cierto cuando dice:

> Convertir en esclavos a las familias de los *kafir* y tomar a sus mujeres como concubinas es un aspecto firmemente establecido de la *sharía*. Si alguien niega o ridiculiza tales preceptos, estará negando o ridiculizando los versículos del Corán y las narraciones del profeta (*sallallāhu 'alayhi wa sallam*), y con ello apostatando del islam.[65]

Para justificar los preceptos de Alá y la conducta de su profeta, los apologistas musulmanes citan invariablemente el trato de los judíos a las cautivas en el contexto de la ley teocrática del Antiguo Testamento. Las diferencias son, no obstante, palpables. Si, como en el caso de Mahoma, un israelita veía entre las cautivas una mujer hermosa y la deseaba, primero tenía que darle un mes de tiempo para lamentar la pérdida de sus posesiones y seres queridos. Por otra parte, a diferencia de Mahoma y sus hombres, el israelita no podía mantener relaciones sexuales con una cautiva si no se casaba con ella. Por último, bajo ninguna circunstancia se le permitía venderla (ver Deuteronomio 21:10-14).

Más concretamente, ¿puede alguien imaginarse a Jesús diciendo o haciendo lo que hizo o dijo Mahoma? En una cultura del siglo I que relegaba a las mujeres al escalón más bajo de la escala socioeconómica, Jesús elevó a las mujeres a una completa igualdad ontológica con los hombres.[66] Y lejos de tratar a los cautivos como posesiones, el apóstol Pablo, que se consideraba a sí mismo un esclavo de Jesús, afirmó: «Ya no hay judío ni griego, esclavo ni libre, hombre ni mujer, sino que todos ustedes son uno solo en Cristo Jesús. Y, si ustedes pertenecen a Cristo, son la descendencia de Abraham y herederos según la promesa» (Gálatas 3:28-29).

Lejos de considerarlas una mera posesión, Cristo dio un elevado valor a las mujeres.

## Divorcio

En un asombroso capítulo dedicado al matrimonio y el divorcio, Nonie Darwish explica un contrato matrimonial musulmán egipcio. La imagen del documento es más que inquietante. En el centro del contrato hay una sección en que la novia tiene que describir «el estado de virginidad» y el novio «declara si tiene o no otras esposas. En caso afirmativo, ha de hacer constar los datos siguientes»:[67]

Nombre esposa n.º 1 _____
Domicilio _____ / _____ / _____

Nombre esposa n.º 2 _____
Domicilio _____ / _____ / _____

Nombre esposa n.º 3 _____
Domicilio _____ / _____ / _____

Si todas estas casillas están rellenadas, la futura novia puede hacerse una idea de dónde se está metiendo. Por otra parte, si queda al menos un espacio sin rellenar, sabe que su futuro marido no ha agotado todavía todas sus opciones. El contrato prácticamente grita: «Puedes ser sustituida». «Si él os repudia, quizá su Señor le dé, a cambio, esposas mejores que vosotras» (Corán 66:5).

Más desalentador es todavía el proceso para obtener un divorcio:

Bajo las leyes de la *sharía*, solo el marido tiene derecho al divorcio, y este es instantáneo y definitivo. Lo único que se requiere es repetir tres veces la frase «Yo te repudio». De hecho, ni siquiera es necesario verbalizar esta decisión. Basta con que extienda el pulgar y dos dedos mientras lo dice. Puede también hacerlo mediante una nota adhesiva, dejando un mensaje en un contestador automático, y ahora, afirman los eruditos, por medio de un correo electrónico o un mensaje de texto, trayendo así al siglo XXI el código del desierto del siglo VII para el inmediato divorcio de una esposa. La *sharía* no establece ninguna restricción para que un hombre pueda divorciarse de su esposa o esposas, y no es necesario alegar ninguna razón.[68]

Para Darwish esto no tiene nada de divertido.

Teóricamente, un hombre puede repudiar a sus cuatro esposas e iniciar un nuevo ciclo con otras cuatro más las «esposas esclavas». Una ley llega a declarar que el divorcio es válido aunque el marido repudie a su mujer mientras está ebrio, bajo la influencia de narcóticos o en un estado de dolor por una enfermedad o, incluso, bromeando.[69]

La posibilidad de que un marido repudie a su esposa «bajo la influencia» de la ira o la precipitación y posteriormente cambie de opinión suscitó otro inquietante fundamento islámico. Así es como se expresa este asunto en un manual clásico de sagrada ley islámica:

> Cuando un hombre libre ha pronunciado tres veces su intención de divorciarse, no podrá casarse de nuevo con la esposa repudiada hasta que ella se haya casado con otro hombre y el nuevo marido haya copulado con ella, lo cual significa, como mínimo, que este haya introducido completamente la cabeza de su pene erecto en su vagina.[70]

¡Y cuando uno pensaba que no podía ser peor! Piense en lo que acaba de leer. Según la ley islámica, para que se produzca una reconciliación y un nuevo matrimonio, se fuerza a la divorciada a consumar un matrimonio transicional con un nuevo marido, a divorciarse de nuevo, y a volver después, de forma humillante, con su antiguo marido, que puede repudiarla de nuevo a su antojo. Esta locura de la *sharía* suscitó el perverso fenómeno de los maridos de una noche. Como lo expresó acertadamente Robert Spencer: «Cuando un marido ha repudiado a su esposa en un arrebato de ira, estos hombres se "casan" con la desdichada divorciada durante una noche para que esta pueda volver con su marido y su familia».[71]

En la *sharía* todo está orientado por completo a favor de los hombres. Solo los hombres pueden iniciar el divorcio; un hombre puede recuperar la custodia de sus hijos una vez que la mujer ha concluido la agotadora tarea de criarlos durante los años anteriores a la adolescencia, y si esta rechaza el islam, todo es posible.

Muchas mujeres occidentales casadas con hombres musulmanes se han despertado una mañana y han descubierto que su marido ha desaparecido con los niños, llevándoselos a su país de origen: Irán, Arabia Saudita o cualquier otro. Según la ley islámica, los hombres tienen pleno derecho a ello y para estas madres angustiadas es a menudo imposible recuperar a sus hijos o hijas.[72]

A medida que se estudia el tema del divorcio en el ámbito de la *sharía*, uno se siente abrumado por un agudo sentido de suciedad. Alá llega al extremo de prescribir las responsabilidades de los maridos en el divorcio de una niña impúber. En otras palabras, ¡aprueba el divorcio de una niña que todavía no ha tenido la regla! «Para aquellas de vuestras mujeres que ya no esperan tener la menstruación, si tenéis dudas, su periodo de espera será de tres meses; lo mismo para las impúberes» (Corán 65:4).[73] De haberlo deseado, Mahoma habría podido repudiar a Aisha antes o después de tener la menstruación.

Igualmente inquietante es el hecho de que organizaciones como la Muslim Women's League, con sede en Los Ángeles, tengan la temeridad de declarar que «la igualdad espiritual entre hombres y mujeres en la visión de Dios no se limita a lo puramente espiritual y religioso, sino que es la base para la igualdad en todos los aspectos temporales de la experiencia humana».[74] O en palabras de la doctora Nawal El Saadawi, de Egipto: «Nuestra religión islámica ha dado más derechos a las mujeres que cualquier otra, y ha garantizado su honor y dignidad».[75]

Naturalmente, esto es propaganda políticamente correcta.

## Igualdad

Lo que hasta ahora ha quedado claro es que la igualdad brilla por su ausencia en el islam. Esta realidad se conserva para siempre en las inalterables palabras de Alá y en las prácticas de Mahoma, a quien todos los musulmanes (hombres y mujeres) están obligados a seguir.

Hay una excepción. Alá permitió que Mahoma tuviera muchas más esposas que cualquier otro hombre. En el Corán 4:3 Alá, por medio de Gabriel, le dijo a Mahoma que los hombres musulmanes pueden casarse «con las mujeres que os gusten: dos, tres o cuatro». Mientras que en 33:50 Alá dio su aprobación a Mahoma para que se casara con *cualquier* «mujer creyente, si se ofrece al profeta y el profeta quiere casarse con ella».

Contrariamente a lo que afirman los apologistas musulmanes, los decretos de Alá consagran la desigualdad. A diferencia de los hombres, que pueden tener hasta cuatro esposas, Alá no les concede a las mujeres la opción de casarse «con los hombres que os gusten, dos, tres o cuatro». Además, mientras que Alá permite a los maridos golpear a sus esposas, no hay ninguna sanción coránica que permita a las esposas hacer lo mismo con sus maridos. Ellas tampoco pueden iniciar un proceso de divorcio. Esta es una prerrogativa exclusiva de los hombres, que pueden ejercerla con relativa facilidad.

Todo esto es ya de por sí bastante trágico. Pero imagínese que se refieran a usted como una tierra de labranza. «Vuestras mujeres son campo labrado para vosotros. ¡Venid, pues, a vuestro campo como queráis!» (Corán 2:223).[76] En una evidente muestra de desigualdad, los hombres no tienen límites en el acceso al cuerpo de su esposa. La obra *Reliance of the Traveller: The Classic Manual of Islamic Sacred Law* deja poco espacio para la libertad de acción: «La mujer tiene la obligación de satisfacer inmediatamente los deseos sexuales de su marido», a no ser que sea físicamente incapaz de soportarlo.[77] O como propone Mahoma: «El voto matrimonial que más debidamente aguarda su cumplimiento es el derecho del marido a disfrutar la vagina de la esposa»,[78] y si ella rehúsa «los ángeles le mandarán sus maldiciones hasta la mañana».[79]

Dicho sencillamente, no hay igualdad para las mujeres dolorosamente encadenadas por la *sharía*.

# GUERRA

¿Es el islam una religión de paz? Barack Obama no dejó dudas al respecto. Hablando desde una mezquita que en otro tiempo simbolizó la yihad, Obama defendió que la propia palabra *islam* significa paz.[80] Madeline Albright, secretaria de Estado con el presidente Bill Clinton, fue igualmente enfática. «No puede insistirse demasiado en que el islam es una religión de paz».[81] Esta asombrosa cantinela no es patrimonio exclusivo de ningún partido o atril en particular. La proclamaban George W. Bush,[82] el antiguo secretario de Estado Colin Powell[83] y, al otro lado del charco, los primeros ministros británicos Tony Blair[84] y David Cameron.[85] Estas palabras se repiten con previsible uniformidad y suelen ir acompañadas del tópico que los terroristas islámicos han secuestrado una religión de paz.

En concierto con un coro de voces que declara que el islam es paz y no guerra, el erudito islámico Varun Soni, decano de vida religiosa de la Universidad del Sur de California (USC), sostiene que la guerra que se perfila en la ley islámica es *interna*, no *externa*. En una serie de Oprah que se pudo ver en todo el mundo, Soni afirmó que «lo que representa *realmente* la yihad es una lucha interna, la batalla que se libra en nuestro propio corazón. Y todas nuestras tradiciones religiosas hablan sobre esta lucha interna. En este sentido, la yihad no es únicamente una idea musulmana, sino una realidad de la condición humana».[86]

Al parecer, Gallup refuerza los argumentos de Soni. «Una cosa está clara —afirmó Richard Burkholder, jefe de la Agencia Internacional de Gallup—. Por toda la *umma* —la comunidad mundial de creyentes del islam— el concepto de yihad suele recibir muchos más matices que entre los comentaristas occidentales, quienes invariablemente le dan un solo sentido». Cuando se planteó la pregunta *«Yihad: ¿guerra santa o luchas espirituales internas?»*, una mayoría de los entrevistados dijeron que la palabra yihad «*no* tenía ninguna connotación militarista explícita».[87]

Si Ayaan Hirsi Ali hubiera participado en la encuesta de Gallup cuando era una adolescente en Kenia, probablemente habría estado de acuerdo:

Cada oración, cada velo, cada ayuno, cada reconocimiento de Alá, mostraba que yo era una persona mejor o que, al menos, iba camino de serlo. [Así es] como se presenta generalmente la yihad a la mayoría de los jóvenes musulmanes en un principio, como una manifestación de la lucha interior para ser un buen musulmán. Se trata de una lucha espiritual, un camino hacia la luz. Pero después las cosas cambian.

De forma gradual, la yihad deja de ser una mera lucha interior y se hace externa, una guerra santa en el nombre del islam mediante un ejército de gloriosos «hermanos» situados frente a los enemigos de Alá y los infieles.[88]

La *sharía* confirma el argumento de Hirsi Ali. «Hacer la yihad significa combatir contra los no musulmanes, y se deriva etimológicamente de la palabra *mujahada*, que significa guerra para establecer la religión».[89] Aunque la *sharía* reconoce que la yihad más importante es «la lucha espiritual contra el ser inferior (*nafs*)»,[90] la mayor parte de la ley está dedicada a prescribir lo que significa hacer la guerra contra los no musulmanes:

> La base coránica para la yihad, anterior al consenso académico [...], está en versículos del Corán como: (1) «Se os ha prescrito que combatáis» (Corán 2:216); (2) «Matadles donde les encontréis» (Corán 4:89); (3) «Combatid todos contra los idólatras» (Corán 9:36); y hadices como los mencionados por el *Sahih Bujari* y el *Sahih Musulmán* en el sentido de que el profeta (Alá le bendiga y le conceda la paz) dijo: «Se me ha ordenado que combata hasta que den fe de que no hay más Dios que Alá y Mahoma es el profeta de Alá, y lleven a cabo oración y paguen el *zakat*.[91] Si lo dicen, han salvado de mí su sangre y posesiones, a excepción de los derechos del islam sobre ellos. Y su juicio final es con Alá»; y el hadiz consignado en *Sahih Musulmán*: «Salir por la mañana o por la noche a luchar en el camino de Alá es mejor que todo el mundo y lo que hay en él».[92]

Debo subrayar que estas palabras son una cita literal de la obra *The Reliance of the Traveller: The Classic Manual of Islamic Sacred Law*, escrito por Ahmad ibn Naqib al-Misri (1302-1367 A. D.) y refrendado por grandes eruditos islámicos de nuestro tiempo como el doctor Taha Jabir al-Alwani, del Instituto internacional de pensamiento islámico, y certificado por la Universidad de Al-Azhar (El Cairo), la institución sunita de enseñanza islámica superior más antigua y prestigiosa del mundo.[93] Por otra parte, puesto que las ordenanzas de la *sharía* tienen su origen en el Corán y la *sunna* (*sira* y hadices) —las palabras de Alá y la vida y práctica de Mahoma— no están sujetas a cambios o alteraciones con el paso del tiempo.

No cabe duda, por tanto, de que lo que predomina en la *sharía* no es la «oscura noche del alma», sino el afilado filo de la espada. Haremos bien en recordar que Mahoma, el itinerante predicador mecano, convirtió a menos de doscientas personas por medio de la palabra. Por el contrario, Mahoma, el señor de la guerra de Medina, reclutó a más de cien mil para su causa por medio de la espada. Por otra parte, durante los catorce siglos posteriores a su muerte, la guerra islámica contra los *kafirs* (no creyentes) se ha cobrado la vida de al menos 250 millones de no musulmanes, de los cuales sesenta millones eran seguidores de Cristo.[94]

No hay duda de la importancia esencial de la yihad violenta en la *sharía*. Cuando uno de sus seguidores le preguntó a Mahoma «¿"Cuál es la mejor obra?", este respondió: "Creer en Alá y en su enviado (Mahoma)". El hombre preguntó una vez más: "¿Que es lo siguiente (en excelencia)?". La respuesta fue: "Participar en la yihad (lucha religiosa) en la causa de Alá"».[95] Determinados cálculos nos llevan a la cifra de unos «35.213 versículos coránicos, hadices, leyes de la *sharía* y varias escrituras musulmanas que ordenan y alientan el asesinato, la violencia, la guerra, la aniquilación, el castigo corporal, el odio, el boicot, la humillación y la sujeción principalmente contra los no musulmanes».[96] Lo que puede decirse con certidumbre es que miles de estos violentos mandamientos yihadistas aparecen en acreditadas fuentes musulmanas.

En esencia, el mundo, según la *sharía*, se divide en dos áreas, la casa del islam (*dar al-islam*) y la casa de la guerra (*dar al-harb*): aquellos que viven ya bajo la *sharía* y los que están predestinados a someterse a ella. Y esto no es una clase radical de islam, sino su versión común y corriente. El *Dictionary of Islam* [Diccionario del islam] define claramente la yihad (del árabe *jahada*, que significa combate o lucha) como «una guerra religiosa con aquellos que no creen en la misión de Mahoma. Es un deber religioso vigente, establecido en el Corán y en las tradiciones como una institución divina y especialmente prescrita para el avance del islam y el rechazo del mal entre los musulmanes».[97] Y David Cook, prestigioso profesor de estudios religiosos de la Universidad Rice, explicó también:

Los juristas y eruditos musulmanes clásicos han definido el significado principal y esencial de este término como una «guerra con significado espiritual», y así es como lo han practicado los musulmanes durante el periodo premoderno. Este significado es el que se mantiene en la definición que se da en la nueva edición de *Encyclopedia of Islam* [Enciclopedia del islam]: «Según la ley y de acuerdo con la doctrina general y la tradición histórica, la yihad consiste en la acción militar para la extensión del islam y, si es necesario, para su defensa». Este escueto resumen de la ley e historia musulmanas representa la perspectiva corriente y académica.[98]

Un gran número de diccionarios no musulmanes definen la yihad de un modo parecido. El *American Heritage Dictionary* (cuarta edición) [Diccionario americano Heritage] delinea la yihad como «una guerra santa o lucha espiritual musulmana contra los infieles»; el *Oxford Dictionary of Current English* [Diccionario Oxford de inglés actual] afirma que es «una guerra o lucha contra los que no creen»; y el *Merriam-Webster Learner's Dictionary* [Diccionario Merriam-Webster del alumno] *online* habla de «una guerra librada por los musulmanes para defender o propagar sus creencias».[99]

La *sharía* describe la yihad como «una obligación colectiva»[100] el objetivo de la cual es invitar a los infieles (judíos, cristianos, *et al.*) «a entrar al islam en fe y práctica» o, de lo contrario, a pagar «el impuesto personal para los no musulmanes (*yizia*)». Si los infieles no se convierten ni pagan, entonces se prescribe la guerra. «¡Combatid contra quienes, habiendo recibido la Escritura, no creen en Alá ni en el último día, ni prohíben lo que Alá y su enviado han prohibido, ni practican la religión verdadera, hasta que, humillados, paguen el tributo directamente! (Corán 9:29)».[101]

Lo que debería quedar claro para todo aquel que observa con atención es que el consenso de la jurisprudencia musulmana (las cuatro escuelas sunitas de la *sharía* —Shafii, Hanafi, Hanbali y Maliki— y la escuela Jafari, dominante entre los chiitas) ordenan la guerra santa en el nombre de Alá como imperativo moral.[102] Como dijo el erudito Ibn Khaldun (1332-1406) de la escuela Maliki: «En la comunidad musulmana, la guerra santa es un deber religioso, por el universalismo de la misión musulmana y (la obligación de) convertir a todos al islam a través de la persuasión o por la fuerza».[103]

La vida de Mahoma personificó esta prescripción de la yihad pero, trágicamente, no terminó ahí. En 633 —un año después de la muerte del profeta— Abu Bakr, primer califa musulmán, libró la yihad sobre la Medialuna Fértil,[104] la costa norteafricana y parte de los Imperios persa y grecorromano. En el año 634, Umar, el segundo califa, siguió aplicando el patrón de extensión por la espada. No solo consiguió subyugar toda la península arábiga, sino también saquear la zona central de Siria.[105] En el año 635 los guerreros musulmanes conquistaron Damasco y Pella,[106] que había sido refugio para los cristianos que habían huido tomando en serio la advertencia de Cristo de huir «cuando vean a Jerusalén rodeada de ejércitos» antes de la destrucción de la ciudad en el año 70 A. D. (Lucas 21:20).[107]

En 636, las tropas musulmanas capturaron importantes zonas de Irak y «en una gran batalla librada en el año 637 en Al-Qadisiyah (la moderna Kadisiya) al sur de Irak, los sasánidas [persas] fueron derrotados decisivamente, dándoles entrada a las ricas tierras aluviales de Irak que fueron ocupadas por las tropas de los creyentes».[108] En el año 638, la propia ciudad de Jerusalén, epicentro del Levante, cayó en manos de las destructivas fuerzas musulmanas. La sujeción de la ciudad santa solidificó el control islámico de Palestina, desde 638 hasta la primera cruzada en 1099. Los musulmanes avanzaron hacia Egipto en 639 y, en 640, capturaron la ciudad de Babilonia (cerca de la moderna ciudad de El Cairo). En 641, la importante ciudad cristiana grecorromana de Cesarea cayó bajo el poder de la agresión musulmana. Alejandría sucumbió en 642 y, en 643, toda Armenia. Y esto fue solo durante la primera década tras la muerte de Mahoma.

Según *The Oxford History of Islam* [La historia del islam (Oxford)]:

Hacia mediados de la década del 650 los creyentes, que gobernaban desde Medina, controlaban una enorme zona que iba desde Yemen hasta Armenia y desde Egipto hasta Irán oriental. Y partiendo de varios centros estratégicos de esta enorme extensión, los musulmanes organizaban incursiones armadas en zonas todavía más alejadas: desde Egipto a Libia, el norte de África y Sudán; desde Siria y el norte de Mesopotamia hasta Anatolia; desde Armenia hacia la región del Caúcaso; desde la Mesopotamia inferior hasta muchas áreas sin consolidar en Irán y al este hacia Afganistán y los límites de Asia Central.[109]

Darío Fernández-Morera ha observado correctamente que los principales registros musulmanes y cristianos están de acuerdo con los hallazgos arqueológicos:

Durante la segunda mitad del siglo VII, las tropas del califato islámico de Arabia y Medio Oriente se extendieron por las zonas costeras norteafricanas que estaban bajo el Imperio cristiano grecorromano (al que se alude normalmente como Imperio bizantino). El norte de África había sido un territorio principalmente cristiano al menos desde comienzos del siglo IV. Esta era la tierra de Tertuliano (c. 160-c. 225) y Cipriano de Cartago (c. 200-258), Atanasio de Alejandría (c. 296-373) y Agustín de Hipona (354-430).[110]

Durante la primera mitad del siglo VIII, las fuerzas islámicas cruzaron el estrecho de Gibraltar y conquistaron España. Posteriormente saquearon Burdeos en el sudoeste de Francia, quemando iglesias a su paso. «En esta ocasión, no obstante, los invasores islámicos fueron derrotados. En la que hoy se conoce como batalla de Tours (o de Poitiers, disputada el 10 de octubre de 732), un ejército franco encabezado por el dirigente cristiano franco (y gobernante *de facto*) Charles Martel venció a las fuerzas islámicas».[111] La destructiva fuerza islámica no volvería a amenazar seriamente a Europa

hasta que, en 1389, los turcos musulmanes derrotaron a los serbios en Kosovo y capturaron Constantinopla el 29 de mayo de 1453 (completando así la destrucción del Imperio bizantino y el sometimiento de los cristianos griegos, que duraría cuatrocientos años), atravesando luego los Balcanes (1526) para derrotar a los húngaros en Móhacs (murieron catorce mil soldados húngaros y con las cabezas de los prisioneros, entre los que había siete obispos, los turcos levantaron un montículo como advertencia para los cristianos que se atrevieran a oponer resistencia) y finalmente llegaron, en 1529, a las puertas de Viena (batalla del sitio de Viena) y una vez más en 1683 en la crucial batalla de las puertas de Viena.[112]

El 11 de septiembre de aquel año resultó decisivo para la historia del mundo. Solo unas décadas después de la muerte de Mahoma, la fuerza destructiva de la yihad había conquistado Egipto, granero del mundo cristiano antiguo, y Siria, su cerebro.[113] Hacia el año 711, las tropas árabes habían derrotado al rey de España y, en menos de diez años, controlaban la mayor parte de su territorio. Y si Jan Sobieski no hubiera detenido el expansionismo musulmán a las puertas de Viena el 11 de septiembre de 1683, toda Europa habría caído también en manos del islam.[114]

Tan horrible como las propias atrocidades musulmanas es la moderna tendencia a remodelar los catorce siglos de historia islámica. Especialmente el periodo andaluz se ha reformulado como la edad de oro del islam.[115] Una etapa caracterizada por la tolerancia, el multiculturalismo, la diversidad y la paz. Barack Obama es particularmente efusivo: «El islam tiene una orgullosa tradición de tolerancia. La vemos en la historia de Andalucía y Córdoba durante la Inquisición».[116]

Y no es el único: políticos, profesores y expertos de todo tipo se hacen eco de su opinión. David Levering Lewis, dos veces ganador del Pulitzer, y Julius Silver, profesor de Historia en la Universidad de Nueva York, subrayan de forma entusiasta «la orgullosa tradición de tolerancia» del islam contrastándola con un relato de intolerancia cristiana. En la Edad Media emergieron dos Europas diametralmente opuestas, afirmó este profesor: «Una [la Europa musulmana] segura en sus defensas, tolerante con las religiones y madurando en su sofisticación cultural y científica; la otra [la Europa cristiana] una palestra de incesante guerra donde la superstición pasaba por religión y la llama del conocimiento chisporroteaba débilmente».[117]

El expresidente, junto con toda una serie de profesores y expertos, está empeñado en presentar la yihad islámica como algo mental y no marcial. Por ello remodelan Andalucía como un paraíso donde los musulmanes vivían en pacífica y tolerante armonía junto a cristianos y judíos. Este relato no es ya exclusivo de las élites que habitan en torres de marfil. Se ha filtrado a todos los niveles de la sociedad.

En su volumen de lectura obligatoria *The Myth of the Andalusian Paradise: Muslims, Christians, and Jews under Islamic Rule in Medieval Spain* [El mito del paraíso andaluz: musulmanes, cristianos y judíos bajo el mandato islámico en la España medieval], Fernández-Morera lamentaba:

En *Across the Centuries* [A lo largo de los siglos] Houghton Mifflin enseña a los niños que la yihad es una «lucha interior» que insta a los fieles a «dar lo mejor de uno mismo, a resistir la tentación y a vencer el mal».[118] Este punto de vista sobre la yihad se enseña ahora en muchas escuelas de los Estados Unidos.[119] El documental hagiográfico de la BBC financiado con dinero público *The Life of Muhammad* [La vida de Mahoma] (2011), que se emite constantemente por canales educativos de televisión en Inglaterra y Estados Unidos, también hace esta misma afirmación.[120]

Con lúcida ironía, Fernández-Morera pone en evidencia lo absurdo de este relato:

> Es sin duda posible que, durante siglos, los eruditos musulmanes medievales que interpretaron los textos sagrados islámicos, así como los líderes militares musulmanes (entre ellos quizá el propio Mahoma cuando guiaba a sus tropas a la batalla contra los infieles que no querían someterse), malentendieran (a diferencia de los expertos en estudios islámicos de hoy) el significado principalmente pacífico y «defensivo» del término «yihad» y que, como consecuencia de este error, las tropas musulmanas salieran erróneamente y, siempre defensivamente, conquistaran la mitad del mundo conocido. O quizá estas tropas musulmanas solo estaban, de algún modo, «dedicándose» a «resistir la tentación y vencer el mal».[121]

Dejando a un lado la sátira, lo que debería quedarle claro a cualquiera que tenga interés en la verdad es que cuando la escuela Maliki de la *sharía*, que imperaba en la España medieval, define la yihad no lo hace en el contexto de una «lucha espiritual interior», sino como una guerra santa contra los infieles.[122] De igual modo, Al-Shafii, quien estudió bajo la escuela de Malik, describe la yihad como una agresión externa, como lo hacen también las escuelas Hanafi y Hanbali de la *sharía*.[123] Lo cierto es que los gobernantes del paraíso andaluz decapitaban habitualmente a los prisioneros de guerra y exponían las cabezas de sus víctimas como símbolos de su brutalidad y fuerza.

Fernández-Morera cita al emir del siglo X Abderramán III, primer omeya andaluz que se autoproclamó califa, como un ejemplo clásico. Abderramán ordenó a los dirigentes religiosos de las mezquitas españolas que leyeran lo siguiente a los adeptos musulmanes:

> Persíganles por todos los medios posibles, envíenles sus espías, esfuércense por conocer sus secretos y cuando sepan con certeza que alguien es de ellos [los que atacan el Corán y los hadices] escriban al califa una

lista con sus nombres, ciudad, nombres de testigos contra ellos y sus acusaciones para que pueda ordenarse que les traigan a la puerta de Al-Sudda y se les castigue en su capital.[124]

La persecución cristiana en el paraíso andaluz fue especialmente horrible. La bien documentada matanza del viernes 22 de marzo de 939 es solo uno de los ejemplos dignos de mención. En aquel día cien cristianos llegaron a la aljama de Córdoba al final de la oración del viernes para que los fieles musulmanes pudieran ser testigos del juicio de Alá con todo detalle. «Todos los prisioneros, uno a uno, fueron decapitados en su presencia y ante su mirada, a la vista de la gente, a cuyos sentimientos contra los infieles dio alivio Dios, prorrumpiendo en bendiciones a su califa».[125]

Las decapitaciones de Abderramán solo fueron superadas por sus crucifixiones en masa, y aun así este califa no fue de los más intolerantes ni insidiosos. Los gobernantes musulmanes masacraron multitudes cuyo único delito había sido convertirse sinceramente al cristianismo. Los estudiantes de historia están bien familiarizados con los mártires de Córdoba que fueron brutalmente asesinados por dar testimonio de la divinidad de Cristo. De entre los miles de sanguinarios magistrados musulmanes destaca el conocido Almanzor («el Victorioso»), quien «llevó a cabo casi sesenta yihads y ordenó recoger el polvo de su ropa después de cada expedición contra los odiados cristianos para poder ser sepultado bajo aquel polvo glorioso cuando muriera».[126]

La pregunta que demanda una respuesta en vista del terror y la intolerancia de que fueron objeto los cristianos bajo el mandato de tales tiranos es por qué políticos bien conocedores de la historia como Obama siguen vendiendo el mito de un paraíso andaluz. Como observa Fernández-Morera: «Es difícil atribuir tal actitud a la ignorancia lingüística, puesto que las principales fuentes medievales en latín, español, árabe y hebreo que se requieren para adquirir una buena comprensión general de la España islámica se han traducido a idiomas occidentales como el español, el francés, el inglés y el alemán, en algunos casos más de una vez».[127]

Lo que puede explicarlo es «lo que los economistas llaman "intereses e incentivos de las partes", que afectan a la investigación de académicos en el ámbito de las humanidades no menos, y puede que hasta más, que en el de las ciencias».[128] Puede que haya también otros importantes factores en juego:

Es posible que tenga relación con lo que los psicólogos llaman «ceguera motivada», que inhibe la capacidad de las personas para percibir datos molestos. Puede que tenga que ver con la «inocencia de los intelectuales». Es posible que sea solo fruto de una pésima investigación por parte de varios profesores universitarios que los periodistas han repetido hasta la saciedad. O quizá desde la Ilustración del siglo XVIII, la construcción de una España islámica diversa, tolerante y feliz haya sido parte de un esfuerzo por vender una determinada agenda cultural, que habría sido muy difícil con el reconocimiento de una sociedad multicultural asolada por conflictos étnicos, religiosos, sociales y políticos que, finalmente contribuyeron a su desaparición: una sociedad multicultural aglutinada únicamente por el poder implacable de dictadores y clérigos.[129]

Puede que lo que en verdad esté actuando sea un grave sentimiento anticristiano. Cómo si no pueden explicarse las gratuitas comparaciones del presidente Obama de las actuales tácticas del terrorismo de Estado Islámico con los «terribles hechos» que cometieron los cristianos durante «las cruzadas y la Inquisisción»,[130] sin observar que las atrocidades cometidas durante las cruzadas y la Inquisición se produjeron a pesar de los valores cristianos y no por causa de ellos.

Y como Obama debe saber sin duda, a diferencia de las cruzadas, las atrocidades cometidas por los musulmanes a lo largo de catorce siglos de yihad fueron directamente ordenadas por la ley islámica. Por ello, si hubiera que buscar una referencia histórica para la brutalidad del Estado Islámico, habría que compararlo con las crucifixiones y decapitaciones durante la persecución de Abderramán en España.

Thomas Madden, experto en historia de las cruzadas, documenta que tras siglos de yihad, los musulmanes habían «tomado todo el norte de África, Medio Oriente, Asia Menor y la mayor parte y la mayor parte de España. En otras palabras, hacia finales del siglo XI, las fuerzas del islam habían capturado dos terceras partes del mundo cristiano. Palestina, la tierra de Jesucristo; Egipto, el lugar de nacimiento del monasticismo cristiano; Asia Menor, donde San Pablo sembró las semillas de las primeras comunidades cristianas: no eran zonas de la periferia del cristianismo, sino su mismo núcleo». Así, «por el lado musulmán se había ido produciendo una agresión completamente injustificada. En un momento determinado de la historia, lo que quedaba del mundo cristiano tenía que defenderse o resignarse a sucumbir a la conquista islámica».[131]

En su clásica monografía *The Crusades, Christianity, and Islam* [Las cruzadas, el cristianismo y el islam], Jonathan Riley-Smith pone de relieve la importante distinción entre la yihad, como mandato de la *sharía*, y la teoría de la guerra justa, tal como se formuló durante siglos de teología cristiana:

> Durante más de 2.000 años de historia occidental, la violencia —expresada en guerra, rebelión armada o en el uso de la fuerza sancionada por un Estado, y sea santa o simplemente lícita— ha requerido el cumplimiento de tres criterios para ser considerada legítima. En primer lugar, no debe iniciarse a la ligera o para incrementar el propio poder o riqueza, sino solo por una razón legalmente sana, que ha de ser de carácter reactivo. En segundo lugar, ha de ser declarada formalmente por una autoridad reconocida que tiene el poder para hacer dicha declaración. En tercer lugar, ha de ser librada de un modo justo.[132]

En marcado contraste, la *sharía* ordena una guerra proactiva y perpetua contra los judíos y los cristianos: «Primero invítales al islam, después invítales a pagar la *yizia* (un impuesto sobre los *kafirs*). Si rechazan la conversión y la *yizia*, entonces atácales».[133] El consenso de la jurisprudencia musulmana, en concierto con la voluntad de Alá, ordena la guerra como un «deber religioso, por el universalismo de la misión musulmana y la obligación de convertir a todo el mundo al islam, sea por medio de la persuasión o por la fuerza».[134] Por ello, cuando se le preguntó qué había que hacer con las cruces y libros sagrados de los cristianos derrotados en la yihad, Malik, una de las cuatro figuras fundamentales de la *sharía*, respondió: «Las cruces [de oro] deben destruirse antes de ser distribuidas [como botín a los guerreros musulmanes] pero no deben repartirse directamente. Por lo que respecta a sus libros sagrados, hay que hacerlos desaparecer».[135]

En resumidas cuentas, las guerras islámicas ordenadas por la *sharía*, como las conquistas imperialistas y fascistas, no solo son injustas e ilícitas, sino que constituyen una catástrofe en el paisaje de la humanidad.

# CIVILIZACIÓN OCCIDENTAL

Los cristianos y los judíos no hace falta que se pregunten cómo sería la vida en la civilización occidental bajo la *sharía*. Ya la han experimentado en España. «Desde la conquista iniciada en 711 hasta su reducción al pequeño reino de Granada después de 1248 y su desaparición final en 1492, la religión y, por tanto, el islam fueron la ley».[136] Durante lo que se describe como «la edad de oro del islam», la *sharía* dictaba prácticamente cada aspecto de la vida pública y privada. En el paraíso andaluz no había, pues, ninguna separación entre *sharía* y Estado.[137]

Los clérigos musulmanes administraban de forma detallada y meticulosa prácticamente cada aspecto de la conducta humana, inclusive

si podía beberse la leche de una asna, si podían usarse o no para propósitos rituales los objetos o el agua que había tocado un cristiano, si un musulmán podía o no secarse las manos con sus calcetines después de una ablución, si se podía entrar en una mezquita después de comer ajo, qué mano debía usarse para comer y beber, cuál era el castigo correcto por mantener relaciones sexuales con la propia esposa durante el Ramadán, el correcto precio de sangre por la amputación del pene o de un testículo, o si debe permitirse la entrada de los niños a una mezquita (la respuesta es negativa).[138]

En esta edad de oro del islam el uso de instrumentos musicales y del canto estaba estrictamente prohibido.[139] Según estipulaban las leyes andaluzas: «No te es lícito escuchar deliberadamente una falsedad, ni complacerte en oír las palabras de una mujer que no te pertenece, ni escuchar a músicos y cantores».[140]

En aquellos lugares de Andalucía donde siguió habiendo música y canto no fue por las estipulaciones de la *sharía*, sino a pesar de ellas. De haber prevalecido el islam en Europa occidental no existiría «el canto gregoriano, la polifonía, los órganos (que se desarrollaron como parte de la música de la Iglesia católica), las misas instrumentales y vocales de Victoria, Bach, Mozart y Beethoven; no habría sinfonías ni óperas ni grandes compositores ni existiría el *jazz*».[141]

En el islam era también ilegal la representación artística del cuerpo humano (mucho menos su disección). No fueron, por tanto, los musulmanes quienes prepararon el camino hacia los logros de la medicina moderna, sino los pensadores occidentales como el médico belga Andreas Vesalius, quien no solo abrió nuevos horizontes en el arte y ciencia de la disección, sino que, al hacerlo, introdujo también la exacta representación de los órganos corporales internos. El hecho evidente es que la civilización occidental floreció mediante tradiciones intelectuales que hicieron viables los avances médicos y matemáticos, mientras que no fue así con el islam.[142]

Por lo que se refiere a la libertad de religión, esta era, simplemente, inexistente. Igual que hoy en Arabia Saudita o Irán, a los cristianos bajo el control de la *sharía* no se les permitía celebrar públicamente su fe. Estaban estrictamente prohibidas las cruces y el repicar de las campanas de la iglesia. ¡Y, ay del que se atreviera a proclamar que Jesús era divino o Mahoma un falso profeta!: «Cualquiera que blasfeme contra Alá o su mensajero, sea o no musulmán, debe morir sin que se le otorgue oportunidad de arrepentirse».[143] En Córdoba (mencionada especialmente por el presidente Obama como quintaesencia de la tolerancia), «Uzmán ibn Kinana, la autoridad Maliki (m. 802), afirmó que cada gobernante podía escoger qué castigo administrar por blasfemia: la decapitación o la crucifixión».[144]

Lejos del cuadro de un apacible paraíso andaluz en el que musulmanes, judíos y cristianos vivían en armonía y tolerancia, los no musulmanes fueron vejados bajo la severidad de la *sharía*. La elección era simple: *shahada, sometimiento* o *espada*. Por otra parte, como ha señalado Fernández-Morera, perdida entre la retórica políticamente correcta de nuestro tiempo está la trágica realidad de que

> *en la España medieval los cristianos (y los judíos) eran por definición un grupo subordinado, un pueblo marginado de cuarta o quinta clase dentro de una sociedad jerárquica, víctimas de un sistema de extorsión,* la dhimma, *que les otorgaba la elección que los gánsteres conceden a sus víctimas: pague por su protección o aténgase a las consecuencias.* Sugerir que los cristianos podían estar «contentos» con su situación en España, Grecia o cualquier otro lugar bajo el gobierno islámico medieval es incluso más absurdo que afirmar que los negros norteamericanos

podían dar gracias por su ciudadanía de segunda clase bajo la tolerante hegemonía blanca en ciertas zonas de Estados Unidos antes del movimiento de los derechos civiles en el siglo XX, o quizá incluso con el tratamiento que les dispensaban los propietarios de esclavos en los estados sureños antes de la guerra de Secesión, que a menudo les «hacían parte de la familia».[145]

De no haber sido por el descontento de los cristianos con los abusos de la *sharía* española —su extorsión por ser *dhimmis*, el trato de las mujeres y la intolerancia de nada que no fuera el islam doctrinario— no habría habido ninguna reconquista. Y si no hubiera habido reconquista, hoy España se parecería más al norte de África o a Irán que a Holanda o Italia.

De hecho, si no hubiera sido por la resistencia y reconquista cristianas, España no habría recuperado —no habría podido— la riqueza de su patrimonio.

Tras la ocupación musulmana del siglo VIII, fueron necesarios muchos años para que la España cristiana desarrollara la grandeza de su propia cultura cristiana medieval, con su rica lírica y poesía narrativa, y su poderosa arquitectura y escultura románicas y góticas. Este proceso continuó a lo largo del Renacimiento y la Contrarreforma y culminó con el «Siglo de Oro español».[146]

Hoy, el gran peligro es que la reconquista de España pueda quedar inacabada por un falso relato que se repite una y otra vez: un relato que pretende convencer a los no informados de que la verdadera edad de oro de España no fue cristiana, sino islámica. Nadie está más convencido de esto que Tony Blair, ex primer ministro británico, quien afirmó: «A comienzos de la Edad Media, era más fácil encontrar a los abanderados de la tolerancia en tierras musulmanas que en las cristianas».[147]

La antigua candidata republicana Carly Fiorina es aún más efusiva en su apoyo al islam medieval. En su opinión, la civilización islámica entre los años 800 y 1600 fue «la más importante del mundo». Afirma que el islam fue responsable de mantener vivos los tesoros de conocimientos pasados y llama ilustrados a los dirigentes islámicos: «Fueron sus dirigentes quienes canalizaron todas las capacidades de una población muy diversa, heredera de las tradiciones cristiana, islámica y judía. Esta clase de liderazgo ilustrado —unos dirigentes que cultivaban la cultura, la sostenibilidad, la diversidad y el valor— fue responsable de 800 años de invención y prosperidad».[148]

Naturalmente, Blair y Fiorina no están solos. Un inmenso número de políticos, profesores y expertos modernos parecen empeñados en perpetuar este relato. El expresidente Barack Obama, por ejemplo, se pone elocuente cuando habla de una «orgullosa tradición de tolerancia» y advierte ominosamente a los occidentales sobre los peligros de «impedir que los ciudadanos musulmanes practiquen su religión *como consideren oportuno*». En el mundo de Obama, impedir las prácticas religiosas y sociopolíticas del islam no es más que una manifestación de hostilidad, y «no se puede esconder la *hostilidad* hacia una religión tras la pretensión de liberalismo».[149]

Tras la retórica de Obama acecha el omnipresente espectro de la censura. Cuestionar «la orgullosa tradición» de la *sharía* se considera ahora «hostilidad». E impedir «que los ciudadanos musulmanes practiquen su religión *como consideren oportuno*» se ve como islamofobia.[150] Si fuera coherente con su dogmatismo, Obama tendría poca tolerancia hacia quienes cuestionan el derecho de un musulmán a golpear a una esposa rebelde que se niega a permitirle el *«lícito y pleno disfrute sexual de su persona»*. ¿Por qué? Porque de acuerdo con las ordenanzas de la *sharía*, *«le es permisible golpearla si cree que haciéndolo la traerá de nuevo al camino correcto»*.[151]

Irónicamente, lo que hoy se cuestiona no es ya la hostilidad del marido, sino la de aquellos que tienen la arrogancia de cuestionarla cuando él desea golpear a su esposa. Obama no podía haberlo dicho más claramente. El islam tiene una orgullosa tradición religiosa que los musulmanes deben poder practicar en Occidente *como consideren oportuno*.

El problema de esta premisa es, naturalmente, que el islam es mucho más que una religión. Es una destructiva fuerza socioeconómica y política que se mueve sobre los raíles de la *sharía*. Por otra parte, es un sistema legal y de prácticas que, como sostiene Carly Fiorina, ha producido la civilización más importante de la historia mundial. «El alcance comercial de esta civilización se extendía desde América Latina hasta China y todos los puntos intermedios».[152] Es una civilización, dijo Fiorina, impulsada por la inventiva:

Sus arquitectos diseñaron edificios que desafiaban la gravedad. Sus matemáticos crearon el álgebra y los algoritmos que permitirían la creación de los ordenadores y la encriptación. Sus médicos examinaron el cuerpo humano y descubrieron nuevas curas. Sus astrónomos exploraban los cielos, pusieron nombre a las estrellas y prepararon el camino para los viajes espaciales y la exploración.[153]

Y dice más aún. «Cuando otras naciones tenían miedo de las ideas, esta civilización sacaba provecho de ellas y las mantenía vivas. Cuando los censores amenazaban con eliminar el conocimiento de las civilizaciones pasadas, esta mantuvo vivo el conocimiento y lo transmitió a los demás».[154] Dicho de otro modo, cuando Europa occidental estaba atascada en los grises contornos de la Alta Edad Media, la cultura de la *sharía* era la que iluminaba el mundo. En el cuento de hadas de Fiorina, la civilización occidental había perdido el contacto con la filosofía griega y la sabiduría romana. De no haber sido por la amplitud de miras de la *sharía*, el subdesarrollo de Europa occidental habría arrojado una oscura sombra sobre el progreso y la ilustración.

Por supuesto, este relato es manifiestamente falso, como el profesor Thomas F. Bertonneau ha aclarado con gran elocuencia:

Con las convulsiones de la islamofobia occidental que siguieron a los ataques terroristas de 2001, el mito de la profunda ilustración del islam medieval y el analfabetismo europeo de aquel tiempo adquirió una nueva fuerza por influencia de la izquierda, cuyos acólitos lo han esparcido con vigor desde su acomodo en las escuelas superiores y universidades. Los hechos habrían disipado el mito si alguien se hubiera tomado la molestia de ponerlos sobre la mesa. En primer lugar, los europeos nunca perdieron el contacto con los griegos bizantinos, que siguieron despreocupadamente siendo intelectuales humanistas hasta que, en 1453, Mehmed II conquistó Constantinopla, mató brutalmente a las élites cultas y forzó a los campesinos a someterse a Alá.[155]

Lejos de ser un puente transmisor de la antigua erudición y conocimiento al mundo occidental, el islam siempre ha representado una importante barrera. De no haber sido por el trabajo de traducción de los cristianos arameos y árabes, el legado de Atenas y Jerusalén habría muerto sin duda en el altar del dogmatismo de la *sharía*. Como documenta el venerable historiador francés Sylvain Gouguenheim, la ley de la *sharía* era mayormente antagónica al espíritu de la civilización griega, opuesta, por ejemplo, a «la escultura y pintura figurativa, el teatro, la narración, la lírica y la teoría y práctica política».[156] La investigación de Gouguenheim lo deja claro:

> Los textos griegos no se habían «perdido», para ser generosamente «descubiertos» y «transmitidos» por el Imperio islámico, sino que en realidad habían sido preservados, transmitidos y comentados en el Imperio cristiano grecorromano (conocido generalmente como Imperio «bizantino»); que las traducciones de textos científicos y filosóficos griegos al árabe las llevaron a cabo cristianos de habla griega de las tierras conquistadas del Imperio bizantino; que Aristóteles había sido traducido en Francia en la abadía del monte Saint-Michel antes de que aparecieran en la España islámica traducciones en árabe de este filósofo (realizadas por eruditos cristianos sirios de las tierras conquistadas del Imperio bizantino); y que hubo una continuidad entre la civilización griega y la europea, por medio del Imperio bizantino, que no requiere la aparición del islam en el panorama histórico.[157]

Lo interesante de Gouguenheim es que estaba dispuesto no solo a seguir los hechos dondequiera que estos le llevaran, sino también a sufrir las iras de unas élites culturales que sentían aversión por su legado. Inmediatamente se le tachó de islamófobo y racista. Se nombró un comité para que investigara su trabajo. Se le obligó a dejar de enseñar Historia Medieval en la Escuela Normal Superior de Lyon hasta conocerse los resultados de la investigación.

Se consideró que sus estudios «amenazaban tanto al sistema educativo que "un colectivo internacional de cincuenta y seis investigadores de historia y filosofía" creyó necesario firmar una carta abierta, publicada en el periódico marxista *Libération*, que atacaba su trabajo».[158] Y esto fue solo el comienzo.

Los epítetos y comentarios más suaves que se usaron en el ámbito académico para describir su libro fueron: «ignorante» (inculto), «una polémica disfrazada de erudición», «lleno de incoherencia conceptual», «una diatriba», «un libro expoliador» (*saccageur*), «un trabajo científicamente deshonesto», «una deshonra para su editorial», «el trabajo de un aficionado basado en compilaciones y apriorismos», «un caso triste», «una obra de temor y odio», «racismo cultural», «embarazoso», «desafortunado», «un abandono de la deontología histórica», «producto de una ideología católica retrógrada», «incapaz de ir contra el consenso de los especialistas sobre el islam medieval y el cristianismo» y, naturalmente, «islamófobo» y parte de la «islamofobia académica» contemporánea.[159]

Ninguno de los cincuenta y seis académicos que firmaron esta carta abierta consideraron necesario comentar la necesidad de desmitificar la ficción de un paraíso andaluz o el efecto draconiano que ha tenido la *sharía* sobre las mujeres durante la Edad Media y en la actualidad. Nadie creyó tampoco necesario comentar los mandamientos de la *sharía* que han producido catorce siglos de guerra islámica.

¿Dónde está la indignación por los musulmanes que están siendo asesinados por convertirse al cristianismo o por los cristianos que pagan con su vida sus críticas a Mahoma? En lugar de indignación hay acuerdo, una disposición entre las élites occidentales a calmar los ánimos. Algunos, como Rowan Williams, antiguo arzobispo de Canterbury y la persona más poderosa de la Iglesia de Inglaterra, llegó a sugerir que las leyes británicas deberían adaptar la *sharía*, comenzando con leyes sobre las finanzas y el matrimonio.[160]

En su inteligente y breve monografía titulada *Sharia Law for the Non-Muslim* [La *sharía* para el no musulmán], Bill Warner resume el dilema que afronta la civilización occidental comenzando con Europa: «Europa está asistiendo a un ascenso del supremacismo islámico, demandas de la *sharía* y una violenta intimidación. Las leyes aprobadas por los estados europeos y las resoluciones en las universidades y otras organizaciones han asfixiado la libertad de expresión». Warner sigue diciendo:

En el Reino Unido actúan tribunales de la *sharía*, dirigidos por islamistas que defienden abiertamente el «derecho» de los hombres a utilizar la violencia contra su esposa. En el Reino Unido y Dinamarca se han declarado determinadas «zonas controladas por la *sharía*», y en Alemania, «patrullas *sharía*» recorren las calles de algunas ciudades intentando imponer las normas de la ley islámica. [Mientras tanto] los dirigentes se muestran más preocupados por impedir que se expongan estos hechos que por confrontarlos.[161]

Aunque es poco probable que los musulmanes en lugares como Irán y Arabia Saudita renuncien a la *sharía*, las élites occidentales deben entrar en razón e insistir en que los musulmanes renuncien a aquellas prácticas de la *sharía* que militan en contra de la jurisprudencia occidental. Y como ha subrayado categóricamente Ayaan Hirsi Ali: «Bajo ningún concepto deben permitir los países occidentales que los musulmanes establezcan enclaves legislados por la *sharía* en que las mujeres y otros ciudadanos supuestamente de segunda puedan ser tratados de formas que pertenecen al siglo séptimo».[162]

# Capítulo 4

# LEVANTE

## Encrucijadas de la historia mundial

*Durante los tres últimos milenios, el Levante ha
visto el surgimiento y asiento de varias religiones
universales, las idas y venidas de poderosos imperios,
y el impresionante ascenso y caída de pequeños
estados extraños y excepcionales. Los grandes poderes
del mundo se han enfrentado repetidamente en
esta región, desde el Egipto de los faraones y Asiria
hasta los Estados Unidos y la Rusia soviética.*[1]

—Profesor William Harris

En su volumen clásico *The Levant: A Fractured Mosaic* [El Levante:
Un mosaico fracturado], William Harris define el término Levante
como «una palabra derivada del italiano que se originó con los comer-
ciantes de las ciudades Estado italianas de la Edad Media. Significaba "el
punto en que se levanta el sol" y aludía a la zona del Mediterráneo oriental. La palabra implicaba una fuente de luz que, posiblemente, evocaba la
antigüedad de la civilización del Mediterráneo oriental, o la presencia de
la Tierra Santa».[2]

El Levante moderno, esencialmente el borde occidental del Creciente Fértil, está hoy formado por «Israel, Siria, Líbano y Jordania, además de los árabes palestinos de Cisjordania y la Franja de Gaza y la República de Turquía en los márgenes del norte». Es «el centro geográfico de Medio Oriente y el mundo árabe, y a partir del siglo VII se convirtió en una zona crucial para la continuidad geográfica de la civilización islámica entre Asia y África».[3] Como «puente que enlaza tres continentes —Europa, Asia y África»— el Levante ha sido «escenario de algunos de los principales acontecimientos de la historia humana. Esta región fue la cuna de las dos grandes religiones monoteístas: el judaísmo y el cristianismo. De modo que puso también los fundamentos para la tercera: el islam».[4]

Como enlace entre Eurasia y África, el Levante es de una importancia incomparable para lo que a menudo se consideran las tres grandes religiones abrahámicas. Para los judíos, el Levante supone la región en la que Dios prometió hacer de Abram una gran nación y donde le dijo: «¡Por medio de ti serán bendecidas todas las familias de la tierra!» (Génesis 12:3). Para los cristianos, el Levante representa el lugar en que las promesas de Dios a Abraham se cumplieron finalmente en «su descendencia [...] que es Cristo» (Gálatas 3:16). Y para los musulmanes, el Levante es la ubicación de la piedra sagrada desde la que Mahoma ascendió por los siete anillos del cielo para saludar a Abraham y convertirse posteriormente en el primer y único humano que estuvo en la presencia de Alá.

## Significado del levante para los judíos

Dos mil años antes de que Jesús naciera en Belén, Dios le dijo a Abram que abandonara su antiguo hogar en Basra (sur de Irak). «El Señor le dijo a Abram: "Deja tu tierra, tus parientes y la casa de tu padre, y vete a la tierra que te mostraré"» (Génesis 12:1).[5] Las promesas de Dios a Abram preservadas en la Torá judía no son solo memorables, sino conmovedoramente paradigmáticas:

> «Haré de ti una nación grande,
>    y te bendeciré;

haré famoso tu nombre,

    y serás una bendición.

Bendeciré a los que te bendigan

    y maldeciré a los que te maldigan;

¡por medio de ti serán bendecidas

    todas las familias de la tierra!» (Génesis 12:2-3).[6]

Cuando Abram tenía noventa y nueve años, Dios reiteró su promesa:

«Ya no te llamarás Abram, sino que de ahora en adelante tu nombre
será Abraham, porque te he confirmado como padre de una multitud
de naciones. Te haré tan fecundo que de ti saldrán reyes y naciones.
Estableceré mi pacto contigo y con tu descendencia, como pacto per-
petuo, por todas las generaciones. Yo seré tu Dios, y el Dios de tus
descendientes. A ti y a tu descendencia les daré, en posesión perpetua,
toda la tierra de Canaán, donde ahora andan peregrinando. Y yo seré su
Dios» (Génesis 17:5-8).[7]

Irónicamente, la única porción de la tierra prometida que Abraham
poseyó fue una cueva en Hebrón donde sepultó a su esposa Sara. Y no la
obtuvo en virtud de la promesa hecha por Dios, sino mediante el pago de su
precio. Por ello, cuando el hitita Efrón le ofreció a Abraham aquel terreno
como un regalo, su respuesta fue: «Escúcheme, por favor. Yo insisto en
pagarle el precio justo del campo. Acéptelo usted, y así yo podré enterrar
allí a mi esposa» (Génesis 23:13).[8] De este modo, por la cantidad de cuatro-
cientas monedas de plata, «el campo y la cueva que estaba en él dejó de ser
de los hititas y pasó a ser propiedad de Abraham para sepultura» (v. 20).

La promesa divina de la tierra prometida no quedó relegada a Abraham.
Durante un periodo de gran escasez de alimentos, Dios reiteró la promesa
a Isaac, hijo de Abraham:

«Vive en ese lugar por un tiempo. Yo estaré contigo y te bendeciré,
porque a ti y a tu descendencia les daré todas esas tierras. Así confir-
maré el juramento que le hice a tu padre Abraham. Multiplicaré a tus
descendientes como las estrellas del cielo, y les daré todas esas tierras.

Por medio de tu descendencia todas las naciones de la tierra serán bendecidas, porque Abraham me obedeció y cumplió mis preceptos y mis mandamientos, mis normas y mis enseñanzas» (Génesis 26:3-5).[9]

De igual modo, Dios confirmó la promesa a Jacob en un fascinante sueño que tuvo en Betel. Jacob, cuyo nombre Dios cambiaría a Israel (Génesis 32:29), vio una escalera que se extendía desde la tierra hasta el cielo y oyó la voz de Dios diciendo:

«En el sueño, el SEÑOR estaba de pie junto a él y le decía: "Yo soy el SEÑOR, el Dios de tu abuelo Abraham y de tu padre Isaac. A ti y a tu descendencia les daré la tierra sobre la que estás acostado. Tu descendencia será tan numerosa como el polvo de la tierra. Te extenderás de norte a sur, y de oriente a occidente, y todas las familias de la tierra serán bendecidas por medio de ti y de tu descendencia"» (Génesis 28:13-14).[10]

Las promesas de tierra que Dios hizo a Abraham se cumplieron cuando Josué guio a Palestina a sus descendientes físicos. Como consigna el libro de Josué: «El SEÑOR les entregó a los israelitas todo el territorio que había prometido darles a sus antepasados; y el pueblo de Israel se estableció allí». De hecho, Josué dijo: «Y ni una sola de las buenas promesas del SEÑOR a favor de Israel dejó de cumplirse, sino que cada una se cumplió al pie de la letra» (Josué 21:41, 43).[11] Cuando la vida se le escapaba del cuerpo, Josué recordó a los hijos de Israel que el Señor había sido fiel a sus promesas. «Ustedes bien saben que *ninguna* de las buenas promesas del SEÑOR su Dios ha dejado de cumplirse al pie de la letra. Todas se han hecho realidad, pues él no ha faltado a ninguna de ellas». (23:14).[12]

Salomón fue igualmente inequívoco. «¡Bendito sea el Señor, que conforme a sus promesas ha dado descanso a su pueblo Israel! No ha dejado de cumplir ni una sola de las gratas promesas que hizo por medio de su siervo Moisés» (1 Reyes 8:56).[13] En el clímax del reino de Salomón, «los pueblos de Judá y de Israel eran *tan numerosos como la arena que está a la orilla del mar*; y abundaban la comida, la bebida y la alegría. Salomón gobernaba sobre todos los reinos desde el río Éufrates hasta la tierra de los filisteos y la frontera con Egipto» (4:20-5:1).[14]

Trágicamente, el pacífico y próspero reinado de Salomón terminó con escándalo idolátrico y conflictos. Cuando envejeció, «sus mujeres le pervirtieron el corazón de modo que él siguió a otros dioses, [...] siguió a Astarté, diosa de los sidonios, y a Moloc, el detestable dios de los amonitas» (1 Reyes 11:4-5).[15] Jugó con los pactos y decretos del Todopoderoso. Por tanto, el Señor le dijo a Salomón: «Ya que procedes de este modo, y no has cumplido con mi pacto ni con los decretos que te he ordenado, puedes estar seguro de que te quitaré el reino y se lo daré a uno de tus siervos» (v. 11).[16]

La Palabra del Señor se hizo realidad cuando Ahías, el profeta de Siló, «tomó el manto nuevo que llevaba puesto y, rasgándolo en doce pedazos, le dijo a Jeroboán: "Toma diez pedazos para ti, porque así dice el SEÑOR, Dios de Israel: 'Ahora voy a arrancarle de la mano a Salomón el reino, y a ti te voy a dar diez tribus. A él le dejaré una sola tribu, y esto por consideración a mi siervo David y a Jerusalén, la ciudad que he escogido entre todas las tribus de Israel'"» (1 Reyes 11:30-32).[17]

Por ello, tras solo un siglo (1031-931 A. C.) de relativa paz y prosperidad, un reino unido se dividió en dos. Según la profecía de Ahías, una nación que había florecido bajo las reglas de Saúl, David y Salomón se convirtió en un reino dividido: el reino de Israel (las diez tribus del norte), gobernado por Jeroboam, subordinado de Salomón, y el reino de Judá, gobernado por Roboam, el hijo de Salomón. En el año 722 A. C., Asiria conquistó el reino de Israel y absorbió a las diez tribus en su cultura. Poco después, Babilonia subyugó al reino de Judá (comenzando en el año 606) y destruyó el templo de Salomón (586).

No sería hasta 539 A. C. cuando Ciro, rey de Persia, conquistó Babilonia y decretó que a los judíos se les permitiera volver «a Jerusalén a construir el templo del Señor, Dios de Israel, el Dios que habita en Jerusalén» (Esdras 1:3).[18] De este modo, setenta años después de su destrucción, el templo fue reconstruido bajo el liderazgo de Esdras y Nehemías y ampliado más adelante bajo el gobierno de Herodes en el tiempo de Cristo. No obstante, solo diez años después de concluir su restauración, el segundo templo fue destruido por Tito y el ejército romano (70 A. D.).[19]

Con la destrucción del templo concluyó el periodo de sacrificios para los judíos. Por ello, el judaísmo encuentra ahora expresión en el estudio de la Torá más que en los rituales del templo. En nuestro tiempo se conoce principalmente al judaísmo ortodoxo por su estricta dedicación a la eterna e inalterable ley mosaica reinterpretada por los rabinos. Solo mediante la devoción a este complejo código legal judío (*halaká*) puede alguien experimentar una vida cercana a Dios. Los judíos ortodoxos esperan un nuevo templo y un Mesías judío que restaurará el Levante a Israel.

Como sucede en otros movimientos religiosos, dentro del judaísmo hay mucha diversidad. En el judaísmo reformado la autonomía humana derrota la autoridad de la *halaká*. Siendo un movimiento que surgió en el siglo XVIII, el judaísmo reformista pretende adaptarse al mundo moderno para preservar la identidad judía en medio de las presiones de la asimilación. Aunque dentro del movimiento reformista judío muchos están agradecidos por tener un aliado democrático en Medio Oriente, «la santidad de la vida judía es más importante que la santidad del territorio judío».[20]

Por su parte, el judaísmo conservador (histórico) es una reacción de finales del siglo XIX contra las tendencias liberales inherentes al judaísmo reformista. Por ello, el judaísmo conservador abre un camino intermedio entre el ortodoxo y el reformista. Por una parte, sus adherentes aceptan la cultura moderna y, por otra, observan las leyes y costumbres judías sin el fervor fundamentalista de los ortodoxos.

Dentro del judaísmo, además de estas amplias categorías (reformistas, conservadores y ortodoxos) que acabamos de mencionar, existen grupos ultraortodoxos, como Neturei Karta (Custodios de la ciudad), cuyos valores esenciales les llevan a oponerse fuertemente al reasentamiento judío en Palestina. Durante unas conferencias que impartí en la Universidad iraní de Teherán, pasé bastante tiempo con dos rabinos de este grupo ultraortodoxo (el rabino Weiss y el rabino Rosenberg) que estaban absolutamente en contra de los asentamientos judíos en Palestina porque entendían que la tierra está contaminada y ha de ser purificada por la venida de un Mesías judío. Me comunicaron apasionadamente su convicción de que el sionismo había pervertido el judaísmo puro con el establecimiento, en 1948, de un estado judío en el Levante. Weiss y Rosenberg señalaban el desmantelamiento del *apartheid* en Sudáfrica como un ejemplo de cómo hay que proceder con Israel, presionándole para transformarlo en una verdadera democracia secular con iguales derechos para todos los pueblos, sea cual sea su raza o religión.

Por el contrario, para sionistas culturales como Benny Morris, profesor de Historia en la Universidad Ben-Gurión del Néguev en Beerseba, la masacre sionista que se inició en 1948 con el establecimiento de un estado judío en el Levante es una crueldad completamente justificable. En un libro titulado *The Birth of the Palestinian Refugee Problem, 1947-1949* [El nacimiento del problema de los refugiados palestinos, 1947-1949], Morris da su perspectiva sobre el horror que se generó en Deir Yassin, en las inmediaciones de la zona occidental de Jerusalén. Antes de acabar el día, «unos 250 árabes, principalmente no combatientes, habían sido asesinados; hubo también casos de mutilaciones y violaciones. Los supervivientes fueron expulsados a la zona árabe de Jerusalén este».[21]

Morris habla con una cierta frialdad de «los asesinatos sionistas, el terrorismo y la limpieza étnica que, en 1948, llevaron a desalojar de sus casas entre 600.000 y 750.000 palestinos».[22]

Aunque el profesor Morris condenaba tales violaciones y asesinatos como crímenes de guerra, no expresaba ninguna indignación moral contra la expulsión de cientos de miles de palestinos: «Hay circunstancias en la historia que justifican la limpieza étnica». Por otra parte, «sin el desalojo de 700.000 palestinos nunca habría existido un estado judío». El grave error histórico de 1948, afirmó Morris, fue que David Ben-Gurión, primer y tercer presidente del gobierno del Estado de Israel, «se echó atrás» y no concluyó la tarea de expulsar a todos los palestinos de la tierra. «Debería haber acabado el trabajo».[23]

Ocho años antes de la fundación oficial de Israel en 1948, Joseph Weitz, director del Fondo Nacional Judío, afirmó que no había suficiente espacio en Palestina para judíos y árabes. «Si los árabes abandonan el país, tendremos un territorio amplio y completamente abierto, pero si se quedan será estrecho y desdichado. La única solución es un Israel sin árabes. No podemos ceder en esta cuestión».[24] El entonces primer ministro de Israel, David Ben-Gurión, fue igualmente directo cuando escribió: «Expulsaremos a los árabes y tomaremos su territorio».[25]

En un libro titulado *Whose Land? Whose Promise? What Christians Are Not Being Told about Israel and the Palestinians* [¿De quién es la tierra? ¿De quién es la promesa? Lo que no se dice a los cristianos sobre Israel y los palestinos], el Dr. Gary Burge, profesor de Nuevo Testamento en el

Wheaton College de Chicago, relata la anécdota de un campesino árabe y un funcionario de la Administración de Tierras Israelíes:

> «¿Cómo puede negarme el derecho a esta tierra? Me pertenece. La heredé de mis padres y abuelos, y tengo el título de propiedad». El funcionario le contestó: «Nuestro título es mucho más extraordinario, y abarca desde Dan [en el extremo norte] hasta Elat [en el extremo sur]». Tras pagarle una cantidad simbólica por su tierra, otro funcionario le dijo a un campesino mostrándole el título de propiedad: «Esta tierra no es suya sino nuestra, y les estamos pagando por el mantenimiento, porque esto es lo que han hecho. Durante dos mil años ustedes han conservado nuestra tierra y ahora les pagamos por su trabajo. Pero la tierra siempre ha sido nuestra».[26]

El primer ministro israelí Benjamin Netanyahu lo expresó sin rodeos: «Nuestro derecho sobre esta tierra se basa en el documento más importante e incontrovertible de la creación: la Santa Biblia».[27] Netanyahu está, por tanto, comprometido con el establecimiento de asentamientos judíos en los territorios ocupados del Levante.

## Significado del levante para los cristianos

Como Netanyahu, los verdaderos cristianos apelan a la Santa Biblia como el documento más importante e incontrovertible de la creación. A diferencia de él, no obstante, estos se oponen firmemente a utilizar el texto bíblico como pretexto. El Antiguo Testamento, al que Netanyahu apela, refuta claramente la idea de que las promesas que Dios hizo a Abraham se aplican al Levante actual.

Tras el exilio de Israel en Babilonia, Nehemías ensalza la fidelidad de Dios en el cumplimiento de sus promesas a los patriarcas. Durante la reconstrucción del templo, Nehemías suplicó al Todopoderoso que bendijera a Judá y restaurara su antigua gloria. De haber habido un momento para pedirle a Dios que cumpliera una promesa que esperaba cumplimiento habría sido aquel. Sin embargo, lejos de apelar al pacto abrahámico como una razón para que Dios restaurara Judá a su territorio, Nehemías reconoció humildemente que la pérdida del territorio había sido consecuencia del pecado del pueblo de Israel, no de infidelidad por parte de Dios.

En su apasionada oración, Nehemías alaba al Señor por su fidelidad al pacto abrahámico. «Descubriste en él (Abraham) un corazón fiel; por eso hiciste con él un pacto. Le prometiste que a sus descendientes les darías la tierra de los cananeos, de los hititas, amorreos y ferezeos, de los jebuseos y gergeseos. Y *cumpliste tu palabra porque eres justo*» (Nehemías 9:8).[28]

Como la ley levítica, en una cosmovisión absolutamente bíblica, las promesas sobre el Levante encontrarán su cumplimiento final en el Señor. Por ello, cuando los discípulos preguntaron: «Señor, ¿es ahora cuando vas a restablecer el reino a Israel?» (Hechos 1:6), Jesús reorientó su pensamiento de un estado judío restaurado en el Levante a un reino sin límites ni fronteras. «Mi reino —reiteró ante Pilato— no es de este mundo» (Juan 18:36).

El autor de Hebreos deja claro que lo que experimentaron el resto de los descendientes de Abraham cuando entraron en la tierra prometida no es sino un tipo del descanso que experimentamos cuando entramos en una relación eterna con el Señor. Mientras que el Levante ofrecía un descanso temporal para los descendientes *físicos* de Abraham, el Señor ofrece el descanso eterno a sus descendientes *espirituales*. El Levante no fue nunca el centro de atención de nuestro Señor; más bien, nuestro Señor es el centro de atención del Levante para siempre.[29]

Como Nehemías dejó claro, las promesas que Dios hizo a Abraham se *cumplieron* cuando los hijos de Israel tomaron posesión de la tierra prometida, *se cumplen* en un sentido tipológico en el Señor, que es el *locus* de la tierra,[30] y *se consumarán completamente* cuando el paraíso perdido se reconstituya en el paraíso restaurado.

Canaán representa, pues, tipológicamente un cosmos renovado. Por ello, tanto Abraham como Isaac y Jacob consideraban su vida en el Levante como forasteros en un país extranjero. Porque, como deja claro el autor de Hebreos: «Esperaba la ciudad de cimientos sólidos, de la cual Dios es arquitecto y constructor» (Hebreos 11:10). Igual que Abraham, también aquellos que pertenecen a la semilla real miran más allá de límites y fronteras hacia el día en que los mansos heredarán la tierra.

Juan y el resto de los discípulos comenzaron a ver la luz con las aparicio-nes tras la resurrección. Habían esperado que Jesús estableciera Jerusalén como capital de un imperio soberano judío. Esta idea estaba tan arraigada en su psique que poco antes de su ascensión al cielo seguían preguntando cosas como: «Señor, ¿es ahora cuando vas a restablecer el reino a Israel?» (Hechos 1:6).

Jesús no solo corrigió su errónea forma de pensar, sino que ensanchó sus horizontes desde una insignificante franja de tierra en la costa orien-tal del Mediterráneo hasta los rincones más remotos de la tierra. «Pero cuando venga el Espíritu Santo sobre ustedes —dijo Jesús cuando estaba a punto de ser llevado al cielo—, recibirán poder y serán mis testigos tanto en Jerusalén como en toda Judea y Samaria, y hasta *los confines de la tierra*» (Hechos 1:8).[31]

La Escritura pone de relieve la realidad de que Abraham no iba a ser padre de una sola nación, sino de *muchas*, y que por medio de su descenden-cia todo el mundo sería bendecido (Génesis 17:5). Cuando Dios prometió a Abraham «Bendeciré a los que te bendigan y maldeciré a los que te mal-digan; ¡por medio de ti serán bendecidas todas las familias de la tierra!» (Génesis 12:3), tales bendiciones y maldiciones no son solo para el rema-nente fiel del Israel étnico, sino para el verdadero Israel, que está formado por todas las personas que por medio de la fe han sido adoptadas en la familia de Dios.[32]

Igual que la promesa de Dios a Abraham se cumplió cuando el evange-lio salió desde Jerusalén hasta toda la tierra, así la promesa de Dios a David de que uno de sus descendientes se sentaría en el trono para siempre (ver 2 Samuel 7:11-16; Isaías 9:7) se cumplió cuando Cristo, el «Hijo de David» (Mateo 1:1; 12:23; 21:15; Lucas 1:32), ascendió al trono de la Jerusalén celes-tial y estableció su gobierno y reinado sobre toda la tierra.[33]

Pablo ilustra este cumplimiento ampliado cuando contrasta alegórica-mente a Sara con Agar:

Ese relato puede interpretarse en sentido figurado: estas mujeres repre-sentan dos pactos. Uno, que es Agar, procede del monte Sinaí y tiene hijos que nacen para ser esclavos. Agar representa el monte Sinaí en Arabia, y corresponde a la actual ciudad de Jerusalén, porque junto con sus hijos vive en esclavitud. *Pero la Jerusalén celestial es libre, y esa es nuestra madre* (Gálatas 4:24-26).

Al decir esto, Pablo subraya que todos los que ponen el foco en Eretz Israel (el gran Levante) son esclavos bajo tipos y sombras. Por el contrario, todos los que reconocen que la sombra de la tierra ha hallado cumplimiento en el Señor han sido liberados para heredar la tierra.[34]

Naturalmente, están aquellos de la comunidad cristiana que, como Benjamin Netanyahu, siguen convencidos de que las promesas de Dios a Abraham, Isaac y Jacob con respecto a la tierra prometida son incondicionales y hasta el momento no se han cumplido plenamente. Por tanto, estos sionistas están convencidos de que Israel va a controlar pronto no solo Cisjordania y Gaza, sino también Irak, Jordania, Líbano, Siria y hasta la zona norte de Arabia Saudita. Sostienen que para que se cumplan completamente las promesas divinas a Abraham, Israel debe todavía controlar una zona de territorio, aproximadamente, treinta veces superior a su extensión actual.[35]

Esto, sin embargo, no es en absoluto verdad. Dios no le prometió a Abraham un país treinta veces mayor que el actual territorio de Israel sino ¡el cosmos! Como Pablo, el apóstol de los gentiles, pone de relieve: «Abraham y su descendencia recibieron la promesa de que él sería *heredero del mundo*» (Romanos 4:13). Por ello, mientras los sionistas se esfuerzan por establecerse en diminutas zonas de territorio, como Cisjordania y Gaza, Dios promete todo el planeta al verdadero Israel.[36]

Esto significa que aunque el Levante sigue teniendo un significado arqueológico, histórico y sentimental para los cristianos, no dirige ya los sueños escatológicos de quienes se adhieren fielmente a las claras y principales enseñanzas del cristianismo histórico.

## Significado del Levante para los musulmanes

La medianoche del 14 de mayo de 1948 fue un momento decisivo para las aspiraciones sionistas en el Levante. Aquello que soñaban Theodor Herzl (m. 1904), el principal responsable de galvanizar al sionismo en un movimiento cultural cohesionado, y John Nelson Darby (m. 1882), el mayor responsable de convertir al sionismo en un movimiento cristiano sólido y unificado, se convirtió finalmente en una realidad tangible. Hacia el fin de la Primera Guerra Mundial, el estadista británico Arthur James Balfour (m. 1930) escribió una carta al noble británico Lord Rothschild comisionando a Gran Bretaña a conseguir un estado judío en el epicentro del Levante. Balfour creía que la formación de un estado judío, que por otra parte coincidía con los intereses de la política exterior británica, sería clave para abrir la puerta del marco profético bíblico.[37]

Aunque los sionistas estaban entusiasmados porque los judíos habían recuperado un punto de anclaje en el Levante, estaban perplejos con respecto a sus fronteras. Más desconcertante todavía era el hecho de que los judíos no controlaban la ciudad santa y no habían conseguido reinstaurar los sacrificios del Antiguo Testamento en un templo reconstruido en el enclave en que ahora estaba la Cúpula de la Roca y la mezquita de Al-Aqsa. Todo esto cambió el 10 de junio de 1967. El Estado de Israel lanzó ataques preventivos sobre Egipto, Siria, Irak y Jordania, y en seis días ocupaba los Altos del Golán, Gaza, el Sinaí, Cisjordania y —lo más importante— Jerusalén.[38]

El miércoles 7 de junio, las Fuerzas de Defensa de Israel entraron en la antigua ciudad por la Puerta de los Leones, tomaron el control del monte del Templo y allanaron el área que daba a la muralla occidental.

> Tres días más tarde, doscientos mil judíos llenaban la plaza recién creada para celebrar la fiesta de Shavuot. Aun para los judíos profanos, la recuperación de Jerusalén fue una experiencia religiosa. A lo largo de los siglos, los judíos habían estado orando cada año para que Dios les concediera celebrar la siguiente Pascua Séder en Jerusalén. El deseo de ocupar la antigua ciudad de Jerusalén estaba grabado a fuego en la conciencia colectiva judía, para muchos el símbolo más poderoso de la identidad judía.[39]

Paradójicamente, desde la destrucción de Jerusalén en 70 A. D. hasta el tiempo en que Constantino hizo del cristianismo la religión oficial del Imperio romano, Jerusalén había perdido mucha de su importancia. No volvería a desempeñar un papel fundamental en la historia mundial hasta el siglo IV cuando la madre de Constantino, la reina Helena, dirigió nuevamente la atención del mundo romano sobre Jerusalén como santo enclave de la crucifixión, sepultura y resurrección de Jesús.[40]

Por deseo de su madre, Constantino transformó Jerusalén en el destino de peregrinajes cristianos. Construyó impresionantes basílicas en los lugares sagrados y, de acuerdo con sus convicciones cristianas, dejó en ruinas el monte del Templo. «Por razones evidentes, los cristianos no tenían interés en la reconstrucción del templo, cuya importancia había sido superada por la muerte y resurrección de Jesús. Bajo protección cristiana, el monte del Templo se convirtió, pues, en el vertedero de basura de la ciudad santa».[41]

Todo esto cambió en el siglo VII con la llegada del islam. Jerusalén fue capturada por el califa Umar ibn al-Jattab y la ciudad se convirtió en un importante centro para el mundo islámico.

Umar, segundo califa después de Mahoma, preguntó al patriarca cristiano dónde había estado el templo. Cuando llegó al monte del Templo se sintió horrorizado al descubrir que era un vertedero. Ordenó su limpieza y construyó una mezquita en su extremo sur, en el lugar en que hoy se eleva la mezquita de Al-Aqsa. En 691, el califa Abd al-Malik ibn Marwan construyó la Cúpula de la Roca sobre un afloramiento rocoso considerado el enclave de los dos templos judíos.[42]

Este enclave rocoso sobre el que descansa la Cúpula de la Roca tiene una importancia trascendental para los musulmanes. Es el lugar en que Dios pidió a Abraham que sacrificara a Ismael[43] y también el lugar en que Buraq, una bestia con cabeza humana y cola de pavo real, transportó a Mahoma durante el infame viaje nocturno. Con gran presteza Buraq llevó supuestamente a Mahoma «desde la mezquita sagrada a la mezquita lejana» (Corán 17:1). Allí, Mahoma ascendió, pasando por siete cielos, hasta la presencia de Alá.

La Cúpula de la Roca, adornada con ochenta kilogramos de oro, es hoy el monumento más reconocible del Levante. El mensaje que el mundo musulmán envía desde su cúpula dorada es inequívoco: el islam es la culminación del judaísmo y el cristianismo, y Mahoma es el clímax de los profetas. Desde sus primeros avances militares por los áridos desiertos de la península arábiga hasta su subyugación del Levante, el propósito del islam no ha cambiado nunca: llevar al judaísmo, al cristianismo y todo lo demás a la casa del islam.

No hay ninguna institución musulmana más comprometida con esta visión mundial que el Estado Islámico de Irak y al-Sham (ISIS) o el Estado Islámico de Irak y el Levante (ISIL). Por ello, cuando en marzo de 2013 Abu Bakr al-Baghdadi conquistó la ciudad de Al-Raqa, en Siria septentrional, la bautizó como capital de un nuevo califato islámico. Un año más tarde quitó siniestramente las dos últimas letras del acrónimo. La fuerza destructiva islámica que dirigía dejaba de llamarse Estado Islámico de Irak y Levante. De aquí en adelante sería Estado Islámico a secas; un califato empeñado en gobernar el mundo. Aymán al-Zawahirí, un médico nacido en Egipto y sucesor de Al Qaeda, la red terrorista de Osama bin Laden, resumió el significado del Levante para los musulmanes:

> Siempre he creído que la victoria del islam nunca se producirá hasta que no se establezca un estado musulmán según el deseo del profeta en el corazón del mundo islámico, concretamente en el Levante, Egipto y los estados vecinos de la península e Irak; sin embargo, el centro deberá estar en el Levante.[44]

---

CAPÍTULO 5

---

# ESTADO ISLÁMICO

## Regreso del califato

*No es accidental que varios miles de saudíes se hayan*
*unido a Estado Islámico o que las instituciones benéficas*
*árabes del Golfo hayan enviado donativos al ISIS. Ello*
*se debe a que todos estos grupos yihadistas suníes —*
*ISIS, Al Qaeda, Frente Al Nusra— son descendientes*
*ideológicos del wahabismo inyectado por Arabia*
*Saudita en mezquitas y madrazas desde Marruecos*
*hasta Pakistán e Indonesia. Y nosotros, los Estados*
*Unidos, nunca les hemos pedido cuentas al respecto,*
*porque dependemos muchísimo de su petróleo y los*
*adictos nunca dicen la verdad a sus camellos.*[1]

—THOMAS L. FRIEDMAN, PERIODISTA Y GANADOR DEL PULITZER

¡Hillary Clinton fue categórica! «Les llamen ISIS o ISIL, me niego a usar el término Estado Islámico, porque no son ninguna de las dos cosas: ni islámicos ni un estado».[2] Barack Obama y John Kerry compartían la misma opinión. ¿Por qué? Porque, siguiendo de cerca a Clinton, se aferran tenazmente a los dogmas de que las enseñanzas y prácticas de Estado

Islámico —fundado bajo el liderazgo de Abu Bakr al-Baghdadi, doctor en Ciencias Coránicas—[3] no tienen nada que ver con lo que ellos consideran una «religión de paz».

Es más, según la ponderada opinión de la administración Obama, Estado Islámico no plantea un problema especialmente significativo para la civilización occidental. En sus famosas palabras de 2014: «Creo que hay que hacer una distinción entre la capacidad y alcance de un bin Laden y una red que está planeando activamente importantes conjuras terroristas contra nuestro país y yihadistas comprometidos en distintas luchas y disputas por el poder en el ámbito local, a menudo sectarios».[4]

A modo de ilustración, Obama comparaba el ISIL —su acrónimo preferido para Estado Islámico— con un equipo universitario de baloncesto formado con los suplentes. «La analogía que utilizamos a veces por aquí, y creo que de manera acertada —opinaba el ex comandante en jefe—, es que, aunque un equipo universitario se ponga el uniforme de los Lakers, ello no les convierte en Kobe Bryant».[5]

Mucho antes de esta condescendiente caricatura de Obama, el equipo de suplentes universitarios del yihadismo islámico mundial había hecho un gran acopio de combatientes y armas en las proximidades de la frontera siria con Turquía. Después, en marzo de 2013, tomaron la ciudad norteña de Al-Raqa y la convirtieron en capital de un nuevo califato islámico.[6]

Aunque para Obama todo esto no era más que «baloncesto universitario», ha sido en realidad un masivo genocidio para los cristianos de Medio Oriente. Como ha observado la escritora y periodista Mindy Belz: «Los combatientes islámicos tomaron cautivos a aquellos cristianos que no huyeron, convirtiendo sus iglesias en mezquitas y calabozos, prohibiendo las cruces, la lectura bíblica y la oración en público, y exigiendo a los cristianos el pago de una *yizia* en oro a cambio de "protección"».[7]

Con perversa crueldad, este *equipo de baloncesto universitario* «construyó cruces en una plaza céntrica, añadiendo travesaños de madera a los postes de la luz, y colgando allí a sus víctimas en una crucifixión masiva».[8] Pero esto fue solo el comienzo:

En los calabozos de Al-Raqa y Alepo había también rehenes estadounidenses, como el periodista James Foley, cuya decapitación se registraría en un video público diseñado para insultar a los Estados Unidos. Según una investigación de la ONU, algunos niños fueron «asesinados o ejecutados, crucificados, decapitados y lapidados públicamente». El equipo de investigación consignaba también «la captura de muchachas jóvenes por el ISIS con propósitos sexuales. Niñas de solo doce años».[9]

A pesar de estas extensas masacres, el mensaje telegrafiado por la administración Obama fue cristalino. El gobierno de Estados Unidos no estaba dispuesto a enfrentarse a una organización terrorista *amateur*. Estado Islámico siguió, por tanto, su rápida ascensión hasta la cumbre de las organizaciones yihadistas islámicas, proyectando su siniestra sombra desde Al-Raqa hasta todos los rincones del planeta.

A medida que Estado Islámico continuaba su ascenso hasta la cúpula de los movimientos yihadistas islámicos, muchos gobiernos de todo el mundo, afectados por el virus de la corrección política, seguían en un estado de negación. En lugar de admitir la realidad de que hacía mucho que Estado Islámico había llevado su lucha más allá de Irak y el Levante (ISIS), seguían usando un lenguaje que minimizaba el alcance y las aspiraciones mundiales de esta organización. El ministro francés de Asuntos Exteriores Laurent Fabius se empecinó en su tendencia a relegar a la organización yihadista islámica más poderosa en la historia del mundo moderno al acrónimo árabe Dáesh (*al-Dawla al-Islamiya al-Iraq al-Sham*).[10] John Kerry siguió su ejemplo.[11] De una cosa estaban seguros. El Dáesh no tenía nada que ver con el islam porque, mientras el primero estaba comprometido con la brutalidad, el segundo lo estaba con la paz.

Está todavía por ver si en el futuro una organización yihadista islámica eclipsa hasta tal punto a Estado Islámico que este parezca comparativamente *amateur*. Sin embargo, no cabe duda de que, desde sus comienzos, el islam ha pretendido crear su casa (*dar al-islam*): un estado islámico que subyugue a toda la humanidad bajo los horrores de la *sharía*.

Esto requiere un califato, un califa y aliados dispuestos a invertir sus vidas y fortunas para convertir el sueño de una teocracia musulmana mundial del siglo VII en una realidad escatológica del siglo XXI.

# CALIFATO

Si en 1683 el Imperio otomano hubiera conseguido su objetivo cuando sitió las puertas de Viena, hoy Europa sería probablemente Eurabia. Sin embargo, a partir del 11 de septiembre de aquel año, el califato otomano experimentó una humillante derrota a manos de Jan Sobieski, un rey dispuesto a abandonar lo que le era más querido para detener el avance del califato.[12]

A partir de aquel día, el Imperio otomano comenzó un precipitado declive, hasta que el 3 de marzo de 1924 Mustafa Kemal abolió por completo el califato, desterrando al último califa. Kemal, famoso por su sobrenombre Atatürk (literalmente «Padre turco»), resumió todo el islam como la «teología de un árabe inmoral»[13] y se propuso la tarea de levantar un Estado turco secular de las ruinas del califato.

> Atatürk cerró todos los tribunales y escuelas religiosas, prohibió los pañuelos de la cabeza entre las funcionarias del sector público, abolió el ministerio del derecho canónico y las fundaciones religiosas, legalizó las bebidas alcohólicas, adoptó el calendario gregoriano en lugar del islámico, hizo del domingo el día de descanso semanal en lugar del viernes, cambió el alfabeto turco —que pasó a escribirse con caracteres romanos en lugar de árabes—, ordenó que el llamamiento a la oración se hiciera en turco en lugar de en árabe y hasta prohibió los fez (sombreros muy comunes en Turquía y el norte de África). El gobierno de Mustafa Kemal propugnó la industrialización y adoptó nuevos códigos legales basados en modelos europeos. «El mundo civilizado está muy por delante de nosotros —dijo en un discurso en octubre de 1926—. No tenemos más opción que ponernos al día».[14]

Atatürk estaba seguro de que el islam ya había visto sus mejores años. «El islam, esta teología de un árabe inmoral, es algo muerto —opinó—. Puede que fuera adecuado para las tribus nómadas del desierto, pero no era bueno para un Estado moderno y progresista».[15] Atatürk tenía razón al afirmar que el islam no era bueno para un Estado moderno y progresista. Pero estaba completamente equivocado al suponer que estaba acabado. El islam no solo ha sobrevivido a su abolición del califato, sino que ha crecido notablemente.

En nuestros días, el islam ha superado al cristianismo como religión de mayor crecimiento en el mundo. Y como sostiene Pat Buchanan en su superventas *Suicide of a Superpower* [El suicidio de una superpotencia], el islam está singularmente preparado para remodelar y sustituir al cristianismo de Occidente.

En primer lugar, su índice de natalidad más robusto hace que su población esté creciendo, mientras la occidental disminuye. En segundo lugar, la inmigración está llevando al islam de vuelta a Europa, quinientos años después de su expulsión de España y tres siglos después de que empezara su retroceso en los Balcanes. Millones de musulmanes han llegado para llenar el espacio que dejan los envejecidos europeos, los fallecidos y los abortados. En tercer lugar, igual que en otro tiempo hubo una iglesia militante, hoy hay una mezquita militante.[16]

Dicho con sencillez, «ninguna nación poscristiana tiene un índice de natalidad suficiente para mantener el relevo».[17] Juan Pablo II lo resumió brevemente: «Una nación que mata a sus niños es una nación sin esperanza».[18] El mundo cristiano occidental tiene frente a sí una realidad ineludible. «Cuando muere la fe, muere la cultura, muere la civilización y mueren las personas. Esto parece más una descripción de lo que está sucediendo ahora que una atrevida predicción de lo que puede llegar a suceder».[19]

Y para complicar el problema de la población existe también un agudo problema de persecución. En Occidente, los cristianos afrontan el espectro de un secularismo militante. Nadie ha expresado mejor esta realidad que la brillante escritora y ensayista Mary Eberstadt. En un libro titulado *It's Dangerous to Believe* [Creer es peligroso], Eberstadt observa discretamente que la «C de cristiano se ha convertido en la nueva letra escarlata».[20] Como prueba de su afirmación, Eberstadt cita cientos de alarmantes anécdotas:

La de un entrenador de fútbol del instituto en el estado de Washington que, en 2015, fue suspendido de su cargo por arrodillarse para orar al final de un partido;[21] la de algunos capellanes militares de Estados Unidos que afirman haber sido reasignados por su fidelidad al cristianismo tradicional;[22] la de propietarios de pequeñas empresas que trabajan en el ámbito nupcial en un momento en que el afán de venganza en el nombre de la revolución sexual es, al parecer, ilimitado;[23] la de un empleado cristiano en un centro de día que fue despedido porque no quiso dirigirse a una niña de seis años como si fuera un niño;[24] la de un maestro que fue despedido en Nueva Jersey por darle una Biblia a un estudiante curioso;[25] y casos relacionados en que actuar por convicciones religiosas ha sido castigado, en ocasiones de forma vehemente.[26]

Sin embargo, todo esto no es sino la punta de la lanza musulmana. Mientras que en Occidente se margina a los cristianos, en Oriente están muriendo a manos de sus perseguidores. En Irak, una inmensa mayoría de cristianos han sido ejecutados o exiliados. «En Mosul, Irak, una de las comunidades cristianas más numerosas del mundo, casi todos los cristianos de la ciudad huyeron cuando ISIS ofrecía el exilio o la muerte, según el *Washington Post*; las iglesias de todo el territorio iraquí han quedado vacías»,[27] y lo mismo sucede en Siria. «Jean-Clément Jeanbart, el arzobispo católico melquita de Alepo, Siria, informa que el grupo terrorista ISIS casi ha exterminado completamente a los cristianos en este país».[28]

Además del problema de la población y la persecución está el de la propaganda. Una y otra vez, y de mil maneras diferentes, Occidente es seducido con la idea de que el islam es una religión pacífica y tolerante. Y, por otra parte, que el cristianismo es una religión de cruzadas, y como tal, el epítome de la intolerancia.

Un ejemplo de esto lo encontramos en la película de Hollywood *El reino de los cielos*.[29] Aprovechándose del analfabetismo histórico, este film presenta a los musulmanes como un grupo benevolente y abierto, mientras que los cristianos aparecen como personas burdas y sanguinarias. Nada en la película insinúa siquiera que, a diferencia del islam, el cristianismo no avala una permanente yihad para someter a todas las naciones a Cristo. Tampoco hay ninguna contextualización de las cruzadas como una respuesta defensiva a casi medio milenio de yihadismo islámico mundial.[30]

Determinadas élites culturales, entre las que hay presidentes, políticos, profesores y expertos, posicionan persistentemente califatos islámicos del pasado como ejemplares periodos de paz y tolerancia en que los musulmanes vivieron en armonía con el pueblo del libro. Pero lo más alarmante es que la retórica colectiva de los comentaristas sociales no es meramente islamofílica, sino ostensiblemente cristofóbica. En este sentido, es especialmente escandalosa la gratuita comparación que hace Obama entre el yihadismo islámico y los «terribles actos» cometidos por los cristianos durante «las cruzadas y la Inquisición».[31] Lo que está obviamente ausente de la retórica cristofóbica es que, a diferencia del islam, estos «actos terribles» se produjeron a pesar de los valores cristianos, no por causa de ellos.

Las connotaciones nada sutiles del mensaje de Obama, que ahora resuenan por todo el mundo, es que la cultura generada por los califatos supera claramente la cultura forjada bajo los valores del cristianismo. Esta propaganda, unida a las dinámicas demográficas y de persecución, ha creado un conveniente contexto para el restablecimiento de un califato islámico que Atatürk declaró «algo muerto».

Perdida entre todos estos halagos y propaganda está la persistente verdad de que si algo caracteriza al islam es su naturaleza teocrática. La teología coránica no reconoce separación alguna entre *sharía* y Estado. Solo que la *sharía* es Estado y el Estado es *sharía*. Por el contrario, Jesús recalcó la separación entre Iglesia y Estado cuando dijo: «Entonces denle al César lo que es del César y a Dios lo que es de Dios» (Mateo 22:21). Cuando los discípulos le preguntaron si iba a establecer una teocracia judía, Jesús redirigió su pensamiento de un Estado judío restaurado al reino «no de este mundo» (Juan 18:36; ver Hechos 1:1-10).

Esto es algo muy significativo. A diferencia del cristianismo, el renacimiento del califato es un elemento preeminente de la teología y pensamiento islámicos. Desde la abolición en 1924 del califato otomano por Atatürk hasta el presente, un grupo musulmán tras otro han trabajado por su reconstrucción a través de la yihad islámica mundial.

Este fue el mensaje de Sayyid Qutb (1906-1966), que estaba convencido de que el cristianismo había flaqueado en Occidente porque había prostituido la unidad (*tawhid*) entre Dios y el gobierno con la separación entre lo sagrado y lo secular. Qutb, que se unió a la Hermandad Musulmana fundada por Hasan al-Banna solo cuatro años después de que Atatürk aboliera el califato, se destacó como su principal ideólogo. Su breve monografía *Milestones* [Hitos] trascendió el ámbito de la Hermandad y se convirtió en un manual de campo para el yihadismo de todo el mundo. En este libro,

Qutb subraya repetidamente el permanente mandamiento islámico de reinstaurar el califato mundial del tiempo del fin.[32]

De una cosa Qutb estaba seguro. La separación de la *sharía* y el Estado impuesta por la moderna República de Turquía era anatema. Cuando el último califa fue invitado sin miramientos a salir de Estambul, Qutb hizo un llamamiento a todos los verdaderos musulmanes a regresar a los principios de una teocracia islámica totalitaria en que los principios del Corán, puros e impolutos, sustituyeran la mera tradición islámica. «El islam conoce solo dos clases de sociedades —garabateó Qutb desde la celda de una cárcel egipcia—, la islámica y la *jahili*. La sociedad islámica es aquella que sigue el islam en creencias y formas de adoración, en sus leyes y organización, en moralidad y maneras. La sociedad *jahili* es aquella que no sigue el islam».[33]

Para Qutb, el único antídoto para los musulmanes moderados eran los militantes, dispuestos no solo a impedir que los infieles controlen el sagrado territorio musulmán, sino también a derrocar a Occidente mediante el yihadismo islámico violento. Qutb no llegaría a ver su sueño hecho realidad. En 1966 fue ejecutado por su papel en una conspiración para asesinar al segundo presidente de Egipto, Gamal Abdel Nasser. Su legado, no obstante, vive en la mente de los militantes musulmanes de todo el planeta. Como explica hábilmente el doctor Sebastian Gorka, una reconocida autoridad sobre contraterrorismo y autor de *Defeating Jihad* (Derrotando la yihad), el mensaje condensado en *Milestones* no solo ha servido para configurar el pensamiento de la Hermandad Musulmana, sino que se ha convertido en «un texto esencial de Al Qaeda y otros grupos yihadistas clave».[34]

En consonancia con los objetivos de la Hermandad Musulmana, Al Qaeda —su temerario descendiente ideológico— se ha transformado en una «red terrorista mundial con células en más de cincuenta países y afiliados y simpatizantes en muchos más. Bajo el liderazgo del millonario bin Laden y el prestigio de la marca Al Qaeda, la yihad era de nuevo redefinida para encajar en una nueva misión»: la de llevar «la guerra al corazón de los infieles, no atacando objetivos militares como convoyes de tropas o helicópteros de combate [en fortalezas musulmanas como Afganistán], sino civiles en el centro de Nueva York, Washington, Fort Hood o Boston».[35] El mayor logro de Al Qaeda serían los estragos infligidos el 11 de septiembre de 2001 en suelo estadounidense; su objetivo general sigue siendo, no obstante, el restablecimiento del califato.

Tras los éxitos de bin Laden estaba la sombría figura de Sheikh Abdullah Azzam (m. 1949), principal responsable en la historia moderna del rejuvenecimiento del concepto de la yihad islámica mundial en la mentalidad de las masas musulmanas. «Quienes conocieron a Azzam quedaron deslumbrados por sus fascinantes capacidades oratorias, su genio como estratega militar, su liderazgo religioso y su interminable energía».[36] Azzam utilizó todos estos elementos de manera efectiva para galvanizar a miles de musulmanes alrededor de la marca Al Qaeda.

En una infame misiva conspiratoria dirigida a sus adeptos de Kansas (1988), Azzam detallaba su argumento de que judíos y cristianos eran los principales obstáculos para el resurgimiento del califato:

Hoy, la humanidad está gobernada por los judíos y los cristianos. Los estadounidenses, los británicos y otros. Y tras ellos, los dedos del judaísmo mundial, con su riqueza, sus mujeres y sus medios de comunicación. Los israelíes han acuñado una moneda que dice: «Nunca permitiremos que el islam se establezca en el mundo».[37]

En otro discurso titulado acertadamente «Primera conferencia de la yihad» impartida en 1988 en la mezquita Al-Farook de Brooklyn, Azzam aseveró siniestramente que «todos los musulmanes de la tierra debían desenvainar la espada». En su razonamiento directo no había disculpas: «Yihad significa lucha. Deben pelear allí donde puedan. Siempre que se menciona la yihad en el Libro Santo, esta palabra significa la obligación de luchar. No habla de pelear con la pluma o escribiendo libros o artículos de prensa o dando conferencias».[38]

No es, pues, extraño que cuando los soviéticos abandonaron Afganistán (1989) su red terrorista había reclutado y desplegado unos cincuenta y cinco mil yihadistas. Por medio de la red —apropiadamente codificada como «Base para la guerra santa contra los judíos y cruzados» o más crípticamente «La Base» o «Al Qaeda»— Azzam y bin Laden llevaron a cabo acciones antes inimaginables, como la colosal proeza de destruir el World Trade Center de

Nueva York estrellando aviones contra sus torres. Lo que no consiguieron, sin embargo, fue restablecer el califato. Esto quedaría en manos de otro hijo ideológico ilegítimo llamado apropiadamente Estado Islámico.

La Hermandad Musulmana sigue siendo una importante organización yihadista islámica global, como lo es también La Base o Al Qaeda. En este momento, no obstante, la estrella de Al Qaeda ha sido eclipsada por Estado Islámico. Acabe como acabe a largo plazo, han conseguido hacer lo que no consiguieron sus predecesores: restablecer el califato.

Lo que hoy se llama Estado Islámico nació en 1999 como una iniciativa de Abu Musab al-Zarqaui con el nombre «Partido del monoteísmo y la yihad».[39] Cuando se hizo religioso, Zarqaui «dejó la bebida y las drogas, memorizó el Corán e inició el camino que le llevaría a convertirse en uno de los hombres más tristemente célebres del mundo».[40]

A finales de la década de 1980 y después de unirse a un grupo de yihadistas para luchar contra las tropas soviéticas en Afganistán,[41] Zarqaui «fundó un grupo yihadista llamado Jund al-Sham (Soldados del Levante), que dejaba entrever lo que más adelante sería el ISIS en su entrega para derrocar un gobierno relativamente secular (el de Jordania) y aunar un territorio más extenso (el Levante) en un solo Estado Islámico».[42]

[Zarqaui] se hizo infame como pionero de los medios de comunicación de la yihad, que han hecho hoy del ISIS un grupo temido y odiado, y que le hizo personalmente responsable de uno de los primeros videos de decapitaciones subidos a internet para captar la atención de Occidente: el del rehén estadounidense Nicholas Berg en mayo de 2004.[43]

Aquel mismo año, Zarqaui, que se había convertido en un icono para los yihadistas por todo el planeta, juró lealtad a Osama bin Laden, cambiando el nombre de su organización terrorista y llamándola Al Qaeda en la Tierra de los Dos Ríos. Al cabo de dos años (7 de junio de 2006), Zarqaui moriría en un ataque aéreo estadounidense,[44] pero su red terrorista seguiría más viva que nunca. Tras varios cambios —Al Qaeda en Irak (AQI); Estado Islámico de Irak (ISI); Estado Islámico de Irak y el Levante (ISIL); Estado Islámico de Irak y al-Sham (ISIS)—, la red terrorista por antonomasia pasaría a llamarse siniestramente Estado Islámico (EI).

En su obra *The ISIS Apocalypse* [El apocalipsis de ISIS], William McCants, quien dirige el Proyecto de Relaciones Estadounidenses con el Mundo Islámico en la Brookings Institution, observa sagazmente que «mientras otros grupos rebeldes trabajaban juntos para derrocar gobiernos, el Estado estaba atareado creando el suyo».[45] De ahí la consigna: «Aguantar y expandirse».[46]

Esto es, más que cualquier otra cosa, lo que separaba a Estado Islámico de sus competidores yihadistas.

Estado Islámico cree que el cumplimiento profético requiere la conquista de todos los países de la tierra. El profeta predijo que «esta religión llegaría dondequiera que lleguen el día y la noche» y, por tanto, Estado Islámico se propuso hacerlo realidad. Como proclamaba su revista: «La sombra de esta bendita bandera se extenderá hasta cubrir todos los confines orientales y occidentales de la tierra, llenando el mundo con la verdad y la justicia del islam y poniendo fin a la falsedad y la tiranía». [Por ello] en 2014, Estado Islámico acometió la tarea de poner el fundamento para conquistar el mundo, comenzando en países con mayoría musulmana.[47]

Lo que Estado Islámico ha conseguido hacer históricamente es asombroso. El doctor Gorka afirmó: «Según las últimas estimaciones, Estado Islámico cuenta con más de setenta y cinco mil combatientes, la mitad de los cuales han sido reclutados fuera de la región y proceden de más de cien naciones». Gorka sigue explicando que la eficiencia de su «reclutamiento ha permitido que ISIS consiga tomar territorios en Siria, Irak y Libia. El territorio que hoy está bajo el control de ISIS es más extenso que Gran Bretaña, con más de seis millones de personas y algunas de las ciudades más importantes de la región».[48]

«Docenas de grupos de todo el mundo, entre ellos el letal movimiento yihadista nigeriano Boko Haram», han jurado lealtad al califato. Por tanto,

extensas franjas de tierra bajo el control de Boko Haram forman ahora parte del nuevo califato (y posiblemente también legalmente desde la perspectiva de la *sharía*). La insurrección de Estado Islámico es, pues, la primera de la historia humana en que los insurrectos poseen territorio no solo en múltiples países dentro de una región, sino en múltiples países de múltiples regiones.[49]

Son igualmente imponentes los recursos económicos que Estado Islámico tiene a su disposición. «La insurrección más exitosa de la historia es también la más rica».[50] A diferencia de anteriores redes yihadistas, como la Hermandad Musulmana o Al Qaeda, Estado Islámico no depende únicamente de donantes ricos.

Consigue millones de dólares cada día de sus propias actividades delictivas y de las operaciones comerciales del gobierno del califato. Sus principales fuentes de financiación son las ventas ilícitas de las instalaciones petrolíferas expropiadas, la toma de rehenes, la extorsión, la venta de raras antigüedades en el mercado negro y la tributación formal de la población que vive dentro del califato.[51]

A pesar de los ataques aéreos de los aliados sobre las infraestructuras petrolíferas en 2015, Estado Islámico seguía controlando un ámbito que generaba dos mil millones de dólares. Como pone de relieve la investigación del Center for the Analysis of Terrorism [Centro para el análisis del terrorismo]:

[Cuando] en un año los ingresos del petróleo cayeron del 38 % al 25 %, el ISIS intensificó la extorsión. En 2015, los impuestos pasaron de constituir el 12 % de los ingresos anuales del ISIS al 33 %. [Por tanto] la extorsión que Estado Islámico aplica a las personas que viven dentro de su territorio en Irak y Siria se ha disparado de los 360 millones de dólares en 2014 a los 800 millones en 2015.[52]

Lo más asombroso fue, posiblemente, que Estado Islámico consiguió la categoría de gurú en la gestión de los medios de comunicación social:

Estado Islámico tiene una presencia en los medios de comunicación *online* que hace que los productos de Al Qaeda parezcan el trabajo de unos adolescentes *amateurs*. Tanto por medio de la revista *Dabiq* en inglés, que va ya por su número decimotercero, como mediante los videos que publica implacablemente en la red, la comunicación social aporta a Estado Islámico un constante flujo de reclutas.[53]

El mensaje que transmite la maquinaria del EI sigue siendo claro y consistente: *Mediante el califato y califas bien guiados devolveremos al islam sus días de gloria.*

# CALIFA

Hace solo cien hace años (1914), el último califato musulmán promulgó una fetua que ordenaba que todos los musulmanes masacraran a los cristianos que había entre ellos. De acuerdo con las preferencias históricas, aquella fetua invocaba una serie de pasajes coránicos entre los que estaba la sura de la espada: «Matad a los idólatras dondequiera les halléis, capturadles, cercadles y tendedles emboscadas en todo lugar» (Corán 9:5).[54]

En consonancia con esta disposición, «el califato otomano crucificó, decapitó, atormentó, mutiló, violó, esclavizó o masacró a incontables cristianos "infieles". El número oficial de armenios asesinados en aquel genocidio es de un millón y medio; cientos de miles de griegos y asirios fueron asimismo masacrados sistemáticamente».[55]

Henry Morgenthau, embajador estadounidense en el Imperio otomano, reflexionaba con tristeza sobre un genocidio masivo del que él había sido informado personalmente. «Tengo la certeza de que en toda la historia de la raza humana no se ha producido un episodio tan horrible como este. Las grandes masacres y persecuciones del pasado parecen casi insignificantes en comparación con los sufrimientos a que fue sometido el pueblo armenio en 1915».[56]

En un número de *Red Cross Magazine* (1918) [Revista de la Cruz Roja], Morgenthau añadió una penetrante pregunta:

¿Van a quedar impunes el ultrajante terror, las crueles torturas, el confinamiento de las mujeres en harenes, la corrupción de muchachas inocentes, la venta de muchas de ellas a ochenta centavos por cabeza, el asesinato de cientos de miles de personas y la deportación al desierto de otros cientos de miles para matarlas de hambre, la destrucción de cientos de aldeas y ciudades, la deliberada ejecución de todo este plan diabólico para aniquilar a los cristianos armenios, griegos y sirios de Turquía? ¿Va a quedar impune toda esta barbarie?[57]

Podemos añadir una pregunta igualmente pertinente: «¿Será todo esto recordado?». Una Guerra Mundial después, Hitler anticipaba con cinismo la amnesia colectiva del mundo moderno. «He dado la orden a mis escuadrones de la muerte de que exterminen sin piedad y sin misericordia a hombres, mujeres y niños de raza y lengua polaca —dijo—. *Después de todo, ¿quién se acuerda del exterminador de los armenios?*».[58]

En 2014, noventa años después de que Abdul-Mejid II, el último califa musulmán, subiera al Orient Express con destino al exilio en Suiza, el califato renació en Mosul, la segunda ciudad de Irak. El precio de venta de las muchachas inocentes había pasado de ochenta centavos a cuarenta dólares. Poco más había cambiado. Por todo el mundo musulmán, los cristianos afrontaban de nuevo el espectro de la persecución y el genocidio.[59]

La amnesia colectiva de las masas es impresionante. Entre cientos de cristianos crucificados, el califato se ha plantado de nuevo entre nosotros. Y con él, un brutal califa llamado Abu Bakr al-Baghdadi. Todavía está por ver si Baghdadi es un verdadero califa o un mero farsante que inevitablemente entregará el cargo a otro. Lo indiscutible es que Baghdadi ha sido el único yihadista que ha reivindicado un califato verosímil en el siglo XXI desde la desaparición del otomano en el XX.

Nacido en 1971 con el nombre de Ibrahim al-Badri, el autoproclamado califa de Estado Islámico es descendiente del devoto clérigo musulmán Awwad al-Badri, instructor de recitación coránica en una mezquita de Samarra ubicada en el borde oriental del triángulo sunita al norte de Bagdad.[60]

Baghdadi se sumergió en los estudios coránicos desde su infancia. En 1996, tras su graduación en la Universidad de Bagdad, se inscribió en un máster en recitación coránica y después en un plan de doctorado en estudios coránicos. En 2007 recibió un doctorado en Ciencias Coránicas y fue posteriormente designado supervisor del comité de la *sharía* de Estado Islámico.[61]

Además de su competencia coránica, Baghdadi era especialista en historia y geografía islámicas. Por ello adoptó el nombre de Abu Bakr, en honor al primer califa y privilegiado suegro de Mahoma, y Baghdadi en honor a Bagdad, famosa capital de la dinastía abasí, considerada por muchos el califato por antonomasia del Imperio islámico.[62]

Replicando la historia de su héroe Abu Bakr, que catorce siglos antes había conquistado Irak de manos de los persas y Siria de los romanos, Baghdadi comenzó a consolidar un califato que abarcaba ambos territorios. Sus planes para el futuro de Estado Islámico comenzaban a adquirir un inquietante parecido con lo que se dio en llamar «califato bien guiado» y «la mayor edad de oro del islam».

Umar ibn al-Jattab, sucesor de Abu Bakr, fue también un modelo para Baghdadi. Igual que Umar, Baghdadi insistió en la recaudación de la *yizia* como una importante fuente de financiación de su califato. Cualquier *dhimmi* (persona sometida al chantaje por protección) que osaba resistirse se enfrentaba a una muerte espantosa.

Además de Abu Bakr y Umar, Baghdadi idolatraba a Uzmán ibn Affán, el tercer califa bien guiado, fastidiosamente comprometido con la estandarización del texto coránico para que todos los buenos musulmanes de todos los tiempos pudieran estar plenamente comprometidos con el patrón y prácticas del apóstol de Alá.

La historia del último califa en la supuesta edad de oro del islam fue también un modelo para Baghdadi, especialmente en el sentido de que no titubeó en la aplicación de la violencia contra aquellos musulmanes que consideraba herejes. Además, como su suegro Mahoma, Ali ibn Abi Talib, el cuarto califa bien guiado, se distinguió como un implacable guerrero en la famosa batalla de Badr (624).

Los modelos repulsivos para Estado Islámico no terminaron con los veintinueve años de gobierno de los cuatro califas bien guiados (cuatro compañeros personales de Mahoma). El califato omeya que siguió (661-750) añadió precedencia histórica a las atrocidades ejemplificadas por Estado Islámico. Prueba de ello fue la deliberada destrucción por parte de Baghdadi de artefactos, museos, libros e iglesias antiguas de valor incalculable, una virtual recapitulación de la «purificación cultural» que se produjo bajo el dominio de los omeyas.[63]

El califato abasí (750-1258) estableció un patrón igualmente truculento que Baghdadi emuló. El primer califa abasí, Abul Abbas, llamado comprensiblemente «el Sanguinario», no podría haber sido un prototipo mejor. Aunque él y Baghdadi estuvieron separados por siglos, ambos compartieron una misma predilección por la mutilación forjada a imagen y semejanza de Mahoma. Los califas siguientes fueron asimismo brutales en relación con el pueblo del libro.

El califa abasí Al-Mutawakkil (847-861) estaba tan decidido a que los judíos y los cristianos fueran completamente humillados y vejados que les ordenó llevar ropa amarilla para ser siempre reconocibles como no musulmanes y tratados según este criterio. También les obligó a poner imágenes de demonios en sus casas y a no montar en caballos, sino solo en mulos o asnos.[64]

Baghdadi tuvo también mucho en común con los dirigentes del califato otomano. Aunque el califato otomano alcanzó su cénit en el siglo XVI, sus mayores atrocidades están mucho más cercanas en el tiempo. Entre una letanía de horribles barbaridades está el exterminio de la histórica ciudad de Esmirna, donde los asesinatos, saqueos y violaciones se produjeron casa por casa.

En su discurso inaugural como califa, Baghdadi puso de relieve que la sanguinaria violencia de los otomanos había vuelto en su plenitud. Desde su púlpito de la mezquita Nuri, en Mosul, habló del «deber de los musulmanes» de «declarar el califato». Con túnica y turbante negros, una indumentaria que evocaba a la que llevaba Mahoma durante su captura de La Meca, declaró «el establecimiento de la religión: un libro que guía y una espada que apoya».[65]

# ALIADOS

El 28 de junio de 2016 —dos años después de la vuelta del califa y el califato— tres terroristas suicidas hicieron estallar los explosivos que llevaban adosados al cuerpo en una terminal del aeropuerto Atatürk de Estambul.[66]

Era un sombrío recordatorio de que Estado Islámico no solo había tomado extensos territorios en la zona principal de Levante, sino que tenía también aliados yihadistas procedentes de remotos lugares del planeta.

Robert Spencer afirmó acertadamente:

El rico Medio Oriente del petróleo está lleno de hombres fabulosamente ricos que leen el mismo Corán que Estado Islámico, y que están dispuestos, por Alá, a utilizar sus amplios recursos para apoyar la yihad por todo el mundo. No ven Estado Islámico como una distorsión y un secuestro de las apacibles doctrinas de su religión (esta clase de discurso es para consumo de Occidente). De forma callada, y con toda la fuerza de sus talonarios, demuestran que —al contrario— ven a ISIS como una verdadera y fiel manifestación de la enseñanza islámica.[67]

El más destacado de los aliados es el reino de Arabia Saudita, que ha gastado unos cien mil millones de dólares —quizá muchísimo más— en la propagación de su marca fundamentalista de yihadismo islámico por todo el planeta.[68] «Por poner una comparación, entre 1921 y 1991, los soviéticos gastaron unos siete mil millones para la extensión mundial del comunismo».[69]

Consideremos solo un ejemplo. «La inteligencia india dice que solo en su país, entre 2011 y 2013, han llegado unos 25.000 clérigos sauditas con más de 250 millones de dólares para construir mezquitas y universidades y celebrar seminarios».[70] Como dijo Thomas Friedman en un provocativo artículo en el *New York Times* titulado «Our Radical Islamic BFF, Saudi Arabia» [Arabia Saudita: nuestro amigo radical islámico]: «No son los iraníes quienes merecen el título de mejores abastecedores del "islam radical". Ni de broma. Este título es para nuestro supuesto aliado Arabia Saudita».[71]

Friedman siguió observando:

No es accidental que varios miles de saudíes se hayan unido a Estado Islámico o que las instituciones benéficas árabes del golfo hayan enviado donativos a ISIS. Ello se debe a que todos estos grupos yihadistas suníes —ISIS, Al Qaeda, Frente Al Nusra— son descendientes ideológicos del wahabismo inyectado por Arabia Saudita en mezquitas y madrazas desde Marruecos hasta Pakistán e Indonesia. Y nosotros, los Estados Unidos, nunca les hemos pedido cuentas al respecto —porque dependemos muchísimo de su petróleo y los adictos nunca les dicen la verdad a sus camellos.[72]

Lejos de ello, Estados Unidos permite que los señores del terrorismo sauditas distribuyan con impunidad sus venenosas píldoras propagandísticas por todo el planeta.

Nada menos que la famosa Hillary Clinton apoya estos hechos. Aunque la Fundación Clinton está en deuda con los sauditas por donaciones que ascienden a más de 25 millones de dólares,[73] WikiLeaks tiene una declaración de Hillary Clinton cuando era secretaria de Estado en la que reconoce que Arabia Saudita no es una mera fuente *secundaria* de financiación terrorista, sino la *principal*. «Los donantes de Arabia Saudita —confesó Clinton— constituyen la principal fuente de financiación de los grupos terroristas sunitas de todo el mundo».[74]

Es todavía más alarmante que, según Bob Graham, un exsenador demócrata de Florida, Arabia Saudita tuviera una relación directa con las masacres del 11 de septiembre de 2001. El 15 de julio de 2016, tras la desclasificación de veintiocho páginas de investigaciones del Congreso relacionadas con los ataques del 11 de septiembre, Graham afirmó que había «sólidos argumentos para defender que hubo una importante implicación saudita que llegaba, al menos, hasta el príncipe Bandar, embajador saudita en los Estados Unidos en el periodo previo al 11-S». Graham seguía diciendo: «Creo que hay suficiente información en estas páginas para que las familias [de las víctimas del 11-S] puedan establecer que hay razones de peso para afirmar que tanto el gobierno saudita como sus representantes y ciudadanos colaboraron para ayudar a los secuestradores del 11-S»; también es significativo que quince de los diecinueve terroristas fuesen ciudadanos sauditas.[75]

En contra de la corrección política, Graham calificó abiertamente al ISIS como «un producto de los ideales, dinero y apoyo organizativo sauditas».[76] Naturalmente, todo esto se encubre en el mundo occidental, donde se presenta constantemente a algunos estados subordinados a la *sharía*, Arabia Saudita, por ejemplo, como aliados pacíficos en la lucha contra el terrorismo. No es, pues, extraño que cuando el gran muftí de Arabia Saudita declaró su intención de destruir todas las iglesias de la península arábiga, los gobiernos occidentales ni siquiera pestañearan.[77]

Peor todavía, los gobiernos occidentales, junto con determinadas instituciones académicas y medios de comunicación han demostrado ser aliados de los wahabitas de Arabia Saudita en la exportación de un falso relato sobre los principios religiosos que animan al Estado Islámico. Como dijo acertadamente Raymond Ibrahim en un libro extraordinario titulado *Crucified Again* [Crucificado de nuevo]: «Utilizan un arsenal de juegos semánticos, expresiones clave, omisiones interesadas y relativismo moral para apoyar un relato forjado en un principio por académicos virulentamente antioccidentales en las décadas de 1960 y 1970. El relato en cuestión afirma que la violencia e intolerancia musulmanas son productos de todo —pobreza, agravios políticos e históricos o disputas territoriales— menos del islam».[78] La sed de sangre de las organizaciones yihadistas islámicas mundiales se «describe como un subproducto natural de la frustración que sienten los musulmanes en tanto que minoría oprimida y "justamente" indignada con un Occidente "colonialista" y con su apoderado israelí».[79]

Hasta la fecha, el mejor aliado del yihadismo islámico ha sido la administración Obama durante sus ocho años de mandato. Por doloroso que sea recordarlo, la destructiva maquinaria de Obama hizo avanzar el programa del presidente egipcio Mohamed Morsi, conocido por ser un orgulloso miembro de la Hermandad Musulmana.[80] Y ello a pesar de su descarada recitación del lema de esta organización:

«El Corán es nuestra constitución, el profeta Mahoma es nuestro líder, la yihad es nuestro camino y la muerte por la causa de Alá es nuestra mayor y más elevada aspiración».[81]

¿Y quién puede olvidar los ultrajes de Bengasi, Libia? Ibrahim afirma: «Para ocultar el hecho de que los rebeldes de Al Qaeda empoderados en Libia por la administración Obama estaban tras este ataque terrorista, esta intentó enmarcar dicho ataque como una respuesta a un video de YouTube sobre el profeta del islam».[82] Todo esto fue secundado e instigado por la entonces secretaria de Estado Hillary Clinton, quien absolvió arteramente al yihadismo islámico escondiéndose hipócritamente tras un video ofensivo para el islam.[83]

Si Obama fue consistente en algo, fue en su decidida negativa a establecer cualquier relación entre el islam y los actos terroristas. La masacre de Orlando es un ejemplo clásico de este proceder. «Omar Mateen instó a los agentes de policía a jurar fidelidad al ISIS mientras llevaba a cabo su masacre» en un club nocturno de Orlando el 12 de junio de 2016.[84] Aquel mismo día, el presidente de Estados Unidos afirmaba: «No tenemos todavía una idea definitiva sobre las motivaciones exactas» de Omar Mateen, pero lo que «está claro es que era una persona llena de odio».[85] La administración Obama llegó a publicar una transcripción editada de la llamada de Mateen al 911 en que se omitían los juramentos de Mateen al ISIS y otras alusiones consideradas «propaganda».[86]

De una cosa estaba segura la administración Obama. Todas las referencias al islam deben caracterizarlo como una «tradición de paz, caridad y justicia».[87] ¿Quién puede olvidar la espeluznante directiva del jefe del Departamento de Justicia de los Estados Unidos, Eric Holder, que prohibía categóricamente cualquier material didáctico para el mantenimiento del orden público que chocara con el relato oficial de que «islam significa paz»? El fiscal Dwight C. Holton afirmó: «Quiero ser completamente claro sobre este asunto: aquellos materiales didácticos que describen al islam como una religión violenta o tendente a la violencia son erróneos, ofensivos y contrarios a todo lo que representa este presidente, este fiscal general y el Departamento de Justicia». Por ello, tales materiales «no se tolerarán», puesto que «fomentan el falso relato propagado por los terroristas en el sentido de que Estados Unidos está en guerra con el islam».[88]

Más elocuente aún fue lo que sucedió con el subsecretario del Ministerio de Defensa:

> [Paul Stockton] se negó a relacionar a los terroristas islámicos con el islam en modo o forma alguna y al margen de «los calificativos que puedan usarse»; ni siquiera estuvo de acuerdo con que Al Qaeda sigue una versión «desvirtuada» o «pervertida» del islam. Cuando el diputado Dan Lungren preguntó repetidamente a Stockton si concedía al menos que Al Qaeda «representa un extremismo islamista violento», Stockton siguió rechazando esta idea, insistiendo en que este grupo está meramente formado por «asesinos», ante la visible estupefacción de Lungren y otros.[89]

Tan extensa fue esta represión por parte de Obama de cualquier material que pudiera sugerir siquiera que los valores islámicos esenciales formaban parte del yihadismo islámico, que cuando Boko Haram —*que afirmaba abiertamente su adhesión a Estado Islámico*— colocó bombas en iglesias y masacró a decenas de miles de cristianos, se negó resueltamente a designarles como una «organización terrorista extranjera (FTO por sus siglas en inglés)».[90]

No obstante, como Raymond Ibrahim declara con gran valor y acierto, la administración Obama «acordó gastar nada menos que ¡seiscientos millones de dólares! en una iniciativa de la Agencia para el Desarrollo Internacional para dilucidar las "verdaderas causas" de la yihad de Boko Haram, como si esta organización no hubiera dejado perfectamente claro que sus objetivos son el despliegue de la *sharía* y la eliminación (o al menos la subyugación) de todos los infieles, especialmente de los cristianos».[91]

Como indica su subtítulo, el libro de Ibrahim (*Crucified Again*) se concentra en la denuncia de la nueva guerra del islam contra los cristianos. No obstante, como él mismo deja claro, hemos de aprender una lección más amplia: «Los países occidentales deben aprender a unir los puntos y entender la interconexión del islam».[92] Sus palabras, aunque inquietantes, no deben caer en saco roto.

La razón fundamental de la hostilidad musulmana hacia los cristianos es que no son musulmanes, son *infieles*, y la *sharía* —su camino— ordena subyugar a *todos* los infieles. Ignorar este hecho o, peor aún, empoderar al islam, sea mediante la hipocresía de los principales medios de comunicación o de las políticas occidentales en apoyo de la «primavera árabe», significa no solo perpetuar el sufrimiento de los cristianos y otros grupos bajo el islam, sino también preparar el camino para la propia desaparición del mundo occidental. Islamistas de todo el mundo siguen trabajando para cumplir la misión musulmana que comenzó hace casi 1.400 años, a saber: conseguir la hegemonía mundial. Tras señalar que la masacre y expulsión de la población cristiana de Siria es obra de los yihadistas, un patriarca cristiano de Siria declaró: «Los yihadistas no van a detenerse aquí, la guerra se extenderá a Europa. ¿Cómo será Inglaterra dentro de diez o quince años?». No cabe duda de que la yihad islámica no tiene límites, ni respeta nada ni a nadie que no sea islámico.[93]

Está por ver si Estado Islámico conseguirá cumplir su sanguinario objetivo de extender el califato o será suplantado por un hijo ideológico más peligroso todavía. Lo que sí sabemos es que el califato que Atatürk abolió en 1924 ha regresado con sed de venganza, y ello en medio de una cultura poscristiana que se desmorona. Os Guinness dijo acertadamente: «Con cada día que pasa, las fuerzas de la barbarie se hacen más fuertes y perversas, no solo en el exterior sino también internamente: desde la creciente corriente de violencia islámica, hasta la decrépita decadencia del secularismo occidental poscristiano, y la evidente impotencia y desbarajuste de las ideas e instituciones judías y cristianas que en otro tiempo inspiraron y configuraron la civilización occidental».[94]

No nos quepa la menor duda. Estamos en un momento clave de la historia. Aunque están en el ángulo muerto de Occidente, los cristianos de Medio Oriente afrontan un genocidio masivo. De forma simultánea, una bomba demográfica de relojería amenaza a un mundo occidental aparentemente ciego a la urgencia polígama de los emigrantes musulmanes para llenar el vacío que dejan «los envejecidos europeos, los fallecidos y los abortados».[95] Y mientras lentamente los países occidentales siguen armando una bomba de relojería islámica, cultivan simultáneamente una serie de ideales autodestructivos. Guinness sigue diciendo:

La legalización y subsecuente normalización del poliamor, la poligamia, la pedofilia y el incesto siguen la misma lógica que el aborto y la homosexualidad, las consecuencias socialmente destructivas de estas corrientes resonarán por toda la sociedad hasta que el caos se sitúe más allá de toda recuperación. Solo nos queda orar para que haya una vuelta a Dios y a la cordura antes de que se pronuncie la terrible sentencia: «Dios los entregó» a las consecuencias de sus obstinadas decisiones.[96]

Esto nos lleva a la pregunta: ¿hará una vez más el cristianismo por la verdad lo que el islam está haciendo ahora mismo por una mentira? Si la respuesta que se agita en su corazón en este crucial momento de la historia humana es sí, es primordial que entienda los principales errores del islam y las correspondientes verdades que transforman.

CAPÍTULO 6

# PRINCIPALES ERRORES DEL ISLAM

*Él ['Iesa (Jesús)] no es sino un siervo a quien hemos*
*agraciado y a quien hemos puesto como ejemplo a los*
*hijos de Israel (es decir, su creación sin un padre).*

—CORÁN 43:59, HILALI-KHAN

En su libro *Islam and the Cross* [El islam y la cruz], Samuel Zwemer, apodado apóstol del islam, identifica correctamente el islam como «una fe compuesta, con elementos paganos, judíos y cristianos». Unos elementos paganos adoptados de la «antigua idolatría árabe», «fundamentos del Corán» procedentes del judaísmo talmúdico y las «creencias místicas y prácticas ascéticas del islam tardío» tomadas del cristianismo.[1]

> [El islam] se arraiga siempre y en todas partes en la superstición animista y pagana. Lucha con toda la devoción fanática del judaísmo semítico con su exagerado nacionalismo. Reivindica al mismo tiempo incluir y reemplazar todo aquello que Jesucristo fue, hizo y enseñó. El islam es una religión de *componendas, conservadurismo y conquista*.[2]

De *componendas* porque malinterpreta los propios sistemas religiosos en que se basa, modificando los dogmas esenciales a que dichos sistemas se adhieren. Con respecto a la deidad de Cristo, por ejemplo, el musulmán pregunta: «Si Jesús era el Dios todopoderoso, con poder para inculcar terror a todos los hombres, / ¿Cómo pudieron los judíos hacerle soportar la agonía de la cruz? / ¿Y cómo puede alguien creer que Dios murió y fue sepultado en el polvo?».[3]

Es una religión de *conservadurismo* en el sentido de que los musulmanes están comprometidos a toda costa con la conservación de la fe y prácticas de su profeta y revelador. El principal pensamiento en la mente musulmana en cualquier situación concreta es: «¿Qué haría Mahoma?». Cuando el profeta estaba vivo y era accesible, aquellos que estaban cerca de él le pedían personalmente su dirección. Hoy, los musulmanes se esfuerzan por entender el camino de Mahoma por medio de la tradición preservada. En el *Sahih Musulmán*, dos combatientes de Mahoma analizan cuál es la forma correcta de mantener relaciones sexuales con sus cautivas:

«Salimos con el mensajero de Alá (la paz sea con él) en la expedición de Balmustaliq y tomamos cautivas unas excelentes mujeres árabes. Nosotros las deseábamos ya que sufríamos la ausencia de nuestras esposas, pero (también) queríamos obtener rescate por ellas. Finalmente decidimos (tener relaciones pero observando) el *al-'azl* (retirando el pene antes de la emisión de semen para evitar la concepción). Entonces nos dijimos: *"¡El mensajero de Alá (la paz sea con él) está con nosotros y estamos por hacer algo sin preguntarle!"*. Así es que le preguntamos al mensajero de Alá (la paz sea con él), que dijo: "No importa si no lo hacéis, porque no decreta Alá la creación de un alma como un ente hasta el día de la resurrección, sin que indefectiblemente sea"».[4]

Es así como los hombres musulmanes manejan actualmente a las cautivas según los preceptos y prácticas de Mahoma.

Es una religión de *conquista* en el sentido de que su objetivo es llevar a todo el mundo —también a los cristianos— a la casa del islam. Irónicamente, el último signo de admiración no lo pondrá Mahoma sino Cristo. «Él romperá las cruces» porque es abominable imaginar que aquel que preparó el camino para Mahoma hubiera podido ser sacrificado sobre una de ellas. «Él matará a todos los cerdos» porque en un mundo islamizado no habrá necesidad ni lugar para ellos. Y «abolirá la *yizia*» porque el pueblo del libro habrá sido ejecutado o convertido.[5]

No obstante, quizás más que ninguna otra cosa, el islam es una religión de *corrupción*. Robert Spencer lo expresó de este modo: «El Corán se apropia de tradiciones bíblicas medio digeridas y comprendidas a veces de un modo impreciso, refundidas generalmente de formas fundamentales, aunque dejando a menudo indicios de teología judía y cristiana que, en su nuevo marco islámico, permanecen sin explicar».[6]

> [Por otra parte] sus enseñanzas sobre Jesús son una curiosa amalgama de material del Nuevo Testamento y los escritos de sectas heréticas y cismáticas. En cierto sentido, hay algo para todo el mundo: un poco de cristianismo ortodoxo (el nacimiento virginal, la idea de Jesús como Verbo de Dios, aunque erróneamente entendida), un poco de gnosticismo (la crucifixión ilusoria), un poco de hiperarrianismo (la negación de la divinidad de Cristo) y de ebionismo (el Corán llama «Mesías» a Jesús pero rechaza su divinidad, como hacía la secta judaizante ebionita).[7]

Tales errores de percepción no son cuestiones triviales, sino de una relevancia manifiesta en tanto que cuestionan, confunden o contradicen doctrinas cristianas esenciales. Estos importantes errores del islam borran, pues, la línea de demarcación entre lo real y lo que, sin duda, no lo es.

Esto es tanto más evidente cuando contrastamos las doctrinas esenciales de la fe cristiana histórica con las perversiones del islam. Os Guinness tenía razón cuando dijo que «el contraste es la madre de la claridad».[8] O como se ha dicho también: «La forma de mostrar que un listón está torcido no es presentar una batería de argumentos al respecto o dedicarte a denunciarlo, sino poner un listón recto a su lado».[9]

En este caso, el listón recto es la Biblia: una sagrada obra maestra de origen divino, no de confección humana como el Corán. Y esto no es una mera afirmación dogmática sino un argumento defendible. En mi libro *Has God Spoken? Memorable Proofs of the Bible's Divine Inspiration* [¿Ha hablado Dios? Importantes pruebas de la inspiración divina de la Biblia] demuestro que *los manuscritos, la paleta de los arqueólogos* y *las estrellas de la constelación de la profecía bíblica* resaltan en su conjunto esta destacada verdad.

En pocas palabras, las pruebas textuales de que disponemos son abrumadoras. El texto bíblico cuenta con un apoyo manuscrito más sólido que cualquier otra obra de la historia clásica como las de Homero, Platón, Aristóteles, César o Tácito. Es igualmente sorprendente que, desde su redacción original, la Biblia ha permanecido prácticamente inalterada, como lo atestiguan los eruditos que han comparado los manuscritos más antiguos con los que se escribieron varios siglos más tarde. Por otra parte, el testimonio de los escritores bíblicos, que fueron testigos presenciales de los eventos consignados —o estrechos colaboradores de ellos—, así como el de historiadores profanos que acreditan la veracidad de personas, lugares y detalles del texto, confirman la credibilidad de la Escritura.

La arqueología es, asimismo, un poderoso testimonio de la exactitud de los documentos neotestamentarios. Una y otra vez, el trabajo de campo arqueológico y la cuidadosa interpretación bíblica confirman la veracidad de la Biblia. Por ejemplo, los hallazgos arqueológicos han corroborado los detalles bíblicos sobre el juicio que llevó a los terribles padecimientos y muerte de Jesucristo. Es muy elocuente que los eruditos profanos tengan que revisar sus críticas al texto bíblico en vista de sólidas pruebas arqueológicas.

Por último, la Biblia consigna profecías de acontecimientos que no podrían haberse conocido o predicho de forma casual o por mero sentido común. Por ejemplo, el libro de Daniel (escrito antes del año 530 A. C.) predijo fielmente la progresión de una serie de imperios hegemónicos comenzando con Babilonia y pasando por los Imperios medo y persa hasta la persecución y sufrimiento de los judíos bajo Antíoco IV Epifanes con su profanación del templo, su muerte prematura y la liberación de los judíos bajo Judas Macabeo (165 A. C.). Desde un punto de vista estadístico, es absurdo pensar que alguna de las detalladas y específicas profecías bíblicas o todas ellas pudieran haberse cumplido por casualidad, conjeturas o deliberado engaño.[10]

En marcado contraste hay una total ausencia en el Corán de profecías predictivas que demuestren su supuesto origen divino. Aunque es cierto que el Corán contiene muchas profecías autorealizables, como la predicción por parte de Mahoma de su regreso a La Meca (48:27), tales pronósticos son de una naturaleza muy distinta de la profecía bíblica que acabamos de mencionar. Otras profecías, como la predicción de Mahoma en el sentido de que los romanos derrotarían a los persas en Issos (30:2-4), son igualmente artificiosas. A diferencia de los ejemplos bíblicos, esta profecía no se cumple en un futuro lejano y puede, por tanto, explicarse fácilmente por un buen cálculo o una acertada comprensión de la situación militar de aquel momento.

No obstante, la cosmovisión coránica tiene un lastre mucho mayor. Cuando comparamos al Corán con la recta vara de medir de la Escritura, se hace evidente su naturaleza torcida. Aunque esto se ve claramente con determinadas cuestiones éticas —como el hecho de que el Corán permita que los hombres «golpeen» a sus esposas para que estas «vuelvan a la obediencia» (4:34)— y errores de contenido —como la negación coránica de la crucifixión de Cristo (4:157)—, la torcida naturaleza del Corán se hace especialmente evidente cuando lo comparamos con la derecha vara de medir de las enseñanzas cristianas. Empecemos con la deidad de Cristo.

## DEIDAD DE CRISTO

Si buscamos en Google la frase «dinero falso» [*counterfeit money* en el original. N. del T.], uno de los primeros resultados que obtendremos será un artículo del Departamento del Tesoro estadounidense titulado «Cómo detectar billetes falsos». Este artículo dice, entre otras cosas, que «podemos hacer frente a la amenaza de los falsificadores familiarizándonos lo más posible con el dinero estadounidense». ¿Cómo? «Compare un billete sospechoso con uno verdadero de la misma cantidad y serie, prestando atención a la impresión y características del papel. Busque diferencias, no similitudes».[11] Este criterio empleado para la detección de billetes falsos se aplica también a las religiones. Quienes están familiarizados con las doctrinas cristianas esenciales reconocerán de inmediato las falsas cuando asomen por el horizonte.

No hay mejor ilustración posible que la doctrina de la deidad de Jesucristo. Cuando Jesús estuvo en Cesarea de Filipos formuló a sus discípulos la madre de todas las preguntas: «Y ustedes, ¿quién dicen que soy yo?» (Mateo 16:15). La respuesta de los musulmanes es que, aunque Jesús nació de una virgen,[12] era puro,[13] obraba milagros[14] y preparó el camino de Mahoma,[15] en última instancia era solo un hombre.[16] Jesús, sin embargo, respondió esta misma pregunta presentándose a sí mismo como el unigénito Hijo de Dios.[17]

En Juan 8:58, Jesús llegó a utilizar las mismas palabras con las que Dios se reveló a Moisés desde la zarza ardiente (Éxodo 3:14). Para los judíos, esto era el *summum* de la blasfemia, porque sabían que, al escoger estas palabras, Jesús estaba diciendo con toda claridad que se consideraba Dios. En otra ocasión, Jesús dijo explícitamente a los judíos:

«El Padre y yo somos uno». Una vez más, sus oponentes judíos tomaron piedras para lapidarlo, pero Jesús les dijo: «Yo les he mostrado muchas obras irreprochables que proceden del Padre. ¿Por cuál de ellas me quieren apedrear?». «No te apedreamos por ninguna de ellas, sino por blasfemia; porque tú, siendo hombre, te haces pasar por Dios» (Juan 10:30-33).

Es más, Jesús reivindicó inequívocamente su deidad delante del sumo sacerdote y todo el sanedrín. Caifás le preguntó: «"¿Eres el Cristo, el Hijo del Bendito?". "Sí, yo soy —dijo Jesús—. Y ustedes verán al Hijo del hombre sentado a la derecha del Todopoderoso, y viniendo en las nubes del cielo"» (Marcos 14:61-62). Probablemente, una persona que no conociera la Biblia habría pasado por alto la importancia de las palabras de Jesús. Pero este no era el caso de Caifás y el concilio. Sabían que cuando dijo ser «el Hijo del hombre» que había de venir «en las nubes del cielo» estaba haciendo una referencia manifiesta al Hijo del hombre de la profecía de Daniel (Daniel 7:13-14). Con ello no solo se presentaba como el preexistente soberano del universo, sino que profetizaba la vindicación de aquella afirmación, juzgando al propio tribunal que ahora le estaba condenando. Por otra parte, al combinar la profecía de Daniel con la proclamación de David en el Salmo 110, Jesús estaba reivindicando que se sentaría sobre el trono del Dios de Israel y compartiría la gloria de Dios. Para los estudiosos del Antiguo Testamento, aquello era el colmo de la blasfemia; así pues: «Todos ellos lo condenaron como digno de muerte» (Marcos 14:64).

Por último, Jesús afirmó poseer los mismos atributos de Dios. Por ejemplo, reivindicó omnisciencia diciéndole a Pedro: «Esta misma noche, antes de que cante el gallo, me negarás tres veces» (Mateo 26:34). Jesús demostró omnipotencia no solo en la resurrección de Lázaro (Juan 11:43), sino también mediante su propia resurrección de entre los muertos (Juan 2:19); y aludió a su omnipresencia cuando prometió estar con sus discípulos «siempre, hasta el fin del mundo» (Mateo 28:20). Y no solo esto, sino que Jesús le dijo al paralítico en Lucas 5:20: «Amigo, tus pecados quedan perdonados». Al hacerlo, reivindicó una prerrogativa —perdonar los pecados de una persona— reservada solo a Dios. Además, cuando Tomás adoró a Jesús diciendo «¡Señor mío y Dios mío!» (Juan 20:28), Jesús no corrigió su afirmación, sino que la aprobó.[18]

Jesús no se limitó a reivindicar su divinidad, sino que también aportó muchas pruebas convincentes de ella. En primer lugar, Jesús demostró ser Dios en carne humana manifestando la credencial de su pureza. Mientras que el Corán exhorta a Mahoma a pedir el perdón de sus pecados (47:19),[19] la Biblia exonera al Mesías afirmando que Jesús «no cometió pecado alguno» (2 Corintios 5:21). Y esta no es la única afirmación en este sentido. Hablando de Jesucristo, Juan declaró: «Él no tiene pecado» (1 Juan 3:5), y Pedro dijo que «no cometió ningún pecado, ni hubo engaño en su boca» (1 Pedro 2:22). El propio Jesús se atrevió a desafiar a sus antagonistas preguntándoles: «¿Quién de ustedes me puede probar que soy culpable de pecado?» (Juan 8:46).[20]

Por otra parte, Jesús demostró tener una autoridad sobrenatural sobre la enfermedad, las fuerzas de la naturaleza, los ángeles caídos y la propia muerte. Mateo 4 consigna que Jesús iba por toda Galilea enseñando, predicando, «sanando toda enfermedad y dolencia entre la gente» (v. 23). Marcos 4 documenta que Jesús reprendió al viento y a las olas diciendo: «¡Silencio! ¡Cálmate!» (v. 39). En Lucas 4, Jesús encontró a un hombre poseído por un espíritu maligno y le ordenó al demonio: «¡Sal de ese hombre!» (v. 35). Y en Juan 4, a un funcionario real cuyo hijo estaba a punto de morir, Jesús le dijo: «Vuelve a casa, que tu hijo vive» (v. 50). Y los cuatro Evangelios consignan que Jesús demostró tener un poder decisivo sobre la muerte mediante el hecho inmutable de su resurrección.[21]

Por último, las credenciales de la deidad de Cristo se ven en la vida de incontables hombres, mujeres y niños. Cada día, personas de todas las lenguas, tribus y naciones experimentan al Cristo resucitado arrepintiéndose de sus pecados y recibiéndole como Señor y Salvador de sus vidas. Por tanto, no solo llegan a saber de Cristo por las evidencias de su existencia, sino que también le advierten de forma más real que el aire que respiran.

Además de las propias afirmaciones y credenciales de Cristo, el texto bíblico afirma claramente que Jesús es Dios. Tres textos sobresalen por encima del resto. No solo son claros y convincentes, sino que es muy fácil recordar donde se encuentran: Juan 1, Colosenses 1 y Hebreos 1.

En primer lugar tenemos Juan 1: «En el principio ya existía el Verbo, y el Verbo estaba con Dios, *y el Verbo era Dios*» (v. 1). En este versículo vemos que Jesús no solo existe antes de la creación del mundo, sino que se distingue del Padre y se le llama explícitamente «Dios», indicando que comparte su misma naturaleza.

Por otra parte, Colosenses 1 nos informa de que «por medio de él [Jesús] fueron creadas todas las cosas» (v. 16); él es «anterior a todas las cosas» (v. 17); y «a Dios le agradó habitar en él con toda su plenitud» (v. 19). Solo la deidad tiene la prerrogativa de la creación, existe antes de todas las cosas y puede personificar plenamente la esencia y naturaleza de Dios.

Por último, Hebreos 1 nos dice abiertamente que —según el propio Padre— Jesús es Dios: «Pero con respecto al Hijo dice: "Tu trono, oh Dios, permanece por los siglos de los siglos"» (v. 8). No es solo que todo el primer capítulo de Hebreos esté dedicado a demostrar la deidad de Jesús, sino que en los versículos 10-12 el autor inspirado cita un pasaje del Salmo 102 que hace referencia a Yahvé y que aplica directamente a Cristo. Al hacerlo, estos versículos declaran específicamente que Jesús es ontológicamente igual al Dios de Israel.[22]

A esta lista podrían añadirse muchos textos similares. Por ejemplo, en Apocalipsis 1, el Señor Dios dice: «Yo soy el Alfa y la Omega [...], el que es y que era y que ha de venir, el Todopoderoso» (v. 8). En el último capítulo de este mismo libro, ¡Jesús se aplica a sí mismo este título! (el *Alfa* y la *Omega*).[23] Por otra parte, Pedro alude a Jesús como «nuestro Dios y Salvador Jesucristo» (2 Pedro 1:1). En estos pasajes y muchos otros, la Biblia afirma explícitamente que Jesús es Dios.[24]

El falso Cristo del Corán no puede ser más distinto del que consigna la Biblia. Lejos de ser Dios, se le presenta simplemente como el «esclavo de Alá» (Corán 4:172; 19:30; 43:59).[25] De hecho, Alá se muestra intensamente agitado ante la afirmación cristiana de que Jesús es el Hijo de Dios.

Dicen: «El Compasivo ha engendrado un hijo». Habéis cometido algo horrible, que hace casi que los cielos se hiendan, que la tierra se abra, que las montañas caigan demolidas, por haber atribuido un hijo al Compasivo, siendo así que no le está bien al Compasivo engendrar un hijo (Corán 19:88-92).

Alá rechaza la idea de que Dios pueda tener un hijo en base a que no tiene una consorte. Alá pregunta: «¿Cómo iba a tener un hijo si no tiene compañera?» (Corán 6:101). Al pronunciar estas palabras, Alá demuestra no saber nada de la idea de filiación. Llamar a Dios «Padre» y a Jesús «Hijo» sugiere en su lógica una procreación de carácter sexual. ¡Nada, por supuesto, podría estar más lejos de la verdad! Cuando la Biblia habla de Jesús como «el *unigénito* del Padre» (Juan 1:14), es muy evidente que está subrayando la singular deidad de Cristo.

Asimismo, cuando la Escritura alude a Jesús como «el primogénito de toda creación» (Colosenses 1:15), lo hace para subrayar su preeminencia o primera posición como Creador de todas las cosas (Colosenses 1:16-19). Este uso está firmemente establecido en el Antiguo Testamento. Por ejemplo, se alude a Efraín como «primogénito» del Señor (Jeremías 31:9) aunque fue Manasés quien nació primero (Génesis 41:51). De igual modo, a David se le otorgan «los derechos de primogenitura, la primacía sobre los reyes de la tierra» (Salmos 89:27) a pesar de ser el menor de los hijos de Isaí (1 Samuel 16:10-13). Aunque ni Efraín ni David fueron los primeros de nacer en su familia, ambos fueron primogénitos en el sentido de tener la primacía.

Una cosa es que Alá disienta de la posición bíblica; pero otra muy distinta es que la malinterprete por completo. Como deja claro la panoplia de la Escritura, Jesús es el eterno Creador que con su palabra hizo existir las innumerables galaxias. Como se ha observado, en Juan 1 se le llama abiertamente «Dios» (v. 1), y en Hebreos 1 se dice que es aquel que puso los fundamentos «de la tierra» (v. 10). Y en el último capítulo de la Biblia, Cristo se refiere a sí mismo como «el Alfa y la Omega, el Primero y el Último, el Principio y el Fin» (Apocalipsis 22:13). De hecho, la Escritura en su totalidad excluye la posibilidad de que Cristo sea otra cosa que el preexistente soberano del universo.[26]

# Pecado original

La historia de cómo un artista transformó el techo de la Capilla Sixtina en un reflejo de la capacidad creativa de Dios es asombrosa.[27] Miguel Ángel necesitó más de tres años para pintar la enorme bóveda de la capilla sirviéndose de las diminutas brochas de su oficio. El gran pintor perseveró a pesar del asfixiante calor del verano y el helor del invierno, pintando a veces durante semanas seguidas sin quitarse siquiera las botas.

Con una persistencia pasmosa, siguió adelante con su tarea hasta que la enorme bóveda quedó transformada en una narración bíblica que parecía tener vida propia. No obstante, aunque las pinturas de la Capilla Sixtina son simplemente asombrosas, parecen algo insignificante cuando las comparamos con la obra creativa de Dios. Es lógico que el salmista cante:

> Los cielos cuentan la gloria de Dios,
>> el firmamento proclama la obra de sus manos.
> Un día transmite al otro la noticia,
>> una noche a la otra comparte su saber.
> Sin palabras, sin lenguaje,
>> sin una voz perceptible,
> por toda la tierra resuena su eco,
>> ¡sus palabras llegan hasta los confines del mundo! (Salmos 19:1-4).

Por incomparable que sea la obra maestra de Miguel Ángel, esta no es más que un débil reflejo del eterno poder de Dios «y su naturaleza divina, [que] se perciben claramente a través de lo que él creó» (Romanos 1:20).

Trágicamente, apenas se había terminado la gran obra maestra de Dios cuando las joyas de la corona de su creación «la echaron a perder, como un exaltado que pone sus grafitis sobre las pinturas de la Capilla Sixtina».[28] El maestro pintor había dicho a la criatura más perfecta de su creación: «Puedes comer de todos los árboles del jardín, pero del árbol del conocimiento del bien y del mal no deberás comer. El día que de él comas, ciertamente morirás» (Génesis 2:16-17). En una temeraria respuesta, Adán dirigió sus esprays sobre el lienzo de la obra cumbre de Dios con el veneno de su autoafirmación.

Como consecuencia, toda la humanidad se sumergió en vidas de constante pecado que terminan con la muerte. Adán desobedeció, y toda la humanidad heredó su gen anómalo y enfermo —una inclinación hacia el pecado— que lleva inexorablemente a la muerte. En palabras del apóstol Pablo: «Por medio de un solo hombre el pecado entró en el mundo, y por medio del pecado entró la muerte; fue así como la muerte pasó a toda la humanidad, porque todos pecaron» (Romanos 5:12).[29]

En la grandiosa metanarrativa de la Escritura, la doctrina del pecado original ocupa un importante lugar. El pecado original llevó a una vida de constante depravación cuando Adán fue desterrado del paraíso, relegado a la inquietud y la divagación, separado de la intimidad y comunión con su Creador.

No obstante, el mismo capítulo que relata la caída consigna el plan divino para la restauración (Génesis 3). Un plan que se va perfilando con la promesa divina de hacer de Abram una gran nación por medio de la cual «¡serán bendecidas todas las familias de la tierra!» (Génesis 12:3). El llamamiento de Abram constituye, por tanto, el antídoto divino para la caída de Adán.

La promesa de Dios en el sentido de que la descendencia de Abraham heredaría la tierra prometida no fue más que un paso preliminar en un plan progresivo por el que Abram y sus herederos poseerían «una patria mejor, es decir, celestial» (Hebreos 11:16). Los perfiles de este se pusieron claramente de relieve cuando Moisés liberó a los descendientes de Abraham de un periodo de servidumbre de cuatrocientos años en Egipto. Durante cuarenta años de travesía por el desierto, Dios puso su tabernáculo entre su pueblo y les preparó para entrar en la tierra prometida. Como Abram, Moisés solo vio la promesa de lejos.

Este plan se hizo tangible realidad cuando Josué introdujo a los hijos de Israel en Palestina. Sin embargo, las promesas divinas a Abram no se habían, ni mucho menos, agotado, porque Palestina era solo una fase preliminar en la promesa hecha al patriarca. Dios haría de él no solo padre de una nación, sino que Abram se convertiría en Abraham: «padre de *muchas* naciones» (Génesis 17:5). Abraham «sería heredero del mundo» (Romanos 4:13). Por tanto, el clímax de la promesa no sería una Palestina reconquistada, sino el paraíso restaurado.

Del mismo modo que Dios le prometió a Abraham la posesión de Palestina, le prometió también una descendencia real.[30] Josué introdujo a los hijos de Israel en la tierra prometida; Jesús introducirá un día a la humanidad redimida al paraíso restaurado, donde esta experimentará el descanso eterno. Desde la rebelión de Adán hasta la semilla real de Abraham, la Escritura relata el desarrollo del plan divino para la redención de la humanidad.[31] En el principio, el árbol de la vida era el protagonista del jardín del Edén. Cuando Adán comió del fruto prohibido, el árbol se convirtió en un emblema del paraíso perdido: Dios «puso al oriente del jardín del Edén a los querubines, y una espada ardiente que se movía por todos lados, para custodiar el camino que lleva al árbol de la vida» (Génesis 3:24).

Situado al otro lado de la historia, el árbol de la vida tiene sus raíces en un jardín eterno, recordatorio ahora del paraíso reconquistado. El ángel del Apocalipsis le mostró al apóstol Juan:

> Un río de agua de vida, claro como el cristal, que salía del trono de Dios y del Cordero, y corría por el centro de la calle principal de la ciudad. A cada lado del río estaba el *árbol de la vida*, que produce doce cosechas al año, una por mes; y las hojas del árbol son para la salud de las naciones. Ya no habrá maldición (Apocalipsis 22:1-3).

«Al que salga vencedor —dijo Jesús— le daré derecho a comer del *árbol de la vida*, que está en el paraíso de Dios» (2:7).

Sobre la colina del Gólgota se eleva el tronco de otro árbol, como fulcro de la historia humana. Sobre él, Jesús extendió una mano hacia el jardín del Edén y la otra hacia el jardín eterno. La inmortalidad que el primer Adán no podía ya alcanzar, la logró el segundo en su lugar. Jesús derrotó así el poder del mal, dándole la victoria definitiva al conocimiento del bien.[32]

El grandioso metarrelato de la Escritura es sin duda una majestuosa obra maestra. Pero una obra maestra arrasada obscenamente por el grafiti del islam; su carácter torcido es más evidente cuando se contrasta con la rectitud y armonía de la lucidez bíblica. Tomás Carlyle tenía razón. El Corán es la lectura más fatigosa que uno pueda imaginar. Es «un conglomerado tedioso y confuso, crudo y tosco; repeticiones incesantes, verbosidad y galimatías; de lo más crudo», escrito «con todas las deficiencias posibles en un libro».[33] O como comentó Robert Spencer: «Sorprendentemente descontextualizado».[34]

En primer lugar, en el relato coránico Alá confunde el *árbol de la vida* con el *árbol del conocimiento del bien y el mal*.[35]

> Pero Satanás le insinuó el mal. Dijo: «¡Adán! ¿Te indico el árbol de la inmortalidad y de un dominio imperecedero?». Comieron de él, se les reveló su desnudez y comenzaron a cubrirse con hojas del jardín. Adán desobedeció a su Señor y se descarrió (Corán 20:120-121).

Es difícil concebir un malentendido más grave. Confundir un árbol que representa la vida con uno que lleva a la muerte, la enfermedad y la destrucción es no entender absolutamente nada. Al comer del árbol del que Dios había dicho «El día que de él comas, ciertamente morirás», Adán desafió a Dios como árbitro del bien y el mal (Génesis 2:17). El árbol de la ciencia del bien y del mal simbolizaba, pues, la elección, una elección entre obediencia y desobediencia, entre una majestuosa revelación (la verdad de Dios) y el relativismo moral (mi verdad).

Por otra parte, en el relato islámico no existe el pecado original, solo un acto original de negligencia. Así, mientras que la cosmovisión bíblica resalta la severidad del pecado y sus consecuencias, la concepción coránica del mundo reduce el pecado original a un mero desliz, un simple olvido. En pocas palabras, *la* caída es reformulada para convertirse en *una* caída. En palabras de las eruditas musulmanas Jane Idleman Smith e Yvonne Yazbeck Haddad:

> La concepción cristiana ha sido en general que Adán fue expulsado del paraíso por causa de su pecado, y este primer acto de desobediencia ha contaminado a toda la humanidad. Aunque el Corán contiene la narración de la expulsión de Adán del jardín [Corán 2:35-39], dicha expulsión es fruto del engaño satánico, inmediatamente perdonado, más que un acto de desobediencia transmitido al resto de la humanidad y con repercusiones para ella.[36]

Finalmente, según el islam, cada niño recién nacido está en estado de *fitra* (un estado de pureza musulmana original).[37] Como supuestamente lo expresó Mahoma: «Ningún bebé nace sino en la *fitra* [como musulmán]. Son sus padres quienes lo convierten en judío, cristiano o politeísta».[38] O como explicó Yusuf Ali en su comentario coránico: «Como fruto de la creativa mano de Alá, el hombre es inocente, puro, verdadero, libre, inclinado a lo bueno y virtuoso, y dotado de cierta comprensión sobre su posición en el universo y sobre la bondad, sabiduría y poder de Alá».[39]

En resumidas cuentas, no entender la gravedad del pecado original es pasar por alto las buenas nuevas por las que la humanidad puede ser salva.

El juicio que lleva a la condenación fue resultado de un solo pecado, pero la dádiva que lleva a la justificación tiene que ver con una multitud de transgresiones. Pues si por la transgresión de un solo hombre reinó la muerte, con mayor razón los que reciben en abundancia la gracia y el don de la justicia reinarán en vida por medio de un solo hombre, Jesucristo.

Por tanto, así como una sola transgresión causó la condenación de todos, también un solo acto de justicia produjo la justificación que da vida a todos. Porque así como por la desobediencia de uno solo muchos fueron constituidos pecadores, también por la obediencia de uno solo muchos serán constituidos justos (Romanos 5:16-19).

## CANON

Tanto los cristianos como los musulmanes tienen un canon. Es decir, *una vara* o *norma de medir* por la cual someter «todas las cosas a prueba, [y aferrarse] a lo bueno» (1 Tesalonicenses 5:21). En el caso del cristianismo, esta vara de medir es la Biblia,[40] mientras que en el islam es el Corán. Por tanto, la pregunta que se nos plantea es: ¿hasta qué punto es recta —digna de confianza— esta vara de medir?

Los musulmanes afirman dogmáticamente que el Corán es la única revelación digna de confianza e incorrupta de Alá. Como tal, es una vara recta de confiabilidad inalterable. Desde la perspectiva musulmana, Dios habló por medio del arcángel Gabriel, quien dictó el Corán a Mahoma durante un periodo de unos veintitrés años. Mahoma memorizó las palabras de Gabriel y luego dictó a sus compañeros lo que había memorizado. «Ellos, a su vez, lo memorizaron, escribieron y repasaron con el profeta Mahoma (la paz sea con él). Además, el profeta Mahoma (la paz sea con él) repasaba el Corán con el ángel Gabriel una vez al año y dos veces en su último año de vida». Por ello, los musulmanes afirman que «a lo largo de los siglos no se ha cambiado ni una letra del Corán».[41]

Este, dicen los seguidores de Mahoma, es el milagro del Corán. Este «existe en su texto original, sin la más ligera alteración de letra, sílaba, jota o ápice».[42] «No se ha producido ningún cambio en una sola palabra». Ni «un solo signo de puntuación» se ha alterado durante los catorce siglos de la historia del islam.[43] Como promete el Corán: «Somos nosotros quienes hemos revelado la amonestación y somos nosotros quienes la guardaremos de corrupción» (Corán 15:9).

Por el contrario, los musulmanes afirman que el canon bíblico es una vara muy torcida indigna de confianza. El erudito musulmán A. S. K. Joommal lo expresa así:

> Lo que en su día fue la Palabra de Dios ha sido tan adulterada por manos humanas que hoy es difícilmente diferenciable de la palabra del hombre. En algunos lugares seguimos encontrando destellos de la verdad que enseñó Jesús —las gemas de la sabiduría divina que él pronunció para el bien de su pueblo—, pero estas son pocas y muy espaciadas en la jungla de interpolaciones y contradicciones de que la Biblia está llena.[44]

El erudito pakistaní del siglo XX Sayyid Abul Ala Maududi escribió: «Ninguno de los primeros libros —Torá, Zabur (Salmos de David), Injeel (Evangelio de Jesús), etc.— existe hoy en su texto original y aun los seguidores de estos libros confiesan que no poseen dicho texto *original*».[45] Por ello, las actuales versiones de la Biblia no son más que el producto de copias contaminadas, relatos sagazmente inventados y colaboradores corruptos. Ni siquiera el mensaje central de la crucifixión de Cristo es verdadero. Como afirma dogmáticamente Alá: «Pero, ciertamente no le mataron» (Corán 4:157).

Salomón —sin duda el hombre más sabio que ha existido—[46] afirmó: «El primero en presentar su caso parece tener razón, hasta que llega la otra parte y lo refuta» (Proverbios 18:17). Sus palabras aportan luz a esta cuestión. Quien sostiene que los manuscritos bíblicos están absolutamente llenos de errores, con unos relatos que tienen más de legendarios que de legítimos, que la crucifixión de Cristo y su posterior resurrección no es un hecho fehaciente, sino cruel engaño, «parece tener razón, hasta que llega la otra parte y lo refuta».

Cuando la razón se impone a la retórica, emerge una perspectiva totalmente diferente. Lejos de ser un lastre, los manuscritos bíblicos son un elocuente testimonio de la veracidad de la Biblia. A diferencia de lo que hacen los musulmanes, esto no es una mera afirmación dogmática, sino un argumento notablemente sólido. Vamos a considerar seis elementos que demuestran que los manuscritos existentes preservan fielmente las palabras del texto original.

**Las prácticas de los copistas.** Los célebres escribas del Antiguo Testamento que van de Esdras a los masoretas establecieron un inimaginable modelo de excelencia en sus prácticas procedimentales. Como *soferim*, llevaban literalmente la cuenta de palabras y letras para asegurarse de que nada iba mal.[47] No podía consignarse ninguna letra sin comprobar el original y verbalizar el texto. Estos escribas tenían una idea tan exaltada del texto veterotestamentario que percibían la ausencia de cualquier ápice —caracteres microscópicos que se añadían al final de las letras hebreas— como una afrenta a la santidad de su Creador.[48] Sus sucesores en el texto del Nuevo Testamento se entregaban también a su tarea con una gran atención y minuciosidad. Dirigidos por la amonestación «Cuídate de poner en práctica todo lo que te ordeno, sin añadir ni quitar nada» (Deuteronomio 12:32), los copistas neotestamentarios se entregaban a su tarea con un temor reverencial semejante al de sus predecesores veterotestamentarios.[49] ¿Cometieron errores? ¡Por supuesto! Aunque se aplicaban a su oficio con rigurosa minuciosidad, no eran infalibles. A diferencia de los autómatas programados, estaban sujetos a todas las debilidades inherentes a la condición humana. No obstante, desde una perspectiva bíblica, lo sorprendente y positivo es la gran cantidad de manuscritos que sirven de base a los críticos textuales para clasificar sus errores, aparte incluso del contexto y el sentido común.[5]

**Cultura oral.** Se dice a menudo que los relatos bíblicos que van desde el éxodo de los judíos hasta los extraordinarios milagros de Jesús no solo se consignaron mucho después de los hechos, sino que también se embellecieron de forma imprudente. Esto, sin embargo, no es en absoluto lo que sucedió. Los relatos bíblicos no solo fueron redactados temprano —por testigos presenciales—, sino que lo fueron en el ámbito de una cultura oral en que se practicaban los principios de la memorización. Por ello, estos nos dejan una cultivada tradición oral comunicada en memorable prosa.[51] En marcado contraste con nuestro tiempo, las generaciones pasadas escogieron la transmisión oral como medio principal de transmitir las verdades históricas.[52] Naturalmente, esto no implica que en la antigüedad no se utilizaran registros escritos, pero digo esto para subrayar, precisamente, que los depósitos de manuscritos aumentaban la retentiva mental, no al revés.[53]

Papiros y pergaminos. Los escritos originales de los profetas y apóstoles están para siempre inmortalizados en un cuerpo de manuscritos bíblicos —algunos hechos de papiro y otros de pergamino— preservados de forma sobrenatural. Aunque Dios podría haber preservado los autógrafos (los escritos originales), los problemas concomitantes habrían sido significativos. Teniendo en cuenta la tendencia humana, los habríamos convertido, qué duda cabe, en ídolos. Como prueba solo hemos de considerar la veneración musulmana de la piedra blanca de Adán que se conserva en la Gran Mezquita de La Meca (según se dice, se ha vuelto negra por haber absorbido los pecados de millones de peregrinos).[54]

¿Y cómo podríamos determinar que los originales lo son realmente? Pensemos en el Sudario de Turín. Incluso en una era de tecnología altamente avanzada, no hay certidumbre de que la sábana en cuestión es el sudario que envolvió realmente el rostro de Cristo.[55] Por otra parte, ¿quién controlaría los originales: los jesuitas, los rabinos, los imanes? ¿Estarían guardados en las vitrinas del Vaticano o se conservarían en el monte del Templo en la Cúpula de la Roca?

En pocas palabras, si dispusiéramos de unos autógrafos identificables, el papel y la tinta sustituirían probablemente a Dios como objeto de nuestra adoración; la animosidad sería palpable, y no tendríamos ninguna certeza de que aquel texto era realmente el original. Aunque tuviéramos unos autógrafos conservados en Roma careceríamos de la certidumbre epistémica de su autenticidad.

Desde un punto de vista acumulativo, el volumen de manuscritos que sirven de fundamento para las Sagradas Escrituras eclipsa el de cualquier otra obra de la historia clásica. En palabras del distinguido erudito griego F. F. Bruce: «No hay en el mundo ningún cuerpo de literatura antigua que goce de una certificación textual tan extensa como el Nuevo Testamento».[56] No es solo que haya un intervalo relativamente corto de tiempo entre los papiros y pergaminos más antiguos y sus autógrafos, sino que hay menos de una generación entre los autógrafos y los acontecimientos que relatan. La cantidad y calidad de los manuscritos de papiro y pergamino nos aseguran que el mensaje y la intención de los autógrafos originales se han transmitido sin concesiones a la presente generación.[57]

**Evidencia interna.** El testimonio presencial de sus escritores es una evidencia interna inigualable de la absoluta e irrevocable veracidad de la Escritura. Como Pedro recordó a sus oyentes: «Cuando les dimos a conocer la venida de nuestro Señor Jesucristo en todo su poder, no estábamos siguiendo sutiles cuentos supersticiosos, sino dando testimonio de su grandeza, que *vimos con nuestros propios ojos*» (2 Pedro 1:16). Lucas afirma también que él buscó a los testigos *presenciales* de los acontecimientos y lo investigó «todo [...] con esmero desde su origen» (Lucas 1:3). La evidencia interna apunta a la realidad de que, lejos de ser inventores de unos relatos inconsistentes sobre Jesús, los autores de los Evangelios fueron inspirados para narrar fielmente los hechos esenciales que les habían transformado radicalmente.[58] Aunque es concebible que tales testigos estuvieran dispuestos a afrontar torturas, injurias y hasta muertes brutales por aquellas cosas que, fervientemente, creían ser ciertas, es inconcebible que lo estuvieran a dar su vida por unos relatos que sabían inventados y falsos.[59]

**Evidencia externa.** La evidencia *interna* es suficiente para establecer que los manuscritos bíblicos son auténticos, confiables y complementarios. La evidencia *externa* nos aporta, sin embargo, una asombrosa confirmación. A partir de la evidencia externa que aportan historiadores de tanta confianza como Tácito[60] (el historiador del antiguo Imperio romano más importante del siglo I) o Suetonio[61] (muy conocido por recoger datos históricos de testigos presenciales y citar relatos sin prejuicios o parcialidad),[62] es posible reunir detalles de la vida de Cristo y del cristianismo neotestamentario completamente aparte de la evidencia interna.[63] Es sorprendente pensar que incluso historiadores como el judío Josefo —testigo ocular de muchos de los detalles que encontramos en el Nuevo Testamento—[64]

aportarían datos antiguos y fidedignos a favor de la autenticidad del texto sagrado, pero esto es precisamente lo que sucede.[65]

La ciencia de la crítica textual. Imagínese que usted escribe una monografía sobre el yihadismo islámico mundial y luego le pide a cinco de sus amigos que realicen copias a mano del original que usted ha redactado. Suponga que todos sus amigos pidieran a cinco de sus amigos que realizaran copias de sus manuscritos copiados. De una cosa puede estar seguro: ¡tanto sus amigos como los amigos de ellos *cometerían* errores! Allá por la quinta generación habría, en algún lugar del planeta, unos tres mil manuscritos *con errores* de la obra sobre el terrorismo islámico. Imagínese, además, que durante el proceso de copia, su monografía original hubiera desaparecido por el deterioro natural o, incluso, que hubiera sido destruida. ¿Estaría todo perdido? ¡Por supuesto que no! Aunque sus cinco amigos copistas hubieran cometido errores, es muy improbable que todos ellos hubieran cometido los mismos errores. Y esto sucedería también con sus amigos y los amigos de ellos. No solo esto, sino que la mayor parte de los errores serían obvios (palabras mal escritas o conjunciones olvidadas). Por tanto, ningún aspecto esencial de su tratado sobre el terrorismo se echaría a perder, e incluso aquellos errores secundarios de los copistas podrían resolverse por medio de la ciencia conocida como *crítica textual*. Esto es exactamente lo que sucede con los manuscritos bíblicos: aunque no disponemos de los documentos originales, podemos estar seguros de que las copias reflejan fielmente la intención de los escritores originales.[66] Desde una perspectiva bíblica, lo maravilloso es que la gran cantidad de manuscritos bíblicos permite a los críticos textuales descubrir los errores de los copistas y la recuperación sustancial de los autógrafos.[67]

Como nos recuerdan los seis elementos que acabamos de considerar, Dios ha hablado y la Biblia es el infalible depósito de lo que ha dicho. Vamos a considerar ahora otros cinco elementos que, desde el ámbito de la arqueología, nos ofrecen nuevas pruebas de la veracidad de la Escritura y nos permiten recordar que lo que se descubre en las excavaciones se corresponde con lo que se detalla en la Escritura.[68]

Estelas y piedras. En la demostración de que lo que se oculta bajo el suelo concuerda con lo que se afirma en la Escritura, acuden de inmediato a la mente las estelas de Merneptah y de Tel Dan, y las piedras Moabita y de Pilato. La Estela de Merneptah, en la que se lee la frase «Israel está derribado y yermo, sin semilla», supone un desafío colosal para quienes niegan el éxodo, al igual que lo es la de Tel Dan para quienes pontifican que el relato bíblico del rey David tiene tanto de histórico como los relatos del rey Arturo.[69] *Time* observa correctamente: «Ahora es difícil sostener que el rey David no existió, como afirman los escépticos».[70] La Piedra Moabita honra la victoria del rey Mesa de Moab sobre Israel, consignando las palabras Yahvé, casa de David, Omri y Nebo, con lo cual se hace difícil sostener que estos reyes y lugares bíblicos son mitológicos.[71] De igual modo, la Piedra de Pilato demuestra que este era la autoridad romana en Judea cuando Cristo fue crucificado.[72]

Estanques e ignorantes. Hasta hace muy poco, los escépticos consideraban que los estanques que Juan menciona en su Evangelio eran poco más que pretensión religiosa, una tendencia de los cristianos a creer que lo que ellos consideran cierto *lo es* únicamente porque así *lo creen*. Solo los ignorantes creían en los estanques de Juan. Todo esto cambió en junio de 2004 cuando unos operarios que trabajaban en la parte antigua de Jerusalén desenterraron el lugar en que Jesús curó al ciego de nacimiento. Hoy, los visitantes pueden poner sus pies en el mismo estanque de Siloé en que aquel hombre ciego «fue y se lavó, y *al volver* ya veía» (Juan 9:7). Pueden también apoyar los brazos en la baranda que permite asomarse a la excavación del estanque de Betesda, donde Jesús se ocupó de las necesidades físicas y espirituales de un hombre que las había padecido durante treinta y ocho años (Juan 5). Es asombroso que lo que antes estaba oculto bajo la tierra refleje tan fielmente lo que se dice en la Escritura.[73]

Imperio asirio. Asiria y Nínive, su ciudad principal, estuvieron enterradas en el basurero de la historia desde seiscientos años antes de Cristo hasta mil ochocientos después de él. Entonces las piedras gritaron. En 1845, Henry Austen Layard comenzó a excavar a lo largo del Tigris y desenterró Nínive, el diamante de Asiria, incrustada en el dorado arco de la Medialuna Fértil a medio camino entre los mares Mediterráneo y Caspio. Entre las asombrosas joyas arqueológicas que aparecieron estaba el prisma de Senaquerib, que corrobora el relato bíblico del asalto de este rey asirio sobre el reino de Judá (2 Reyes 18-20); el obelisco negro de Salmanasar, que muestra la representación arqueológica más antigua de un israelita, Jehú, rey de Israel, entregando un tributo de oro y plata al rey asirio; y el palacio de Sargón, antes conocido por una sola referencia de la Sagrada Escritura (Isaías 20:1). Juntos, el prisma de Senaquerib, el obelisco negro de Salmanasar y las ruinas del palacio de Sargón ofrecen un sólido testimonio de la veracidad del registro bíblico.[74]

**Los Rollos del Mar Muerto.** En 1947, la rotura de unas piezas de loza que contenían pergaminos propició uno de los mayores descubrimientos arqueológicos de la era moderna. El hallazgo de los Rollos del Mar Muerto pone hoy a nuestra disposición una biblioteca virtual del Antiguo Testamento hebreo que data del siglo I y está accesible a un clic de ratón. No solo esto, sino que los Rollos del Mar Muerto son un milenio anteriores a los documentos más antiguos existentes del texto hebreo (masorético). Por ello, desde el erudito hasta el colegial pueden determinar por sí mismos si las Escrituras del Antiguo Testamento han sido corrompidas por los hombres o han sido milagrosamente preservadas por Dios.[75] Por otra parte, los Rollos del Mar Muerto nos permiten comprender mucho mejor el texto veterotestamentario y añaden considerable claridad al texto del Nuevo Testamento.[76]

**Epopeya de Gilgamesh.** Hasta finales del siglo XIX, la gente común asumía que el gran diluvio estaba relegado al texto de la Escritura. Esto comenzó a cambiar en 1853, cuando Hormuzd Rassam descubrió el palacio de Asurbanipal. Entre los tesoros del último rey de Asiria, Rassam descubrió unas tablillas de arcilla que consignaban la Epopeya de Gilgamesh y su confirmación independiente de una enorme inundación en la antigua Mesopotamia, completada con un personaje que recordaba a Noé y un arca.[77] Aunque esta epopeya ve las aguas del diluvio a través de las opacas lentes del paganismo, añade una importante credibilidad al acontecimiento en sí. Supone también un recordatorio de que, en la conciencia colectiva de las principales civilizaciones desde la época sumeria hasta el presente, quedó intensamente grabada la realidad de un gran diluvio.[78]

Igual que el cuerpo de manuscritos y los descubrimientos arqueológicos, contamos también con una serie de profecías bíblicas que constituyen poderosas pruebas de la autenticidad bíblica. En palabras del Todopoderoso: «Por eso te declaré esas cosas desde hace tiempo; te las di a conocer antes que sucedieran, para que no dijeras: "¡Fue mi ídolo quien las hizo! ¡Mi imagen tallada o fundida las dispuso!"» (Isaías 48:5). O en las palabras de Jesús: «Y les he dicho esto ahora, antes de que suceda, para que cuando

suceda, crean» (Juan 14:29). Las profecías falsas son consistentemente erró-
neas, pero las auténticas son infaliblemente correctas.

Sucesión de naciones. Como antes se ha observado, una de las
demostraciones más importantes de que Dios ha hablado en la profecía
bíblica es la innegable realidad que anticipó Daniel, seis siglos antes de la
venida de Cristo, y que ningún astrólogo o vidente podía haber previsto.
Con sobrecogedora precisión, predijo una sucesión de naciones que arranca
con Babilonia y pasa por los Imperios medo y persa. Daniel predijo también
la persecución y el sufrimiento de los judíos bajo el gobierno de Antíoco
IV Epifanes, la bestia grecosiria del siglo II, una profecía que consigna la
profanación del templo de Jerusalén por parte de este déspota, su muerte
prematura y la liberación de los judíos bajo el liderazgo de Judas Macabeo.
Por otra parte, cuando Daniel miró a lo lejos en el corredor del tiempo, vio
un reino que permanecerá para siempre. No cabe duda de que esta sucesión
de naciones inmortalizada por Daniel es una espectacular luminaria en la
constelación de la profecía bíblica.[79]

Profecía tipológica. La profecía predictiva es muy sencilla de entender. Nos vienen inmediatamente a la mente las palabras de Miqueas 5:2.
Cuando Herodes preguntó a los sacerdotes dónde iba a nacer el Cristo,
estos respondieron su pregunta basándose en la profecía de Miqueas: Cristo
nacería en Belén. Por ello, Miqueas 5:2 se cumple directamente con el nacimiento de Cristo en Belén (Mateo 2:5).

Por sorprendentes que sean estas profecías predictivas, las tipológicas
son incluso más inconcebibles si tenemos en cuenta que estas desarrollan una
estructura que une el Antiguo Testamento con el Nuevo y facilita la comprensión de cada uno en referencia al otro. De entre todas las espectaculares
profecías tipológicas pronunciadas en el Antiguo Testamento y cumplidas en
el Nuevo, la predicción del «nacimiento virginal» de Isaías 7:14 brilla con
especial luminosidad: «Por eso, el Señor mismo les dará una señal: la donce-
lla concebirá y dará a luz un hijo, y lo llamará Emanuel».[80] Esta es la expresión
prototípica de un patrón de acontecimientos divinamente proyectado que
comprende tanto una correspondencia histórica como una intensificación.[81]

El primer capítulo del primer libro del Nuevo Testamento consigna el
nacimiento de Jesús como el glorioso cumplimiento de lo que el Señor había
dicho por medio del profeta Isaías: «La virgen concebirá y dará a luz un

hijo, y lo llamarán Emanuel (que significa "Dios con nosotros")» (Mateo 1:23). Mateo vio un patrón histórico de acontecimientos en torno al nacimiento del hijo de Isaías que se cumplió de forma especial en un patrón histórico correspondiente al nacimiento de Emanuel. Aunque la esposa de Isaías dio a luz a Maher Salal Jasbaz de la forma común a toda la humanidad, el patrón histórico llegó a su clímax con el nacimiento virginal del Mesías. Así, mientras la mujer de Isaías no dio a luz siendo virgen, ¡no hay ninguna duda de que María sí![82]

Baste decir que solo cuando se entiende el incomparable brillo de la profecía tipológica puede percibirse plenamente la majestad de la Escritura.

La abominación de desolación. El discurso escatológico del monte de los Olivos comienza con Jesús abandonando el mismo edificio que impartía su identidad espiritual y sociológica al pueblo judío. Había pronunciado siete «ayes» sobre los fariseos y después afirmó lo impensable: «Pues bien, la casa de ustedes va a quedar abandonada [desolada]» (Mateo 23:38). Cuando los discípulos llamaron la atención del Señor a la magnificencia del templo y sus alrededores, él respondió: «¿Ven todo esto? Les aseguro que no quedará piedra sobre piedra, pues todo será derribado» (Mateo 24:2). Llenos de reverencia y ansiedad apocalípticas, le preguntaron: «¿Cuándo sucederá eso, y cuál será la señal de tu venida y del fin del mundo?».

La solemne respuesta de Jesús dirigió la atención de sus discípulos hacia la abominación futura:

Así que cuando vean en el lugar santo «el horrible sacrilegio [lit. la abominación de desolación]» del que habló el profeta Daniel (el que lee, que lo entienda), los que estén en Judea huyan a las montañas. El que esté en la azotea no baje a llevarse nada de su casa. Y el que esté en el campo no regrese para buscar su capa. ¡Qué terrible será en aquellos días para las que estén embarazadas o amamantando! Oren para que su huida no suceda en invierno ni en sábado. Porque habrá una gran tribulación, como no la ha habido desde el principio del mundo hasta ahora, ni la habrá jamás (Mateo 24:15-21).

«La señal del Hijo del hombre —dijo Jesús— aparecerá en el cielo, y se angustiarán todas las razas de la tierra. Verán al Hijo del hombre venir sobre las nubes del cielo con poder y gran gloria» (Mateo 24:30). Y para que no quedaran dudas sobre el tiempo de su venida, Jesús dijo: «Les aseguro que no pasará esta generación hasta que todas estas cosas sucedan. El cielo y la tierra pasarán, pero mis palabras jamás pasarán» (Mateo 24:34-35).

Como Daniel, Isaías, Ezequiel y otros profetas que le precedieron, Jesús usó el lenguaje de las «nubes» para advertir a sus discípulos del juicio que caería sobre Jerusalén en el lapso de una generación.[83] Sirviéndose de un lenguaje escatológico para describir un acontecimiento del futuro cercano, Jesús profetizó que aquellos que vieran en el lugar santo la abominación desoladora verían también su vindicación y exaltación como legítimo rey de Israel.

«La abominación de desolación» a la que Jesús aludió había sido, naturalmente, profetizada seis siglos antes por el profeta Daniel cuando escribió: «Sus fuerzas armadas se dedicarán a profanar la fortaleza del templo, y suspenderán el sacrificio diario, estableciendo el horrible sacrilegio. Corromperá con halagos a los que hayan renegado del pacto, pero los que conozcan a su Dios se le opondrán con firmeza» (Daniel 11:31-32; ver también 9:27; 12:31). En el año 167 A. C., esta profecía de Daniel se convirtió en una realidad inolvidable cuando Antíoco IV Epifanes tomó Jerusalén por la fuerza, abolió los sacrificios del templo, erigió un abominable altar a Zeus y violó el pacto judío ilegalizando la observancia del sábado.[84]

Por ello, cuando Jesús hizo referencia a la desolación de que habló el profeta Daniel todo el mundo supo de qué estaba hablando exactamente. La celebración anual de Janucá aseguraba que Israel recordaría siempre al anticristo sirio que profanó el templo, la sangre de cerdo salpicando el altar y la estatua de un dios griego en el lugar santísimo. Si Dios no hubiera intervenido de forma sobrenatural por medio de Judas Macabeo, el epicentro de su identidad teológica y sociológica habría sido no solo profanado, sino destruido.

En el discurso escatológico del monte de los Olivos, Jesús toma la pesadilla judía por antonomasia y le confiere proporciones cósmicas. En la plenitud del tiempo, aquello que Jesús declaró desolado fue efectivamente desolado por los romanos. Estos destruyeron el templo y pusieron fin al sacrificio diario. En esta ocasión la sangre que profanó el altar sagrado no procedía del sacrificio de un cerdo, sino de los cadáveres de los descreídos fariseos. Esta vez, el lugar santísimo no fue solo profanado por la estatua de un dios pagano, sino manifiestamente destruido por la patética avaricia de los soldados que se llevaron todo lo que tenía algún valor. En esta ocasión, no intervino ningún Judas Macabeo. En el espacio de una generación, el templo no sería solo profanado, sino ¡destruido! «¿Ven todo esto? —dijo Jesús—. Les aseguro que no quedará piedra sobre piedra, pues todo será derribado» (Mateo 24:2). Una generación después, cuando los discípulos vieron «a Jerusalén rodeada de ejércitos» *supieron* «que su desolación» ya estaba «cerca» (Lucas 21:20). Así, como Jesús les había dicho que hicieran, huyeron a los montes (Mateo 24:16; Lucas 21:21). Aquellos que rechazaron el mensaje profético de Jesús e hicieron caso omiso de la abominación de desolación colocada sobre el gran altar del holocausto fueron salvajemente masacrados. Aproximadamente un millón de personas fueron pasados a espada. Cuando vieron a Jerusalén rodeada de ejércitos, deberían haber entendido que su destrucción estaba cerca.[85]

Esta abominación de desolación profetizada que se cumplió con la profanación del templo en el Antiguo Testamento y su destrucción en el Nuevo es otra estrella profética que nos ilumina la mente con respecto a la naturaleza divina de la Escritura.

Resurrección. Sin duda, la resurrección es la estrella más radiante en la constelación de la profecía bíblica. Aunque todas las demás profecías que demuestran el origen divino de la Biblia invocan lo sobrenatural, la resurrección lo encarna. Cuando los judíos le pidieron a Jesús que demostrara su autoridad sobre el templo, los sacerdotes y los sacrificios, su respuesta fue: «Destruyan este templo [...] y lo levantaré de nuevo en tres días» (Juan 2:19). Los judíos pensaban que estaba hablando del templo de Herodes, cuya construcción había costado cuarenta y seis años. «Pero el templo al que se refería era su propio cuerpo. Así, cuando se levantó de entre los muertos, sus discípulos se acordaron de lo que había dicho, y creyeron en la Escritura y en las palabras de Jesús» (2:21-22).

Aquí, el contexto es crucial: «Haciendo un látigo de cuerdas, [Jesús] echó a todos del templo, juntamente con sus ovejas y sus bueyes; regó por el suelo las monedas de los que cambiaban dinero y derribó sus mesas. A los que vendían las palomas les dijo: "¡Saquen esto de aquí! ¿Cómo se atreven a convertir la casa de mi Padre en un mercado?"» (Juan 2:15-16). A sus discípulos no les pasó desapercibido el sentido de este apasionamiento. Habían visto sus milagros. Sabían quién era. Y no cuestionaron en lo más mínimo su autoridad para hacer lo que hizo. Todos recordaron las palabras proféticas del rey David: «El celo por tu casa me consumirá» (v. 17).

También los miembros del sanedrín judío conocían los milagros de Jesús. Por ello, no ordenaron que la guardia del templo le arrestara inmediatamente por desobediencia civil, sino que le pidieron que hiciera un milagro: «¿Qué señal puedes mostrarnos para actuar de esta manera?» (Juan 2:18). En lugar de una señal, Jesús les dio una profecía. No era *una* profecía cualquiera, sino *la* profecía. El oráculo demostrativo de que toda la ley y los profetas apuntaban hacia él. La profecía explicativa de que la Palabra de Dios no puede quedar sin cumplimiento. La estrella profética más radiante de la constelación de la profecía bíblica: «Destruyan este templo —respondió Jesús— y lo levantaré de nuevo en tres días». Endurecidos mental y espiritualmente, aquellos hombres oían las palabras de Jesús y parecían incapaces de asimilarlas. Los miembros del sanedrín pensaban que el Salvador se refería exclusivamente al reluciente santuario de oro y piedra caliza. Lamentablemente, los discípulos no comprendieron mejor las palabras de su maestro y no supieron que el templo de que había hablado era el de su cuerpo hasta que resucitó de los muertos.

Cuando Jesús pronunció las palabras «destruyan este templo», tenía sus pies en la sombra de un santuario del que él mismo era la esencia. En lugar de postrarse ante la esencia, los guardianes del templo se alegraban en su sombra. Con cinismo declararon: «Tardaron cuarenta y seis años en construir este templo, ¿y tú vas a levantarlo en tres días?» (Juan 2:20). Enamorados de la imagen, hicieron caso omiso de la persona. Tristemente, orientaban su devoción hacia el tipo y repudiaban al antitipo que había aparecido entre ellos.

Finalmente, su falta de fe llevó a la destrucción no solo de un templo sino de dos. Primero asesinaron a Jesús. Pero a los tres días recuperó de nuevo su vida, cumpliendo así la profecía: «Destruyan este templo [...] y lo levantaré de nuevo en tres días». Su traición suscitó también la destrucción del templo y cumplieron así las palabras proféticas de Jesús cuando salió del santuario y se alejaba de él: «Les aseguro que no quedará piedra sobre piedra, pues todo será derribado» (Mateo 24:2). El sol que cada día se refleja en la dorada cúpula de la mezquita que ha sustituido el templo judío es un recordatorio permanente de que Dios ha hablado y de que su Palabra no puede quebrantarse.[86]

Superestrella. La historia tiene sus superestrellas. Alejandro Magno. Aristóteles. Agustín. Se trata de personas que iluminan la tierra por un periodo breve pero que luego se desintegran en el polvo. Solo hay una superestrella que permanece. Una para la que no hay medida. Él habló e incontables estrellas vieron la luz. Juntas, las estrellas de la mañana proclamaron su nacimiento. Un día, su resplandor iluminará fulgurante el firmamento oriental en un épico regreso al planeta que salvó. Él es la raíz y descendiente de David y la luminosa estrella de la mañana.

Aunque la constelación de la profecía bíblica tiene sus estrellas, solo cuenta con una permanente superestrella. No es, pues, extraño que las profecías sobre él superen en número a todas las demás. Su ascendencia y el lugar de su nacimiento fueron predichos. Las circunstancias de su muerte se profetizaron antes de que se inventara la crucifixión. La fecha de su visitación se predijo dentro de unos parámetros históricos muy estrechos. Él realizaría milagros extraordinarios y cumpliría la ley y los profetas. Sería demasiado poco para él iluminar solo a Israel; sería, pues, luz a los gentiles para que la salvación llegara hasta lo último de la tierra. Solo la mano de Dios podría haber tallado un retrato profético del Mesías en el Antiguo Testamento. Solo Dios podría haber hecho que cobrara vida en el Nuevo. Solo «Jesús de Nazaret» —la única superestrella— podía emerger por el umbral de la profecía veterotestamentaria.[87]

Vistas en su conjunto, la preservación de los manuscritos bíblicos, los hallazgos arqueológicos y las profecías nos ofrecen una prueba contundente de que Dios ha salvaguardado las Escrituras. Por otra parte, como observa acertadamente el doctor James White,[88] la sabiduría de Dios se hace evidente en el modo en que ha «protegido el texto de algo que nosotros, siglos y milenios después, nunca habríamos podido detectar: un cambio general de doctrina o teología a manos de una persona o grupo que hubiera tenido pleno control sobre el texto en cualquier punto de su historia».[89]

> Sin embargo, puesto que los libros del Nuevo Testamento se escribieron
> en momentos distintos y se copiaron y distribuyeron tan pronto como
> fueron escritos, nunca hubo un tiempo en que una persona o grupo

hubiera podido reunir todos los manuscritos y hacer cambios profundos en el texto, como extirpar la deidad de Cristo o insertar alguna doctrina o concepto extraño.[90]

En otras palabras, nadie pudo «reunir los textos e intentar unificarlos haciendo que todos dijeran lo mismo». Tenemos, pues, la certeza absoluta de que ¡esto no sucedió! «Cuando, pasado el tiempo, alguien consiguió amplio poder eclesiástico en el nombre del cristianismo, textos como el P66 y P75 llevaban ya largo tiempo sepultados en las arenas de Egipto, fuera del alcance de cualquier deseada alteración».[91]

Con el Corán sucede precisamente lo contrario. En marcado contraste con textos tan importantes como el P66 y el P75, el Corán no tiene demasiados «textos libremente reproducidos y procedentes de todo el territorio islámico de que echar mano para determinar cuál es el más antiguo».[92] Según el relato islámico autorizado más antiguo sobre la composición del Corán (*Sahih al-Bujari*),[93] Uzmán, tercer califa bien guiado después de Mahoma, reunió una versión utmánica y «ordenó que todos los demás materiales coránicos, escritos en manuscritos fragmentarios o ejemplares enteros del Corán, fueran quemados».[94]

Lejos de preservar los fragmentos coránicos —grabados en piedra, en troncos de palmera o en la descolorida paletilla de un camello, Uzmán utilizó sus importantes poderes eclesiásticos para producir «una compilación, una revisión dos décadas más adelante, para llevar después a cabo un concertado esfuerzo de gobierno para destruir cualquier forma textual distinta».[95] Por tanto, las 114 suras que han llegado hasta hoy no solo están sujetas a errores de contenido y deficiencias éticas, sino que constituyen también, por diseño, una edición inventada a la que se ha añadido y de la que se ha sustraído.[96]

No obstante, la corrupción de los manuscritos no es, ni de lejos, el único problema coránico. La arqueología nos permite constatar también la rectitud del canon bíblico frente a las desviaciones del Corán. El Corán niega la crucifixión de Cristo contra todo el peso de la arqueología y de la historia (Corán 4:157), y ello a pesar de que la muerte de Cristo en una cruz, tal como se consigna en el texto bíblico, es uno de los acontecimientos mejor documentados de la historia antigua. Existe un consenso prácticamente unánime entre los eruditos del Nuevo Testamento —tanto conservadores como liberales— en el sentido de que Jesús murió sobre una cruz romana y fue sepultado en la tumba de José de Arimatea.[97] Por otra parte, los descubrimientos arqueológicos apoyan tanto la descripción bíblica de la crucifixión romana como los detalles bíblicos de los juicios religiosos conducentes a la crucifixión de Cristo.[98]

Como sucede con los arqueólogos, historiadores tan antiguos como Cornelio Tácito, considerado ampliamente como el historiador del antiguo Imperio romano más importante del primer siglo, presentan un confiable testimonio corroborativo. No obstante, en lugar de depender de un texto autenticado o del testimonio de antiguos historiadores dignos de confianza —como Tácito, Cayo Suetonio Tranquilo y Flavio Josefo—, el islam desprecia el peso de la historia y de las pruebas argumentando que Dios puso a alguien que se parecía a Jesús para que fuera crucificado en su lugar. Esta noción, popularizada por una invención de finales de la Edad Media llamada el *Evangelio de Bernabé*, no solo es repulsiva sino absurda.[99]

Debe también observarse que aunque la crucifixión es un importante tema coránico —como en la sura 5:33, donde la pena por incredulidad en esta vida es ser «muertos sin piedad, o *crucificados*, o amputados de manos y pies opuestos, o desterrados del país»—,[100] Alá no consigue entender con claridad cuál es el origen de la crucifixión. Lo arranca de su contexto histórico y lo sitúa anacrónicamente en el Egipto antiguo, en el periodo de José y Moisés.[101] Como saben sin duda los musulmanes, esto es revisionismo histórico del peor. La crucifixión la inventaron los persas y fue perfeccionada más adelante por los romanos, mucho después del tiempo de Moisés.[102] *The Study Quran* [El Corán de estudio] complementa este inexplicable disparate histórico indicando que, según comentaristas musulmanes, «el primero en ejecutar el castigo de "amputar manos y pies opuestos" y de crucificar a alguien fue Faraón».[103]

Por último, a la corrupción de los manuscritos y los errores descubiertos por la arqueología hay que añadir afirmaciones proféticas que no se corresponden con la realidad. Por ejemplo, en Corán 61:6 Alá afirma supuestamente que Jesús profetizó la venida de Ahmad (Mahoma): «Y cuando Jesús, hijo de María, dijo: "¡Hijos de Israel! Yo soy el que Alá os ha enviado, en confirmación de la Torá anterior a mí, y como nuncio de un enviado que vendrá después de mí, llamado Ahmad"» (61:6).

Se afirma que el nombre de Ahmad es un derivado «de la misma raíz que Muhammad (*h-m-d*) y que ha sido reconocido desde hace mucho tiempo entre los musulmanes como uno de los muchos nombres honoríficos que el propio Dios ha dado al profeta».[104] Por ello, numerosos eruditos musulmanes entienden que cuando Jesús dijo «Yo le pediré al Padre, y él les dará otro Consolador para que los acompañe siempre: el Espíritu de verdad» (Juan 14:16-17), lo que realmente quería decir es que, a petición de Jesús, el Padre enviaría a sus discípulos nada menos que a Mahoma en persona.

Para Yusuf Ali,

> «Aḥmad» o «*Muhammad*», el Alabado, es casi una traducción de la palabra griega *periklutós*. En el Evangelio de Juan 14:16, 15:26 y 16:7, la palabra «Consolador» que usan muchas de nuestras versiones traduce el término griego *parákletos*, que significa más bien «abogado», «uno llamado para ayudar a otro, un amigo bondadoso». Nuestros doctores sostienen que *parákletos* es una lectura corrupta de *periklutós*, y que en el dicho original de Jesús tenemos una profecía de nuestro santo profeta Aḥmad por nombre.[105]

Aunque muchos musulmanes lo sostienen, se trata de un argumento absurdo a todas luces. En primer lugar, ni un solo manuscrito bíblico contiene la palabra *periklutós* («alabado») en lugar de *parákletos* (abogado, consejero). Si esta supuesta corrupción textual se produjo en algún momento de la transmisión, no podría estar oculta. Lo maravilloso desde una perspectiva bíblica es que existe una cantidad tan enorme de manuscritos bíblicos que los críticos textuales pueden clasificar creíblemente los cambios de los copistas y conseguir una versión sustancialmente exacta de los autógrafos (que es precisamente lo que quieren decir los eruditos cuando hablan de la tenacidad del texto).[106] Por ello, a diferencia del texto coránico, la ciencia de la crítica textual garantiza que el texto bíblico sintetiza auténticamente las palabras de los autores originales.[107]

Por otra parte, el contexto inmediato y general del Evangelio de Juan excluye manifiestamente esta invención musulmana. El consejero de quien habla Jesús ya está con ellos, y estará en ellos (14:17); y traerá consuelo y consejo a los propios discípulos con los que Jesús está hablando —Pedro,

Santiago, Juan, etcétera—, no a personas que vivirán medio milenio más tarde, en el tiempo de Mahoma (vv. 16, 18, 19, 26, etcétera).

Por último, como admiten abiertamente los eruditos musulmanes del Corán de estudio, introducir a Mahoma en Juan 14:16 es problemático, en el mejor de los casos:

> Esta interpretación se complica, no obstante, con el versículo siguiente, 14:17, donde se dice que el Abogado o Paráclito es «el Espíritu de verdad, a quien el mundo no puede aceptar porque no lo ve ni lo conoce. Pero ustedes sí lo conocen, porque vive con ustedes y estará en ustedes», y con 14:26, donde el Abogado se identifica de nuevo con el Espíritu Santo.[108]

Concluyo repitiendo la máxima con que hemos comenzado: «El contraste es la madre de la claridad». Por tanto, «la forma de mostrar que un listón está torcido no es presentar una batería de argumentos al respecto o denunciarlo, sino poner un listón recto a su lado». Cristianos y musulmanes tienen cada uno su canon. Es decir, ambas religiones tienen un criterio de medición. Cuando comparamos el canon cristiano con el musulmán el contraste muestra de forma concluyente que el coránico está más que un poco torcido.

# TRINIDAD

*¡Allahu Akbar! ¡Allahu Akbar! ¡Allahu Akbar!* El grito musulmán repetido hasta la saciedad y *ad infinitum* está ahora grabado en la conciencia colectiva de la humanidad. Fue el grito del fanático asesino de Orlando que mató a cuarenta y nueve personas e hirió a otras cincuenta y tres el 12 de junio de 2016, en el peor tiroteo masivo de la historia de Estados Unidos.[109] Este fue también el grito de Mohamed Atta, el líder de los secuestradores el 11 de septiembre de 2001.[110] Es, de hecho, el grito de todo ferviente creyente islámico.

Y aunque los expertos que aparecen en los medios de comunicación se esfuerzan en convencer a los crédulos que ¡Allahu Akbar! significa «Dios es grande» (*Allahu kabir*), de hecho ¡Allahu Akbar! significa Alá es *más grande*: mayor que cualquier otra cosa, incluido el Dios cristiano.[111] Sin embargo, a decir verdad, Alá no puede ser grande, mucho menos más grande que Dios, por, al menos, tres razones. En primer lugar, el mayor de todos los dioses no entendería mal la esencia de la Trinidad. En segundo lugar, no ofrecería a los yihadistas islámicos un paraíso de idílicas alegrías como recompensa de una yihad inmoral.[112] En tercer lugar, el unitario Alá del islam carece, por definición, de la perfección moral del amor y es, lógicamente, imperfecto desde un punto de vista moral.[113]

Esto es así porque, para que Dios sea un ser perfecto, debe ser necesariamente un Dios de amor (1 Juan 4:8). Esto implica que existe alguien a quien amar. Pero no siempre ha habido alguien a quien amar, porque de acuerdo con la cosmología moderna,[114] el universo y las personas que lo habitan llegaron a existir en un determinado momento del pasado.[115] Por ello, siendo independiente de la creación, el unitario Alá no habría tenido un objeto al que prodigar amor.[116]

Estas imperfecciones morales que se aplican al unitario Alá no proceden con el Dios trino. ¿Por qué? Porque aunque el Dios bíblico es un solo ser, dentro de la divinidad existen distinciones sujeto-objeto. Y los tres centros de conciencia dentro del único Dios verdadero se han amado mutuamente desde toda la eternidad.[117] C. S. Lewis afirmó:

> A personas de toda clase les encanta repetir la declaración cristiana de que «Dios es amor». Pero no parecen darse cuenta de que las palabras «Dios es amor» no tienen un verdadero significado a no ser que en Dios haya al menos dos personas. El amor es algo que una persona tiene hacia otra. Si Dios fuera una sola persona, entonces, antes de que el mundo existiera, no era amor.[118]

Por otra parte, el filósofo cristiano William Lane Craig declaró:

> Según la perspectiva islámica, Dios es una persona que no se entrega esencialmente en amor a otra persona; se concentra básicamente en sí mismo. No puede, por tanto, ser el ser más perfecto. Sin embargo, en la perspectiva cristiana, Dios es una tríada de personas que vive en una eterna y abnegada relación de amor. Por ello, aunque Dios es un ser esencialmente amoroso, la doctrina de la Trinidad es más verosímil que cualquier concepto unitario de Dios como el del islam.[119]

El Alá del Corán no solo es imperfecto desde un punto de vista moral, sino que además malinterpreta por completo la teología trinitaria, como antes hemos observado. Alá no solo supone que el Dios bíblico es «el tercero de tres», sino que considera también que María es la tercera persona de la tríada.[120] Esto es, por supuesto, totalmente erróneo. Junto con los judíos, los cristianos han sido siempre ferozmente monoteístas. Por otra parte, en toda la Escritura no hay la más ligera indicación de que María sea divina.

Aunque la doctrina de la Trinidad es incomprensible, no es incoherente. Como explicó el profesor Donald Fairbairn:

El monoteísmo cristiano afirma la presencia de tres personas divinas eternas, unidas de tal manera que son un solo Dios y cuyo amor mutuo es la base para toda la vida humana. Estas personas no están separadas —lo cual implicaría que eran dioses distintos—, pero sí son distintos como personas, y esta distinción es la que hace posible que Dios comparta amor dentro de su propio ser desde la eternidad.[121]

En pocas palabras, la plataforma trinitaria tiene tres tablas. La primera pone de relieve la realidad de que hay un solo Dios. La segunda subraya que en cientos de pasajes se afirma que Padre, Hijo y Espíritu Santo son verdaderamente Dios. La tercera afirma que Padre, Hijo y Espíritu Santo son eternamente distintos. Es también importante volver a recalcar que cuando los cristianos hablan de un Dios, hacen referencia a la naturaleza o esencia de Dios. Y que, cuando hablan de personas, aluden a una «identidad que se forma y completa en virtud de las relaciones» dentro de la Trinidad.[122] En otras palabras: el único Dios verdadero de la Biblia es *un solo ser* y *tres personas*.[123]

Los primeros cristianos, igual que los creyentes del Antiguo Testamento, estaban dispuestos a morir por la inalterable verdad de que hay uno solo Dios. Tres pasajes bíblicos resaltan convincentemente esta realidad fundamental: Deuteronomio 6:4, Isaías 43:10 y Efesios 4:6.

Deuteronomio 6:4 expresa la *shemá* hebrea —la oración más importante del judaísmo veterotestamentario—: «Escucha, Israel: el Señor nuestro Dios es el único Señor». Isaías 43:10 codifica asimismo el compromiso del Antiguo Testamento con un solo Dios. Aquí, como en otros pasajes, Dios llama al antiguo Israel a «conocer», «creer» y «entender» esta singular verdad: «Antes de mí no hubo ningún otro dios, ni habrá ninguno después de mí». Efesios 4:6, en el Nuevo Testamento, es igualmente enérgico: hay «un solo Dios y Padre de todos, que está sobre todos y por medio de todos y en todos». Como sabe perfectamente el estudiante de la Escritura, la Biblia contiene numerosos pasajes parecidos para que podamos saber «que el *Señor* es Dios, y que *no hay otro fuera de él*» (Deuteronomio 4:35).

Por otra parte, la Biblia declara que el Padre es Dios en numerosos pasajes como Efesios 1:3; 1 Pedro 1:3 y 2 Corintios 1:3. Se declara que el Hijo es Dios en los primeros capítulos de Juan, Colosenses, Hebreos y Apocalipsis. Y la deidad del Espíritu se afirma sin lugar a dudas en pasajes como Hechos 5:3-4, donde mentir al Espíritu Santo se equipara a mentirle a Dios mismo.[124]

Por último, la Biblia decreta que Padre, Hijo y Espíritu Santo son eternamente distintos. Jesús, por ejemplo, hizo una distinción entre él mismo y el Padre, diciendo que el Padre y el Hijo son dos testigos y jueces distintos (ver Juan 8:16-18). Estas distinciones dentro de la Trinidad se amplifican con el anuncio del nacimiento de Cristo (Lucas 1:35), su bautismo (Lucas 3:22) y su comisión a bautizar a los creyentes «en el nombre del Padre y del Hijo y del Espíritu Santo» (Mateo 28:19).

Para los cristianos, la doctrina de la Trinidad no es algo de orden teórico, sino sumamente práctico. Porque a diferencia de Alá, que convierte a los seres humanos en meros siervos,[125] el Dios vivo y verdadero nos invita a participar en las amorosas relaciones que Padre, Hijo y Espíritu Santo han disfrutado a lo largo de la eternidad.[126]

# RESURRECCIÓN

La negación islámica de la resurrección de Cristo apunta al corazón mismo de la fe cristiana histórica. Alá es inflexible: «Siendo así que no le mataron ni le crucificaron, sino que les pareció así. —Y añade— [...] Pero, ciertamente no le mataron, sino que Alá lo elevó a Sí. Alá es poderoso, sabio» (Corán 4:157-58). Como observó Yusuf Ali: «La enseñanza coránica es que Cristo no fue crucificado ni asesinado por los judíos, a pesar de ciertas apariencias que produjeron esta ilusión en la mente de algunos de sus enemigos».[127]

Al avanzar este relato de que la crucifixión de Cristo fue una mera ilusión —que Dios hizo que alguien se pareciera a Jesús y este hombre fue crucificado en su lugar— los musulmanes proponen candidatos que van desde Simón de Cirene hasta Judas Iscariote. Algunos musulmanes sostienen que uno de los discípulos se ofreció para asumir la semejanza de Cristo mientras que otros sostienen que, involuntariamente, Dios hizo que uno de los enemigos de Cristo tomara su apariencia.[128]

Quizá lo más sorprendente de todo sea que, en su comentario coránico, Yusuf Ali pretende reforzar la negación de la crucifixión y posterior resurrección de Cristo apelando al *Evangelio de Bernabé*,[129] una invención de finales de la Edad Media que no empezó a fraguarse ¡hasta el siglo XIV![130]

Los musulmanes tampoco se ponen de acuerdo en cuanto a lo que le sucedió a Jesús después de la crucifixión de su supuesto doble. Una mayoría, no obstante, supone que fue llevado al cielo y volverá un día a la tierra, donde matará al anticristo y a todos los cerdos, destruirá todas las iglesias y cruces, y acelerará la propagación del islam por todo el mundo, antes de ser sepultado en Medina junto al profeta Mahoma.[131]

Si los musulmanes están en lo cierto, el relato bíblico de la resurrección de Cristo tres días después de su brutal muerte en la cruz es ficción, fantasía o un engaño colosal. Si, por otra parte, el cristianismo es realmente confiable, su resurrección es el hecho más trascendental de la historia humana. No existe terreno intermedio. La resurrección es historia o engaño, milagro o mito, hecho o fantasía.

Ni más ni menos: la resurrección física de Jesucristo constituye el punto culminante de nuestra fe. Sin ella, el cristianismo se desmorona. Siendo así, quienes toman en sus labios el sagrado nombre de Cristo han de estar preparados para defender la historicidad de la resurrección. Quiero considerar cuatro hechos innegables y probados que nos ayudarán a recordar las bases de la resurrección de nuestro Señor.

**Sufrimiento y muerte de Jesús.** El sufrimiento mortal de Jesucristo que se relata en el Nuevo Testamento es uno de los hechos mejor atestiguados de la historia antigua. Incluso en nuestra moderna época de ilustración científica, existe un virtual consenso entre los eruditos del Nuevo Testamento —tanto conservadores como liberales— en el sentido de que Cristo sufrió y murió en una cruz romana y que su muerte llevó a sus discípulos a la desesperación;[132] esto es algo que Alá niega abiertamente (Corán 4:157) y que demuestra, una vez más, que no es sabio ni omnisciente. Aunque el testimonio interno de las Escrituras cristianas es prueba suficiente de que Cristo murió en una cruz romana, la evidencia externa aporta un notable testimonio corroborativo. Es muy sorprendente que Tácito, considerado ampliamente el historiador del antiguo Imperio romano más importante del primer siglo, ofreciera evidencias externas del relato bíblico de la crucifixión de Cristo a manos del gobernador romano Poncio Pilato.[133] O que el historiador judío Josefo, que escribía para agradar a los romanos, corroborara con contundencia el relato bíblico.[134] Pero esto es precisamente lo que sucede. Alá, pues, no podía estar más equivocado en este asunto.

**El sepulcro vacío.** Como con el sufrimiento y la muerte de Cristo, los eruditos del Nuevo Testamento, tanto liberales como conservadores, concuerdan en que el cuerpo de Jesús fue sepultado en un sepulcro personal de José de Arimatea. Siendo José de Arimatea miembro del concilio judío que condenó a Jesús, es improbable que su historia sea una ficción cristiana. Y considerando que en el judaísmo antiguo a las mujeres se las consideraba poco más que una propiedad, los relatos de la tumba vacía ofrecen una prueba contundente de que los autores de los Evangelios valoraban la verdad por encima de la corrección cultural. De haber sido legendarios, los relatos de los Evangelios habrían sido, sin duda, protagonizados por los varones. Y no solo esto, sino que la primera respuesta judía a la resurrección presupone la tumba vacía; y en los siglos que siguieron a la resurrección, el hecho del sepulcro vacío fue consignado tanto por los amigos de Jesús como por sus enemigos. El cristianismo no habría podido sobrevivir de haber habido un sepulcro identificable con los restos del Mesías.[135] Como concedió el fallecido erudito liberal John A. T. Robinson de Cambridge, la sepultura de Cristo «es uno de los hechos más antiguos y mejor atestiguados sobre Jesús».[136]

**Las apariciones.** Una cosa puede decirse con inequívoca certidumbre: los apóstoles no se limitaron a propagar las enseñanzas de Cristo, sino que estaban seguros de que se les había aparecido físicamente después de haber sido crucificado, muerto y sepultado. Aunque han transcurrido dos mil años desde aquellos acontecimientos, también nosotros podemos tener toda confianza en las apariciones de Cristo tras su resurrección. En 1 Corintios 15:3-7, el apóstol Pablo reitera un credo cristiano que eruditos de todas las persuasiones concluyen que puede situarse solo meses después de la ejecución del Mesías. El breve espacio temporal que va de la crucifixión de Cristo a la redacción de este credo de principios de la era cristiana excluye la posibilidad de una corrupción legendaria. Este credo es antiguo, libre de contaminación legendaria, inequívoco, específico y arraigado en el testimonio de los testigos oculares.[137] Pablo afirmó que Cristo se apareció a cientos de personas que seguían vivas y dispuestas a ser repreguntadas. Atribuir este tipo de experiencias sobrenaturales a personas que ya habían muerto habría sido una cosa, pero otra muy distinta era atribuírselas a multitudes que en aquel momento seguían vivas.[138]

La transformación de sus seguidores. Los Doce (quitando a Judas y sumando a Pablo) experimentaron una radical revolución con las apariciones tras la resurrección de Cristo. Tras la resurrección, Pedro —que había tenido miedo cuando una joven le identificó como seguidor de Cristo— se transformó en un león de la fe. Naturalmente, no fue el único. Solo habían transcurrido semanas de la resurrección cuando no solo algunos pocos aquí y allá, sino toda una comunidad de miles de judíos transformaron voluntariamente las tradiciones espirituales y sociológicas que ponían de relieve su identidad nacional.[139] La práctica del sábado pasó al primer día de la semana, en una celebración del descanso que tenemos por medio de Cristo, quien nos libra del pecado y de la muerte. No solo esto, sino que, tras la resurrección, los seguidores de Cristo dejaron repentinamente de realizar sacrificios animales. Reconocieron que el nuevo pacto era mejor que el antiguo porque la sangre de Jesucristo era mejor que la de animales. El rito judío de la Pascua experimentó también una radical transformación. En lugar de la comida pascual, los creyentes comenzaron a participar de la eucaristía. De igual manera, el bautismo adquirió un nuevo significado. Antes de la resurrección, los convertidos al judaísmo eran bautizados en el nombre de Yahvé, Dios de Israel. Después de ella, los convertidos al cristianismo eran bautizados en el nombre de Jesús. Haciendo esto, los creyentes equiparaban a Jesús con el Dios de Israel.[140]

El estadista cristiano Chuck Colson aportó una incisiva perspectiva:

Sé que la resurrección es un hecho, y el caso Watergate me lo demostró. ¿Cómo? Porque doce hombres dieron testimonio de haber visto a

Jesús resucitado de entre los muertos, proclamaron esta verdad durante cuarenta años, sin negarla ni una vez. Todos ellos fueron sometidos a palizas, torturas, lapidaciones y cárceles. No lo hubieran soportado si no fuera verdad. En el Watergate se vieron implicados doce de los hombres más poderosos del mundo, y no consiguieron mantener una mentira durante tres semanas. ¿Me está usted diciendo que doce após- toles fueron capaces de mantener una mentira durante cuarenta años? ¡Es absolutamente imposible![141]

De una cosa estoy seguro: si, junto con los primeros discípulos, los cristianos del siglo XXI percibiéramos plenamente la realidad de la mayor proeza de la historia, podríamos —más bien conseguiríamos— detener la resurgente corriente del islam construyendo un faro en medio de la tor- menta que se prepara.

# ENCARNACIÓN

Cuanto más contemplo la encarnación, más crece mi estupefacción. El pen- samiento de que aquel que con su palabra dio origen a cien mil millones de galaxias tomaría carne humana es, digamos, impensable. Imaginar que aquel que me tejió en el seno de mi madre descendería a la matriz de María me deja absolutamente pasmado. Sin embargo, esto es exactamente lo que propone el cristianismo: un Creador más allá de la comprensión que se ha revelado en la encarnación.

La encarnación (literalmente «hacerse carne») es la mayor de todas las revelaciones. Cuando los invasores germánicos subyugaron al Imperio romano de Occidente, el cristianismo estableció un nuevo orden llamado Europa. Y el principio que reforzaba el orden del nuevo mundo se codifi- caba con un término singular: *revelación*. De hecho, Agustín creía que la revelación era el necesario prerrequisito de todo conocimiento.[142]

La comprensión de que la revelación es axiomática para el conocimiento llevó a los pensadores medievales a coronar a la teología como la reina de las ciencias. En el siglo XVII, Pedro Pablo Rubens personificó elegante- mente este hecho con su pintura *El triunfo de la Eucaristía*. Sentada en un carro impulsado por seres angélicos está la teología: la reina de las ciencias. Caminando junto al carro van la filosofía, la sabia y canosa veterana, y la ciencia, una recién llegada a la conversación cósmica. La teología nunca está ausente de la filosofía y la ciencia.[143] Pero la filosofía y la ciencia sin la revelación conducen inexorablemente al ciego abismo de la ignorancia.[144]

El nuevo orden mundial que surgió de la impotencia del pensamiento grecorromano se fundamentaba en la premisa de que Dios se ha revelado como Creador y sustentador del universo por medio de la revelación general, la revelación especial y la culminación de todas las revelaciones, a saber: la encarnación. En palabras del discípulo amado: «Y el Verbo se hizo hombre y habitó entre nosotros. Y hemos contemplado su gloria, la gloria que corresponde al Hijo unigénito del Padre, lleno de gracia y de verdad» (Juan 1:14).

Para el Alá del islam, esto es sencillamente blasfemo. Dios «no engendró, ni fue engendrado» (Corán 112:3). La idea es intrínsecamente ofensiva. Para la lógica de Alá, llamar a Dios «Padre» y a Jesucristo «Hijo» sugiere procreación sexual. «Es impropio de [la majestad de] Alá engendrar un hijo» (Corán 19:35). «¿Cómo iba a tener un hijo si no tiene compañera?» (Corán 6:101). «Y por cierto que él, exaltada sea su grandeza, no ha tomado compañera ni hijo» (Corán 72:3).

Lo que Alá no entiende, naturalmente, es que la Biblia no utiliza el término engendrado cuando alude al Padre y al Hijo en el sentido de reproducción sexual, sino más bien en el sentido de relación especial. Por ello, cuando el apóstol Juan habla de Jesús como «el unigénito del Padre» (Juan 1:14 RVR60), está poniendo de relieve la singular deidad de Cristo. Asimismo, cuando el apóstol Pablo alude a Jesús como «primogénito de toda creación» (Colosenses 1:15), está subrayando su preeminencia o posición principal como Creador de todas las cosas (Colosenses 1:16-19). Así pues, los cristianos son hijos de Dios por adopción; Jesús es Dios el Hijo desde toda la eternidad.

Para los seguidores del Alá musulmán, la encarnación de Jesucristo supone el más grave de todos los pecados. ¿Por qué? Porque la doctrina de la encarnación —que Jesucristo es Dios en carne— está al mismo nivel que el *shirk*, el pecado imperdonable de atribuir compañeras a Dios. Como experto islámico el doctor James White explicó: «En el árabe secular, la raíz *shirk* solo significa "asociación, unir", como en una corporación secular.

Pero en su uso religioso, el término *shirk* adquiere un significado completamente distinto como la peor negación posible del *tawhid* [la absoluta unidad y singularidad de Alá], asociar a alguien o algo con Alá».[145]

Alá es directo y enérgico: «Alá no perdona [el pecado de] que se le atribuyan copartícipes, pero perdona fuera de ello a quien le place» (Corán 4:116). Por ello, aunque los musulmanes afirman de buen grado la pureza de Cristo, niegan dogmáticamente su encarnación como algo que insulta la majestad de Alá y que es incoherente desde un punto de vista lógico.

¿Pero lo es de verdad? Aunque hay muchas cuestiones sobre la encarnación, como la exacta forma de interacción entre la naturaleza divina y humana de Cristo, que pueden trascender a la comprensión humana, la doctrina de la encarnación no transgrede las leyes de la lógica. Para entender la coherencia lógica de la encarnación, hemos primero de tener en cuenta la *imago Dei* (imagen de Dios). Puesto que Dios creó la humanidad a su imagen (Génesis 1:27), las propiedades esenciales de la naturaleza humana (racionalidad, voluntad, carácter moral y este tipo de cosas) no son inconsistentes con su naturaleza divina. Por ello, aunque la idea de que Dios se convirtiera en un molusco sería manifiestamente absurda, la realidad de su encarnación como hombre no lo es.

Por otra parte, es crucial señalar que aunque el Dios-hombre es *verdaderamente* humano, no es *meramente* humano. Y aunque el divino Hijo de Dios asumió todas las propiedades esenciales de la naturaleza humana, no incorporó aquellas que no le son esenciales (p. ej., sus inclinaciones pecaminosas). De hecho, igual que Adán fue creado sin una propensión hacia el pecado, el segundo Adán (Jesús) estaba libre del pecado original. Y como su perfección moral, los demás atributos divinos de Jesús (su omnisciencia, omnipotencia, omnipresencia, etc.) no se vieron debilitados en la encarnación.

Aunque Jesucristo se retuvo voluntariamente de ejercer ciertos atributos de la deidad, no se despojó de ninguno de sus atributos divinos (Juan 1:14; Filipenses 2:1-11; Colosenses 1:15-20; Hebreos 2:14-18). Con respecto a su omnisciencia, por ejemplo, su naturaleza humana podría haber sido una especie de filtro que limitaba su conocimiento como hombre (p. ej., Marcos 13:32). No obstante, su omnisciencia divina le fue siempre asequible según la voluntad del Padre. Por decirlo de un modo directo, no hay incoherencia en la enseñanza bíblica de que el eterno Hijo de Dios añadió la humanidad a su

divinidad, de modo que seguirá siendo siempre una persona con dos natura-
lezas distintas, que ni se confunden entre sí, ni le convierten en dos personas.

Es fascinante reflexionar sobre la realidad de que igual que Cristo se
encarna a imagen de la humanidad, la humanidad en Cristo es transformada
a imagen de Dios. Como bien dijo Atanasio de Alejandría (considerado
el teólogo más ilustre de su tiempo): «Se hizo hombre para que nosotros
llegáramos a ser Dios».[146] O en las palabras de Pedro, «partícipes de la naturaleza divina» (2 Pedro 1:4). Esto, naturalmente, no quiere decir que los
redimidos posean los atributos incomunicables de Dios. ¿Quién de nosotros
puede reivindicar autoexistencia, inmutabilidad, eternidad, omnipotencia,
omnisciencia, omnipresencia o absoluta soberanía? Dios *es eterno*,[147] pero
la humanidad fue creada en un momento del tiempo[148] y no tiene sino una
breve existencia mortal sobre la tierra.[149] Dios tiene vida en sí mismo,[150] pero
el hombre depende de Dios para su sustento.[151] Dios es todopoderoso,[152] pero
el hombre es débil.[153] Dios es perfectamente sabio,[154] pero el conocimiento
del hombre es muy limitado.[155] Dios está presente en todas partes,[156] pero los
seres humanos están confinados a un solo espacio a la vez.[157]

Por ello, los seres humanos son más reflejos de Dios que reproduc-
ciones de él. Que los seres humanos fueron creados a imagen de Dios
significa simplemente que estos comparten, de forma finita e imperfecta,
sus atributos comunicables. Entre tales atributos están la personalidad, la
espiritualidad, la racionalidad (que comprende el conocimiento y la sabiduría) y la moralidad (que comprende la bondad, la santidad, la rectitud, el
amor, la justicia y la misericordia).[158]

Estos atributos nos dan a su vez la capacidad de disfrutar de la comunión con Dios y desarrollar relaciones personales con otras personas. El
teólogo Millard Erickson resumió muy bien esta verdad cuando escribió
que la imagen de Dios en la humanidad constituye «aquellas cualidades de
Dios que, reflejadas en el hombre, hacen posible la adoración, la interacción
personal y el trabajo».[159]

La gloriosa realidad es que, a pesar de la caída, usted y yo seguimos
siendo portadores de la imagen de Dios. Es cierto que este reflejo de la imagen de Dios ha sido deformado por el pecado, pero no borrado. Santiago, el
hermanastro de Jesús, afirmó esta verdad declarando que las personas han
sido «creadas a imagen de Dios» (Santiago 3:9). Mediante la santificación

en Cristo, Dios está renovando una imagen rota y deformada. Nos hemos despojado del «viejo ser» con sus prácticas y vestido del nuevo, que se renueva en conocimiento conforme a la imagen de su Creador.[160]

De hecho, es liberador que los creyentes se deleiten en la realidad de que, en la consumación de todas las cosas, Dios restaurará plenamente la *imago Dei* en la humanidad caída. Si Cristo no se hubiera encarnado a imagen y semejanza del hombre, no habría ninguna esperanza de que la humanidad pudiera ser restaurada a imagen de Dios.[161]

Para los musulmanes, pues, la encarnación supone el imperdonable pecado de *shirk*.

Sin embargo, para los cristianos representa la entrada a la nueva creación.

## NUEVA CREACIÓN

En la sinfonía de la Escritura no hay nota más elevada que esta: «Por lo tanto, si alguno está *en Cristo*, es una *nueva creación*. ¡Lo viejo ha pasado, ha llegado ya lo nuevo!» (2 Corintios 5:17). Esta clase de aleyas (versículos) brillan por su ausencia en el Corán. De hecho, sería puramente absurdo sugerir que alguien pudiera ser una nueva creación *en Mahoma*. El concepto en sí es completamente ajeno al islam. Un musulmán puede imitar a Mahoma o idealizarlo, pero la idea de que este pueda estar *en Mahoma* es manifiestamente absurda.

No sucede lo mismo con Cristo. El mayor don del Padre para aquellos que han sido salvos por la muerte de su Hijo es la impartición de un nuevo orden de vida, de la misma calidad que la de Cristo. Porque esto es exactamente lo que es, el injerto de la vida de Cristo. Por ello, estar *en* Cristo es más que una vida transformada; se trata de una vida intercambiada: la impartición de vida que da continuidad a la encarnación. En palabras del apóstol Pablo: «He sido crucificado con Cristo, y ya no vivo yo, sino que Cristo vive en mí» (Gálatas 2:20).

La unión con la divinidad es el mayor don de Dios para la humanidad y el clímax de la existencia humana. Es la verdad más elevada de la revelación redentora, el Everest de la epistemología experimental. Recapitulando las palabras del apóstol de los gentiles: «Por lo tanto, si alguno está en Cristo, es una nueva creación. ¡Lo viejo ha pasado, ha llegado ya lo nuevo!». Esta novedad no queda relegada a la felicidad del perdón y la purificación (aunque sin duda incluye estas cosas). Pero abarca la gracia inmensa y gloriosa por la que la persona perdonada vive ahora en íntima unión con el Dios trino. Esta no es una mera verdad objetiva que debe comprenderse cognitivamente. La «vida en la Trinidad» es una realidad viva que debe interiorizarse de forma experimental.

Nadie expresó esta gloriosa gracia de forma más elocuente que Martín Lutero en su famoso sermón de Navidad de 1514. «Porque la palabra se hace carne precisamente para que la carne pueda hacerse palabra. En otras palabras: Dios se hace hombre para que el hombre pueda hacerse Dios».[162] Por ello, el descenso del inefable en la encarnación crea la escalera de ascensión divina por la que la humanidad caída puede ascender hasta la unión con Dios, *y se convierte así en una nueva creación en Cristo*. Lutero afirmó que esto significa, nada menos, que la verdad inalterada de que «un ser humano ayudado por la gracia es más que un mero ser humano; la gracia de Dios le da sin duda la forma de Dios y le deifica, de modo que incluso las Escrituras le llaman "Dios" e "hijo de Dios"».[163]

Esto, naturalmente, no se adentra en el terreno de la herejía. Si Lutero hubiera imaginado que su aforismo —«Dios se hace hombre para que el hombre pueda hacerse Dios»— se entendería como una confusión de esencias, se revolvería en su tumba. De igual manera, los otros grandes de la historia de la Iglesia estaban seguros de una cosa. Aunque la humanidad redimida puede participar de las energías divinas, la esencia de Dios sigue inviolada. Como observó correctamente Gregorio Palamas: «El Logos se hizo carne, y la carne se hizo Logos, aunque ninguno abandonó su propia naturaleza».[164]

Por ello, cuando el apóstol Pedro proclama que quienes están en Cristo tienen «parte en la naturaleza divina» (2 Pedro 1:4), no está sugiriendo que la humanidad redimida pueda convertirse en lo que Dios es en esencia. Esto no solo es imposible sino herético. Quienes están en Cristo llegan a ser por gracia lo que el Hijo de Dios es por naturaleza: «hijos de Dios» (Juan 1:12). Como tales, la divinidad de Cristo impregna nuestra naturaleza humana.

Históricamente, la Iglesia cristiana ha ilustrado esta chispeante verdad por medio de una espada que se arroja a las candentes llamas de un horno.

Aunque el acero de la espada adquiere las propiedades del fuego, hasta el punto de que su color gris se convierte en rojo incandescente, la espada nunca se vuelve fuego ni viceversa. Agustín aclaró la misma verdad sirviéndose del ejemplo del agua y la esponja. Aunque la esponja absorbe las inefables aguas de la inagotable energía de Dios, sigue siendo una esponja. La esponja no se convierte en agua ni el agua en esponja.[165] Una vez más, estar en Cristo —experimentar su vida divina— significa experimentar sus energías, no participar de su esencia.[166]

El «hombre de hojalata», por utilizar una ilustración de C. S. Lewis, se está convirtiendo en un verdadero hombre. Aquellos que están en Cristo se han transformado en nuevas criaturas. La imagen y semejanza de Dios, que en otro tiempo se estaba estropeando y deteriorando, está ahora en un milagroso proceso de restauración. Lewis dijo:

> El verdadero Hijo de Dios está a su lado. Él está empezando a convertirle en lo mismo que es él. Está comenzando, por así decirlo, a «inyectar» en usted su clase de vida y pensamiento, su *zoe*; comenzando a convertir al soldado de hojalata en un hombre vivo.[167]

No es un famoso consejero o maestro el que está cambiando las sensibilidades de los redimidos de una cosa a otra. ¡No! Es el propio Jesús convirtiendo al hombre de hojalata en un hombre verdadero. Sí, él es Dios. Es aquel que habló y las galaxias se hicieron realidad. Pero él es también (y lo es plenamente) un hombre. No alguien muerto, sino vivo para siempre. Y no solo vivo, sino alguien que nos transforma activamente en personas semejantes a él.

«Es un cambio de raíz y de ramas», afirmó Charles Haddon Spurgeon, príncipe de los predicadores:

> No se trata solo de un nuevo diseño del tapiz visible, sino de una renovación del propio tejido. La regeneración es un cambio de toda la naturaleza, de arriba a abajo, en todos los sentidos y formas; ¡esto es el nuevo nacimiento! Esto es estar *en* Cristo y ser *renovado* por el Espíritu Santo. [¡En Cristo somos nuevas criaturas!]. Es como si la antigua fuera aniquilada y quitada de en medio, y algo completamente nuevo fuera formado mediante el soplo del Dios eterno.[168]

Es como una metamorfosis. Como la oruga que se convierte en una mariposa monarca. Unos ojos que antes solo conseguían distinguir la luz y la oscuridad se transforman en majestuosos globos oculares con un campo de visión y una percepción cromática inimaginable. Las alas aparecen como por arte de magia. Un sistema reproductivo indescriptiblemente complejo —completamente ausente en la oruga— se materializa misteriosamente.

Surge una inimaginable probóscide en forma de caña que le permite a «la nueva criatura» deleitarse en el néctar de una nueva vida. ¡La nueva criatura que surge es sencillamente increíble![169]

Y esto es lo que les sucede a quienes son nuevas criaturas en Cristo. Hemos experimentado un cierto tipo de metamorfosis.

Estas nuevas criaturas, procedentes de la mano divina, como si acababan de ser formadas entre las palmas eternas, son los hombres y las mujeres que lloran por el pecado; son los que confiesan su maldad, los que dicen «Dios ten misericordia de nosotros, que somos pecadores»; los que descansan en la sangre de la expiación; que aman a Cristo Jesús y viven para la gloria del Altísimo: ¡son *nuevas criaturas*! Tales personas poseen una frescura especial; acaban de salir de las manos de Dios y disfrutan de intimidad con él; ¡tienen acceso a la fuente de la vida y beben allí donde las aguas cristalinas son frescas y claras, aguas que no se han enturbiado en su largo recorrido por canales terrenales! Digo que poseen una frescura ¡que no puede hallarse en ningún otro lugar![170]

Desde luego, tal frescura no se halla en el islam. Dentro de este sistema, uno no puede estar en Cristo, porque Cristo no es Dios. Ni tampoco hay ninguna necesidad o lugar para la expiación de la cruz. Uno solo puede esperar que sus buenas obras pesen más que las malas;[171] que quizá Mahoma pueda interceder a nuestro favor;[172] o que por una arbitraria decisión del juez se nos conceda el perdón. Una famosa historia de *Sahih al-Bujari* amplía esta cuestión. En este relato, Mahoma habla de un hombre que había matado a noventa y nueve personas y le preguntó a un monje si aceptaba su arrepentimiento.

Puesto que el monje respondió de forma negativa, el hombre le mató. Siguió preguntando hasta que un hombre le aconsejó que fuera a cierta aldea. (Emprendió el viaje al pueblo) pero la muerte le sobrevino por el camino. Antes de morir, volvió el pecho hacia aquella aldea (donde había esperado hallar el perdón), de modo que los ángeles de misericordia y los de castigo se enfrentaron entre sí por él. Alá ordenó que la aldea (a la que se dirigía) se acercara a él, y que la aldea (de la que provenía) se alejara, y después ordenó a los ángeles que midieran las distancias entre su cuerpo y las dos aldeas. Resultó que se encontraba un palmo más cerca de la aldea a la que se dirigía. De modo que fue perdonado.[173]

No hay ninguna justicia en este veredicto, meramente un juicio arbitrario.

Puesto que el contraste es la madre de la claridad, será útil considerar un relato semejante de criminalidad, pero con un desenlace muy distinto. Dos ladrones son crucificados uno a cada lado de Cristo. Uno de ellos injuria a Jesús. El otro se arrepiente. Para el primero, Cristo solo habría podido ser, en todo caso, un medio para burlar a la justicia y perpetuar una existencia terrenal licenciosa y perversa. En sus palabras y actitudes no hay ningún indicio de remordimiento, y mucho menos de arrepentimiento. En el segundo criminal sí hubo, en cambio, un auténtico cambio de corazón. Este contrastó la inocencia de Cristo con la justicia de su propia crucifixión y humildemente le pidió al Señor de la gloria que le permitiera formar parte de su reino eterno. Conociendo la inminencia de su muerte, Jesús le respondió: «Te aseguro que hoy estarás conmigo en el paraíso» (Lucas 23:43). Finalmente, uno de los criminales muere en rebeldía; el otro, en arrepentimiento. Aquí no hay arbitrariedad, ni caprichoso acto de perdón divino, sino que, como en cualquier otra ocasión, la fe encuentra suficiente la oración del pecador: *Señor Jesucristo, Hijo de Dios, ten misericordia de mí que soy pecador.*

El doctor White responde con lucidez a este relato de *Sahih al-Bujari*:

Desde la perspectiva de este hadiz, el perdón no fluye de los actos de Dios ofreciendo una *base* para la salvación, sino solo de su poder. Alá actúa de un modo caprichoso —hay muchos otros que han hecho menos mal moral y que él no perdona y manda al infierno— y no en referencia a ninguna norma derivada de su naturaleza inmutable.[174]

¡Cuán odiosa se revela la torcida vara de medir cuando se pone junto a la rectitud de la Escritura! «En el islam, el perdón es un acto impersonal del arbitrario poder divino, mientras que en el cristianismo se trata de una acción personal de la gracia de Dios, deliberada y poderosa, pero completamente justa».[175]

A un criminal se le aplica la justicia que merece su maldad, en su perfecta medida.

El otro es transformado en una nueva creación. Pablo dijo:

> Todo esto proviene de Dios, quien por medio de Cristo nos reconcilió consigo mismo y nos dio el ministerio de la reconciliación: esto es, que en Cristo, Dios estaba reconciliando al mundo consigo mismo, no tomándole en cuenta sus pecados y encargándonos a nosotros el mensaje de la reconciliación. Así que somos embajadores de Cristo, como si Dios los exhortara a ustedes por medio de nosotros (2 Corintios 5:18-20).

Por ello, suplicamos a quienes están atrapados en la incertidumbre de la salvación islámica: «Reconcíliense con Dios». Porque «al que no cometió pecado alguno, por nosotros Dios lo trató como pecador, para que en él recibiéramos la justicia de Dios» (2 Corintios 5:20-21).

# ESCATOLOGÍA

Desde que nacemos, nuestro cuerpo comienza a sembrar las semillas de la destrucción biológica. Sin embargo, la muerte no es el fin. El ciclo de la vida y la muerte se rompe para siempre por la resurrección. Cuatro días después de la muerte de Lázaro, Jesús le dijo a Marta: «"Tu hermano resucitará". "Yo sé que resucitará en la resurrección, en el día final", respondió Marta. Entonces Jesús le dijo: "Yo soy la resurrección y la vida. El que cree en mí vivirá, aunque muera; y todo el que vive y cree en mí no morirá jamás. ¿Crees esto?"» (Juan 11:23-26). Al decir esto Jesús se presentó como aquel que vencería a la muerte y el sepulcro, garantizando con ello que todo aquel que pusiera su confianza en él experimentaría «resurrección en el día final».

Daniel, el profeta del Antiguo Testamento, comparó la resurrección en los días del fin con la gloria de las estrellas: «Y del polvo de la tierra se levantarán las multitudes de los que duermen, algunos de ellos para vivir por siempre, pero otros para quedar en la vergüenza y en la confusión perpetuas. Los sabios resplandecerán con el brillo de la bóveda celeste; los que instruyen a las multitudes en el camino de la justicia brillarán como las estrellas por toda la eternidad» (Daniel 12:2-3). La resurrección que se anuncia es inequívoca. Daniel no está hablando del estado incorpóreo que sigue a la muerte, sino de la resurrección corporal que se producirá tras la segunda venida de Cristo.

Jesús presentó como algo seguro la resurrección que se producirá en la consumación de la historia cuando dijo: «No se asombren de esto, porque viene la hora en que todos los que están en los sepulcros oirán su voz, y saldrán de allí. Los que han hecho el bien resucitarán para tener vida, pero los que han practicado el mal resucitarán para ser juzgados» (Juan 5:28-29). Todos los que ponen su confianza en Jesús pueden estar absolutamente seguros de su resurrección. Jesús prometió que daría su vida y que la tomaría de nuevo al tercer día. El cumplimiento de su promesa es la garantía de que hay vida después del más allá.

Hay vida tras la vida en el sentido de que, tras la muerte del cuerpo, el alma tiene conciencia. En Lucas 16, Jesús cuenta la parábola de un hombre rico y un mendigo que mueren físicamente pero están plenamente conscientes en el estado intermedio (un hecho difícil de negar puesto que los hermanos del rico siguen vivos y el juicio final todavía no se ha producido). Después de su muerte, Jesús describe a Lázaro como alguien que está consciente en la presencia de Dios. Por usar las palabras del apóstol Pablo: «[Ausente] de este cuerpo y [vivo] junto al Señor» (2 Corintios 5:8). En este estado incorpóreo, la existencia de Lázaro no estaba ligada a *un lugar concreto* del espacio; no obstante, su *conciencia* se intensificó en gran manera. Por ello, podría decirse que Lázaro estaba experimentando vida *tras* la vida. Por otra parte, hay vida después de este estado intermedio, puesto que igual que Jesús resucitó corporalmente del sepulcro, con su segunda venida nuestros cuerpos se levantarán inmortales, eternos e incorruptibles (1 Corintios 15:50-56). La prueba de la resurrección es tan segura que los mártires entregaban su vida seguros de recuperarla al final de los tiempos.

Esta es la esencia de la escatología (el estudio del tiempo del fin). La escatología es el hilo que convierte el tapiz de la Escritura en un armonioso patrón. Al principio de Génesis vemos a Adán y Eva cayendo en vidas de constante pecado que terminan con la muerte. El resto de la Escritura consigna el desarrollo del divino plan de la redención. Aunque los cristianos debaten algunos aspectos escatológicos secundarios, como el momento concreto de la tribulación[176] o el significado del milenio,[177] están unidos en la verdad de que, igual que Cristo vino una vez a la tierra para llevar los pecados del mundo,[178] regresará también para reunir a aquellos que ha regenerado como nuevas criaturas e introducir la resurrección de todas las cosas.[179] Finalmente, los justos resucitarán a la vida eterna[180] y los injustos, a una separación de la bondad, gracia y gloria de Dios.[181] El paraíso perdido se convertirá en el paraíso restaurado, y el problema del pecado y Satanás se resolverá de forma completa y definitiva.[182]

En el islam, como en el cristianismo, hay también vida después de la vida (*barzaj*) en que el alma tiene conciencia tras la muerte.[183] En el islam clásico, el alma sale por la garganta, se viste con una túnica repulsiva o fragante, según el caso, y se dirige junto a un grupo de ángeles a los siete anillos del cielo, donde solo se permite la entrada a aquellos que huelen bien. Después, tanto los repulsivos como los malolientes regresan a su cuerpo mientras, en la tierra, sus cadáveres se están todavía preparando para la sepultura.[184] A continuación, los ángeles Munkar y Nakir invitan a los muertos a sentarse en sus sepulcros y a responder tres preguntas: *¿Quién es tu Dios? ¿Quién es tu profeta? ¿Cuál es tu religión?*[185] El sepulcro de los que responden correctamente (*qwal thabit*) —Alá, Mahoma e islam— se convierte en «una superficie de setenta codos y se llena de hojas verdes hasta el día de la resurrección».[186] El sepulcro de los que no responden correctamente «se contrae tanto que sus costillas se rompen».[187] Además, Munkar y Nakir «les golpean con martillos de hierro entre las orejas, y estos gritan tanto que todos los que están en las inmediaciones les oyen a excepción de los espíritus y los seres humanos».[188] La mayoría de comentaristas sostienen que tanto los creyentes como los infieles sufren mientras su cuerpo se encuentra en el sepulcro; no obstante, el tormento del *kafir* supera con mucho al del musulmán devoto. Es objeto de intenso debate lo que les sucede a los muertos después de esto.

Igual que hay vida durante este periodo intermedio, la hay también *después* de esta etapa en el sentido de que, según la escatología islámica, todas las cosas serán creadas de nuevo en la última hora. Según el famoso exégeta coránico Umar ibn Kathir (m. 1373), dos toques de trompeta significan el fin de todas las cosas:

El primer toque es el del terror (*fazac*). Mientras las personas compran y venden en el mercado, Dios ordena al ángel Israfil, o Serafiel, que toque la trompeta para que se oiga por toda la tierra. Se conduce después a la humanidad a un lugar de reunión terrenal (*maḥshar*), donde experimentan un desvanecimiento (*ṣaq*) en el que todos perecen.[189]

Y el Corán dice: «Los cielos estarán plegados en su diestra» (39:67 Corán de estudio).

Cuando suena la segunda trompeta, Alá crea de nuevo a la humanidad extinta y la reagrupa para el juicio en una gran llanura donde «la inquietud se apoderará de las gentes. El profeta ha dicho que las personas estarán empapadas de sudor hasta el cuello».[190] Pedirán con desesperación que un profeta interceda por ellos, pero ninguno de ellos responderá: ni Adán ni Moisés ni siquiera Jesús. «Finalmente, la humanidad llegará con su petición al último mensajero, el profeta Mahoma, quien aceptará la tarea y procederá a interceder ante Dios a favor de la humanidad».[191]

Por último, todo es una función de rollos, balanzas y el *sirat*.

Después del juicio, cada persona recibe el rollo que consigna las obras. Los libros, que contienen todas las acciones de cada persona, se describen como «volando» en un remolino aparentemente caótico, hasta que cada libro llega a la persona cuyas obras consigna. A los creyentes se les da el suyo en su mano derecha y se alegran, mientras que los hipócritas y los no creyentes lo reciben en la izquierda desde atrás (ver Corán 69:19-37; 84: 6-12).[192]

A todos se les fuerza a leer su rollo y a reconocer la exactitud y justicia de lo consignado. «¡Lee tu libro! ¡Hoy bastas tú para ajustarte cuentas!» (Corán 17:14 Corán de estudio).

A continuación vienen las balanzas:

Una vez que los registros de las obras se han distribuido entre los resucitados, se produce el pesaje de las acciones en las balanzas: *Para el día de la resurrección dispondremos balanzas que den el peso justo y nadie será tratado injustamente en nada. Aunque se trate de algo del peso de un grano de mostaza, lo tendremos en cuenta. ¡Bastamos nosotros para ajustar cuentas!* (Corán 21:47; ver también 7:8; 23:102-3; 101:6-11).[193]

En otras palabras, el paraíso aguarda a aquellos cuyas buenas obras pesan más que las malas, mientras que el infierno será el destino de los que obtienen un peso mayor de las últimas. «El fuego abrasará su rostro; tendrán allí los labios contraídos» (Corán 23:104).

Después de los rollos y las balanzas, viene el *sirat*. El *Sahih Musulmán* lo describe como una pasarela o puente «más delgado que un cabello y más afilado que una espada».[194] En su obra *The Islamic Understanding of Death and Resurrection* [La concepción islámica de la muerte y la resurrección], las eruditas islámicas Smith y Haddad escriben:

[El *sirat* es] la última modalidad del proceso para valorar el grado en que cada persona ha seguido aquel camino [de rectitud]. Reflejando muy posiblemente una influencia de la tradición zoroástrica en la que el puente desempeña un papel fundamental dentro del proceso escatológico, el *sirat* del pensamiento islámico parece ser más un medio de corroborar que de probar los méritos relativos de una determinada persona.[195]

Para los hipócritas, el *sirat* es afilado como una hoja de afeitar y, por ello, estos descienden inexorablemente a los horrores del infierno. «Los fieles, sin embargo, llegan al otro lado con facilidad y rapidez por un amplio pasaje, guiados por los miembros de la comunidad musulmana con el propio profeta dirigiendo la comitiva».[196]

Después de los rollos, las balanzas y el *sirat* viene el estado eterno. Los creyentes cruzan un puente en forma de arco y entran a la dicha de los jardines, mientras que los no creyentes inician el tormento de los fuegos. El Corán describe el infierno con «siete puertas» (Corán 15:44), aludiendo «a los siete niveles del infierno, que forman parte de las creencias escatológicas tradicionales del islam»[197] en las que con cada nivel se desciende a tormentos más intensos.

El fuego purificador [*yahannam*] para los musulmanes; el fuego llameante [*lada*] para los cristianos; el fuego abrasador [*hutama*] para los judíos; el fuego ardiente [*sa'ir*] para los sabeos; el fuego calcinador [*saqar*] para los magos; el fuego feroz [*yahim*] para los idólatras; y el abismo [*hawiya*] para los hipócritas. Las tradiciones posteriores atribuyeron a cada puerta de fuego innumerables custodios que torturaban a los condenados. A partir de su nivel más superficial, las *mu'minun* [personas de fe] serán perdonadas y llevadas al paraíso; este estrato del fuego será después destruido.[198]

Las metáforas coránicas empleadas para describir el infierno le dejan a uno literalmente aturdido:

Los desgraciados que están en el fuego gimen y gritan (Corán 11:106); la piel abrasada se les cambia constantemente por nuevos tejidos para que puedan volver a sentir el mismo tormento (Corán 4:56); beben agua infectada y aunque la muerte aparece por todas partes no pueden morir (Corán 14:16-17); a las personas se las ata con argollas y cadenas de setenta codos (Corán 69:30-32); sus ropas son de alquitrán y sus rostros están cubiertos de fuego (Corán 14:50); sobre su cabeza se derramará agua hirviendo, que les derretirá las entrañas y la piel, y si intentan escapar unos ganchos de hierro les arrastrarán de nuevo a su lugar de tormento (Corán 22:19-21). A estas aterradoras situaciones los hadices solo añaden explicaciones más detalladas y pormenorizadas.[199]

Las eruditas islámicas Smith y Haddad añaden espeluznantes imágenes extracoránicas que presentan a los condenados con «la piel carbonizada, lenguas enormes e hinchadas, vómitos de sangre y pus, vísceras llenas de fuego; se agrandarán en gran medida sus cuerpos para que puedan sufrir más en las torturas. Todos ellos sufren por el fuego, aunque el grado de castigo difiere según los pecados de cada uno».[200]

Aunque las descripciones del infierno son más que atroces, las del cielo, por el contrario, son tentadoramente gloriosas. Las imágenes coránicas de la felicidad que aguarda a los creyentes en los jardines paradisíacos son tan luminosas que no ha sido casi necesario magnificar las expectativas por medio de obras extracoránicas. En armonía con el viaje nocturno de Mahoma, el cielo se representa con siete niveles: en el primero Mahoma se encontró con Adán; en el segundo, con Juan y Jesús; en el tercero, con José; en el cuarto, con Idris (Enoc); en el quinto, con Aarón; en el sexto, con Moisés; en el séptimo, con Abraham. En el séptimo y último cielo setenta mil ángeles dan vueltas constantemente a una Kaaba. En el límite más lejano del séptimo cielo hay un árbol de loto más allá del cual se extiende el otro mundo, en el que, durante su mágico y misterioso viaje del año 619, Mahoma estuvo en la presencia de Alá.

Del árbol fluyen «ríos de agua incorruptible, ríos de leche cuyo aroma no cambia, ríos de delicioso vino para los que lo beben y ríos de miel purificada» (Corán 47:15).[201] Los creyentes se reclinan sobre «sofás ornamentados» (56:15)[202] y se les sirven interminables raudales de vino «que no aturdirá ni se agotará» (37:47).[203]

Smith y Haddad resaltan los placeres paradisíacos que regalarán a los varones las huríes del cielo:

Las descripciones coránicas de las huríes [44:54; 52:20; 55:56-76; 56:22],[204] aunque comedidas, han bastado para avivar la imaginación de los fieles y han servido de base para una gran cantidad de explicaciones más detalladas. Aunque los hadices difieren en los detalles, afirman generalmente que las huríes son de azafrán de los pies a las rodillas, de almizcle de las rodillas a los senos, de ámbar de los senos al cuello y de alcanfor desde el cuello a la cabeza. Trabajando a menudo con múltiplos de siete, los expositores tradicionalistas las han descrito vistiendo entre setenta y 70.000 vestidos, con transparencias que permiten ver hasta la médula de sus huesos, tal es la finura y levedad de sus carnes, reclinadas sobre setenta divanes de rojo jacinto con incrustaciones de rubíes, joyas y cosas por el estilo. Las huríes no duermen, no se quedan embarazadas, no menstrúan, no escupen, no se suenan y nunca están enfermas. Abundan las referencias al creciente proceso sexual que experimentan aquellos hombres para cuyo placer fueron creadas las huríes; queda claro que el propósito concreto de su creación es ser una recompensa para aquellos varones de la comunidad musulmana fieles a Dios.[205]

Las huríes, a las que los hadices distinguen cuidadosamente de las mujeres creyentes, «se describen en el Corán como castas, con ojos brillantes como perlas o huevos bien guardados, de la misma edad que los hombres a quienes han de ser entregadas como recompensa, buenas y preciosas, turgentes y virginales».[206] Las descripciones coránicas de las huríes son particularmente fascinantes para los yihadistas islámicos de nuestro tiempo.

En 2004, un muchacho palestino de catorce años que quería inmolarse les dijo a los soldados israelíes que le desarmaron: «Hacerme estallar es la única forma que tengo para tener relaciones sexuales con setenta y dos vírgenes en el Edén». Otro adolescente de la misma edad me explicó que un reclutador yihadista le quería convencer para que se uniera a la yihad en Irak: «Me hablaba del paraíso, de vírgenes, del islam».[207]

Desafortunadamente, la mayoría de los musulmanes, como estos jóvenes yihadistas, ignoran cándidamente que las sensuales visiones del paraíso que inflaman e informan sus pasiones emanan de las fértiles imaginaciones de una inconsistente escatología zoroástrica.

Por último, cabe notar que, aunque en el islam clásico hay una unanimidad general sobre los puntos escatológicos esenciales, existen importantes diferencias cuando se trata de aspectos secundarios. Por ejemplo, según el islam suní: «Jesús volverá antes del tiempo del fin, luchará contra el *Dajjal* ("el anticristo") y gobernará según la ley de Mahoma hasta que el mundo llegue a su fin». Mahoma afirmó: «Ningún hombre tiene más derecho sobre Jesús que yo, porque no ha habido ningún profeta entre nosotros, y él será mi representante sobre mi comunidad. Él descenderá, y cuando le vean le conocerán».[208]

¿Pero cómo le reconoceremos cuando descienda? En respuesta, Mahoma asegura que le conoceremos

como un hombre de estatura mediana, tez rojiza, vestirá dos prendas de amarillo claro; su cabeza parecerá gotear agua, pero no estará mojada.

Luchará contra el pueblo en el nombre del islam. Romperá la cruz, matará a los cerdos y abolirá la *yizia*. Alá pondrá fin a todas las sectas religiosas excepto el islam. Él destruirá al anticristo y vivirá en el mundo cuarenta años y morirá. Los musulmanes ofrecerán la oración fúnebre por él. [209]

Los chiitas tienen una idea claramente distinta sobre este asunto. Aunque Jesús desempeña un papel en la escatología chiita de los últimos días, este está supeditado al del musulmán Mahdi. El doctor Samuel Shahid resume sucintamente esta característica secundaria chiita:

> Es cierto que los chiitas anticipan la segunda venida de Cristo y concuerdan con una parte de las tradiciones sunitas sobre este acontecimiento histórico; sin embargo, para ellos el libertador del mundo es el Mahdi, no Jesús. Es él quien convertirá el islam en la religión dominante y erradicará las fes no monoteístas.[210]

Lo más notable es que sea el Mahdi, no Jesús, quien, cuando surge de su ocultamiento, destruye al anticristo y establece la *sharía* como ley universal de la humanidad.

Aunque ni sunitas ni chiitas son monolíticos con respecto a los detalles de sus escenarios escatológicos, ambos coinciden en reducir a Jesús a un mero sustituto administrativo de Mahoma y a un colaborador absolutamente humano del Mahdi musulmán. En cualquier caso, a Jesús se le degrada de Creador de todas las cosas —también de Mahoma— a un simple actor de reparto de la farsa escatológica musulmana.

La conclusión es esta. Hemos presentado el criterio de la doctrina cristiana esencial junto a la réplica islámica y hemos tenido ocasión de observar su carácter desviado. Se niega la deidad de Cristo convirtiéndole en un mero «esclavo de Alá». El pecado original se reformula como un desliz original, un mero ataque de amnesia. Pretende usurparse el canon divino mediante los errores de contenido del Corán, su ética deficiente y su falsa elocuencia. La incomprensible Trinidad es secuestrada por un impostor unitario moralmente deficiente. La resurrección —la proeza más sublime de la historia humana— se degrada hasta convertirla en mera fantasía, y la encarnación deviene blasfemia. Un caprichoso Alá niega la deslumbrante verdad de que «si alguno está en Cristo, es una nueva creación». Y la escatología —el hilo que teje el tapiz de la Escritura formando un armonioso dibujo— se ve vergonzosamente denigrada por la sensual seducción de la incoherente farsa escatológica islámica.

# EPÍLOGO

*No puedes ganar una guerra si no puedes*
*hablar honestamente sobre el enemigo.*
—Sebastian Gorka[1]

A pesar de su incoherencia, la secta musulmana —mil seiscientos millones y creciendo— se postula para llenar el vacío dejado por una cultura occidental que se dirige de forma inopinada pero inexorable hacia Gomorra.[2] Los meros datos demográficos son ya alarmantes. Mientras los polígamos musulmanes se jactan de un robusto índice de natalidad, los occidentales nativos se dirigen rápidamente hacia la extinción. Ocupando este espacio hay millones de musulmanes que tienen poca o ninguna intención de integrarse en la cultura occidental.

Igualmente grave es el espectro del yihadismo islámico mundial que está ahora perpetrando un genocidio masivo sobre los cristianos de Oriente y ataques terroristas cada vez más frecuentes en Occidente.[3] ¿Qué más puedo decir? Hemos sido testigos de la cobeligerancia de los multimillonarios sauditas gastando miles de millones de dólares para exportar a Occidente el wahabismo más virulento. Peor aún, los gobiernos occidentales, las instituciones académicas y los medios de comunicación se han empeñado en exportar un falso relato con respecto al talante religioso que anima al yihadismo islámico mundial.

Aunque esto sirve para recapitular el problema, lo que nos llama la atención son las potenciales soluciones que se presentan. Algunos suponen que la solución está en el uso agresivo del poder militar occidental. Aunque esto es absolutamente necesario, no es suficiente. Como afirma sabiamente Sebastian Gorka: «No puedes ganar una guerra si no puedes hablar honestamente sobre el enemigo».[4]

El problema tampoco puede resolverse definitivamente en las urnas. Como el poder militar, el activismo político desempeña un papel necesario pero insuficiente. El despotismo del igualitarismo militante, el individualismo radical, el multiculturalismo, la corrección política y el pluralismo religioso no se redimen mágicamente con las victorias políticas.[5] Incluso durante la revolución de Reagan, el liberalismo conservador siguió dominando los ámbitos de la educación, el entretenimiento y el medioambiente que crean, manipulan y diseminan los conceptos ideológicos que llevan a la civilización occidental por un camino muy peligroso.

La única solución real para un mundo occidental en estado de desintegración y un islam renaciente es lo que la profética pluma de Os Guinness designó sabiamente como «renacimiento», a saber: *el poder del evangelio aun en los tiempos más oscuros*. El desafío, sigue diciendo Guinness, «está en sacudirnos el desaliento natural de aquellos que solo miran las circunstancias y las estadísticas de declive y malos presagios». Haremos bien en darnos cuenta de que «el mundo occidental fue ganado para el evangelio en dos ocasiones y ahora parece que casi se ha perdido por segunda vez. Ahora pues, en respuesta a la valiente fe de quienes lo lograron ya dos veces, pero más aún, respondiendo a la gran comisión, ha llegado el momento de poner nuestra mente y corazón en una nueva conquista del mundo occidental para nuestro Señor».[6]

Vivimos en un «momento CCMC ("Cualquier cosa menos cristianismo")».[7] Un momento en que el cristianismo es sistemáticamente ridiculizado y las alusiones al islam se hacen en tonos reverenciales. No obstante, esta actitud puede también servir para recordarnos que la solución para recobrar la civilización occidental y derrotar al yihadismo islámico mundial depende, en última instancia, de ofrecer respuestas sólidas, alfabetización bíblica y refutación de las sectas.

Esto es tarea de la Iglesia cristiana, una tarea que solo ella puede llevar a cabo. Es, por tanto, crucial que la Iglesia sea despertada de un «coma diabético» inducido por una constante dieta de cristianismo de comida rápida. Guinness afirma: «Lo que configurará nuestro mundo futuro es el hecho de si la Iglesia cristiana mundial recupera o no su integridad y efectividad, demostrando una fe capaz de zafarse de la cautividad cultural y prevalecer bajo las condiciones de la modernidad avanzada».[8]

*Las respuestas* desempeñan un papel crucial por cuanto los auténticos cristianos han sido comisionados para estar «siempre preparados para responder a todo el que les pida razón de la esperanza que hay en ustedes [...] con gentileza y respeto».[9] Igual que un buen abogado defiende a su cliente ante un tribunal de justicia mediante evidencias sólidas y sanos razonamientos, también los auténticos cristianos del siglo XXI han de estar equipados para responder con eficacia a ideologías como el liberalismo conservador y el islam ilegítimo. El corazón no va a recibir lo que la mente rechaza resueltamente.

Tanto *el conocimiento bíblico* como una cierta formación para dar *respuestas* son valores cristianos esenciales. Una cosa es decir que Dios ha hablado, que la Biblia es un libro de origen divino y no meramente humano, y otra muy distinta entender lo que Dios ha dicho. Un gran número de musulmanes descartan que la Biblia sea la infalible regla de fe y práctica porque confunden su mensaje. Cuando Mahoma leyó la palabra bíblica *engendrado* replicó: «Es impropio de [la majestad de] Alá engendrar un hijo» (Corán 19:35). Naturalmente, la Biblia no utiliza el término *engendrar* en el sentido de una reproducción de naturaleza sexual, sino para hablar de una relación especial. Si Mahoma hubiera entendido el arte y la ciencia de la interpretación bíblica no habría cometido un error tan elemental. Leer la Biblia según su propósito es una ciencia en el sentido de que hay que aplicar ciertas reglas, y es un arte porque, cuanto más aplicamos las reglas, mejor lo hacemos.[10]

*Refutar a las sectas* es también una tarea de la Iglesia. Mal entendida, esta disciplina se considerará acertadamente un tedio interminable. Satanás envuelve una y otra vez sus mentiras en una gran variedad de formas. En lugar de intentar asimilar todas las desviaciones de todas las sectas, es mucho mejor familiarizarnos hasta tal punto con los temas principales y básicos de la Escritura que cuando aparece una falsificación la reconocemos de inmediato.

Las sectas son famosas por sus subversiones lingüísticas, es decir, por aplicar sus significados propios y peculiares a palabras y expresiones clave. Cuando los musulmanes utilizan la palabra *Jesús*, el significado que le dan al nombre reduce a Jesús a un precursor de Mahoma meramente humano. Los intelectuales musulmanes son también expertos en leer textos fuera de su contexto y utilizarlos como pretextos de sus perversiones teológicas. Así, cuando Jesús dijo «Yo le pediré al Padre, y él les dará otro Consolador para que los acompañe siempre» (Juan 14:16), los musulmanes sostienen que este Consolador es Mahoma, y ello a pesar de que tanto el contexto inmediato como el general hacen que esta ultrajante perversión teológica sea imposible. El islam muestra también una desviación sociológica. Generalmente, los adeptos demuestran una desmedida lealtad a Mahoma y al islam y son estimulados mediante tácticas intimidatorias físicas y psicológicas. Cuando los musulmanes se convierten al cristianismo, lo hacen bajo amenaza de muerte.[11] Además, los convertidos son inmediatamente aislados de la familia y los amigos.[12]

No basta con que los cristianos estemos intelectualmente preparados para comunicarles la verdad del evangelio por medio de respuestas, conocimiento bíblico y refutación de errores. En este momento «cualquier-cosa-menos-cristianismo» deberíamos también estar equipados internamente. Esto significa que la Iglesia debe ser vigorizada para su misión por un poder que está *en* ella pero no es *de* ella. Como puso de relieve el apóstol Pablo, aquellos que están siendo perfeccionados en Cristo no obran en sus propias fuerzas, sino con toda la energía de Cristo, que obra poderosamente en nosotros (Colosenses 1:29).

El mayor regalo del Padre para los que han sido salvos por la muerte de su Hijo es la transmisión de una nueva clase de vida. Una vida que es de la misma calidad que la de Cristo. Porque esto es precisamente lo que es. La transmisión de la vida de Cristo por medio de la cual la encarnación continúa. El descenso de lo inefable en la encarnación proporciona la escalera de ascenso por medio de la cual la humanidad caída puede elevarse a la unión con Dios. A «tener parte —en palabras de Pedro— en la naturaleza divina» (2 Pedro 1:4).

La explicación de esta realidad divina es un tema para otro libro. Pero de momento, permítame concluir con una ilustración. El portátil con el que estoy escribiendo tiene una limitada reserva de energía. En su momento la energía de la batería se agotará y no podré seguir trabajando. Sin embargo, cuando conecto mi computadora a una fuente de energía inagotable, la pantalla vuelve de nuevo a iluminarse como el rostro de Moisés en el monte Sinaí.

Los discípulos vieron un destello de esta energía inagotable en el monte de la transfiguración. Allí Pedro, Santiago y Juan fueron testigos de una deslumbrante demostración de poder increado. El rostro de Cristo «resplandeció como el sol, y su ropa se volvió blanca como la luz».[13] Entonces vieron a Moisés y Elías —que habían experimentado personalmente la energía de Dios— y «apareció una nube luminosa que los envolvió».[14] Juntos experimentaron la presencia del grandioso legislador, el profeta arquetípico en «gloriosa magnificencia»,[15] y fueron envueltos en energía eterna.

Esta es la única energía suficiente para empoderar al cuerpo de Cristo en el presente choque de civilizaciones. Es el *mysterium tremendum et fascinans*: un misterio que nos hace temblar pero nos fascina. La misteriosa energía por la que podemos seguir reclamando el alma del mundo contra las persistentes fuerzas del secularismo y la yihad islámica.

# APÉNDICE

## División sunitas | chiitas

La división entre las dos ramas principales del islam (sunitas y chiitas) tuvo su génesis en el asesinato de Mahoma. Los sunitas creen que Mahoma fue envenenado por la judía Zainab mientras que los chiitas están convencidos de que lo hicieron dos de sus esposas (Aisha, hija de Abu Bakr, el primer califa bien guiado, y Hafsa, hija de Umar, el segundo de ellos).

El panorama sunita está lleno de intriga. Mahoma acababa de masacrar a los judíos de Jáybar, había repartido el botín de las cautivas entre sus hombres y seleccionado a la más hermosa de ellas para él. Después, según parece, la judía Zainab les sirvió cordero envenenado a él y a Bishr, su sanguinario cómplice. Bishr murió aquel mismo día. Mahoma no fue tan afortunado. Al parecer vivió todavía tres o cuatro años con horribles dolores de cabeza y fiebre antes de que la carne de cordero envenenada se llevara lo mejor de él. Mahoma murió el 8 de junio de 632.[1]

Según el escenario chiita, fueron dos mujeres del harén de Mahoma las que conspiraron, junto con sus padres, para llevar a cabo el asesinato del profeta.[2] Los chiitas consideran completamente absurdo pensar que Mahoma habría comido cordero preparado por una mujer que acababa de presenciar el asesinato de su marido, padre, tío e hijos. Por otra parte, para los intelectuales chiitas es difícil aceptar que fueran necesarios tres o cuatro años para que la carne envenenada le matara. El chiita Sheikh Yasser al-Habib sostiene convincentemente que podría tener sentido hablar de meses, pero no de años.

Hay mil teorías sobre los motivos que podrían haber llevado a Aisha a envenenarle. Es posible que estuviera resentida por la decisión de su padre de casarla con un hombre tan mayor como él, o, quizá, estaba hastiada de soportar la opresión sexual de un sexagenario. Puede que estuviera terriblemente celosa de la pasión que Mahoma sentía por María, su bellísima esclava copta, o molesta porque este la hubiera acusado de adulterio. Otra opción es que los motivos hubieran sido económicos: la codicia de Abu Bakr y Aisha por una herencia que Mahoma había dado a su hija Fátima y su marido Ali, que era también primo del profeta.[3] Fuera cual fuera el motivo, los chiitas están convencidos de que fue Aisha quien asesinó a Mahoma, mientras que los sunitas tienen la convicción de que lo hizo la judía Zainab.

Esto es muy significativo porque, inmediatamente después del homicidio de Mahoma, se suscitó una gran controversia sobre quién debía ser su sucesor. Aquellos que eran leales a Aisha y Abu Bakr creían que debería ser el mejor representante de la comunidad musulmana. Los partidarios de Fátima, la hija de Mahoma y de su marido Ali, estaban empeñados en la idea de que su sucesor debería ser un pariente consanguíneo. Finalmente, y para desilusión de Ali, que era primo de Mahoma, Abu Bakr consiguió sucederle como primer califa bien guiado del islam.

Abu Bakr moriría dos años más tarde (634) y Umar, padre de Hafsa —presunta cómplice de Aisha— le sucedería como segundo califa bien guiado. Umar solo reinó una década (634-644) y Uzmán, su sucesor, apenas doce años (644-656). Tras el asesinato de Uzmán a manos de un grupo de musulmanes descontentos, Ali, yerno de Mahoma, consiguió, finalmente, ser el cuarto califa bien guiado del islam.[4] Ali reinaría durante cinco años escasos (656-661) antes de ser asesinado camino de la mezquita. Así concluía la era de los cuatro califas bien guiados que los musulmanes conmemoran con nostalgia como la edad de oro del islam (632-661).

En esencia, pues, se consideró que cada uno de los tres primeros califas bien guiados era el mejor representante del camino (*sunna*) de Mahoma; mientras que Ali, el cuarto califa bien guiado, obtuvo finalmente el apoyo (de los chiitas) para gobernar por ser pariente consanguíneo de Mahoma. La división entre sunitas y chiitas se transformó en un abismo insalvable con el martirio de Husáin (680), hijo de Ali y nieto de Mahoma. Tras mostrar abierta y temerariamente su oposición al califato de los omeyas, que él consideraba opresivo y descaminado desde un punto de vista religioso, y proclamar su preeminencia como pariente consanguíneo del profeta, Husáin y setenta y dos de sus familiares y amigos fueron asesinados en un arrollador despliegue de fuerza militar sunita.[5]

Desde entonces, la decapitación de Husáin y sus allegados sigue siendo una cuestión candente que inflama la furia chiita hacia los sunitas, y que prepara su camino al paraíso. Cada año, el décimo día de muhárram, el primer mes del calendario islámico, los chiitas de todo el mundo conmemoran la decapitación de Husáin por medio de obras y procesiones y golpeándose la espalda en pesaroso tributo por la decapitación de su querido imán. Se dice que por cada lágrima derramada, cien pecados son perdonados. No obstante, con cada autoflagelación se ahonda la división entre chiitas y sunitas.

Por la gran reverencia que siente por Ali y Husáin, el islam chiita considera que los imanes que siguieron a estos hombres icónicos son infalibles intérpretes de los significados ocultos que subyacen en el texto del Corán. En cambio, en el islam sunita el imán es menos como un papa infalible y más como el sacerdote de una parroquia. A la facción mayoritaria de la secta chiita se les llama *duocecimanos* puesto que veneran a doce imanes históricos, el último de los cuales, según creen, desapareció y está oculto desde el año 873. Otra facción llamada los *septimanos* espera el regreso de un séptimo imán que unos creen ser Musa y otros su hermano Ismail.

El chiismo cree que cuando el Mahdi —el imán duodécimo o el séptimo— salga de su ocultación erradicará las religiones del mundo. Destruirá al anticristo e instaurará la *sharía* como ley universal indiscutible de la humanidad.[6] Los sunitas tienen una idea muy diferente de este asunto. Según su punto de vista, habrá un Mahdi mesiánico escatológico que, a diferencia del Mahdi chiita, en este momento no está oculto. Aunque este Mahdi ocupa un lugar destacado en la escatología sunita, es Jesús quien regresará y dará paso a la anhelada era mesiánica.[7] «El apóstol de Alá dijo: "La hora no se decidirá hasta que el hijo de María (i. e., Jesús) descienda entre ustedes como justo gobernante; él romperá la cruz, dará muerte a los cerdos y abolirá la *yizia*. El dinero abundará y por ello nadie lo aceptará (como caridad)"».[8]

Cabe también observar que mientras el islam sunita tiene cuatro escuelas de la *sharía* —Hanafi, Hanbali, Maliki y Shafii— los chiitas solo tienen una, Jafari. Otras diferencias son, por ejemplo, que los sunitas creen que el Corán es eterno e increado mientras que los chiitas lo consideran temporal y creado.[9]

Los sunitas están más orientados hacia un predestinarianismo y los chiitas sostienen una posición más cercana al libre albedrío del ser humano;[10] y mientras que los sunitas prohíben las imágenes, las mezquitas chiitas están llenas de imágenes de lugares y hombres santos, especialmente de Ali, Husáin y Mahoma.[11]

En términos numéricos, de los mil seiscientos millones de musulmanes en el mundo, los sunitas constituyen una clara mayoría que oscila entre un 80 o 90 por ciento del total. Los diez países con mayor población musulmana son, por orden decreciente, Indonesia, India, Pakistán, Bangladesh, Nigeria, Egipto, Irán, Turquía, Argelia y Marruecos. Los chiitas son mayoría en solo cuatro países: Irán, Azerbaiyán (antigua república soviética), Bahréin e Irak.[12] Si hay un ápice de esperanza para la reunificación de sunitas y chiitas, está en el anhelado regreso de Jesús o el Mahdi como catalizador para unir a toda la humanidad en *dar al-islam*.

A pesar de la perpetua animosidad entre sunitas y chiitas, estos muestran una notable unanimidad cuando se trata de las doctrinas principales y básicas del islam. Ambos grupos creen que Mahoma es el profeta final de Dios; el Corán, su revelación definitiva; y el islam, su religión. Además, sunitas y chiitas se adhieren juntamente a los cinco pilares del islam:

- *Shahada*: «No hay más dios que Alá, y Mahoma es su profeta»
- *Salaat*: Orar cinco veces al día en el caso de los sunitas, y tres en el de los chiitas
- *Zakat*: Dar limosna a los musulmanes necesitados
- *Sawm*: Ayunar durante el mes de ramadán
- *Hajj*: Peregrinar a La Meca, si es posible[13]

# GLOSARIO

Bint: en los nombres árabes significa «hija de».

Califa: sucesor religioso y político del profeta Mahoma. Para los sunitas, los primeros cuatro sucesores se conocen como califas bien guiados (*Rashidun*), escogidos entre los compañeros de Mahoma: Abu Bakr al-Siddiq (reinó entre 632-34), Umar ibn al-Jattab (reinó entre 634-44), Uzmán ibn Affán (reinó entre 644-56) y Ali ibn Abi Talib (reinó entre 656-61). El ideal del islam es que no haya separación entre religión y Estado: *sharía* es Estado y Estado es *sharía*.

Califato: reino del califa.

Califato abasí (750-1258 A. D.): dinastía de gobernantes musulmanes que llegó al poder tras derrotar al califato omeya, con la pretensión de ser los legítimos sucesores de Mahoma como descendientes de su tío Al-Abbás (m. hacia 653 A. D.). Los abasíes gobernaron desde Bagdad hasta que la ciudad fue destruida por el Imperio mongol en 1258.

Califato omeya (661-750 A. D.): la primera dinastía gobernante musulmana. «Los omeyas, dirigidos por Abu Sufyan, eran una familia de mercaderes de la tribu de los quraysh de La Meca. Inicialmente, los omeyas se habían opuesto al islam, y no se convirtieron hasta el año 627, pero más adelante llegaron a ser destacados administradores bajo el liderazgo de Mahoma y sus inmediatos sucesores. En la primera guerra civil musulmana (*fitna*, 656-661) —la lucha por el califato que siguió al asesinato de Uzmán ibn Affán, el tercer califa (reinó entre 644 y 656)— Muawiya, hijo de Abu Sufyan, entonces gobernador de

Siria, venció a Ali, yerno de Mahoma y cuarto califa. Muawiya se estableció entonces como el primer califa omeya» («Umayyad Dynasty» *Encyclopedia Britannica*, www.britannica.com/topic/Umayyad-dynasty-Islamic-history).

Chiismo: rama del islam. «Partido» de Ali: creían que, como pariente consanguíneo de Mahoma, Ali tenía que haber sido su sucesor. Los chiitas representan entre el diez y el veinte por ciento de los musulmanes de todo el mundo. Los chiitas tienen mayoría en cuatro países: Irán, Azerbaiyán (antigua república soviética), Bahréin e Irak (ver Apéndice).

Chiita: miembro de la rama chiita del islam.

*Dhimmis* (singular, *dhimmi*): «personas protegidas»; en los territorios musulmanes se llama así a los que no son musulmanes, especialmente a cristianos y judíos («el pueblo del libro»). Estos viven bajo condiciones de sumisión a los musulmanes, lo cual incluye el pago de la *yizia* (impuesto de capitación).

Fetua: una opinión o decisión autorizada sobre un asunto de la ley islámica.

Hadiz (plural *ahadith* o hadices): informes sobre lo que hicieron o dijeron Mahoma o sus compañeros (combinados con relatos sobre su curso de transmisión) que sirven de ejemplo a seguir para los musulmanes fieles y forman el núcleo de la tradición islámica. Según la corriente de opinión dominante del islam, solo el Corán refleja la eterna y perfecta palabra de Alá, pero las palabras y acciones de Mahoma (*sunna*), que consignan sus seguidores en la colección de relatos (*ahadith*) y, en menor medida, las biografías (*siras*), iluminan el Corán. El islam sunita reconoce la autoridad de seis colecciones de hadices, de las que dos son *sahih*, es decir, más «sanos» o «dignos de confianza»: *Sahih al-Bujari* (m. 870), *Sahih Musulmán* (m. 875), *Sunan Abu Dawud* (m. 888), *Jami' at-Tirmidhi* (m. 892), *Sunan Ibn Majah* (m. 886) y *Sunan Al-Nasa'i* (m. 915).

Huríes (del árabe *ḥūr*, literalmente «las que tienen hermosos ojos por el contraste del blanco y el negro»): doncellas del paraíso virginales y voluptuosas, «de ojos hermosos, grandes y luminosos como perlas» (Corán 56:22-23).

Ibn (y bin): en los nombres árabes significa «hijo de».

Imán: en el islam sunita, un dirigente religioso y autoridad en derecho y teología, semejante a un pastor local. En el islam chiita, dirigente espiritual de la comunidad con mucha autoridad (semejante, quizá, al papa en el catolicismo romano) y descendiente de Ali, yerno de Mahoma.

Imperio otomano (1299-1922 A. D.): fundado por las tribus turcas de Anatolia (Asia Menor) a finales del siglo XIII, este imperio se extendió por más de seiscientos años. Durante su periodo de máximo esplendor, en los siglos XV y XVI, estuvieron entre los estados más dominantes del planeta, controlando las costas mediterráneas —incluido el norte de África—, extensas zonas de la península arábiga, Medio Oriente y la Europa sudoriental. Si en 1683 las tropas otomanas hubieran conseguido conquistar la sitiada ciudad de Viena, es posible que Europa fuera hoy Eurabia. Aunque alcanzó su cénit en el siglo XVI, las atrocidades más notorias cometidas por este imperio son más recientes: el exterminio masivo de los armenios y la erradicación del cristianismo en Asia Menor fueron masacres perpetradas por musulmanes otomanos en el siglo XX. En 1924, Mustafa Kemal Atatürk, revolucionario fundador de la República de Turquía, abolió completamente el califato. (No obstante, el 29 de junio de 2014, el Estado Islámico se declaró como califato).

*Jinn*: seres espirituales con libre albedrío creados por Dios; algunos *jinn* son buenos y otros son malos.

Kaaba (también *Ka'ba*; literalmente «cubo»): «La primera casa (de adoración) designada para la humanidad» (Corán 3:96). Santuario santísimo del islam, la Kaaba es una estructura en forma de cubo ubicada en la Gran Mezquita de La Meca, hacia la cual rezan los musulmanes. Según la tradición islámica, Abraham e Ismael construyeron la primera Kaaba y pusieron en su interior la piedra (negra) del paraíso.

*Kafir* (también *kuffār*): infiel; persona que rechaza el mensaje del profeta procedente de Alá.

Mahdi: el esperado. Libertador y salvador escatológico tanto en el islam sunita como en el chiita. Los chiitas *duocecimanos* creen que un imán, un determinado descendiente de Ali, está oculto y volverá en los últimos días como un personaje mesiánico.

La Meca (en la moderna Arabia Saudita): lugar de nacimiento de Mahoma y ciudad más santa del islam.

Medina (en la moderna Arabia Saudita): (Medinet-el-Nebi: la ciudad del profeta); anteriormente llamada Yazrib, segunda ciudad santa del islam; en 622 A. D. Mahoma huyó de La Meca a Medina (Hégira), dando inicio a la era musulmana.

Quraysh (también coraichitas): tribu de mercaderes de La Meca dentro de la cual nació Mahoma. Los quraysh controlaban la Kaaba. Según la tradición islámica, los quraysh descendían de Ismael, hijo de Abraham.

Ramadán: noveno mes del calendario islámico. Todos los días de este mes, los musulmanes de todo el mundo ayunan desde la salida del sol hasta el crepúsculo. Esta observancia es uno de los cinco pilares del islam (*sawm*).

*Rasul*: «mensajero». Uno que recita la revelación de Dios. Según el islam, Mahoma fue el último y mayor *rasul* de Alá.

Rayab: «el mes honrado»; séptimo mes del calendario islámico. Siendo uno de los cuatro meses «sagrados», la guerra está prohibida durante rayab.

*Sahih*: «auténtico» o «digno de confianza»; dos de las colecciones de hadices reconocidas por el islam sunita se consideran *sahih*, es decir, plenamente fidedignas y sanas: *Sahih al-Bujari* (m. 870) y *Sahih Musulmán* (m. 875).

*Sallallahu 'alayhi wa sallam*: «La bendición y la paz de Dios sean sobre él»; o quizá, más literalmente, «las oraciones de Alá sean sobre él y la paz». A veces abreviada como SAAWS.

*Shahada*: «dar testimonio»; la sincera declaración de fe, en árabe, que hace que una persona sea musulmana: *La iláha íll-Allah Muhámmadun Rasul-Allah* (No hay más dios que Alá, y Mahoma es su profeta). Uno de los cinco pilares del islam. (Ver, p. ej., Corán 3:18-121; 47:19; 48:29; y *Sahih al-Bu-jari*, volumen 1, libro 2, número 8; volumen 2, libro 24, número 573; cf. volumen 4, libro 55, número 644).

*Sharía*: «camino» o «sendero»; cuerpo de la sagrada ley islámica, derivada de las tradiciones y que consigna los deberes que Alá ha ordenado a la comunidad musulmana. El islam sunita tiene cuatro escuelas de *sharía*: Shafii, Hanafi, Hanbali y Maliki, mientras que los chiitas solo tienen una, Jafari. Lo que todas estas escuelas tienen en común sobrepasa con mucho sus diferencias.

*Shirk*: según el islam, el pecado imperdonable de atribuir consortes a Alá, negando su unidad y unicidad (*tawhid*). Los musulmanes creen que los cristianos cometen *shirk* al creer las doctrinas de la Trinidad y la eterna filiación de Jesús.

*Sira* (plural, *siras*): biografía, aludiendo específicamente a la biografía de Mahoma. La biografía de Mahoma más antigua que tenemos es la titulada *Sirat Rasul Allah* [Vida del mensajero de Alá] de Ibn Ishaq (m. hacia 767 A. D.), redactada más de un siglo después de la muerte de Mahoma, y que ha sobrevivido en la obra de Ibn Hisham (m. 827 A. D.) y Al-Tabari (m. 923).

Sunitas: el pueblo de la *sunna*, seguidores del camino y ejemplo de Mahoma. Tras la muerte de Mahoma, se produjo una división acerca del sucesor del profeta. A diferencia de los chiitas, los sunitas creen que la línea de sucesión autorizada es la de los califas «bien guiados» (ver califa). En nuestros días los sunitas constituyen la clara mayoría —entre un 80 y un 90 por ciento— de los mil seiscientos millones de musulmanes que hay en el mundo. Los diez países con una mayor población de musulmanes sunitas son, de mayor a menor, Indonesia, India, Pakistán, Bangladesh, Nigeria, Egipto, Irán, Turquía, Argelia y Marruecos (ver Apéndice).

*Sunna*: camino del profeta; transmisión de la acción normativa del profeta Mahoma, en palabra y hechos, incluyendo consentimientos y censuras tácitas, que los musulmanes siguen para vivir una vida de sumisión a la voluntad de Alá tal como se consigna en los hadices. La *sunna* complementa al Corán como fuente de la teología y *sharía* islámicas.

*Tawhid*: doctrina musulmana esencial de la absoluta unidad, singularidad y unicidad de Alá. El islam niega que Alá tenga compañeros. Los musulmanes entienden que la doctrina cristiana de la Trinidad enseña que Jesús es un compañero de Dios.

Wahabismo: «Secta muy estricta del islam fundada en el siglo XVIII por Muhammad ibn Abd-al-Wahhab como reacción a lo que él percibía como una versión adulterada del islam original. Una alianza religiosa establecida en el siglo XVIII con la monarquía Saud de Arabia Saudita dio un gran impulso al wahabismo que, en el siglo XX, se convirtió en un enorme sistema educativo extremista, financiado con petrodólares sauditas, y construyó mezquitas y escuelas por todo el territorio de Arabia Saudita. (Su extensa influencia nacional es semejante a la del sistema de educación pública estadounidense). Enseña una aplicación estricta de las leyes islámicas en la vida religiosa, política, legal, moral y privada y es escandalosamente anti Estados Unidos e Israel» (Charles Strohmer, «Submit or Die: The Geostrategic Jihad of Osama Bin Laden and Al Qaeda» [Part One], *Christian Research Journal*, volumen 29, número 4 [2006], http://www. equip.org/article/submit-or-die-the-geostrategic-jihad-of-osama-bin-laden-and-al-qaeda-part-one/). Los sauditas han invertido miles de millones de dólares en la exportación del wahabismo más virulento al mundo occidental.

*Yizia*: impuesto por capitación obligatorio para los *dhimmis* bajo hegemonía islámica cuyo incumplimiento se castiga con la muerte.

# SUGERENCIAS
# BIBLIOGRÁFICAS

Análisis y crítica del islam

Ayaan Hirsi Ali, *Reformemos el islam* (Barcelona: Galaxia Gutenberg, 2015)

Mindy Belz, *They Say We Are Infidels: On the Run from ISIS with Persecuted Christians in the Middle East* (Tyndale Momentum, 2016)

David Cook, *Understanding Jihad* (University of California Press, 2005)

Nonie Darwish, *Cruel and Usual Punishment* (Thomas Nelson, 2008)

Darío Fernández-Morera, *The Myth of the Andalusian Paradise: Muslims, Christians, and Jews under Islamic Rule in Medieval Spain* (ISI Books, 2016)

Norman L. Geisler y Abdul Saleeb, *Answering Islam: The Crescent in Light of the Cross*, segunda edición (Baker Books, 2002)

Sebastian Gorka, *Defeating Jihad: The Winnable War* (Regnery Publishing, 2016)

Hank Hanegraaff, ed., *Islam: What You Must Know—The Best of the Christian Research Journal* (Christian Research Institute, 2009)

William Harris, *The Levant: A Fractured Mosaic*, cuarta edición (Markus Wiener Publishers, 2005)

Raymond Ibrahim, *Crucified Again: Exposing Islam's New War on Christians* (Regnery Publishing, 2013)

Abdu H. Murray, *Grand Central Question: Answering the Critical Concerns of the Major Worldviews* (IVP, 2014)

Nabeel Qureshi, *Answering Jihad: A Better Way Forward* (Zondervan, 2016)

Nabeel Qureshi, *No God but One: Allah or Jesus? A Former Muslim Investigates the Evidence for Islam and Christianity* (Zondervan, 2016)

Nabeel Qureshi, *Buscando a Alá, encontrando a Jesús: Un musulmán devoto encuentra al cristianismo (Editorial Vida, 2015)*

Robert Spencer, *Guía políticamente incorrecta del islam (y de las cruzadas)* (Madrid: Ciudadela, 2007)

Robert Spencer, *The Complete Infidel's Guide to the Koran* (Regnery Publishing, 2009)

Robert Spencer, *Not Peace but a Sword: The Great Chasm Between Christianity and Islam* (Catholic Answers, 2013)

Serge Trifkovic, *The Sword of the Prophet: Islam: History, Theology, Impact on the World* (Regina Orthodox Press, 2002)

Serge Trifkovic, *Defeating Jihad: How the War on Terrorism Can Be Won—In Spite of Ourselves* (Regina Orthodox Press, 2006)

Bill Warner, *Sharia Law for the Non-Muslim* (Center for the Study of Political Islam, 2010)

James R. White, *What Every Christian Needs to Know about the Qur'an* (Bethany House, 2013)

Bat Ye'or, *The Decline of Eastern Christianity under Islam: From Jihad to Dhimmitude* (Fairleigh Dickinson University Press, 1996)

## Artículos

William Lane Craig, «The Concept of God in Islam and Christianity», *Reasonable Faith*, 22 junio 2015, www.reasonablefaith.org/the-concept-of-god-in-islam-and-christianity

Raymond Ibrahim, «"Drip-Drip" Genocide: Muslim Persecution of Christians, February, 2017», Gatestone Institute, 28 mayo 2017, www.gatestoneinstitute.org/10426/christian-genocide-muslims

Charles Strohmer, «Submit or Die: The Geostrategic Jihad of Osama Bin Laden and Al Qaeda (Part One), *Christian Research Journal* 29, 4 (2006), www.equip.org/article/submit-or-die-the-geostrategic-jihad-of-osama-bin-laden-and-al-qaeda-part-one/

Charles Strohmer, «Submit or Die: The Geostrategic Jihad of Osama Bin Laden and Al Qaeda (Part Two), Christian Research Journal 29, 5 (2006), www.equip.org/article/submit-or-die-the-geostrategic-jihad-of-osama-bin-laden-and-al-qaeda-part-two/

David Wood, «Will the Real Islam Please Stand Up?», *Christian Research Journal* 37, 6 (2014):pp. 8-15, www.equip.org/article/will-the-real-islam-please-stand-up/

David Wood, «Facing the Islamic Challenge: Field-Tested Responses to Five Common Muslim Objections», *Christian Research Journal* 36, 4 (2013):pp. 10-17, www.equip.org/article/facing-islamic-challenge/

David Wood, «Jihad, Jizya, and Just War Theory», *Christian Research Journal* 36 1, (2013): pp. 42-47, http://www.equip.org/article/jihad-jizya-just-war-theory/

David Wood, «Muhammad and the Messiah: Comparing the Central Figures of Islam and Christianity», *Christian Research Journal* 35, 5 (2012): pp. 42-48, www.equip.org/article/muhammad-messiah-comparing-central-figures-islam-christianity/

## Cruzadas cristianas

Daniel Hoffman, «Hollywood vs. History», *Christian Research Journal* 29, 3 (2006), www.equip.org/article/hollywood-vs-history/

Thomas F. Madden, *The Concise History of the Crusades*, tercera edición para estudiantes (Rowman and Littlefield Publishers, 2013)

Jonathan Riley-Smith, *The Crusades, Christianity, and Islam* (Columbia University Press, 2008)

Rodney Stark, *God's Battalions: The Case for the Crusades* (HarperCollins, 2009)

## Declive de Occidente

Robert H. Bork, *Slouching Towards Gomorrah, Modern Liberalism and American Decline* (Regan Books, 1996)

Patrick J. Buchanan, *Suicide of a Superpower: Will America Survive to 2025?* (Thomas Dunne Books, 2011)

Mary Eberstadt, *It's Dangerous to Believe: Religious Freedom and Its Enemies* (Harper, 2016)

Os Guinness, *Renaissance: The Power of the Gospel However Dark the Times* (InterVarsity Press, 2014)

# AGRADECIMIENTOS

En primer lugar, quiero dar las gracias a mi querido amigo Jack Countryman, sin el cual este texto no se habría convertido en una publicación de HarperCollins. Trabajar de nuevo con el equipo de la división Thomas Nelson es puro deleite. Han estado dispuestos a asumir un proyecto que muchos considerarían demasiado atrevido.

Por otra parte, estoy profundamente agradecido con mis colegas del Christian Research Institute, muchos de los cuales han estado conmigo durante más de dos décadas. Estoy particularmente agradecido a Stephen Ross, mi asistente personal, por su decisiva ayuda en el análisis de cuestiones complejas y, especialmente, por brindarme su preciosa amistad durante casi veintiocho años. No me imagino un día en la oficina sin él. Por otra parte, mi querida esposa, Kathy, y nuestra feliz tribu de doce siguen siendo un santuario en medio de las tormentas y desafíos de la vida.

Por último, y como se pone de relieve en la sección de notas, estoy en deuda con muchos escritores y sus obras. Sin ellos, mi pensamiento se empobrecería en gran manera. Estoy particularmente agradecido a Abdu Murray por sus aportaciones y reflexiones, que han consolidado inmensamente este manuscrito. Y a Robert Spencer por escribir el prólogo de este libro y por su ejemplo en decir las cosas como son sin pensar en el coste. Es tan brillante como valiente. Quiero mencionar también a escritores y comentaristas como Ayaan Hirsi Ali, James M. Arlandson, Mindy Belz, Baron Bodissey, David Cook, William Lane Craig, Nonie Darwish, Mary Eberstadt, Darío Fernández-Morera, Thomas L. Friedman, Sebastian Gorka, William Harris, Daniel Hoffman, Raymond Ibrahim, Thomas F.

Madden, William McCants, Nabeel Qureshi, Jonathan Riley-Smith, Abdul Saleeb, Sam Shamoun, Charles Strohmer, Serge Trifkovic, Bill Warner, David Wood, Graeme Wood y a los investigadores de Answering-islam. org, TheReligionofPeace.com y ClarionProject.org.

Más allá de cualquier adecuada expresión de gratitud está el Dios trino, quien ha ordenado mi vida alrededor de las cosas divinas.

# NOTAS

## Introducción

1. De un discurso del dirigente libio Muamar el Gadafi emitido por Al-Jazeera el 10 de abril de 2006, Middle East Media Research Institute, videoclip 1121, acceso 10 diciembre 2015, www.memritv.org/clip/en/1121.
2. En las dos primeras frases de este párrafo, parafraseo a Serge Trifkovic, *Defeating Jihad: How the War on Terrorism Can Be Won—In Spite of Ourselves* (Boston: Regina Orthodox Press, 2006), p. 57.
3. «Islam is not our adversary», Hillary Clinton, 19 noviembre 2015, Real Clear Politics, acceso 20 febrero 2017, www.realclearpolitics.com/ video/2015/11/19/ hillary_clinton_islam_not_adversary_muslims_peaceful_tolerant_nothing_to_ do_with_terrorism.html. Clinton declaró: «Digamos, en esencia, que libramos una contienda de ideas contra una ideología de odio y hemos de ganar. Pero digámoslo claramente: nuestro adversario no es el islam. Los musulmanes son personas pacíficas y tolerantes, y no tienen absolutamente nada que ver con el terrorismo».

   En Facebook, Clinton expuso: «El islam no es nuestro enemigo. Los yihadistas radicales se sirven de una retórica antimusulmana para reclutar nuevos adeptos. Los comentarios odiosos de Trump no son solo una afrenta a nuestros valores, sino también una amenaza para nuestra seguridad nacional» (8 diciembre 2015, www.facebook.com/hillaryclinton/ photos/a.889773484412515.1073741828.889307941125736/1027635587292970/).
4. George W. Bush, «Address to Joint Session of Congress Following 9/11 Attacks», 20 septiembre 2001, American Rhetoric, acceso 20 febrero 2017, http://www. americanrhetoric.com/speeches/gwbush911jointsessionspeech.htm.
5. Barack Obama, «Remarks by the President at Cairo University, 6-04-09» 4 junio 2009, acceso 21 febrero 2017, obamawhitehouse.archives.gov/the-press-office/ remarks-president-cairo-university-6-04-09.
6. Secretario de Estado John Kerry, via MRC TV video, en Brittany M. Hughes, «Kerry: "The Real Face of Islam is a Peaceful Religion"», CNSNEWs.com, 3 septiembre 2014, www.cnsnews.com/news/article/brittany-m-hughes/ kerry-real-face-islam-peaceful-religion.
7. «Text: National Security Adviser Condoleezza Rice», rueda de prensa, *Washington Post*, 19 septiembre 2001, web.archive.org/web/20020221004915/http://www. washingtonpost.com/wp-srv/nation/specials/attacked/transcripts/ricetext_091901. html.

8. «Text of Prime Minister Tony Blair's Remarks», *New York Times*, 7 octubre 2001, www.nytimes.com/2001/10/07/international/07BLAIR-TEXT.html; ver también video de Blair en el documental *Islam: What the West Needs to Know*, dirigido por Gregory M. Davis y Bryan Daly (Los Ángeles: Quixotic Media, 2006), DVD.

9. Ver *Islam: What the West Needs to Know*, dirigido por Davis y Daly.

10. La traducción que hace Pickthall de Corán 3:19 es directa: «He aquí la religión con Alá (es) rendición [*l-is'lāmu*] (a su voluntad y dirección)»; ver *The Meaning of the Glorious Koran*, trad. de Mohammad Marmaduke Pickthall (Nueva York: New American Library, s. f.), p. 64.

El uso de la palabra árabe que se traduce como islam (raíz *s-l-m*) dentro del sistema histórico religioso-político muestra que islam significa *sumisión* o *resignación* a la voluntad de Alá (ver Thomas Patrick Hughes, *A Dictionary of Islam* [Chicago: KAZI Publications, Inc., 1994, publicado originalmente en 1886], p. 220). Asimismo, un musulmán es «alguien que se somete» a la voluntad de Alá revelada por Mahoma. El historiador y experto en Medio Oriente Daniel Pipes explicó: «Las raíces tienen un significado medular, pero forman también palabras sin relación. En el caso de *s-l-m*, *salām* significa paz y *salāma*, seguridad. Pero la raíz tiene también muchos significados sin relación con este núcleo, como *salam* (una variedad de acacia), *sullam* (escalera), *sulāmā* (falange de la mano o del pie), *sulaymāni* (cloruro de mercurio), *aslama* (traicionar) e *islām* (sumisión). No hay ninguna conexión entre los significados de *salām* e *islām*, paz y sumisión. Sos dos palabras distintas con significados inconexos. En pocas palabras, "islam = sumisión"». Ver Daniel Pipes, «"Islam" Does Not Mean "Peace"», Daniel Pipes: *Middle East Forum*, 9 octubre 2005, actualizado 6 febrero 2016, acceso 9 septiembre 2016, www.danielpipes.org/blog/2005/10/islam-does-not-mean-peace.

El propio Corán no define islam como *paz*, sino como *sumisión* o *rendición*. Como demostración, el apologista cristiano Sam Shamoun cita muchos pasajes coránicos, entre ellos los siguientes:

- Decid (oh, musulmanes): «Creemos en Alá y en lo que se nos ha revelado, en lo que se reveló a Abraham, Ismael, Isaac, Jacob y las tribus, en lo que Moisés, Jesús y los profetas recibieron de su Señor. No hacemos distinción entre ninguno de ellos y a él nos hemos sometido» [2:136].
- ¡Pues sí! Quien *se someta (aslama)* a Alá y haga el bien, tendrá su recompensa junto a su Señor. No tiene que temer y no estará triste [2:112].
- Cuando su Señor le dijo: «*¡Sométete! (aslim)*». Dijo: «*Me someto (aslamtu)* al Señor del universo» [2:131].
- ¿Desearían una religión diferente de la de Alá, cuando los que están en los cielos y en la tierra *se someten (aslama)* a él de grado o por fuerza? Y serán devueltos a él [3:83].
- ¿Quién es mejor, tocante a religión, que quien *se somete (aslama)* a Alá, hace el bien y sigue la religión de Abraham, un hombre de fe pura? Alá tomó a Abraham como amigo [4:125].

Según se cita en Sam Shamoun, «Did Jesus Command His Followers to Be Muslims?», *Answering Islam*, acceso 10 febrero 2016, www.answering-islam.org/Responses/Ataie/jesus_muslim.htm. Ver también Arthur Jeffrey, «Introduction»,

*Islam: Muhammad and His Religion*, ed. Arthur Jeffrey (Indianápolis: Bobbs-Merrill, 1958), p. xii; Bassam Darwich, «Islam and Peace», Answering Islam, acceso 9 septiembre 2016, www.answering-islam.org/Hoaxes/salamislam.html; y «Myths of Islam: Islam Means "Peace"», What Makes Islam So Different, The Religion of Peace, acceso 9 septiembre 2016, www.thereligionofpeace.com/pages/myths/means-peace.aspx.

11. No todas las versiones del Corán utilizan el mismo sistema de numeración. Si en algún caso citamos una referencia específica que no se corresponde con la versión del Corán que está usted utilizando, mire uno o dos versículos antes o después y probablemente encontrará la referencia en cuestión.

12. Ver Serge Trifkovic, *The Sword of the Prophet: Islam: History, Theology, Impact on the World* (Boston: Regina Orthodox Press, 2002), capítulo dos, en especial pp. 55, 83-86. Un artículo de enseñanza musulmama declaró: «El islam es una forma de vida completa. Se extiende a todo el espectro de la vida, enseñándonos a comportarnos en todas las actividades humanas de forma sana y saludable». Por tanto, «cuando leemos el Corán o las tradiciones proféticas, encontramos instrucciones sobre todos los aspectos de la vida: políticos, sociales, económicos, materiales, éticos, nacionales e internacionales. Estas instrucciones nos ofrecen todos los detalles necesarios para llevar a cabo una determinada acción». Entre las implicaciones de esta doctrina completa está, por ejemplo, la idea de que «una creencia espiritual que no afecta a la conducta social, las relaciones comerciales y las organizaciones internacionales es tan errónea como la doctrina social que no considera las creencias espirituales, la moralidad y la conducta». «Islam: A Complete Code of Life», Islamweb.net, 8 abril 2014, www.islamweb.net/en/article/111867/islam-a-complete-code-of-life; e «Islam: A Comprehensive Way of Life», Islamweb.net, 17 abril 2016, www.islamweb.net/en/article/158625/islam-%EF%BF%BD%EF%BF%BD-a-comprehensive-way-of-life.

13. Ver Ibn Ishaq, *The Life of Muhammad: A Translation of Ishaq's Sirat Rasul Allah*, trad. A. Guillaume (Oxford: Oxford University Press, 1955, 2001), pp. 675-76; Ali Dashti, *Twenty Three Years: A Study of the Prophetic Career of Mohammad*, trad. F. R. C. Bagley (Londres: Routledge, 1985, 1994), p. 100, *online* en books.google.com; cf. Al-Waqidi, *The Life of Muhammad: Al-Wāqidī's Kitāb al-Maghāzī*, ed. Rizwi Faizer, trad. Rizwi Faizer, Amal Ismail y Abdulkader Tayob (Londres: Routledge, 2011), pp. 85-86.

14. Rachel Donadio, «Provocateur's Death Haunts the Dutch», *International New York Times*, 30 octubre 2014, www.nytimes.com/2014/11/02/arts/provocateurs-death-haunts-the-dutch-.html.

15. Como apologista cristiano David Wood explicó: «La biografía de Mahoma más antigua que tenemos es *Sirat Rasul Allah* [La vida del mensajero de Alá] de Muhammad ibn Ishaq, nacido a comienzos del siglo VIII en Medina. Su abuelo, Yasar, se hizo musulmán poco después de ser capturado alrededor del año 634 A. D. [El profeta Mahoma murió en 632]. Ishaq, el hijo de Yasar, comenzó a recopilar tradiciones sobre Mahoma, y su nieto Muhammad siguió los pasos de su padre. Cuando cumplió los treinta, Muhammad ibn («hijo de») Ishaq fue reconocido como una autoridad en las tradiciones sobre Mahoma. Ibn Ishaq consignó las fuentes más confiables en el texto de *Sirat Rasul Allah*, ofreciéndonos una fuente temprana, en gran medida rigurosa y fidedigna sobre la vida de Mahoma» (David Wood, «Murdered by Muhammad: The Brutal Deaths of Islam's Earliest

Enemies», Answering Infidels, web.archive.org/web/20060929050902/http://www. answeringinfidels.com/content/view/61/42/).

En otro lugar Wood explicó que el Corán contiene muy pocos detalles biográficos sobre Mahoma. Además, la biografía de Ibn Ishaq, escrita más de un siglo después de la muerte de Mahoma, es a menudo criticada por los musulmanes modernos, que consideran que «la metodología de Ishaq era defectuosa, forzándoles a recurrir a obras incluso posteriores para obtener información sobre su profeta. Las colecciones de relatos sobre Mahoma más confiables del islam (p. ej., el *Sahih al-Bujari*, el *Sahih Musulmán*, etc.) se escribieron aproximadamente dos siglos (o más) después de los acontecimientos que consignan»; ver David Wood, «Muhammad and the Messiah: Comparing the Central Figures of Islam and Christianity», *Christian Research Journal* 35, 5 [2012]: p. 44, énfasis en el original, disponible *online* en equip.org.

16. Ishaq, *The Life of Muhammad*, p. 464 (ver pp. 461 y ss. para un relato completo); *Sahih al-Bujari*, Volumen 5, Libro 59, Número 447; *Sahih al-Bujari*, Volumen 5, Libro 59, Número 362; *Sunan Abu Dawud*, Libro 39, Hadiz 4390. Ver también Al-Tabari, *The History of al-Tabari: The Victory of Islam*, vol. 8, trad. Michael Fishbein (Albany: SUNY Press, 1997), pp. 27-41, kalamullah.com/Books/The%20 History%20Of%20Tabari/Tabari_Volume_08.pdf. Cf. Al-Waqidi, *The Life of Muhammad*, p. 252 (pp. 244 y ss.).

17. Las fuentes musulmanas más antiguas consignan que Mahoma fue envenenado (ver *Sahih al-Bujari*, Volumen 5, Libro 59, Número 713 [y Número 551]; Volumen 3, Libro 47, Número 786; *Sahih Musulmán*, Libro 26, Número 5430; Al-Tabari, *The History of al-Tabari: The Victory of Islam*, vol. 8, trad. Fishbein, pp. 123-24). Expongo esto en el capítulo 1, pp. 22-23, y en el Apéndice, pp. 199-202.

18. Ver Trifkovic, *Sword of the Prophet*, p. 95; Bat Ye'or, *The Decline of Eastern Christianity under Islam: From Jihad to Dhimmitude* (Madison, NJ: Fairleigh Dickinson University Press, 1996), pp. 43-46; Robert G. Hoyland, *In God's Path: The Arab Conquest and the Creation of an Islamic Empire* (Nueva York: Oxford University Press, 2015), pp. 39-55; Richard Robert Madden, *The Turkish Empire: In Its Relations with Christianity and Civilizations* (Londres: T. Cautley Newby, 1862), pp. 134-135.

19. Hay buenos análisis de este asunto en Bat Ye'or, *The Decline of Eastern Christianity under Islam: From Jihad to Dhimmitude* (Madison, NJ: Fairleigh Dickinson University Press, 1996), pp. 43-52; Robert Spencer, *The Complete Infidel's Guide to ISIS* (Washington, DC: Regnery Publishing, 2015), pp. 195-214; Trifkovic, *Sword of the Prophet*, pp. 87-96; James M. Arlandson, «Timeline of the Islamic Crusades: The Truth about Islamic Imperialism», Answering Islam, acceso 2 octubre 2016, www. answering-islam.org/Authors/Arlandson/crusades_timeline.htm.

20. El gran cisma de 1054 fue el «suceso que precipitó la separación final entre las iglesias cristianas orientales (dirigidas por el patriarca de Constantinopla, Michael Cerularius) y la Iglesia occidental (dirigida por el papa León IX). Aquel año, las recíprocas excomuniones del papa y el patriarca se convirtieron en un punto de inflexión en la historia de la Iglesia» («Schism of 1054», *Encyclopedia Britannica*, www.britannica.com/event/Schism-of-1054).

21. Ver Thomas F. Madden, «Crusade Myths», Ignatius Insight, s. d., www. ignatiusinsight.com/features2005/tmadden_crusademyths_feb05.asp.

22. Ver Thomas F. Madden, *The New Concise History of the Crusades* (Lanham, MD: Rowman and Littlefield Publishers, 2006); Rodney Stark, *God's Battalions: The Case for the Crusades* (Nueva York: HarperCollins, 2009); Jonathan Riley-Smith, *The Crusades, Christianity, and Islam* (Nueva York: Columbia University Press, 2008).

23. Trifkovic, *Sword of the Prophet*, pp. 112-13.

24. Ibíd., pp. 113-25; Raymond Ibrahim, «The Forgotten Genocide: Why It Matters Today», Raymond Ibrahim, 24 abril 2013, raymondibrahim.com/2013/04/24/the-forgotten-genocide-why-it-matters-today/; «The Armenian Genocide and Turkey's Attempt to Deny It», *Armenian National Committee of America*, 6 julio 2015, web. archive.org/web/20150706045638/http:/www.anca.org/genocide/denial.php; Taner Akcam, *A Shameful Act: The Armenian Genocide and the Question of Turkish Responsibility* (Nueva York: Henry Holt and Company, 2006), pp. 42-48, 105-108.

25. Trifkovic, *Sword of the Prophet*, pp. 124-25.

26. Ver artículo del reverendo padre Raphael Moore, «In Memory of the 50 Million Victims of the Orthodox Christian Holocaust, Compiled by Rev. Archimandrite Nektarios Serfes», Serfes.org, octubre 1999, www.serfes.org/orthodox/memoryof.htm.

27. Moore, «In Memory of the 50 Million Victims»; ver también «Adolf Hitler, Chancellor of Nazi Germany (1933-45)», Armenian National Institute, www.armenian-genocide.org/hitler.html; cf. Stefan Ihrig, «How the Armenian Genocide Shaped the Holocaust», *The Daily Beast*, 24 enero 2016, www.thedailybeast.com/articles/2016/01/24/how-the-armenian-genocide-shaped-the-holocaust.html; Elias Maglinis, «Ataturk in the Nazi Imagination», Ekathimerini, 7 marzo 2016, www.ekathimerini.com/209963/article/ekathimerini/life/ataturk-in-the-nazi-imagination.

28. Ver «Turkish soccer fans boo moment of silence for Paris attacks victims», CBSN, 18 noviembre 2015, www.youtube.com/watch?v=5-_dqcgirf4; para quienes deseen acceder a un contexto más completo de este incidente, ver «Türkiye Yunanistan maçı öncesinde Paris saldırılarında ölenler için yapılan saygı duruşu ıslıklandı», Medyascope.tv, 17 noviembre 2015, www.youtube.com/watch?v=dtMiwVpYAmo.

29. «Christian Workers in Syria Crucified, Beheaded», Christian Aid Mission, 1 octubre 2015, acceso 1 octubre 2016, www.christianaid.org/News/2015/mir20151001.aspx?SC=MIR; ver también los artículos de Nina Shea, «ISIS and Religious Genocide in the Mideast», *National Review*, 9 octubre 2015, acceso 1 octubre 2016, www.nationalreview.com/article/425288/isis-and-religious-genocide-mideast-nina-shea, y Kirsten Powers, «John Kerry Should Recognize Christian Genocide», *USA Today*, 7 diciembre 2015, acceso 8 diciembre 2015, www.usatoday.com/story/opinion/2015/12/07/isil-murder-christians-middle-east-recognition-genocide-column/76932274/.

30. Adam Nossiter y Hannah Olivennes, «Jacques Hamel, 85, a Beloved French Priest, Killed in His Church», *New York Times*, 26 julio 2016, acceso 1 octubre 2016, www.nytimes.com/2016/07/27/world/europe/jacques-hamel-85-a-beloved-french-priest-killed-in-his-church.html?_r=0.

31. Según el islam convencional, el Corán es la única palabra eterna y perfecta de Alá, pero las palabras y acciones de Mahoma (*sunna:*), tal como las consignan sus seguidores en las colecciones de relatos (*ahadith*), y en menor medida las biografías (*siras*), iluminan el Corán. El islam sunita reconoce la autoridad de seis colecciones de hadices, de las que dos son *sahih*, es decir, más «sanos» o «dignos de confianza»: *Sahih al-Bujari* (m. 870), *Sahih Musulmán* (m. 875), *Sunan Abu*

*Dawud* (m. 888), *Jami' at-Tirmidhi* (m. 892), *Sunan Ibn Majah* (m. 886) y *Sunan Al-Nasa'i* (m. 915).

En el islam, «consenso» (*ijma*) alude al acuerdo sobre un asunto por parte de un grupo específico de musulmanes en cuanto, digamos, a la *sharía* en particular o a los musulmanes en general. Aludo aquí al consenso de la inmensa mayoría de los musulmanes, el cual incluye los fundamentos de la doctrina y práctica islámica.

32. Serge Trifkovic escribió: «Europa está perdiendo su capacidad de definirse y defenderse en beneficio de multitudes no asimilables, llenas de desprecio por la sociedad que les acoge. Esta sociedad está siendo absorbida como una pitón que se traga a su presa, lentamente, mediante una digestión larga» (Trifkovic, *Defeating Jihad*, p. 74).

33. De un discurso del dirigente libio Muamar el Gadafi emitido por la cadena Al-Jazeera el 10 abril de 2006, Middle East Media Research Institute, videoclip 1121, acceso 10 diciembre 2015, www.memritv.org/clip/en/1121.

34. «Gruesome Details of Gadhafi's Rape of Teenagers and Other Crimes Revealed», *Haaretz*, 26 enero 2014, www.haaretz.com/middle-east-news/1.570727; «Gaddafi's Rape Chambers Revealed in BBC Documentary», *The Clarion Project*, 29 enero 2014, acceso 10 diciembre 2015, www.clarionproject.org/news/gaddafis-rape-chambers-revealed-bbc-documentary.

35. Ver Ashifa Kassam, *et al.*, «Europe Needs Many More Babies to Avert a Population Disaster», *The Guardian*, 22 agosto 2015, www.theguardian.com/world/2015/aug/23/baby-crisis-europe-brink-depopulation-disaster; «Statistical bulletin: Births in England and Wales: 2015», Office for National Statistics, www.ons.gov.uk/peoplepopulationandcommunity/birthsdeathsandmarriages/livebirths/bulletins/birthsummarytablesenglandandwales/2015; «A statistical Overview of the Belgian Population», Belgium.be, www.belgium.be/en/about_belgium/country/Population/.

36. Karl Vick con Simon Shuster, «Person of the Year 2015: Chancellor of the Free World», *Time*, acceso 1 agosto 2016, time.com/time-person-of-the-year-2015-angela-merkel/.

37. «Germany Passes Japan to Have World's Lowest Birthrate—Study», *BBC News*, 29 mayo 2015, www.bbc.com/news/world-europe-32929962.

38. Vick, Shuster, «Person of the Year 2015».

39. El día 13 de noviembre de 2015 se produjeron en París una serie de ataques yihadistas islámicos que se saldaron con 130 muertos y cientos de heridos más.

40. El total de la deuda federal es de al menos treinta billones de dólares. Ver Vance Ginn, «You Think the Deficit Is Bad? Federal Unfunded Liabilities Exceed $127 Trillion», *Forbes*, 17 enero 2014, www.forbes.com/sites/realspin/2014/01/17/you-think-the-deficit-is-bad-federal-unfunded-liabilities-exceed-127-trillion/#713f99fa10d3; Michele Ye Hee Lee, «Ben Carson's Claim That the U.S. Owes $211 Trillion Beyond the Reported Federal Debt», *The Washington Post*, 13 mayo 2015, https://www.washingtonpost.com/news/fact-checker/wp/2015/05/13/ben-carsons-claim-that-the-u-s-owes-211-trillion-beyond-the-reported-federal-debt/?noredirect=on&utm_term=.e0b46d3d7e5f; Chris Cox y Bill Archer, «Cox and Archer: Why $16 Trillion Only Hints at the True U.S. Debt», *The Wall Street Journal*, 28 noviembre 2012, www.wsj.com/articles/SB10001424127887323353204578127374039087636.

41. Baron Bodissey ofrece un hermoso relato en «The Other September 11th», *The Gates of Vienna*, 11 septiembre 2006, acceso 1 octubre 2016, gatesofvienna. blogspot.com/2006/09/other-september-11th.html.

42. Andreas Rinke, «Merkel says Islam "belongs to Germany" ahead of Dresden rally», *Reuters*, 12 enero 2015, www.reuters.com/article/ us-germany-islam-merkel-idUSKBN0KL1S020150112.

43. Mark Steyn, «It's the Demography, Stupid: The Real Reason the West Is in Danger of Extinction», *The Wall Street Journal*, actualizado 4 enero 2006, www.wsj.com/ articles/SB122531242161281449.

44. Steyn, «It's the Demography, Stupid».

45. David French, «The Attorney General of the United States Is Disgracing Herself», *National Review*, 4 diciembre 2015, www.nationalreview.com/ article/428048/san-bernardino-shooting-loretta-lynch-muslim-backlash, 19 septiembre 2016; Josh Gerstein, «Lynch Warns Against Anti-Muslim Backlash», *Politico*, 3 diciembre 2015, acceso 19 septiembre 2016, www.politico.com/blogs/ under-the-radar/2015/12/lynch-warns-against-anti-muslim-backlash-216421.

46. Bill Warner, *Sharia Law for Non-Muslim* (s. l.: Center for the Study of Political Islam, 2010), p. 22, cursivas del autor. Warner está parafraseando a Ahmad ibn Naqib al-Misri, *Reliance of the Traveller: A Classic Manual of Islamic Sacred Law*, ed. rev., ed. y trad. Nuh Ha Mim Keller (Beltsville, Maryland: Amana Publications, 1991, 1994), o9.8; ver nota 133, p. 250.

47. Ibn Khaldun, *The Muqaddimah: An Introduction to History*, trad. Franz Rosenthal; ed. y abreviado por N. J. Dawood (Princeton: Princeton University Press, 1967), p. 183, cursivas del autor.

48. Jihadist News, «Abu Bakr al-Baghdadi Appears in Video, Delivers Sermon in Mosul», SITE Intelligence Group, acceso 16 julio 2016, https://news.siteintelgroup. com/Jihadist-News/abu-bakr-al-baghdadi-appears-in-video-delivers-sermon-in-mosul.html.

49. The Week Staff, «How Saudi Arabia Exports Radical Islam», *The Week*, 8 agosto 2015, acceso 16 julio 2016, theweek.com/articles/570297/ how-saudi-arabia-exports-radical-islam.

# Capítulo 1: Mahoma

1. Muhammad Iqbal, *Jāvīdnāma* (Lahore: s. e., 1932), línea 608, citado en Annemarie Schimmel, *And Muhammad Is His Messenger: The Veneration of the Prophet in Islamic Piety* (Chapel Hill, NC: University of North Carolina Press, 1985), p. 239.

2. Muhammad Iqbal, *Rumūz-i bēkhudī* (Lahore: s. e., 1917), p. 190, citado en Schimmel, *And Muhammad Is His Messenger*, p. 256.

3. Iqbal, *Jāvīdnāma*, línea 608, citado en Schimmel, *And Muhammad Is His Messenger*, p. 239.

4. Ver Samuel M. Zwemer, *The Moslem Christ* (Edimburgo, Escocia: Oliphant, Anderson, and Ferrier, 1912), capítulo 7, acceso 22 julio 2016, www.answering-islam.org/Books/Zwemer/Christ/chap7.htm; Schimmel, *And Muhammad Is His Messenger*, pp. 105-122, 257-59.

5. Se hace necesaria una breve nota sobre el concepto de islam liberal. Como observa Abdu Murray: «Algunos que se llaman musulmanes se esfuerzan en moderar el

islam alejándose del ejemplo de Mahoma y explicando que sus obras son necesarias o justificables en aquel lugar y aquel tiempo, pero no para nuestra cultura. Aunque tales personas dirían que siguen a Mahoma en teoría, no lo hacen en la práctica. Sin embargo, los musulmanes fundamentalistas suelen afirmar que tales personas no son en realidad musulmanes» (de un análisis no publicado de *Musulmán*, encargado por la editorial, abril 2017).

6. Ghazzali, *Iḥyā' 'ulūm ad-dīn*, 2:300, citado en Schimmel, *And Muhammad Is His Messenger*, p. 31.

7. Schimmel sigue diciendo: «Ha sido recientemente cuando este mundo tradicional se ha venido abajo con la arremetida de la moderna cultura tecnológica. Sin duda, la conciencia del peligro que confronta ahora la tradición islámica ha contribuido al repentino crecimiento del fundamentalismo islámico que ha tomado por sorpresa al desprevenido mundo occidental» (Schimmel, *And Muhammad Is His Messenger*, p. 55).

8. Ver Corán 33:21; 68:4; ver también 3:31; 4:59, 80; 5:92; 24:63; 64:12. Se dice que Ali ibn Abi Talib, primo y yerno de Mahoma y califa entre 656 y 661, dijo sobre Mahoma: «Era la más generosa de las personas, la más veraz en sus palabras, la de temperamento más amable y las más noble en su afabilidad social. Cuando alguien se encontraba con él de forma inesperada se sentía sobrecogido por él, y cuando las personas se relacionaban con él con plena conciencia de quién era, le amaban. [...] Nunca he conocido a alguien como él, ni antes ni después de él» (citado en *The Study Quran: A New Translation and Commentary*, ed. Seyyed Hossein Nasr [Nueva York: HarperOne, 2015], p. 1025, nota en Corán 33:21).

9. El venerable traductor musulmán Yusuf Ali ensalza a Mahoma como «el último y más sublime de los mensajeros de Alá» (Abdullah Yusuf Ali, *The Meaning of the Holy Qur'an*, décima edición [Beltsville: MD: Amana Publications, 1999, 2001], p. 389 [nota 1127 en Corán 7:157]).

10. A Mahoma se le llama «el enviado de Alá y el sello de los profetas» (Corán 33:40; ver también 48:8-9). *Sahih Musulmán* consigna: «Abu Huraira afirmó que el mensajero de Alá (la paz sea con él) dijo: "Se me ha dado superioridad sobre los demás profetas en seis sentidos: se me han dado palabras concisas pero de significado exhaustivo; se me ha ayudado con el terror (en los corazones de mis enemigos); se me ha concedido derecho legal sobre los botines; he convertido la tierra en un lugar limpio y de adoración; se me ha enviado a toda la humanidad y conmigo se ha cerrado la línea de los profetas"» (Libro 4, Número 1062, www.usc.edu/org/cmje/religious-texts/hadith/muslim/004-smt.php#004.1062); ver también *Sahih Musulmán*, Libro 030, Número 5673; *Sahih al-Bujari*, Volumen 4, Libro 56, Hadiz 735; *Sahih Musulmán*, Libro 004, Número 1062; *Sahih Musulmán*, Libro 30, Número 5655.

Schimmel escribió: «De entre los grandes mensajeros se distinguen generalmente a cinco que forman la categoría de los ūlū'l-*'azm*, "los que tienen firme resolución" (Corán 46:34): Mahoma, Abraham (el padre de las tres "religiones abrahámicas": el judaísmo, el cristianismo y el islam), Moisés, Jesús y Noé. Abraham ocupa el rango más elevado después de Mahoma; [...] la posición [de Mahoma] como *ḥabīb Allāh* ["amado amigo de Dios"] se ha aceptado generalmente dentro de la devoción musulmana, mientras que en el caso de Abraham se usa exclusivamente la expresión *khalīl Allāh* ["buen amigo de Dios"], y para Moisés, *kalīm Allāh*, ["aquel a quien Dios habló"]. De hecho, del papel de Mahoma como *ḥabīb Allāh* puede sacarse la conclusión: (como hicieron Ibn Arabi y sus seguidores) de que el islam es "la religión del amor", puesto que "la consideración de perfecto amor es apropiada para Mahoma más que para ningún otro profeta"» (Schimmel, *And Muhammad Is His Messenger*, pp. 56-57).

Stephen Schwartz lo expresa así: «Los musulmanes creen que Mahoma es compañero de Moisés y Jesús en la constelación de los profetas, aunque es también el principal de ellos, su sello y corona. El islam refuerza el mensaje de los anteriores profetas para apoyar esta posición, de modo que dicho mensaje se concentre y se enfoque a través de Mahoma» (Stephen Schwartz, *The Two Faces of Islam: The House of Sa'ud from Tradition to Terror* [Nueva York: Doubleday, 2002], p. 13).

Dentro de las tradiciones contradictorias hay también exhortaciones a considerar a Mahoma como un igual de los otros profetas, no mayor (ver, p. ej., *Sahih Musulmán*, Libro 30, Número 5854).

11. Las fechas de la vida de Mahoma y del islam temprano son aproximaciones. Mi breve esbozo de los acontecimientos de la vida de Mahoma se basa en los relatos tradicionales musulmanes, entre ellos los de Ibn Ishaq (m. 767) —*The Life of Muhammad*—, Al-Waqidi (m. hacia 820) —*Military Campaigns of the Prophet*—, Al-Tabari (m. 923) —*History of the Prophets and Kings*— y en los hadices que gozan de mayor reconocimiento: *Sahih al-Bujari* (m. 870) y *Sahih Musulmán* (m. 875). Como explicó Serge Trifkovic: «La información que tenemos sobre la vida de Mahoma es principalmente de fuentes musulmanas: el Corán, los hadices o tradiciones consignadas sobre el profeta y el consenso de los eruditos islámicos. Estas fuentes nos ofrecen un relato que puede no ser históricamente exacto, pero que es esencial, puesto que todos los verdaderos musulmanes lo consideran factual y se usa como base escrituraria para la fe, la política, la acción y las leyes» (Serge Trifkovic, *Defeating Jihad: How the War on Terrorism Can Be Won—In Spite of Ourselves* [Boston: Regina Orthodox Press, 2006], p. 21).

Raymond Ibrahim, investigador especializado en Medio Oriente y el islam, resumía muy bien la situación: «Se ha subrayado, con razón, que probablemente no hay ningún personaje de la antigüedad tardía mejor documentado que Mahoma. Existen, literalmente, miles de páginas que consignan lo que los musulmanes consideran declaraciones textuales de su profeta y hechos atribuidos a él. Estos son los "hadices" que, después del Corán, son la segunda fuente más importante para la jurisprudencia islámica. Hay también obras históricas como las de Ibn Ishaq del siglo VIII *The Life of Muhammad*, la biografía más antigua del profeta del islam, así como las voluminosas historias de Al-Tabari, Al-Baladhuri y Al-Waki, que relatan la vida y especialmente las proezas militares de Mahoma. [...] La pregunta "¿Qué haría Mahoma?" en una determinada circunstancia es de suma importancia para los musulmanes sunitas (la palabra "sunita" denota la necesidad de emular a Mahoma de todas las formas posibles). No es, por tanto, de extrañar que el retrato del fundador del islam —su vida, obras, palabras, carácter, preferencias y aversiones— sea muy claro; hay muy pocos aspectos (o ninguno) de la vida de Mahoma que estén abiertos a las conjeturas. Cabe repetir que, basándonos únicamente en estas fuentes a las que los musulmanes atribuyen una gran autoridad, pueden llenarse páginas y páginas de acciones poco admirables atribuidas a Mahoma: enfrentamientos violentos y gratuitos, ejecuciones masivas, asesinatos, mentiras, robos, esclavitud de mujeres y niños, y el matrimonio con una niña de nueve años» (Raymond Ibrahim, «Jesus and Mohammad, Version 2.0», *National Review*, 10 septiembre 2007, www.nationalreview.com/article/221984/

jesus-and-mohammad-version-20-raymond-ibrahim). Ver también nota 15 de la Introducción.

12. Con respecto al crecimiento del islam contemporáneo, ver Michael Lipka y Conrad Hackett, «Why Muslims are the world's fastest-growing religious group», Pew Research Center, 23 abril 2015, acceso 12 septiembre 2016, www.pewresearch. org/fact-tank/2015/04/23/why-muslims-are-the-worlds-fastest-growing-religious-group/; «The Future of World Religions: Population Growth Projections, 2010-2050», Pew Research Center, 2 abril 2015, acceso 12 septiembre 2016, www. pewforum.org/2015/04/02/religious-projections-2010-2050/.

13. Este mensaje se convirtió en Corán 96:1-5. Ibn Ishaq, *The Life of Muhammad: A Translation of Ishaq's Sirat Rasul Allah*, trad. A. Guillaume (Oxford: Oxford University Press, 1955, 2001), p. 106 (ver contexto en pp. 104-107). *Qur'an* en árabe, de *qara'a* «leer».

14. Ishaq, *The Life of Muhammad*, p. 106 (ver pp. 106-107), cursivas del autor; ver también Al-Tabari, *The History of al-Tabari: Muhammad at Mecca*, vol. 6, trad. W. Montgomery Watt y M. V. McDonald (Albany: State University of New York Press, 1988), pp. 67-77, especialmente pp. 71-72, kalamullah.com/Books/The%20 History%20Of%20Tabari/Tabari_Volume_06.pdf; cf. *Sahih al-Bujari*, Volumen 9, Libro 87, Hadiz 111; Volumen 1, Libro 1, Hadiz 3; Volumen 6, Libro 60, Hadiz 478.

15. Ishaq, *The Life of Muhammad*, p. 106.

16. Ibíd., p. 107, cursivas del autor.

17. Ver Corán 10:94-95 (cf. 3:60-63). Las citas de la nota 14 de este capítulo transmiten que las dudas de Mahoma persistían. La tradición indica también que Mahoma estaba fascinado por la magia, ver *Sahih al-Bujari*, Volumen 7, Libro 71, Número 660 (y Números 658 y 661); *Sahih al-Bujari*, Volumen 4, Libro 54, Número 490.

18. Al-Tabari escribió: «El mensajero de Dios dejó por un tiempo de recibir inspiración, y ello le angustiaba profundamente. Este comenzó a subir a los despeñaderos para acabar con su vida; pero cada vez que alcanzaba de una cima, Gabriel se le aparecía y le decía: "Tú eres el profeta de Dios". Estas palabras aplacaban en seguida su ansiedad y le hacían volver en sí» (*The History of al-Tabari: Muhammad at Mecca*, vol. 6, trad. Watt y McDonald, p. 76).

19. Ver Al-Tabari, *The History of al-Tabari: Muhammad at Mecca*, vol. 6, trad. Watt y McDonald, p. 76.

20. El politeísmo cree en la existencia de «muchos dioses». La mayoría de las religiones del mundo son politeístas, a diferencia del judaísmo, el cristianismo y el islam, que sostienen alguna forma de monoteísmo (la creencia de que existe un único Dios. El teísmo es la creencia de que existe un solo y único Dios personal y soberano, que es el trascendente creador del mundo y su inmanente sustentador. Cabe contrastar estas ideas con el panteísmo («todo es Dios»), la creencia de que, en última instancia, Dios y el mundo son lo mismo.

21. Zamzam es el pozo sagrado situado dentro de la Gran Mezquita de La Meca. La tradición islámica cuenta que es «el mismo manantial del que Agar e Ismael bebieron en el desierto. [...] El agua de Zamzam se tiene en gran estima por todo Oriente. Se usa para beber y realizar abluciones, pero no para propósitos más bajos; y [los mecanos] aconsejan a los peregrinos finalizar su ayuno bebiendo de ella» (Thomas Patrick Hughes, *A Dictionary of Islam* [Chicago: KAZI Publicaciones, Inc., 1994, publicado originalmente en 1886], p. 701).

22. Corán 94:1 es una posible referencia a este aspecto de la historia. Ver *Sahih Musulmán*, Libro 001, Número 0311; Ibn Ishaq, *The Life of Muhammad*, pp. 71-72.

23. Ver Al-Tabari, *The History of al-Tabari: Muhammad at Mecca*, vol. 6, trad. Watt y McDonald, pp. 75, 78.

24. *Masjid Al-Aqsa* significa «la mezquita más distante» o el lugar de adoración más lejano del Dios único. La mezquita se eleva junto a la Cúpula de la Roca de Jerusalén y es el tercer lugar santo del islam después de La Meca y Medina.

25. «El viaje nocturno y la ascensión (Parte 3 de 6): La ascensión», The religion of Islam, https://www.islamreligion.com/es/articles/1511/viewall/el-viaje-nocturno-y-la-ascension-parte-1-de-6/.

26. Ver Corán 52:4.

27. Ver Corán 53:14.

28. La tradición concuerda que Mahoma estuvo en la presencia misma de Alá, ¿pero llegó a verle? Muchos musulmanes dicen que las palabras de 53:1-18 y 81:15-29 conjuntamente con los relatos de la ascensión al cielo indican que sí. La colección de *Sahih Musulmán* en USC-CMJE afirma: «Capítulo 78: SIGNIFICADO DE LAS PALABRAS DE ALÁ: "ÉL LE VIO EN OTRO DESCENSO" (AL-QUR'AN, LIII. 13). ¿VIO EL APÓSTOL (QUE LA PAZ SEA CON ÉL) A SU SEÑOR EN LA NOCHE DE SU VIAJE (AL CIELO)? Libro 001, Número 0334: Se narra con la autoridad de Ibn Abbas que él (el santo profeta) vio (a Alá) con su corazón». Y Libro 001, Número 0335: «Se narra con la autoridad de Ibn Abbas que las palabras: "El corazón no desmentía lo que veía" (al-Qur'an, Iiii. 11) y "Ciertamente le vio en otro descenso" (al-Qur'an, Iiii. 13) implican que le vio dos veces con su corazón» (www.usc.edu/org/cmje/religious-texts/hadith/muslim/001-smt.php#001.0334).

   Por otra parte, hay mucho desacuerdo sobre la traducción y significado del *Sahih Musulmán*, Libro 1, Números 0341 y 0342, que para muchos implican que Mahoma vio a Alá («Él es luz»; «Yo vi luz»). Otros lo niegan. «Narrado por Masruq: "Le dije a Aisha, '¡Oh, madre! ¿Vio el profeta Mahoma a su Señor?'". Aisha dijo: "¿Lo que usted ha dicho me pone los pelos de punta! Ha de saber que si alguien le dice una de las tres cosas siguientes, es un mentiroso: quienquiera que le diga que Mahoma vio a su Señor, es un mentiroso". A continuación Aisha recitó el versículo: "La vista no le alcanza, pero él sí que alcanza la vista. Es el Sutil, el Bien Informado"». [Corán 6:103] «A ningún mortal le es dado que Alá le hable si no es por inspiración, o desde detrás de una cortina. [Corán 42:51]» (*Sahih al-Bujari*, Volumen 6, Libro 60, Número 378, sunnah.com/bukhari/65; ver también *Sahih Musulmán*, Libro 001, Número 0337).

29. Algunos relatos del viaje nocturno y la ascensión (*Miraj*) están en *Sahih al-Bujari*, Volumen 1, Libro 8, Número 345; *Sahih al-Bujari*, Volumen 4, Libro 54, Número 429; *Sahih al-Bujari*, Volumen 5, Libro 58, Número 227; *Sahih Musulmán*, Libro 1, Número 309 (también 313 y 314); Ibn Ishaq, *The Life of Muhammad*, pp. 181-87; Al-Tabari, *The History of al-Tabari: Muhammad at Mecca*, vol. 6, trad. Watt y McDonald, pp. 78-80.

30. Ver Ishaq, *The Life of Muhammad*, p. 183.

31. «El viaje nocturno y la ascensión (Parte 6 de 6): El regreso», The Religion of Islam, https://www.islamreligion.com/es/articles/1511/viewall/el-viaje-nocturno-y-la-ascension-parte-1-de-6/. Ibn Ishaq informa (a través de al-Hasan) que «el apóstol dijo: "Y tú , Abu Bakr, eres el *Siddiq*". Esta fue la ocasión en que consiguió este título honorífico» (Ibn Ishaq, *The Life of Muhammad*, p. 183). En

una nota marginal, el traductor de Ishaq, A. Guillaume, declaró que este título significa «testigo de la verdad». La *Encyclopedia of Islam* afirma que el «apodo (de Abu Bakr) era *Al-Siddiq* (el veraz) por cuanto fue el primero en confirmar la realidad del viaje nocturno y la ascensión de Mahoma» (Juan Eduardo Campo, *Encyclopedia of Islam* [Nueva York: Facts on File, 2009], p. 9).

32. Schwartz, *Two Faces of Islam*, p. 11.

33. El Corán condena explícitamente a Abu Lahab y a su esposa (ver Corán 111:1-5). Ver también *Sahih Musulmán*, Libro 001, Número 0406; *Sahih al-Bujari*, Volumen 6, Libro 60, Hadiz 475.

34. Al-Tabari, *The History of al-Tabari: Biographies of the Prophet's Companions and their Successors*, vol. 39, trad. Ella Landau-Tasseron (Albany: SUNY Press, 1998), pp. 4, 161, kalamullah.com/Books/The%20History%20Of%20Tabari/Tabari_Volume_39.pdf; Ibn Ishaq, *The Life of Muhammad*, p. 191.

35. Ishaq, *The Life of Muhammad*, pp. 197-98; Al-Tabari, *The History of al-Tabari: Muhammad at Mecca*, vol. 6, trad. Watt y McDonald, pp. 124-26.

36. Ishaq, *The Life of Muhammad*, pp. 198-99; Al-Tabari, *The History of al-Tabari: Muhammad at Mecca*, vol. 6, trad. Watt y McDonald, pp. 126-27.

37. «Aqaba Pledges and the Spread of Islam in Madinah», The Prophet Muhammad—The Pride of the Universe, www.resulullah.org/en/aqaba-pledges-and-spread-islam-madinah; ver también Ibn Ishaq, *The Life of Muhammad*, pp. 203-204; Al-Tabari, *The History of al-Tabari: Muhammad at Mecca*, vol. 6, trad. Watt y McDonald, pp. 133 (pp. 130-38).

38. El calendario musulmán comienza con la emigración de La Meca a Medina en el año 622 A. D. (1 AH: *Anno Hegirae*, «año de la Hégira»). El calendario lunar consigna doce meses que comprenden 354 días cada año. Por ello, con el tiempo, el Ramadán y las observancias islámicas van rotando hacia atrás y pasan por las cuatro estaciones. Quienes deseen considerar los relatos de la Hégira, pueden ver Ishaq, *The Life of Muhammad*, pp. 221 y ss.; Al-Tabari, *The History of al-Tabari: Muhammad at Mecca*, vol. 6, trad. Watt y McDonald, pp. 142 y ss.

39. Ver, p. ej., Corán 2:62, revelado en Medina poco después de la Hégira. Ver James Arlandson, «Muhammad and the Jews», Answering Islam, www.answering-islam. org/Authors/Arlandson/jews.htm.

40. Ver Corán 2:40-121; *Sahih al-Bujari*, Volumen 3, Libro 31, Número 222.

41. Ver Corán 2:143 («No pusimos la dirección hacia la que antes te orientabas sino para distinguir a quien seguía al enviado de quien le daba la espalda») juntamente con *The History of al-Tabari: The Foundation of the Community*, vol. 7, trad. de M. V. McDonald (Albany: State University of New York Press, 1987), pp. 24-25, kalamullah.com/Books/The%20History%20Of%20Tabari/Tabari_Volume_07.pdf. Quienes deseen considerar una exposición de esta cuestión, ver Sam Shamoun, «Muhammad's Changing of the Qiblah», Answering Islam, www.answering-islam. org/Shamoun/qiblah.htm.

42. Ver Corán 4:48, 116, 171; 5:17, 72-73, 77; 9:30-31; 19:35; 98:6; 112:1-4. Obsérvese que ciertos pasajes del Corán parecen dar la razón a los cristianos (p. ej., Corán 2:62; 5:82), mientras que otros muchos les condenan. Haggai Mazuz muestra que, según los «escritos exegéticos islámicos, del periodo de los comentarios coránicos más antiguos hasta la Edad Media tardía», según el Corán, los cristianos pueden dividirse en dos categorías esenciales: «Aquellos que no

aceptaron a Mahoma y el islam y siguieron siendo cristianos fueron condenados. Sin embargo, aquellos que reconocieron a Mahoma como profeta y aceptaron el islam no eran cristianos, sino musulmanes y fueron alabados» (Haggai Mazuz, «Christians in the Qur'an: Some Insights Derived from the Classic Exegetic Approach», *Studia Orientalia* 112 [2012], pp. 41, 51, www.academia. edu/2540851/_Christians_in_the_Qur'ān_Some_Insights_Derived_from_the_ Classical_Exegetic_Approach_Studia_Orientalia_112_2012_41_53).

43. Ver *Sahih al-Bujari*, Volumen 5, Libro 58, Número 227.

44. Aunque Corán 2:142-49 no declara concretamente que la dirección de la oración se cambió de Jerusalén a La Meca, algunas fuentes musulmanas autorizadas ponen de relieve esta tradición. *Sahih Musulmán* dice: «Anas relató: "El mensajero de Alá (que la paz sea con él) solía rezar hacia Bayt Al-Maqdis y le fue revelado: 'Vemos cómo vuelves tu rostro hacia el cielo. Haremos, pues, que te vuelvas hacia una dirección que te satisfaga. Vuelve tu rostro hacia la mezquita sagrada (de Makka: la Ka'bah)'"» (*Sahih Musulmán*, Libro 004, Número 1075, https://www.webislam. com/media/2011/11/49476_sahih_muslim.pdf). Ver también *Sahih al-Bujari*, Volumen 1, Libro 8, Número 392; y *The History of al-Tabari: The Foundation of the Community*, vol. 7, trad. de McDonald, pp. 24-25.

45. Schwartz, *Two Faces of Islam*, p. 10.

46. Ishaq, *The Life of Muhammad*, pp. 130-31.

47. *Sahih al-Bujari*, Volumen 5, Libro 57, Número 74: «Qais relató: "Le oí decir a Sad: 'Fui el primero entre los árabes que lanzaron una flecha por la causa de Alá'"» (www.usc.edu/org/cmje/religious-texts/hadith/bukhari/057-sbt.php#005.057.074). Ver también Ibn Ishaq, *The Life of Muhammad*, p. 281; cf. Al-Waqidi, *The Life of Muhammad: Al-Wāqidī's Kitāb al-Maghāzī*, ed. Rizwi Faizer, trad. Rizwi Faizer, Amal Ismail y Abdulkader Tayob (Londres: Routledge, 2011), p. 7.

48. Ishaq, *The Life of Muhammad*, p. 287.

49. Ibíd., pp. 287-88.

50. Ibíd., pp. 288.

51. Ver también Corán 2:191 (ver vv. 190-93). La palabra «sedición» traduce el término «Al-Fitnah» que, en este contexto, significa incredulidad o el conflicto y la conmoción que esta produce. Ibn Ishaq escribió que cuando se hablaba mucho de este acontecimiento, «Dios reveló a su apóstol: "Éstos [los quraysh judíos y paganos] os preguntarán sobre el mes sagrado y os harán la guerra en él. Diles que hacer la guerra durante este periodo es un asunto de gran gravedad, pero para Dios impedir que las personas vayan por su camino, crean en él y en la sagrada mezquita y apartar a su pueblo de ella es mucho más grave". En otras palabras: si has derramado sangre en el mes sagrado, han conseguido, con su incredulidad, que te apartes del camino de Dios y de la sagrada mezquita, y te han alejado de ella cuando formabas parte de su pueblo. Para Dios, este es un asunto más serio que haber matado a algunos de ellos. "Y la seducción es peor que el asesinato". Es decir, solían seducir al musulmán para que abrazara su religión hasta que le hacían volver a la incredulidad después de creer y, a ojos de Dios, esto es peor que el asesinato. "Y no dejarán de combatirles hasta que consigan alejarlos de su religión, si pueden". En otras palabras: están cometiendo con contumacia acciones más horribles que estas» (*The Life of Muhammad*, p. 288; comparar los relatos en Al-Waqidi, *The Life of Muhammad*, pp. 8-11; Al-Tabari, *The History of al-Tabari:*

*The Foundation of the Community*, vol. 7, trad. de McDonald, pp. 18-23; y Tafsir ibn Kathir, 2:217, *online* en Alim.org). En lugar de una mera guerra defensiva, este pasaje coránico en su contexto ordena combatir a quienes se oponen a la dominación musulmana. (Ver «Violence» en TheReligionsofPeace.com).

52. Ver Corán 3:13; Schwartz, *The Two Faces of Islam*, p. 22.

53. En Corán 8:9 se habla de mil ángeles. Corán 3:124 alude al menos a tres mil ángeles, aunque algunos comentaristas interpretan este último pasaje como una referencia a la batalla que se produjo un año después en Uhud, algo poco probable puesto que los musulmanes fueron derrotados en Uhud. Este escenario, en el que aparecen Gabriel y Miguel, se encuentra en el venerado comentario de Ibn Kathir sobre Corán 8:9 (ver *Tafsir ibn Kathir,* 8:9, *online* en QTafsir.com).

54. «Abu Jahal», *Islamic Encyclopedia*, islamicencyclopedia.org/public/index/topicDetail/id/59.

55. Ver Ishaq, *The Life of Muhammad*, pp. 289 y ss.; Al-Waqidi, *The Life of Muhammad*, pp. 11 y ss.; Al-Tabari, *The History of al-Tabari: The Foundation of the Community*, vol. 7, trad. de McDonald, pp. 26 y ss.

56. Schwartz está citando Corán 56:17-21. Schwartz, *The Two Faces of Islam*, p. 23. Más adelante hablaremos en detalle de las huríes, ver p. 189-190.

57. Ver Ishaq, *The Life of Muhammad*, p. 131; ver también *Sahih al-Bujari*, Volumen 1, Libro 4, Número 241.

58. Ver Ibn Ishaq, *The Life of Muhammad*, p. 304.

59. Ali, *The Meaning of the Holy Qur'an*, p. 417 (nota 1189 en Corán 8:12).

60. Schwartz, *The Two Faces of Islam*, p. 24.

61. Con respecto al exilio de los banu qaynuqa, ver Ibn Ishaq, *Life of Muhammad*, pp. 260, 363-64; Al-Waqidi, *Life of Muhammad*, pp. 87-90; Al-Tabari, *The History of al-Tabari: The Foundation of the Community*, vol. 7, trad. de McDonald, pp. 85-87 (ver también pp. xxvii-xxix).

62. Ver *Sahih al-Bujari*, Volumen 5, Libro 59, Número 362.

63. Ishaq, *The Life of Muhammad*, p. 676; cf. Al-Waqidi, *Life of Muhammad*, pp. 85-86; Ali Dashti, *Twenty Three Years: A Study of the Prophetic Career of Mohammad*, trad. F. R. C. Bagley (Londres: Routledge, 1985, 1994), p. 100, *online* en books. google.com.

64. Muhammad Husayn Haykal, *The Life of Muhammad*, trad. Isma'il Ragi A. al Faruqi (Oak Brook, IL: American Trust Publications, 1976), p. 235.

65. Ver David Wood, «Murdered by Muhammad: The Brutal Deaths of Islam's Earliest Enemies», 16 diciembre 2011, acceso 1 abril 2017, www.myislam.dk/articles/en/wood%20murdered-by-muhammad.php.

66. Con respecto al exilio de los banu nadir, ver Ibn Ishaq, *Life of Muhammad*, pp. 437 y ss.; Al-Waqidi, *Life of Muhammad*, pp. 177 y ss.; Al-Tabari, *The History of al-Tabari: The Foundation of the Community*, vol. 7, trad. McDonald, pp. 156 y ss.

67. *Sahih al-Bujari* consigna: «Aisha relató: que el profeta la tomó por esposa cuando tenía seis años y consumó el matrimonio cuando tenía nueve, y que después permaneció con él durante nueve años (en otras palabras, hasta su muerte)» (Volumen 7, Libro 62, Número 64 [ver también Números 65 y 88], www.usc. edu/org/cmje/religious-texts/hadith/bukhari/062-sbt.php). Ver también *Sahih al-Bujari*, Volumen 5, Libro 58, Número 2346; *Sahih al-Bujari*, Volumen 9, Libro 87, Número 140 (ver también Número 139); *Sahih Musulmán*, Libro 008, Número 3309. Ver también *Sahih Musulmán*, Libro 8, Números 3309 y 3310 (cf. 3311).

Ver también Sam Shamoun, «Muhammad and Aisha Revisited: An Examination of Muhammad's Marriage to a Prepubescent Girl and Its Moral Implications», Answering Islam, s. f., www.answering-islam.org/Shamoun/prepubescent.htm.

68. El marido de Rayhana estaba entre los cientos de judíos qurayza que Mahoma decapitó en el año 627. Ella rechazó su propuesta de matrimonio y Mahoma la mantuvo como una concubina hasta su muerte (aunque hay tradiciones encontradas con respecto a si, finalmente, se casó o no con él; ver Ishaq, *The Life of Muhammad*, p. 466; y nota 81 de este capítulo).

69. Ver Corán 33:37-38; 33:4-5; nota 918 de Ibn Hisham en Ibn Ishaq, *The Life of Muhammad*, p. 793. El relato se desarrolla en Al-Tabari, *The History of al-Tabari: The Victory of Islam*, vol. 8, trad. Michael Fishbein (Albany: State University of New York Press, 1997), pp. 1-4, acceso 1 octubre 2016, kalamullah.com/Books/The%20History%20Of%20Tabari/Tabari_Volume_08.pdf.

70. «Zaynab bint Jahsh», Islam's Women: Jewels of Islam, acceso 12 enero 2016, www.islamswomen.com/articles/zaynab_bint_jahsh.php.

71. Ibíd.

72. Ibíd.

73. Ver también James R. White, *What Every Christian Needs to Know about the Qur'an* (Mineápolis: Bethany House Publishers, 2013), p. 45.

74. *Sahih al-Bujari*, Volumen 6, Libro 60, Número 311.

75. «¡Amonestad a aquellas de quienes temáis que se rebelen, dejadlas solas en el lecho, pegadles! Si os obedecen, no os metáis más con ellas. Alá es excelso, grande» (Corán 4:34 *Majestic*).

76. Ali, *The Meaning of the Holy Qur'an*, 1064 (nota 3704 en Corán 33:26). La palabra *muhajirun* alude a los primeros musulmanes que emigraron de La Meca a Medina.

77. Ishaq, *The Life of Muhammad*, p. 461. Cf. Corán 2:65-66; 5:60; 7:163-66.

78. Ishaq, *The Life of Muhammad*, p. 464 (ver pp. 461 y ss. para un relato completo); ver también los relatos sobre este asunto en Al-Tabari, *The History of al-Tabari: The Victory of Islam*, vol. 8, trad. Fishbein, pp. 27-41 (también pp. 22-27); Al-Waqidi, *Life of Muhammad*, pp. 244 y ss. Ver también el provechoso análisis en James M. Arlandson, «Muhammad's Atrocity against the Qurayza Jews», *Answering Islam*, acceso 7 enero 2016, answering-islam.org/Authors/Arlandson/qurayza_jews.htm.

79. Ishaq, *The Life of Muhammad*, p. 464.

80. Ibíd., pp. 464-65.

81. Ibíd., p. 466. Cf. Al-Tabari, *The History of al-Tabari: The Last Years of the Prophet*, vol. 9, trad. de Ismail K. Poonawala (Albany: State University of New York Press, 1990), p. 137 (nota 909 del traductor), p. 141, en archive.org/details/TabariEnglish.

82. Ishaq, *The Life of Muhammad*, p. 466; ver también Al-Tabari, *The History of al-Tabari: The Victory of Islam*, vol. 8, trad. de Fishbein, p. 39.

83. Ali, *The Meaning of the Holy Qur'an*, p. 1336 (nota 4910 en Corán 48:27).

84. Ibíd., p. 1328 (nota 4866 en Corán 48:1).

85. Cf. Yusuf Ali, *The Meaning of the Holy Qur'an*, p. 1326. Yusuf Ali sitúa la fecha en febrero de 628.

86. «Ministro de la Autoridad Palestina: Los acuerdos de la Autoridad Palestina siguen el modelo del Tratado de Paz de Hudaybiyyah firmado por Mahoma», discurso de Arafat en Johanesburgo, 10 mayo 1994, Palestinian Media Watch, inserciones entre

paréntesis en el original, acceso 3 abril 2017, palwatch.org/main.aspx?fi=157&doc_id=9401; ver también Daniel Pipes, «[Al-Hudaybiya and] Lessons from the Prophet Muhammad's Diplomacy», *Middle East Quarterly*, septiembre 1999, *Daniel Pipes Middle East Forum*, acceso 7 enero 2016, www.danielpipes.org/316/al-hudaybiya-and-lessons-from-the-prophet-muhammads.

87. Editorial de Mortimer B. Zuckerman en *U.S. News and World Report*, 10 junio 1996, citado en Pipes, «[Al-Hudaybiya and] Lessons from the Prophet Muhammad's Diplomacy».

88. Ver Pipes, «[Al-Hudaybiya and] Lessons from the Prophet Muhammad's Diplomacy».

89. *Sahih al-Bujari* consigna que Mahoma dijo: «El que hace la paz entre el pueblo inventando buena información o diciendo cosas buenas, no es un embustero» (*Sahih al-Bujari*, Volumen 3, Libro 49, Número 857, www.usc.edu/org/cmje/religious-texts/hadith/bukhari/049-sbt.php#003.049.857). Ver también el incisivo estudio de Raymond Ibrahim, «Taqiyya about Taqiyya», Raymond Ibrahim, 12 abril 2014, raymondibrahim.com/2014/04/12/taqiyya-about-taqiyya/.

90. Sobre este versículo, Yusuf Ali comentó: «Si esta parte de la sura fue revelada tras el otoño de la Hégira en el año 7 [629 A. D.], alude al resultado de la expedición de Jáybar de aquel otoño» (Yusuf Ali, *The Meaning of the Holy Qur'an*, p. 1064 [nota 3705 en Corán 33:27]).

91. Edward Gibbon, *The History of the Decline and Fall of the Roman Empire*, Vol. V (1782, rev. 1845), Capítulo L, Parte VI, www.gutenberg.org/files/25717/25717-h/25717-h.htm.

92. Ishaq, *The Life of Muhammad*, p. 515. Ver también Al-Tabari, *The History of al-Tabari: The Victory of Islam*, vol. 8, trad. de Fishbein, pp. 122-23.

93. Ishaq, *The Life of Muhammad*, pp. 516-17; ver también pp. 241-42, 511, 514-15, 520, 793-94 [nota 918 de Ibn Hisham].

94. Ishaq, *The Life of Muhammad*, p. 511; ver también *Sahih al-Bujari*, Volumen 5, Libro 59, Número 512.

95. Ishaq, *The Life of Muhammad*, p. 523. Sobre la batalla de Jáybar, ver también Al-Waqidi, *The Life of Muhammad*, pp. 311 y ss. (ver pp. 347-48 sobre el asunto de Fadak); Al-Tabari, *The History of al-Tabari: The Victory of Islam*, vol. 8, trad. de Fishbein, pp. 116 y ss.

96. Ishaq, *The Life of Muhammad*, p. 531.

97. Trifkovic, *The Sword of the Prophet*, p. 48, cursivas del autor. Cf. Ishaq, *The Life of Muhammad*, p. 547; Al-Waqidi, *The Life of Muhammad*, pp. 401-403; ver también el relato de Al-Tabari sobre la orden de Mahoma de asesinar a Abu Sufyan y el intento frustrado de llevarla a cabo en *The History of al-Tabari: The Foundation of the Community*, vol. 7, trad. de McDonald, pp. 147-150.

98. *Sahih al-Bujari*, Volumen 5, Libro 59, Número 582; Ibn Ishaq, *The Life of Muhammad*, pp. 550-51. Ishaq indica que Ibn Khatal fue ejecutado por apostasía.

99. Ibn Sa'd, Kitab al-Tabaqat al-Kabir, citado en «Muhammad and the Ten Meccans», *Answering Islam*, acceso 27 septiembre 2016, www.answering-islam.org/Muhammad/Enemies/meccan10.html.

100. Ishaq, *The Life of Muhammad*, p. 551.

101. Ibíd., p. 550. Si un musulmán abandona el islam o renuncia a él, la sentencia es la muerte. Ver Corán 2:217 y 4:89; ver también 9:11-12, 66, 73-74. *Sahih al-Bujari*

consigna: «El profeta dijo: "Si alguno (un musulmán) desecha su religión, mátale"» (Volumen 4, Libro 52, Número 260, www.usc.edu/org/cmje/religious-texts/hadith/bukhari/052-sbt.php); ver también Volumen 4, Libro 52, Número 260; Volumen 9, Libro 89, Número 271; Volumen 9, Libro 84, Número 58; Volumen 9, Libro 83, Números 17 y 37). *Reliance of the Traveller: The Classic Manual of Islamic Sacred Law* declara: «Cuando una persona que ha alcanzado la pubertad y está cuerda apostata voluntariamente del islam, merece morir» (Ahmad ibn Naqib al-Misri, *Reliance of the Traveller: The Classic Manual of Islamic Sacred Law*, ed. rev., Nuh Ha Mim Keller, ed. y trad. [Beltsville, Maryland: Amana Publications, 1991, 1994], p. 595 [o8.1]). Esta afirmación y su ley pertinente, basada en el Corán y en las palabras y acciones de Mahoma consignadas en él, refleja todas las escuelas de jurisprudencia islámica clásica.

102. Ishaq, *The Life of Muhammad*, p. 550. Ver también «Muhammad and the Ten Meccans», Answering Islam.

103. Ishaq, *The Life of Muhammad*, p. 552.

104. *Sahih Musulmán*, Libro 037, Número 6670, www.usc.edu/org/cmje/religious-texts/hadith/muslim/037-smt.php#037.6670.

105. Ibn Kathir siguió diciendo: «Abu Bakr al-Siddiq utilizó este y otros honrosos *ayats* [versículos] como prueba para luchar contra quienes no pagaban la *zakat* [limosna obligatoria]. Estos *ayat* permitían combatir contra quienes no aceptaban el islam ni ponían en práctica sus normas y obligaciones, hasta que lo hicieran. [...] En los dos *Sahihs*, se consigna que Ibn Umar afirmó que el mensajero de Alá dijo: "(Se me ha ordenado que luche contra los pueblos hasta que den testimonio de que no hay deidad digna de adoración excepto Alá y que Mahoma es el mensajero de Alá, establezcan la oración y paguen la *zakat*" [*Sahih al-Bujari* 1:33; 8:387; *Sahih Musulmán* 001:0033].) A este honroso *ayat* (9:5) se le llamaba la sura de la espada, y sobre él, Ad-Dahhak bin Muzahim dijo que "abrogaba todos los acuerdos de paz entre el profeta y cualquier idólatra, todos los tratados y todos los términos". Al-Awfi dijo que Ibn Abbas comentó: "Ningún idólatra tenía ningún otro tratado o promesa de seguridad desde que se reveló la sura Bara'ah"». Ibn Kathir, *Tafsir Ibn Kathir* (Riad: Darussalam Publishers, 2000), *online* en QTafsir.com, http://www.qtafsir.com/index.php?option=com_content&task=view&id=2581. Quienes deseen considerar una exposición sobre «la sura de la espada» y la yihad, pueden ver Robert Spencer, *Onward Muslim Soldiers: How Jihad Still Threatens America and the West* (Washington, DC: Regnery Publishing, 2003), capítulo 4.

106. *Sahih al-Bujari*, Volumen 4, Libro 52, Número 175.

107. Robert Spencer, *Guía políticamente incorrecta del islam (y de las cruzadas)* (Madrid: Ciudadela, 2007), pp. 108-09 del original en inglés.

108. El *hajj* («peregrinación», en árabe) es el peregrinaje a La Meca obligatorio al menos una vez en la vida para todo musulmán que no esté impedido (uno de los cinco pilares del islam).

109. Daniel C. Peterson, *Muhammad: Prophet of God* (Grand Rapids, MI: William B. Eerdmans Publishing Co., 2007), p. 158, inserción entre paréntesis «[sumisión]» en el original. Yusuf Ali comenta que muchos consideran este texto como «el último versículo revelado cronológicamente» (Yusuf Ali, *The Meaning of the Holy Qur'an*, p. 245 [nota 696 en Corán 5:3]).

110. Ishaq, *The Life of Muhammad,* p. 652.

111. Al-Tabari, *The History of al-Tabari: The Victory of Islam*, vol. 8, trad. de Fishbein, pp. 123-24.

112. *Sahih al-Bujari*, Volumen 5, Libro 59, Número 713 (ver también Número 551), www.usc.edu/org/cmje/religious-texts/hadith/bukhari/059-sbt.php#005.059.713; ver también *Sahih al-Bujari*, Volumen 3, Libro 47, Número 786; *Sahih Musulmán*, Libro 026, Hadiz Número 5430.

113. «Aisha relató: "Nunca vi a nadie sufrir tanto por una enfermedad como al apóstol de Alá"» (*Sahih al-Bujari*, Volumen 7, Libro 70, Número 549 [ver también los números 550 y 551], www.usc.edu/org/cmje/religious-texts/hadith/bukhari/070-sbt.php#007.070.549).

114. *Sahih al-Bujari*, Volumen 7, Libro 62, Número 144; Ibn Ishaq, *The Life of Muhammad*, p. 682; Haykal, *The Life of Muhammad*, pp. 494, 497.

115. Ver Hank Hanegraaff, *Has God Spoken? Memorable Proofs of the Bible's Divine Inspiration* (Nashville: Thomas Nelson, 2011), pp. 116-20.

116. Ibíd., 121-25.

117. Ibíd., 125-27, 153-162.

118. Dentro del ámbito judío del primer siglo, las mujeres no podían ser testigos en un proceso legal. Pero tras resucitar de los muertos, Jesús se apareció en primer lugar a las mujeres y confió en ellas para que anunciaran su resurrección a los discípulos (Mateo 28; Juan 20). Por otra parte, durante su ministerio Cristo había «invitado a las mujeres a que le acompañaran con sus discípulos en sus viajes (Lucas 8:1-3). Jesús habló con la mujer samaritana en el pozo de Jacob y la llevó a una experiencia de conversión (Juan 4). A Jesús no le pareció extraño que María se sentara a sus pies, asumiendo el papel de discípulo; de hecho, le sugirió a Marta que también ella debería hacerlo (Lucas 10:38-42). Aunque los judíos segregaban a las mujeres tanto en el templo como en la sinagoga, la Iglesia primitiva no separaba a los integrantes de la congregación por sexos (Hechos 12:1-17; 1 Corintios 11:2-16). El apóstol Pablo escribió: "Ya no hay judío ni griego, esclavo ni libre, hombre ni mujer, sino que todos ustedes son uno solo en Cristo Jesús" (Gálatas 3:28)» (Ronald F. Youngblood, ed., *Nelson's New Illustrated Bible Dictionary* [Nashville: Thomas Nelson Publishers, 1995], p. 1318). Además, históricamente, el preeminente cristiano venerado por la Iglesia es una mujer, no un hombre: María, llamada la Madre de Dios (*theotokos*).

119. Con respecto a los principios del reino de los cielos, ver especialmente el Sermón del Monte (Mateo 5-7). Sobre la naturaleza eterna del reino de Dios, ver Salmos 145:13; Isaías 9:6-7; Daniel 2:44; 4:34; 7:14, 27; Lucas 1:32-33; 2 Pedro 1:11; Apocalipsis 21-22.

120. Mateo 5:43-48; Lucas 6:27-36.

121. Mateo 5:39.

122. Mateo 5:9.

123. Mateo 26:52.

124. Mateo 11:28-29 y Mateo 23.

125. Ver especialmente Marcos 10:45; Juan 15:13; Romanos 5:6; 8:32; Efesios 5:2; Tito 2:14.

126. Juan 14:6.

# Capítulo 2: Revelaciones indignas de confianza

1. Ver Corán 43:3-4; 85:21-22; ver también 3:7; 13:39. Se dice que la «Madre del libro» —el fundamento de toda revelación— está eternamente en la presencia de

Alá, como lo entienden generalmente los musulmanes sunitas. Los musulmanes chiitas afirman que es creada (ver Apéndice: Sunitas | División chiita). En cualquier caso, se dice que el Corán terrenal árabe es un texto perfecto.

2. Según la «tradición», Mahoma «recibió el *Waḥy ghair Matlū* ([literalmente] "una revelación no leída"), por medio del cual fue habilitado para hacer declaraciones fidedignas sobre cuestiones religiosas, morales, ceremoniales o doctrinales. Se supone, pues, que las tradiciones de Mahoma son el registro no inspirado de estos dichos inspirados» (Thomas Patrick Hughes, *A Dictionary of Islam* [Chicago: KAZI Publicaciones, Inc., 1994, publicado en 1886], p. 639).

3. Schwartz, *Two Faces of Islam*, p. 4. Según el erudito musulmán Ahmad Muhammad al-Tayyib: «La *sunna* ("costumbre") designa los dichos y acciones del mensajero de Dios, mientras que los hadices ("tradición") designan específicamente sus dichos. La comprensión del Corán requiere la *sunna* que ofrece clarificaciones e ilustraciones específicas de las antiguas declaraciones generales» (Ahmad Muhammad al-Tayyib, «The Quran as Source of Islamic Law», *The Quran Study Bible*, ed. Seyyed Hossein Nasr [Nueva York: HarperOne, 2015], p. 1715).

4. W. St. Clair Tisdall, *The Original Sources of the Qur'an: Its Origin in Pagan Legends and Mythology* (Londres: Society for Promoting Christian Knowledge, 1905), p. 25, *online* en www.answering-islam.org/Books/Tisdall/Sources/chap1.htm.

5. Ibíd., p. 27.

6. Ver Corán 2:116-17; 6:100-102; 9:30; 10:68; 18:1-5; 19:35, 88-93; 23:91; 25:2; 39:3-6; 43:15, 57-65, 81; 72:3; 112:1-4. Hablando de María y de «Jesús el hijo de María», el Corán afirma: «Es impropio de [la majestad de] Alá engendrar un hijo. ¡Gloria a él! Cuando decide algo, le dice tan solo: "¡Sé! y es"» (19:34, 35; ver 19:16-35). En 6:101 el Corán plantea la pregunta retórica: «¿Cómo puede él [Alá] tener un hijo cuando no tiene consorte?». Corán 2:116 afirma: «Dicen: "Alá ha adoptado un hijo". ¡Gloria a él! ¡No! Suyo es lo que está en los cielos y en la tierra. Todo le obedece».

Con respecto a 2:116-17, Ibn Kathir (m. 1373) escribió: «Este *ayat* [versículo] y el siguiente refutan a los cristianos, ¡que Alá los maldiga a ellos y a los que son de su calaña!, como los judíos y los árabes idólatras, que decían que los ángeles eran hijas de Alá. Alá les refuta a todos ellos en lo que dicen de haber engendrado un hijo» (Ibn Kathir, *Tafsir Ibn Kathir* [Riad: Darussalam Publishers, 2000], *online* en QTafsir.com, www.qtafsir.com/index.php?option=com_content&task=view&id=319).

Con respecto a 2:116, Yusuf Ali comentó: «Es un menoscabo de la gloria de Alá —es, de hecho, blasfemia— decir que Alá engendra hijos, como un hombre o un animal. En esto repudiamos categóricamente la doctrina cristiana. Si las palabras significan algo, sería atribuir a Alá una naturaleza material y las más bajas funciones animales como la sexualidad» (Abdullah Yusuf Ali, *The Meaning of the Holy Qur'an*, décima edición [Beltsville, MD: Amana Publications, 1999, 2001], p. 49, nota 119).

7. Esta relación especial entre Dios Padre y Dios Hijo está bien resumida en el credo de Nicea: «Creo en un solo Dios, el Padre todopoderoso, Creador del cielo y la tierra [...] y de todo lo visible y lo invisible; y en un solo Señor Jesucristo, el unigénito Hijo de Dios, engendrado del Padre antes de todos los mundos, Dios de Dios, Luz de Luz, Dios verdadero de Dios, engendrado, no creado, siendo de una sustancia con el Padre; por quien todo fue hecho (ver Génesis 1:1; Salmos

2:7; Miqueas 5:2; Mateo 3:17; 17:5; Juan 1:1-3, 10, 14, 18; 3:16; 5:23; 8:12; 10:30, 33; 14:9; 17:5; 20:28, 31; 1 Corintios 8:6; Efesios 4:5-6; Filipenses 2:6; Colosenses 1:15-17, 19; 2:9; Hebreos 1:1-8; 1 Juan 1:1; 4:9; Apocalipsis 1:8, 17; 21:6; 22:13 [cf. Isaías 44:6]). Para quienes deseen considerar una exposición de esta cuestión, ver los artículos de Charles Lee Irons, «Begotten of the Father before All Ages: The Biblical Basis of Eternal Generation according to the Church Fathers», *Christian Research Journal* 40, 1 (2017): pp. 40-47, y «Let's Go Back to "Only Begotten"», The Gospel Coalition, 23 noviembre 2016, www.thegospelcoalition.org/article/lets-go-back-to-only-begotten.

8. Ver pp. 37-39.

9. Ver Corán 16:102 y 26:192-193; ver también 2:87; 2:253; 5:110; 19:17-19; 78:38; 97:4. Generalmente, los comentaristas musulmanes ven estos versículos del Corán en su conjunto como una indicación implícita de que el Espíritu Santo es el ángel Gabriel. La nota de 5:110 en *The Study Quran* afirma: «El Espíritu Santo (*ruh al-qudus*) se entiende ampliamente en su contexto coránico y en la tradición como una referencia al arcángel Gabriel, el ángel de la revelación ([Al-Tabari]; ver también 16:102; 17:85; 26:193; 42:52; 97:4)» (Nasr, *The Study Quran*, p. 333).

10. Ver Corán 4:157-158.

11. Ishaq, *The Life of Muhammad*, p. 288.

12. Corán 2:191 *Malik* (ver vv. 190-93); y ver 2:217. Ver también nota 51, p. 227.

13. «Narrado por Ibn Umar: el apóstol de Alá dijo: "He recibido la orden (de Dios) de luchar contra la gente hasta que den testimonio de que nadie tiene derecho a ser adorado excepto Alá y que Mahoma es su mensajero, hasta que ofrezcan las oraciones de forma perfecta y den el azaque, por lo que si realizan estas cosas, salvarán su vida y propiedades y, por mi parte, solo les demandaré lo que requieren las leyes islámicas, será a Dios a quien tendrán que rendir cuentas"» (*Sahih al-Bujari,* Volumen 1, Libro 2, Número 25, www.usc.edu/org/cmje/religious-texts/hadith/bukhari/002-sbt.php#001.002.025). Robert Spencer escribió: «Esta es una de las afirmaciones mejor atestiguadas de los hadices. Bujari la repite cinco veces; también aparece tres veces en el *Sahih Musulmán* y una vez en *Sunan Abu Dawud*. Los musulmanes que estudian los hadices otorgan a una determinada afirmación la presunción de autenticidad si esta aparece, aunque sea una sola vez, en *Bujari* o *Musulmán*; las repeticiones y su presencia en un tercio de las colecciones de hadices más respetadas hacen que su autenticidad sea prácticamente segura. Estas repeticiones están atestiguadas por distintas cadenas de transmisión que sugieren que Mahoma hizo dichas afirmaciones en numerosas ocasiones, a muchas personas diferentes, o ambas cosas» (Robert Spencer, *Onward Muslim Soldiers: How Jihad Still Threatens America and the West* [Washington, DC: Regnery Publishing, 2003], p. 149).

Estado Islámico declara abiertamente: «El islam es la religión de sanos principios que ofrece el fundamento perfecto sobre el que construir sólidas estructuras de justicia y gloria. Uno de estos grandes principios es que hay que combatir contra todas las personas hasta que acepten el islam o acepten un pacto bajo la *sharía*.

Este principio establece la prohibición de derramar sangre musulmana y de cualquier *kafir* que esté bajo el pacto y hace permisible el derramamiento de la sangre de todos los demás *kuffar*. El profeta [que la paz sea con él] dijo: "Se me ha ordenado que luche contra la humanidad hasta que digan que no hay más dios que Alá y que yo soy su mensajero, y que establezcan los rezos y paguen la *zakat*. Por mi parte, la sangre y las riquezas de cualquiera que haga esto estarán seguras, excepto por razones legales" (que consignan el *Sahih al-Bujari* y el *Sahih Musulmán* citando a Ibn Umar), y él [que la paz sea con él] dijo, dirigiéndose a los musulmanes: "Porque ciertamente vuestra sangre, riquezas y honor son *haram* para el otro"» (consignado por el *Sahih al-Bujari* y el *Sahih Musulmán* citando a Abu Bakrah)». («The Kafir's Blood is Halal for You. So Shed It» *Rumiyah*, 1 (2016): p. 35, clarionproject.org/wp-content/uploads/Rumiyah-ISIS-Magazine-1st-issue.pdf). Ver también *Sahih al-Bujari*, Volumen 1, Libro 8, Número 387; Volumen 4, Libro 52, Número 196; Volumen 6, Libro 60, Número 80; y *Sahih Musulmán*, Libro 001, Número 0030-0033, y Libro 019, Número 4294.

14. Ver pp. 14-15.
15. Ver Corán 2:216-18 junto con nota 51, p. 227; ver también discusión del contexto en el comentario de Ibn Kathir (*Tafsir Ibn Kathir*) sobre Corán 2:216-18 accesible *online* en Alim.org; ver también Ishaq, *Life of Muhammad*, pp. 286-89.
16. Mahoma aprobó una forma de prostitución mediante un matrimonio temporal (ver *Sahih al-Bujari*, Volumen 6, Libro 60, Número 139; *Sahih Musulmán*, Libro 8, Números 3247, 3248, 3252).
17. Ver Betwa Sharma, «Islam's Sex Licenses», *The Daily Beast*, 29 abril 2009, www.thedailybeast.com/articles/2009/04/29/islams-sex-licenses.html. «El texto más importante del Santo Corán que establece la legitimidad de la *mut'ah* es el versículo 24 de la sura *un-Nisa* [Corán 4], conocido por todos los comentaristas de los hadices (sunitas y chiitas) como "el versículo de mut'ah". Este versículo ofrece un claro e inequívoco permiso para la práctica del matrimonio temporal» («Qur'anic Evidences for the Legitimacy of Mut'ah», *Shia Pen*, www.shiapen.com/comprehensive/mutah/quranic-evidences.html.
18. Ver capítulo 1, p. 18.
19. *Sunan Abu Dawud* consigna: «Abu Sa'id Al Khudri dijo: "El apóstol de Alá (que la paz sea con él) envió una expedición militar a Awtas con motivo de la batalla de Hunain. El contingente localizó a los enemigos y lucharon contra ellos. Les derrotaron y llevaron cautivos. Algunos de los compañeros del apóstol de Alá (que la paz sea con él) eran reacios a tener relaciones sexuales con las cautivas por sus maridos paganos. Por ello, Alá el exaltado envió el versículo coránico que dice: 'Y también se os han prohibido las mujeres casadas. Pero sabed que sí podéis cohabitar con vuestras esclavas'". Con esto está diciendo que las pueden poseer legalmente cuando terminen su periodo de espera» (Libro 11, Hadiz 2150, sunnah.com/abudawud/12/110). Ver también *Sahih al-Bujari*, Volumen 5, Libro 59, Número 459; *Sahih Musulmán*, Libro 008, Número 3432 (y Números 3371 y 3384.)
20. Ver capítulo 1, p. 14.
21. Ver la exposición sobre escatología islámica en el apartado Principales errores del islam, pp. 183-192.
22. «Sabed [oh, musulmanes] que, si obtenéis algún botín, un quinto corresponde a Alá, al enviado y a sus parientes, a los huérfanos, a los pobres y al viajero, si creéis en Alá y en lo que hemos revelado a nuestro siervo el día del criterio, el día que se encontraron los dos ejércitos. Y Alá es omnipotente» (Corán 8:41 *Majestic*).
23. «Remarks by the President at Cairo University, 6-04-09», Oficina del secretario de prensa de la Casa Blanca, obamawhitehouse.archives.gov/the-press-office/remarks-president-cairo-university-6-04-09. Obama está citando Corán 5:32.

24. Ver David Wood, «Will the Real Islam Please Stand Up?», *Christian Research Journal* 37, 6 (2014): pp. 8-15, http://www.equip.org/article/will-the-real-islam-please-stand-up/.

25. «CAIR-Philadelphia's Submissions to the Inquirer: "Not My Islam"», CAIR Filadelfia, 19 enero 2015, pa.cair.com/news/inquirer-not-my-islam/.

26. Ver también Corán 13:42. Como otros traductores, Yusuf Ali vierte 3:54 del modo siguiente: «Y (los no creyentes) se confabularon y planearon, y también Alá hizo planes, y el mejor planificador es Alá». La traducción de *The Study Qur'an* es ligeramente mejor: «Y ellos conspiraron, y Dios conspiró. Y Dios es el mejor de los conspiradores». Ver Sam Shamoun y David Wood, «Is Allah the "Best of Deceivers"?», *Answering Muslims*, 2 marzo 2014, video, www.answeringmuslims.com/2014/03/is-allah-best-of-deceivers.html; y Sam Shamoun, «None Can Feel Safe from Allah's Schemes», Answering Islam, www.answering-islam.org/authors/shamoun/abu_bakr_fear.html.

27. 2 Samuel 12:1-23.

28. Ver capítulo 1, pp. 12-14.

29. Sobre el juicio del Señor sobre Salomón, ver 1 Reyes 11.

30. Ver también Corán 4:3, 24; 33:50; 70:29-30.

31. Traducción de Pickthall.

32. Traducción de Yusuf Ali. La traducción que hace el *Majestic Qur'an* de esta parte de 4:34 es: «Por lo que respecta a aquellas de las que teman rebeldía, amonéstenlas, déjenlas solas en la cama y golpéenlas. Después, si les obedecen, no sean autoritarios. Porque Alá es Sublime, Grande».

33. Ver más detalles en pp. 70-73.

34. Ver Gary R. Habermas, *The Historical Jesus* (Joplin, MO: College Press, 1996), pp. 143-70 (esp. p. 158); *Will the Real Jesus Please Stand Up? A Debate between William Lane Craig and John Dominic Crossan*, Paul Copan, ed. (Grand Rapids: Baker Books, 1998), pp. 26-27; William Lane Craig, «¿Resucitó Jesús de los muertos?» en Michael J. Wilkins y J. P. Moreland, eds., *Jesús bajo sospecha* (Terrassa: Editorial Clie, 2003), pp. 147-48 del original en inglés.

35. Ver Lucas 22:44. Para las descripciones médicas del sufrimiento y muerte de Cristo, me baso en C. Truman Davis, «The Crucifixion of Jesus: The Passion of Christ from a Medical Point of View», *Arizona Medicine* (Arizona Medical Association), marzo 1965, pp. 183-87; y William D. Edwards, Wesley J. Gabel y Floyd E. Hosmer, «On the Physical Death of Jesus Christ», *The Journal of the American Medical Association*, 21 marzo 1986, pp. 1455-63.

36. Ver John McRay, *Archaeology and the New Testament* (Grand Rapids, MI: Baker Book House, 1991), pp. 203-204; James K. Hoffmeier, *Arqueología de la Biblia* (Madrid: San Pablo, 2008), pp. 155-56 del original en inglés.

37. Ver Hoffmeier, *Arqueología de la Biblia*, p. 154; Paul L. Maier, «Biblical Archaeology: Factual Evidence to Support the Historicity of the Bible», *Christian Research Journal*, vol. 27, núm. 2 (2004), acceso 26 agosto 2016, www.equip.org/article/biblical-archaeology-factual-evidence-to-support-the-historicity-of-the-bible/.

38. Ver Josefo, *Antigüedades* 18:63. El historiador Paul L. Maier traduce y condensa así *Antigüedades* 18:63: «En este tiempo hubo un hombre sabio llamado Jesús, y su conducta era buena, y era conocido como virtuoso. Muchos de entre los judíos y demás naciones se hicieron sus discípulos. Pilato le condenó a ser crucificado

y a morir. Pero aquellos que se habían hecho sus discípulos no abandonaron su discipulado. Afirmaron que se les había aparecido tres días después de su crucifixión y que estaba vivo. Por consiguiente, era quizá el Mesías sobre el que los profetas habían consignado prodigios. Y hasta el día de hoy, la tribu de los cristianos, llamados así por él, no ha desaparecido». *Josephus: The Essential Works: A Condensation of Jewish Antiquities and The Jewish War,* trad. ed. Paul L. Maier (Grand Rapids: Kregel, 1994), pp. 269-70; ver también p. 282n8 y pp. 284-85 donde Maier considera y defiende la veracidad de las alusiones de Josefo a Jesús.

39. Ver Tácito, *Anales* 15.44.

40. Ver Suetonio, *La vida de los doce césares,* Nerón 16.2 y Claudio 25.4.

41. Ver nota 34 de este capítulo.

42. Ver Ali, *The Meaning of the Holy Qur'an,* p. 236 (nota 663 de Corán 4:157). Para una refutación del *Evangelio de Bernabé,* ver Norman L. Geisler y Abdul Saleeb, *Islamismo al descubierto* (Miami, Florida: Vida, 2002), «El Evangelio de Bernabé».

43. Ver Habermas, *The Historical Jesus,* pp. 152-57; y William Lane Craig, *Christian Truth and Apologetics,* tercera edición (Wheaton, IL: Crossway Books, 2008), pp. 362 y ss.

44. Ver Mateo 13:55; Marcos 3:20-21; Juan 7:3-5; Gálatas 1:18-19; 2:9-10; 1 Corintios 9:5; 15:7. Ver también Josefo, *Antigüedades* 20:197-203; Eusebio, *Historia Eclesiástica* 2.23.8-18; Clemente de Alejandría, *Hypotyposes,* Libro 7. Para un análisis de este asunto, ver también Sean McDowell, «Did the Apostles Really Die as Martyrs for Their Faith?», *Christian Research Journal* 39, 2 (2016): p. 15.

45. Ver McDowell, «Did the Apostles Really Die as Martyrs for Their Faith?», pp. 10-16.

46. El material de la subsección «Crucifixión» se ha adaptado de Hanegraaff, *Resurrection* (Nashville: Word Publishing, 2000), capítulos 2 y 5; Hank Hanegraaff, *Has God Spoken? Memorable Proofs of the Bible's Divine Inspiration* (Nashville: Thomas Nelson, 2011), capítulo 5; y Hank Hanegraaff, *The Complete Bible Answer Book,* edición de coleccionista revisada y actualizada (Nashville: Thomas Nelson, 2008, 2016), pp. 252-53.

47. Ver Corán 96:2 (especialmente la traducción de Yusuf Ali).

48. Ver Agustín, *La Trinidad* 1.2 y libros 8-15; *Confesiones,* libros 10-11. Ver también Robert Crouse, «Knowledge», en *Augustine Through the Ages: An Encyclopedia,* ed. Allan D. Fitzgerald (Grand Rapids: William B. Eerdmans Publishing Co., 1999), pp. 486-88; R. C. Sproul, *The Consequences of Ideas: Understanding the Concepts that Shaped our World* (Wheaton, IL: Crossway, 2000), pp. 58-59.

49. C. S. Lewis, *Beyond Personality,* en *Mere Christianity* (Mero cristianismo), una edición revisada y ampliada, con una nueva introducción a los tres libros *Broadcast Talks, Christian Behavior* y *Beyond Personality* (Nueva York: HarperOne, 1943, edición rústica de HarperCollins 2001), p. 164.

50. Lewis, *Beyond Personality,* p. 165.

51. Ver, p. ej., Lucas 3:22; Juan 3:35; 12:28; 14:26, 31; 15:26; 17:1-26.

52. Los últimos cinco párrafos anteriores se han adaptado de Hanegraaff, *The Complete Bible Answer Book,* pp. 50-51.

53. Otros pasajes del Corán que malinterpretan o denuncian la doctrina cristiana de la Trinidad son 4:171; 5:17, 70-75; 116-117; 6:100-101; 72:3.

54. Ver Corán 43:3-4; 85:21-22; ver también 3:7; 13:39.

NOTAS

55. Ishaq, *The Life of Muhammad*, p. 272. Ver también, leídos conjuntamente, Corán 4:166-72; 5:17, 68-77, 116-17; y también con 6:100-101; 72:3. Ibn Ishaq sostiene que los cristianos, que «diferían entre ellos mismos en ciertas ideas», habían estado debatiendo con Mahoma, «diciendo que Él es Dios y que Él es el Hijo de Dios y que Él es la tercera persona de la Trinidad, lo cual es la doctrina del cristianismo. Argumentan que él es Dios porque solía resucitar a los muertos, y sanar a los enfermos, y declarar lo invisible; y hacer pájaros de barro e infundirles aliento para que volaran [Corán 3:49]; y todo esto era por orden del Dios Todopoderoso, "Para hacer de él signo para la gente" [Corán 19:21]. Argumentan que él es el Hijo de Dios porque, según dicen, no tenía padre conocido; y habló en la cuna [Corán 19:29 y ss.] y esto es algo que ningún hijo de Adán ha hecho jamás. Argumentan que es el tercero de tres porque Dios dice: Hemos hecho, Hemos ordenado, Hemos creado y Hemos decretado, y dicen, si fuera uno habría dicho He hecho, He creado, y pronto, pero Él es Él y Jesús y María. El Corán descendió para contestar todas estas declaraciones» (Ishaq, *The Life of Muhammad*, pp. 271-72, mayúsculas en el original).

En relación con Corán 5:73, Ibn Kathir escribió: «(Ciertamente, no creen los que dicen: "Alá es el tercero de tres"). Mujahid y algunos otros han dicho que este *ayat* [versículo] fue revelado sobre los cristianos en particular. As-Suddi y otros afirmaron que este *ayat* fue revelado como una respuesta a la consideración de "Isa [Jesús] y su madre como dioses en el mismo plano que Alá, convirtiendo a este en el tercero de una Trinidad". Como dijo Suddi: "Esto se parece a la afirmación de Alá hacia el final del Corán. (Y [recuerda] cuando dijo Alá: '¡Jesús, hijo de María! ¡Eres tú quien ha dicho a los hombres: ¡Tomadnos a mí y a mi madre como a dioses, además de tomar a Alá!?'". Dijo: "¡Gloria a Ti!") [5:116]». (Ibn Kathir, *Tafsir Ibn Kathir* [Riad: Darussalam Publishers, 2000], *online* en QTafsir.com, www.qtafsir. com/index.php?option=com_content&task=view&id=753&Itemid=60).

Con respecto a Corán 4:171, E. M. Wherry escribió: «Los comentaristas Baidhawi, Jalaluddin y Yahya concuerdan en interpretar los tres como "Dios, Jesús y María", dentro de la relación de Padre, Madre e Hijo» (E. M. Wherry, *A Comprehensive Commentary on the Quran*, vol. 2 [Londres: editorial desconocida, 1886], p. 116, citado en *Answering Islam*, answering-islam.org/Books/Wherry/ Commentary2/ch4.htm).

Para una exposición argumentada sobre la representación coránica de la doctrina cristiana de la Trinidad, ver James R. White *What Every Christian Needs to Know about the Qur'an* (Mineápolis: Bethany House Publishers, 2013), capítulo 4.

56. La Biblia contiene abundante enseñanza sobre la deidad personal del Espíritu Santo. Como el «Espíritu de Dios» (Génesis 1:2; Romanos 8:9-17; 1 Corintios 2:11, 14), el Espíritu Santo *es santo, equiparado a Dios* (Hechos 5:3-4; Romanos 8:9-11; 2 Corintios 3:17-18), y *comparte la obra de Dios* (p. ej., *creación*: Génesis 1:2; Job 33:4; *encarnación*: Mateo 1:18, 20; *resurrección*: 1 Pedro 3:18; *salvación*: 1 Corintios 6:11; *inspiración de la Escritura*: 2 Timoteo 3:16). El Espíritu Santo es *omnipotente* (Lucas 1:35), *omnipresente* (Salmos 139:7-9), *omnisciente* (1 Corintios 2:10-11), *eterno* (Hebreos 9:14) y *personal* (Juan 14:26; 15:26; Hechos 8:29; 15:28; 16:6; Romanos 5:5; 8:14-16, 26-27; 15:30; Efesios 4:30; 1 Corintios 12:11; 2 Corintios 13:14), y sin embargo distinto del Padre y del Hijo (Juan 14:26; 15:26; 16:13-14). Como dice el credo de Atanasio: «Adoramos a un Dios en Trinidad, y Trinidad en la unidad, sin confundir las personas, ni dividir la sustancia». Ver artículos sobre la doctrina de la Trinidad en *Christian Research Institute* (www.equip.org).

57. Ver también Nehemías 9:20, 30; 2 Samuel 23:2; Zacarías 7:11-12; Hechos 1:16; 4:25; 11:28; 2 Timoteo 3:16; 1 Pedro 1:11.

58. Otros ejemplos que muestran al Espíritu Santo empoderando y guiando al pueblo de Dios en Hechos son 2:4, 14; 7:55-56; 8:29; 11:12; 15:28; 16:6; 20:28.

59. Además de citar Corán 2:97, que indica sin lugar a dudas que Gabriel es el Espíritu Santo, este artículo sigue diciendo: «Para entender la conexión entre el ángel Gabriel y su denominación como el Espíritu, el Espíritu Santo y el honesto Espíritu en el Corán debemos también leer todos los versículos relacionados, 16:102 y 26:192-193». Finalmente, para argumentar su perspectiva el artículo introduce los siguientes pasajes coránicos: 2:87; 2:253; 5:110; 19:17-19; 78:38; 97:4. «The Holy Spirit in Quran», *Submission.org*, acceso 25 enero 2016, submission.org/ Holy_Spirit.html.

60. «The Holy Spirit in Quran», *Submission.org*, cursivas del autor.

61. Yusuf Ali, *The Meaning of the Holy Qur'an*, p. 664 (nota 2141 en Corán 16:102).

62. La Declaración de Chicago sobre la inerrancia bíblica (1978) sigue siendo plenamente acertada para nuestro tiempo: «Siendo completas y verbalmente dadas por Dios, las Escrituras son sin error o falta en todas sus enseñanzas, tanto en lo que declaran acerca de los actos de creación de Dios, los eventos de la historia del mundo, su propio origen literario bajo la dirección de Dios, o en su testimonio de la gracia redentora de Dios en la vida de cada persona». Puede accederse a la declaración completa en www.bible-researcher.com/chicago1.html. Naturalmente, conocer lo que la Biblia enseña requiere la correcta aplicación del arte y ciencia de la interpretación bíblica (ver Hank Hanegraaff, *Has God Spoken?*, parte cuatro).

63. Ver capítulo 6, pp. 155-157.

64. Ishaq, *The Life of Muhammad*, p. 106. Las palabras de Corán 96:1-5 constituyen la primera presunta revelación divina directa a Mahoma.

65. Ver *Sahih al-Bujari*, Volumen 9, Libro 87, Número 111; Ishaq, *The Life of Muhammad*, pp. 105-107.

66. Ishaq, *The Life of Muhammad*, p. 106.

67. Ver nota 17, p. 224.

68. Según la tradición islámica, las diosas Al-lat, Uzza y Manat eran los tres ídolos principales de la Arabia preislámica. Esta cita procede de Al-Tabari, *The History of al-Tabari: Muhammad at Mecca*, vol. 6, trad. W. Montgomery Watt y M. V. McDonald (Albany: State University of New York Press, 1988), p. 108, kalamullah. com/Books/The%20History%20Of%20Tabari/Tabari_Volume_06.pdf. Ver también Cornelius, «Muhammad, Satan, and Muhammad's Prophetic Call», Answering Islam, acceso 27 enero 2016, www.answering-islam.org/authors/ cornelius/mo_satan.html.

69. Watt y McDonald, *The History of al-Tabari: Muhammad at Mecca*, p. 108.

70. Ibíd., 109.

71. Corán 22:52 citado en Watt, McDonald, *The History of al-Tabari: Muhammad at Mecca*, p. 109.

72. Ibíd., p. 110.

73. Ibn Ishaq, *The Life of Muhammad*, pp. 166-67.

74. Muchos apologistas musulmanes de nuestros días rechazan la veracidad del relato de los versículos satánicos. Pero como explicó W. Montgomery Watt, distinguido profesor de árabe y estudios islámicos de la Universidad de Edimburgo, en la introducción de la traducción de Al-Tabari antes citada, «La verdad de la historia

está fuera de toda duda, ya que es inconcebible que un musulmán pueda inventar una historia así o que un erudito musulmán pueda aceptarla de un no musulmán» (Watt, McDonald, *The History of al-Tabari: Muhammad at Mecca*, p. xxxiv.) Ver también James M. Arlandson, «How Jesus and Muhammad Confronted Satan», *Answering Islam*, acceso 25 septiembre 2016, www.answering-islam.org/Authors/Arlandson/confronting_satan.htm.

75. Salman Rushdie, *Los versos satánicos* (Barcelona: Debolsillo, 2014).

76. «The Hunger Games Reaches another Milestone: Top 10 Censored Books: The Satanic Verses», *Time*, 28 septiembre 2008, acceso 25 septiembre 2016, entertainment.time.com/2011/01/06/removing-the-n-word-from-huck-finn-top-10-censored-books/slide/the-satanic-verses/.

77. En su nota, Yusuf Ali considera que el lenguaje coránico es aquí metafórico y procede a justificarlo apelando a elementos de la anatomía humana como la médula espinal y el bulbo raquídeo (ver Ali, *The Meaning of the Holy Qur'an*, p. 1632 [nota 6071]). El apologista musulmán Maurice Bucaille afirma que determinadas traducciones al inglés, como la que yo he citado, «parecen más interpretaciones que traducciones» y no son «comprensibles». Bucaille nos ofrece su propia traducción: «(El hombre) fue formado de un líquido derramado. Surgió (como fruto) de la conjunción de la zona sexual del hombre y la de la mujer» (Maurice Bucaille, *The Bible, the Qur'an, and Science: The Holy Scriptures Examined in the Light of Modern Knowledge* [s. e., s. d.], p. 208).

78. Ver, p. ej., Yusuf Ali, «Who Was Dhū al Qarnayn?» en Ali, *The Meaning of the Holy Qur'an*, pp. 738-42.

79. Ver también Corán 12:41; 20:71; 26:49. Con respecto a la historia de la crucifixión, ver Gerald G. O'Collins, «Crucifixion», *The Anchor Bible Dictionary*, vol. 1, ed. David Noel Freedman (Nueva York: Doubleday, 1992), pp. 1207-1210.

80. Hans Christian Andersen, «The Emperor's New Clothes», trad. Jean Hersholt, *The Hans Christian Andersen Centre*, www.andersen.sdu.dk/vaerk/hersholt/TheEmperorsNewClothes_e.html.

81. Ver también Corán 10:37.

82. Thomas Carlyle, «The Hero as Prophet: Mahomet: Islam» (1840) en «Thomas Carlyle on Heroes Lecture II Prophet as Hero», Muhammad Umar Chand, ed., Archive.org, p. 33, acceso 27 enero 2016, archive.org/details/ThomasCarlyleOnHeroesLectureIIProphetAsHero.

83. Carlyle, «The Hero as Prophet: Mahomet: Islam», pp. 34, 35.

84. Spencer, *Onward Muslim Soldiers*, pp. 126-27.

85. Robert Spencer, *The Complete Infidel's Guide to the Koran* (Washington, DC: Regnery Publishing, 2009), p. 16.

86. Carlyle, «The Hero as Prophet: Mahomet: Islam», p. 36.

87. Ver Hanegraaff, *Has God Spoken?*, capítulo 12, «Succession of Nations».

88. Ver Yusuf Ali, *The Meaning of the Holy Qur'an*, p. 1336 (nota 4910 en Corán 48:27).

89. Ver *Sahih al-Bujari*, Volumen 3, Libro 50, Número 891; *Tafsir Ibn Kathir*, 48:27, *online* en QTafsir.com; ver también Sam Shamoun, «Muhammad's False Prophecies», *Answering Islam*, www.answering-islam.org/Shamoun/false_prophecies.htm.

90. Yusuf Ali, *The Meaning of the Holy Qur'an*, p. 1008 (nota 3507 en Corán 30:4).

91. Al-Tabari sitúa, pues, la victoria romana sobre Persia después del Tratado de Hudaybiyyah alrededor de 628/29 A. D., estableciendo aproximadamente catorce años entre la derrota romana (en Jerusalén) y la victoria. Ver Al-Tabari, *The History of al-Tabari: The Victory of Islam*, pp. 100-101, kalamullah.com/Books/ The%20History%20Of%20Tabari/Tabari_Volume_08.pdf; y ver los comentarios clarificadores de Fishbein en la nota 436, pp. 100-101. Ver también Shamoun, «Muhammad's False Prophecies».

92. Shamoun, «Muhammad's False Prophecies».

93. Yusuf Ali, *The Meaning of the Holy Qur'an*, p. 389 (nota 1127 en Corán 7:157). Ver también nota 10 en capítulo 1, p. 222.

94. Deuteronomio 18:18. Ver Yusuf Ali, *The Meaning of the Holy Qur'an*, p. 389 (nota 1127 en Corán 7:157).

95. El contexto de Deuteronomio 17-18 muestra que el término «hermano» designa a un miembro de las tribus israelitas en contraste con un «extranjero» (17:5). De hecho, algunas versiones como la TLA lo traducen como «uno de los nuestros» (18:18; ver también 18:2, 15). Mahoma no puede, de ningún modo, considerarse israelita y se le habría situado en el ámbito de los extranjeros (ver White, *What Every Christian Needs to Know about the Qur'an*, pp. 204-205).

96. Yusuf Ali, *The Meaning of the Holy Qur'an*, p. 389 (nota 1127 en Corán 7:157).

97. Ver White, *What Every Christian Needs to Know about the Qur'an*, pp. 206-211.

98. Ver David Wood, «Muhammad in the Bible?», *Answering Islam*, www.answering-islam.org/Authors/Wood/muhammad_in_bible.htm; White, *What Every Christian Needs to Know about the Qur'an*, capítulo 9.

99. Os Guinness, *Fool's Talk: Recovering the Art of Christian Persuasion* (Downers Grove, IL: InterVarsity Press, 2015), p. 243.

100. Ver *Sahih al-Bujari*, Volumen 6, Libro 61, Número 510.

101. James R. White, *The King James Only Controversy: Can You Trust Modern Translations?*, segunda edición (Mineápolis, MN: Bethany House Publishers, 2009), pp. 77-78.

102. Ali Dashti, *Twenty Three Years: A Study of the Prophetic Career of Mohammad*, trad. F. R. C. Bagley (Londres: Routledge, 1985, 1994), pp. 48-49, 50, *online* en books.google.com.

103. El término *gnosticismo* (del griego *gnosis*, que significa conocimiento) alude a una forma de conocimiento de la verdad espiritual de tipo intuitivo y esotérico, considerado necesario para la salvación. Especialmente activos durante el siglo segundo A. D., los gnósticos negaban la encarnación y la crucifixión de Cristo, pues creían que Jesús era espíritu y no tenía un cuerpo físico. No hay pruebas históricas del primer siglo de alguien que negara la muerte corporal de Cristo por crucifixión (ver «Gnosticism», New Advent, *The Catholic Encyclopedia*, www.newadvent.org/ cathen/06592a.htm).

104. The Infancy Gospel of Thomas, IV:1, M. R. James Translation, Gnostic Society Library, gnosis.org/library/inftoma.htm.

105. Samuel M. Zwemer, *Islam and the Cross: Selections from «The Apostle to Islam»*, Roger S. Greenway, ed. (Phillipsburg, NJ: P&R Publishing, 2002), p. 152.

# Capítulo 3: La *sharía* es el Estado y el Estado es la *sharía*

1. A. Kevin Reinhart, «Introduction», en *Encyclopedia of Islamic Law: A Compendium of the Major Schools*, adap. Laleh Bakhtiar (Chicago: KAZI Publications, 1996), pp. xxxii-xxxiii.
2. Martin Luther, «On War against Islamic Reign of Terror, 1528», (*Vom Kriege wider die Türken* WA 30 II, pp. 107-148), www.reverendluther.org/pdfs2/On-War-Against-Islamic-Reign-of-Terror.pdf.
3. Ibíd. Dentro del mismo contexto, Lutero dijo:

> [Mahoma] se alaba y exalta a sí mismo en gran manera y se jacta de haber hablado con Dios y con los ángeles, y en que, puesto que el oficio de Cristo como profeta ya ha finalizado, se le ha ordenado a él llevar al mundo a su fe y si el mundo no está dispuesto a aceptar sus palabras, a obligarlo o castigarlo con la espada; y hay mucha glorificación de la espada en [el Corán]. Por ello, los turcos consideran que su Mahoma es mucho más elevado y mayor que Cristo, puesto que el oficio de Cristo ha terminado y el de Mahoma sigue en vigor.
>
> Considerando esto, cualquiera puede observar fácilmente que Mahoma es un destructor de nuestro Señor Cristo y de su reino, y que si alguien niega que Cristo es el Hijo de Dios y ha muerto por nosotros, y que sigue vivo y reina a la diestra de Dios, ¿qué queda de Cristo? El Padre, el Hijo, el Espíritu Santo, el bautismo, los sacramentos, el evangelio, la fe y toda la doctrina y vida cristianas desaparecen y, en lugar de Cristo, no queda nada más que Mahoma con su doctrina de obras y especialmente de la espada. Esta es la principal doctrina de la fe turca en la que todas las abominaciones, errores y demonios se amontonan en un cúmulo. *(Ibíd.)*.

4. Ibíd.
5. Definición de *yizia* en E. W. Lane, *An Arabic-English Lexicon* (Londres, 1865), libro 1, p. 422; citado en Andrew G. Bostom, «Jihad Conquests and the Imposition of Dhimmitude—A Survey», *The Legacy of Jihad: Islamic Holy War and the Fate of Non-Muslims*, ed. Andrew G. Bosom (Amherst, NY: Prometheus Books, 2008), p. 29.
6. Jason Thompson, «An Account of the Journeys and Writings of the Indefatigable Mr. Lane», *ARAMCO World*, marzo/abril 2008, archive.aramcoworld.com/issue/200802/the.indefatigable.mr.lane.htm.
7. Reinhart, «Introduction», p. xxxvi.
8. Karen Armstrong, *El islam* (México DF: Debolsillo, 2014), p. 77 del original en inglés.
9. Hirsi Ali, *Reformemos el islam* (Barcelona: Galaxia Gutenberg, 2015), p. 133 del original en inglés.
10. Nonie Darwish, *Cruel and Usual Punishment* (Nashville: Thomas Nelson, 2008), p. ix.
11. Ibíd., p. 4.
12. Ibíd., p. ix.
13. Hirsi Ali, *Reformemos el islam*, p. 135 del original en inglés.
14. Tomado de Hank Hanegraaff, *Has God Spoken? Memorable Proofs of the Bible's Divine Inspiration* (Nashville: Thomas Nelson, 2011), p. 269.
15. Ver Hirsi Ali, *Reformemos el islam*, p. 135 del original en inglés.
16. Ver nota 118, p. 232.

17. Barack Obama, *La audacia de la esperanza: Reflexiones sobre cómo restaurar el sueño americano* (Barcelona: Península, 2008), p. 258 del original en inglés. Barack Obama dice lo mismo en «News and Speeches: Call to Renewal Keynote Address», 28 junio 2006, web.archive.org/web/20080711013555/www.barackobama.com/2006/06/28/call_to_renewal_keynote_address.php.

18. Adaptado de Hanegraaff, *Has God Spoken?*, p. 268; ver también p. 241.

19. Adaptado de Ibíd., p. 275.

20. Dos párrafos adaptados de Hank Hanegraaff, *The Complete Bible Answer Book,* edición de coleccionista, revisada y actualizada (Nashville: Thomas Nelson, 2008, 2016), pp. 174-75.

21. Párrafo adaptado de Hanegraaff, *Has God Spoken?*, p. 269.

22. Bill Ozanick, «The Implications of Brunei's Sharía Law», *The Diplomat,* 21 mayo 2015, acceso 8 junio 2016, https://thediplomat.com/2015/05/the-implications-of-bruneis-sharia-law/.

23. Hirsi Ali, *Reformemos el islam* (Barcelona: Galaxia Gutenberg, 2015), p. 139 del original en inglés.

24. «The World's Muslims: Religion, Politics, and Society: Executive Summary», Pew Research Center, 30 abril 2013, acceso 8 junio 2016, www.pewforum.org/2013/04/30/the-worlds-muslims-religion-politics-society-exec/.

25. «The World's Muslims: Religion, Politics, and Society: Overview», Pew Research Center, 30 abril 2013, acceso 8 junio 2016, www.pewforum.org/2013/04/30/the-worlds-muslims-religion-politics-society-overview/. Este informe declaraba: «Juntos, los 39 países y territorios que se mencionan albergan a dos tercios de la población musulmana del mundo».

26. Cf. Ben Shapiro, «The Myth of the Tiny Radical Muslim Minority», Reality Check, 15 octubre 2014, acceso 8 junio 2016, www.youtube.com/watch?v=g7TAAw3oQvg.

27. Barack Obama, «Remarks by the President at Cairo University, 6-04-09», Oficina del secretario de prensa de la Casa Blanca, acceso 21 febrero 2017, obamawhitehouse.archives.gov/the-press-office/remarks-president-cairo-university-6-04-09.

28. Barack Obama, «Remarks by the President at Islamic Society of Baltimore», Oficina del secretario de prensa de la Casa Blanca, 3 febrero 2016, cursiva del autor, obamawhitehouse.archives.gov/the-press-office/2016/02/03/remarks-president-islamic-society-baltimore.

29. Ver nota 10 de la Introducción, p. 216.

30. Hirsi Ali, *Reformemos el islam* (Barcelona: Galaxia Gutenberg, 2015), p. 143 del original en inglés.

31. Darwish, *Cruel and Usual*, p. 63.

32. Ibíd., pp. 65, 66.

33. Theodore Roosevelt, «The Influence of the Bible», discurso de 1901 en la Long Island Bible Society, en Christian F. Reisner, *Roosevelt's Religion* (Nueva York: Abingdon Press, 1922), p. 306, acceso 9 junio 2016, archive.org/stream/christianfichthor00reisrich/christianfichthor00reisrich_djvu.txt.

34. Obama, *La audacia de la esperanza*, p. 258 del original en inglés.

35. Kristan Hawkins, «President Barack Obama's Shameful Legacy on Abortion», *Life News*, 13 enero 2016, www.lifenews.com/2016/01/13/president-barack-obamas-shameful-legacy-on-abortion/; John McCormack, «Video: Obama Says He's "Pro-Choice" on Third-Trimester Abortions», *Weekly Standard*, 22 agosto 2012, www.

weeklystandard.com/video-obama-says-hes-pro-choice-on-third-trimester-abortions/
article/650524.

36. Tres párrafos adaptados de Hanegraaff, *Has God Spoken?*, pp. 240-41, y
Hanegraaff, *The Complete Bible Answer Book*, pp. 170, 176-77.

37. Aunque Juan 7:53-8:11 no aparece en los manuscritos más antiguos, existen buenas
razones para sostener que este pasaje refleja un «auténtico episodio de la vida de
Jesús, preservado en la tradición oral, y añadido más adelante al texto por escribas
cristianos» (Craig L. Blomberg, *The Historical Reliability of John's Gospel: Issues
and Commentary* [Downers Grove, Ill.: InterVarsity Press, 2001], p. 140).

38. *Sahih Musulmán*, Libro 17, Número 4206, www.usc.edu/org/cmje/religious-texts/
hadith/muslim/017-smt.php#017.4206.

39. Ishaq, *The Life of Muhammad*, p. 652. Otros casos consignados en los hadices en
que Mahoma ordenó la lapidación por adulterio son *Sahih al-Bujari*, Volumen 9,
Libro 83, Número 37; *Sahih Musulmán*, Libro 17, Números 4192, 4193 y 4196.

40. *Sahih Musulmán*, Libro 17, Número 4194, www.usc.edu/org/cmje/religious-texts/
hadith/muslim/017-smt.php#017.4194.

41. Ahmad ibn Naqib al-Misri, *Reliance of the Traveller: The Classic Manual
of Islamic Sacred Law*, rev. ed., Nuh Ha Mim Keller, ed. y trad. (Beltsville,
Maryland: Amana Publications, 1991, 1994), p. 611 [o12.6].

42. Ver Corán 23:5-6; 70:29-30.

43. Hirsi Ali, *Reformemos el islam* (Barcelona: Galaxia Gutenberg, 2015), p. 149 del
original en inglés.

44. Ibíd.

45. Ver p. 17-18.

46. *Sahih al-Bujari*, Volumen 7, Libro 72, Número 715, www.usc.edu/org/
cmje/religious-texts/hadith/bukhari/072-sbt.php#007.072.715, cursivas
del autor. Ver la útil exposición de Andrew Bostom, «"Beat My Wife—
Please!"—Mainstream Muslim Misogyny in North America, Too?».
Dr. Andrew Bostom, 26 marzo 2012, www.andrewbostom.org/2012/03/
beat-my-wife-please-mainstream-muslim-misogyny-in-north-america-too/.

47. *Sahih Musulmán*, Libro 004, Número 2127, www.usc.edu/org/cmje/religious-texts/
hadith/muslim/004-smt.php#004.2127. Ver también «Wife-Beating», The Religion
of Peace, www.thereligionofpeace.com/pages/quran/wife-beating.aspx.

48. Ver varias traducciones de la Universidad de Leeds: Qurany Tool, acceso 11
junio 2016, www.comp.leeds.A.C.uk/nora/html/38-44.html. Como explicaba la
reciente obra ecuménica *The Study Quran*, algunos comentaristas afirman que «Job
reprendió a [su esposa] y prometió castigarla. Dios le dijo entonces que la azotara
con una ramita de hojas para que pudiera cumplir su voto sin dañarla injustamente»,
citando a varios comentaristas entre ellos a Ibn Kathir y Al-Tabari (Nasr, *The Study
Quran*, p. 1111, nota de Corán 38:44).

49. Citado en Bostom, «Beat My Wife—Please»; ver también «Women under Sharia
Law-The Dilemma of "Wife Beating Protocol"», *The Qur'an Dilemma,* 5 julio
2011, thequrandilemma.com/uncategorized/women-under-sharia-law-the-
dilemma-of-wife-beating-protocol; y Silas, «Wife Beating in Islam», *Answering
Islam*, www.answering-islam.org/Silas/wife-beating.htm#_Toc160373814.

50. Naqib al-Misri, *Reliance of the Traveller*, pp. 540-41 [m10.12], se ha omitido
información documental de carácter parentético del material citado.

51. Ver Ibíd., p. 541 [m10.12], se ha omitido información documental de carácter parentético del material citado.

52. Ibíd., p. 542 [m10.12]; el paso 3 declara exactamente: «Si no dormir con ella resulta ineficaz, es lícito que él la golpee, si cree que haciéndolo la traerá de nuevo al buen camino, pero si no cree que vaya a ser así, no procede que lo haga. Tales golpes pueden llevarse a cabo de un modo que no pongan en riesgo su integridad física, y son el último recurso para salvar a su familia».

53. Santo Tomás de Aquino, *Commentary on the First Epistle to the Corinthians*, trad. Fabian Larcher, apartados 321 y 323, dhspriory.org/thomas/SS1Cor.htm#71.

54. Ibíd.

55. Rukmini Callimachi, «ISIS Enshrines a Theology of Rape», *New York Times*, 13 agosto 2015, acceso 15 febrero 2016, www.nytimes.com/2015/08/14/world/middleeast/isis-enshrines-a-theology-of-rape.html?_r=1.

56. «The Revival of Slavery Before the Hour», *Dabiq* 4 (1435 [2014]): p. 15, https://clarionproject.org/docs/islamic-state-isis-magazine-Issue-4-the-failed-crusade.pdf.

57. Callimachi, «ISIS Enshrines a Theology of Rape».

58. *Sahih al-Bujari* sigue diciendo: «Aquel día el profeta tomó a Juwairiya [la hija del jefe de los banu mustaliq]» (Volumen 3, Libro 46, Número 717, www.usc.edu/org/cmje/religious-texts/hadith/bukhari/046-sbt.php#003.046.717); ver también *Sahih Musulmán*, Libro 19, Número 4292; *Sahih Musulmán*, Libro 008, Número 3371; ver también Ibn Ishaq, *The Life of Muhammad: A Translation of Ishaq's Sirat Rasul Allah*, trad. A. Guillaume (Oxford: Oxford University Press, 1955), pp. 490-93; Al-Waqidi, *The Life of Muhammad: Al-Wāqidī's Kitāb al-Maghāzī*, ed. Rizwi Faizer, trad. Rizwi Faizer, Amal Ismail, y Abdulkader Tayob (Londres: Routledge, 2011), pp. 198-208.

59. Umm Sumayyah al-Muhajirah, «Slave-girls or Prostitutes?», *Dabiq* 9 (1436 [2015]): p. 45, acceso 11 junio 2016, media.clarionproject.org/files/islamic-state/isis-isil-islamic-state-magazine-issue%2B9-they-plot-and-allah-plots-sex-slavery.pdf.

60. «The Revival of Slavery Before the Hour», *Dabiq* 4, p. 17; el artículo de *Dabiq* cita Corán 23:1-7: «¡Bienaventurados los creyentes, que hacen su azalá con humildad, que evitan el vaniloquio, que dan el azaque, que se abstienen de comercio carnal, salvo con sus esposas o con sus esclavas en cuyo caso no incurren en reproche, mientras que quienes desean a otras mujeres, esos son los que violan la ley [Al-Mu'minūn: 1-7]». Ver también James M. Arlandson, «Slave-girls as sexual property in the Quran», *Answering Islam*, acceso 13 febrero 2015, www.answering-islam.org/Authors/Arlandson/women_slaves.htm; y Silas, «Muhammad and the Female Captives», acceso 13 febrero 2016, www.answering-islam.org/Silas/femalecaptives.htm.

61. *Sahih Musulmán*, 8, Número 3371, www.usc.edu/org/cmje/religious-texts/hadith/muslim/008-smt.php#008.3371; ver también Al-Waqidi, *The Life of Muhammad*, p. 202; comparar una ocasión similar consignada en *Sahih al-Bujari*, Volumen 3, Libro 34, Número 432.

62. Ver también Corán 4:24; 23:5-6.

63. Naqib al-Misri, *Reliance of the Traveller*, p. 604 [o9.13].

64. *Sahih al-Bujari*, Volumen 3, Libro 46, Número 717; *Sahih Musulmán*, Libro 019, Número 4292; Ibn Ishaq, *The Life of Muhammad*, pp. 490-93; Al-Waqidi, *The Life of Muhammad*, pp. 198-202. Ver también Sam Shamoun, «Muhammad's Marriage to Safiyyah Revisited», *Answering Islam*, www.answering-islam.org/Responses/Osama/zawadi_safiyyah2.htm.

65. «The Revival of Slavery Before the Hour», *Dabiq* 4, p. 17.

66. Ver nota 118, p. 232.

67. Darwish, *Cruel and Usual Punishment*, p. 33, cursivas del autor.

68. Ibíd., p. 41.

69. Ibíd. Darwish cita *Reliance of the Traveller* n1.2 y n1.3; y Kitab Al-Talaq Law no. 1537 y 1538.

70. Naqib al-Misri, *Reliance of the Traveller*, p. 565 [n7.7]. Ver Corán 2:229-231.

71. Robert Spencer, *Guía políticamente incorrecta del islam (y de las cruzadas)* (Madrid: Ciudadela, 2007), p. 72 del original en inglés. Ver también notas 16 y 17 del capítulo 2 en p. 235.

72. Darwish, *Cruel and Usual Punishment*, p. 45.

73. Spencer, *Guía políticamente incorrecta del islam (y de las cruzadas)*, p. 69 del original en inglés. La traducción de Hilali-Khan es igualmente clara: «Para aquellas de vuestras mujeres que ya no esperan tener la menstruación, si tenéis dudas, su *'iddah* (periodo de espera) será de tres meses; lo mismo para las que no tienen menstruación [(es decir, son todavía inmaduras) su *'iddah* (periodo de espera) es también de tres meses excepto en caso de muerte]. Para las embarazadas (sean divorciadas o viudas), su *'iddah* (periodo de espera) terminará cuando den a luz. A quien teme a Alá y cumple con su deber, él le facilita sus cosas» (65:4, inserciones entre paréntesis y corchetes en el original).

74. «Gender Equality in Islam», Muslim Women's League, septiembre 1995, www.mwlusa.org/topics/equality/gender.html.

75. El Saadawi sigue diciendo: «Pero lo que ha sucedido es que los hombres han utilizado a veces ciertos aspectos de esta religión para crear un sistema patriarcal en que estos dominan a las mujeres». Nawal El Saadawi, citada en Muhammad Ali al-Hashimi, *The Ideal Muslimah: The True Islamic Personality of the Muslim Woman as Defined in the Qur'an and Sunnah*, trad. Nassrudin al-Khattab (International Publishing House, 1998), *online* en www.islamicbulletin.org/free_downloads/women/the_ideal_muslimah.pdf.

76. «Vuestras mujeres son campo labrado para vosotros. ¡Venid, pues, a vuestro campo como queráis, haciendo preceder algo para vosotros mismos! ¡Teme» (Corán 2:223 *Majestic*).

77. Naqib al-Misri, *Reliance of the Traveller*, p. 525 [m5.0].

78. Ver Bill Warner, *Sharia Law for the Non-Muslim* (Center for the Study of Political Islam, 2010), p. 16; *Sahih al-Bujari*, Volumen 7, Libro 62, Número 81.

79. *Sahih al-Bujari,* Volumen 7, Libro 62, Número 121 (ver también Número 122), www.usc.edu/org/cmje/religious-texts/hadith/bukhari/062-sbt.php#007.062.121.

80. Como se ha observado, islam significa «sumisión (a la voluntad de Alá)». Ver Introducción, p. xiii.

81. Madeleine K. Albright, «Obama's Muslim Speech», *New York Times*, 2 junio 2009, acceso 2 agosto 2016, www.nytimes.com/2009/06/03/opinion/03iht-edalbright.html.

82. George W. Bush, «Address to Joint Session of Congress Following 9/11 Attacks», 20 septiembre 2001, *American Rhetoric*, acceso 20 febrero 2017, www.americanrhetoric.com/speeches/gwbush911jointsessionspeech.htm.

83. Abed Z. Bhuyan, «Powell Rejects Islamophobia», *On Faith*, sin datos, acceso 2 agosto 2016, www.faithstreet.com/onfaith/2008/10/19/powell-rejects-islamophobia/103; Suhail A. Khan, «Colin Powell and My American Faith», *On

*Faith*, sin datos, acceso 4 agosto 2016, www.faithstreet.com/onfaith/2008/10/22/colin-powell-and-my-american-f/5585.

84. Primer ministro Tony Blair, «Text of Prime Minister Tony Blair's Remarks», *New York Times*, 7 octubre 2001, acceso 8 junio 2016, www.nytimes.com/2001/10/07/international/07BLAIR-TEXT.html.

85. Steven Swinford, «David Cameron: Britain to Stand with France and Tunisia against Terrorism», *The Telegraph*, 26 junio 2015, acceso 2 agosto 2016, www.telegraph.co.uk/news/uknews/terrorism-in-the-uk/11701916/David-Cameron-Britain-to-stand-with-France-and-Tunisia-against-terrorism.html.

86. «Introduction to Islam | Belief | Oprah Winfrey Show», video de YouTube (transcrito por el autor), 26 octubre 2015, acceso 4 agosto 2016, www.youtube.com/watch?v=wgP_OSOS3IA; ver también Leah Marieann Klett, «Jihad' Is Simply "Misunderstood", Claims Muslim Scholar During Segment on Oprah Winfrey's "Belief" Series», *The Gospel Herald:* Entertainment, 6 noviembre 2015, acceso 4 agosto 2016, www.gospelherald.com/articles/59541/20151106/yihad-is-simply-misunderstood-claims-muslim-scholar-during-segment-on-oprah-winfreys-belief-series.htm.

87. Richard Burkholder, «Jihad—"Holy War", or Internal Spiritual Struggle?», Gallup, 3 diciembre 2002, cursivas del autor, acceso 18 febrero 2016, www.gallup.com/poll/7333/yihad-holy-war-internal-spiritual-struggle.aspx.

88. Hirsi Ali, *Reformemos el islam* (Barcelona: Galaxia Gutenberg, 2015), pp. 177-178 del original en inglés.

89. Naqib al-Misri, *Reliance of the Traveller*, p. 599 [o9.0].

90. Ibíd.

91. *Zakat* («pureza») son unas limosnas obligatorias (una cuadragésima parte de los ingresos) para suplir las necesidades de los musulmanes necesitados como un acto de purificación. Uno de los cinco pilares del islam.

92. Naqib al-Misri, *Reliance of the Traveller*, p. 599 [o9.0].

93. Ibíd., xiv-xxi. La página web Amana Publications muestra su apoyo, acceso 18 febrero 2016, www.amana-publications.com/amana_old/amana_bestsellers.shtml, ver también www.amana-publications.com/amana_old/1997_books.shtml; y ver foto de la certificación de Al-Azhar, acceso 4 agosto 2016, umdatalsalik.wordpress.com/introduction/, que corresponde a la copia de la certificación de Al-Azhar, pp. xx-xxi en *Reliance of the Traveller*. Ver también www.sunnah.org/history/Scholars/shkeller.html, www.masud.co.uk/ISLAM/nuh/reliance.htm y gatesofvienna.blogspot.com/2010/03/al-misri-on-circumcision.html (acceso 4 agosto 2016).

94. Ver Bill Warner, «Tears of Jihad», *Political Islam*, 3 marzo 2008, acceso 4 agosto 2016, www.politicalislam.com/tears-of-jihad/; «The Black Hole of History», *Political Islam*, 3 noviembre 2011, acceso 4 agosto 2016, www.politicalislam.com/the-black-hole-of-history/; ver también Pamela Geller, «270 Million Victims of Jihad? Maybe More», *Pamela Geller*, 1 noviembre 2011, acceso 4 agosto 2016, pamelageller.com/2011/11/270-millions-of-jihad-maybe-more.html/; «How Many Slaughtered Millions under Jihad?», *Pamela Geller*, 3 noviembre 2011, acceso 4 agosto 2016, pamelageller.com/2011/11/how-many-slaughtered-millions-under-yihad.html/#sthash.NEX7Wgps.dpuf.

95. *Sahih al-Bujari*, Volumen 1, Libro 2, Número 26, www.usc.edu/org/cmje/religious-texts/hadith/bukhari/002-sbt.php#001.002.026. Ver también *Sahih al-Bujari*, Volumen 2, Libro 26, Número 594; *Sahih Musulmán*, Libro 20, Hadiz 4645.

Como explicó Raymond Ibrahim: «Para muchos musulmanes, la yihad, es decir, la lucha armada contra los no musulmanes, es el sexto pilar no oficial del islam. Mahoma, el profeta del islam, dijo: "Posicionarse para la batalla [yihad] es mejor que posicionarse (en oración) durante sesenta años, aunque la oración es uno de los cinco pilares, y él catalogó la yihad como la segunda mejor obra después de creer en Alá como único dios y en él, Mahoma, como su profeta, la *shahada*, o primer pilar del islam» (Raymond Ibrahim, «Taqiyya about Taqiyya», Raymond Ibrahim, 12 abril 2014, raymondibrahim.com/2014/04/12/taqiyya-about-taqiyya/).

96. Darwish, *Cruel and Usual Punishment*, p. 219. En un correo electrónico personal, Darwish explicaba: «Este cálculo se basa en el trabajo de Bill Warner sobre la cantidad de textos dedicados a los no musulmanes (los *kafir*) en la trilogía islámica, es decir, los hadices, la *sira* y el Corán. Según Warner, el número de estos pasajes sobrepasa los 35.000, a saber: menciones negativas de los no musulmanes y promoción del odio hacia ellos en la trilogía islámica». Las estadísticas de Bill Warner proceden de «Kafirs in the Trilogy», Center for the Study of Political Islam, cspipublishing.com/statistical/TrilogyStats/AmtTxtDevotedKafir.html, y «Statistical Islam», *Political Islam*, www.politicalislam.com/trilogy-project/statistical-islam/.

97. Thomas Patrick Hughes, *A Dictionary of Islam* (Chicago: KAZI Publications, Inc., 1994, publicado originalmente en 1886), p. 243.

98. David Cook, *Understanding Jihad* (Berkeley: University of California Press, 2005), p. 2. Cook siguió explicando que «los intentos de reescribir la historia se producen solo en las presentaciones de la yihad de los escritores occidentales, o aquellos que tienen a los lectores occidentales como objetivo principal». Cook concluyó que «aquellos que escriben en árabe o en otras lenguas de mayoría musulmana se dan cuenta de que no tiene sentido presentar la yihad como algo distinto de una guerra militante», puesto que en los programas educativos islámicos se concede una gran prioridad a la temprana historia del islam (p. 43).

99. Esta última es la definición que ofrece para los estudiantes de inglés en el diccionario *online* Merriam-Webster; la primera definición normal es «una guerra santa librada en aras del islam como deber religioso; también una lucha personal en devoción al islam que requiere en especial una disciplina espiritual», cursivas en el original, acceso 20 mayo 2017, www.merriam-webster.com/dictionary/jihad. La primera y segunda definiciones del *Oxford Dictionary of Current English* (cuarta edición) define la yihad como «(1) una guerra o lucha contra los que no creen; (2) (llamada también yihad mayor) las luchas espirituales dentro de uno mismo contra el pecado». Diccionary.com define yihad como «(1) una guerra santa que los musulmanes emprenden como un deber sagrado; (2) cualquier lucha vigorosa y emocional por una idea o principio», www.dictionary.com/browse/jihad. Cf. Richard Burkholder, «Jihad—"Holy War", or Internal Spiritual Struggle?», Gallup, 3 diciembre 2002, acceso 18 febrero 2016, www.gallup.com/poll/7333/jihad-holy-war-internal-spiritual-struggle.aspx.

100. Naqib al-Misri, *Reliance of the Traveller*, p. 600 [o9.1].

101. Ibíd., p. 602 [o9.8].

102. Ver Robert Spencer, *Onward Muslim Soldiers: How Jihad Still Threatens America and the West* (Washington, DC: Regnery Publishing, 2003), pp. 5-11; Gregory Davis, «Islam 101», acceso 9 septiembre 2016, https://www.jihadwatch.org/islam-101; Darío Fernández-Morera, *The Myth of the Andalusian Paradise: Muslims, Christians, and*

*Jews under Islamic Rule in Medieval Spain* (Wilmington, Delaware: ISI Books, 2016), pp. 22-35; Cook, *Understanding Jihad*, capítulo 1, esp. pp. 21-22.

103. Khaldun continúa: «Por tanto, en el islam se unen el califato y la autoridad, de modo que la persona que dirige puede dedicar su energía a ambas cosas al mismo tiempo» (Ibn Khaldun, *The Muqaddimah: An Introduction to History*, trad. Franz Rosenthal; ed. y abrev. N. J. Dawood [Princeton: Princeton University Press, 1967], p. 183.

104. Medialuna Fértil: una región de Medio Oriente que fue el asiento de la antigua civilización mesopotámica. En este fértil territorio que va desde el Nilo hasta los valles del Tigris y el Éufrates, se desarrollaron naciones como Egipto, Asiria, Babilonia, Israel y otras.

105. Ver Fred Donner, «Conquests of Islam», en *Dictionary of the Middle Ages*, ed. Joseph R. Strayer (Nueva York: Charles Scribner's Sons, 1989), p. 568, faculty. washington.edu/brownj9/LifeoftheProphet/Summary%20of%20Islamic%20 Conquests-Donner.pdf.

106. Al-Tabari, *The History of al-Tabari: The Challenge to the Empires*, vol. 11, trad. Khalid Yahya Blankinship (Albany: SUNY Press, 1993), pp. 159-171, kalamullah. com/Books/The%20History%20Of%20Tabari/Tabari_Volume_11.pdf. Ver también Donner, «Conquests of Islam», p. 568.

107. Ver Eusebio, *Church History* 3, 5, 3, *online* en Christian Classics Ethereal Library, www.ccel.org/ccel/schaff/npnf201.iii.viii.v.html.

108. Fred M. Donner, «Muhammad and the Caliphate», en *The Oxford History of Islam*, ed. John L. Esposito (Oxford: Oxford University Press, 1999), p. 12, *online* en books.google.com.

109. Donner, «Muhammad and the Caliphate», p. 12.

110. Fernández-Morera, *Myth of the Andalusian Paradise*, pp. 19-20.

111. Ibíd., p. 21.

112. Ibíd., p. 22.

113. Bill Warner, «Why We Are Afraid, A 1400 Year Secret», video de YouTube, acceso 21 abril 2016, www.youtube.com/watch?v=t_Qpy0mXg8Y.

114. Ver nota 41, p. 221.

115. En este contexto, Andalucía (en árabe *al-Andalus*, la Iberia musulmana) es el término políticamente correcto para aludir a la España islámica, el territorio bajo la dominación musulmana teocrática, formado por la mayor parte del actual territorio de España y Portugal, desde la conquista omeya en 711 hasta su significativa reducción en 1248 y desaparición final en 1492 (ver Fernández-Morera, *Myth of the Andalusian Paradise*, pp. 48-51, 85).

116. «Remarks by the President at Cairo University, 6-04-09», Oficina del secretario de prensa de la Casa Blanca, acceso 21 febrero 2017, obamawhitehouse.archives.gov/ the-press-office/remarks-president-cairo-university-6-04-09.

117. David Levering Lewis, *God's Crucible: Islam and the Making of Europe, 570-1215* (Nueva York: W.W. Norton, 2008), p. 335.

118. Fernández-Morera cita *Across the Centuries* (Nueva York: Houghton Mifflin Company, 1994).

119. Fernández-Morera cita www.islaminourschools.com.

120. Fernández-Morera, *The Myth of the Andalusian Paradise*, p. 23.

121. Ibíd.

122. Ibíd.

123. Fernández-Morera, *The Myth of the Andalusian Paradise*, p. 26. Ver también nota 102, p. 248.

124. Ibn Hayyan de Córdoba, *Crónica del califa Abderramán III An-Nasir entre los años 912 y 942 (al Muqtabis V)*, trad. de María Jesús Viguera y Federico Corriente (Zaragoza: Anubar, 1981), pp. 34-35, citado en Fernández-Morera, *Myth of the Andalusian Paradise*, pp. 127-28.

125. Ibn Hayyan, *Muqtabis V*, pp. 322-23, citado en Fernández-Morera, *Myth of the Andalusian Paradise*, p. 129.

126. Fernández-Morera, *Myth of the Andalusian Paradise*, p. 135.

127. Ibíd., p. 4.

128. Ibíd.

129. Ibíd. «La existencia de un reino musulmán en la España medieval donde distintas razas y religiones vivían en armonía y tolerancia multicultural es uno de los mitos más extendidos de nuestros días» (Darío Fernández-Morera, «The Myth of the Andalusian Paradise», Intercollegiate Studies Institute, otoño 2006, home.isi.org/myth-andalusian-paradise).

130. Barack Obama, «Remarks by the President at National Prayer Breakfast», 5 febrero 2015, Oficina del secretario de prensa de la Casa Blanca, obamawhitehouse.archives.gov/the-press-office/2015/02/05/remarks-president-national-prayer-breakfast.

131. Thomas F. Madden, «Crusade Myths», Ignatius Insight, sin datos, www.ignatiusinsight.com/features2005/tmadden_crusademyths_feb05.asp. Ver también Thomas F. Madden, *Cruzadas: la verdadera historia* (Buenos Aires: Lumen, 2005), y Rodney Stark, *God's Battalions: The Case for the Crusades* (Nueva York: HarperCollins, 2009).

132. Jonathan Riley-Smith, *The Crusades, Christianity, and Islam* (Nueva York: Columbia University Press, 2008), pp. 11-12.

133. Warner, *Sharia Law*, p. 22. Cita directa de la versión inglesa de *Reliance of the Traveller*, bajo el subtítulo «The Objectives of Jihad»: «El califa (o25) hace la guerra a los judíos, cristianos y seguidores de Zoroastro (N: siempre que primero les haya invitado a entrar al islam en fe y práctica, y si no han accedido les haya invitado después a entrar en el orden social del islam pagando el impuesto de los no musulmanes [*yizia*] —que es el significado de su pago, no el dinero en sí— al tiempo que permanecen en sus religiones ancestrales) (O: y la guerra continúa) hasta que se hacen musulmanes o pagan este impuesto (O: de acuerdo con la Palabra de Alá el Altísimo, "¡Combatid contra quienes, habiendo recibido la Escritura, no creen en Alá ni en el último día, ni prohíben lo que Alá y su enviado han prohibido, ni practican la religión verdadera, hasta que, humillados, paguen el tributo directamente!" (Corán 9:29)» (Naqib al-Misri, *Reliance of the Traveler*, p. 602 [o9.8]).

134. Ibn Khaldun, *The Muqaddimah*, p. 183.

135. Cyrille Aillet, *Les mozárabes: christianisme, islamisation, et arabisation en péninsule ibérique (IXe-XIIe siècle)* (Madrid: Casa de Velázquez, 2010), pp. 122-23, citado en Fernández-Morera, *Myth of the Andalusian Paradise*, p. 41, el material entre corchetes es una inserción de Fernández-Morera.

136. Fernández-Morera, *Myth of the Andalusian Paradise*, p. 85.

137. Ibíd.

138. Ibíd., p. 89. Las abluciones son lavamientos rituales, especialmente del cuerpo.

139. Ibíd., p. 107.

140. En su obra *Risala*, Al-Qayrawani declara la posición de la escuela Maliki que Fernández-Morera cita en *Myth of the Andalusian Paradise*, p. 107.

141. Fernández-Morera, *Myth of the Andalusian Paradise*, p. 110.

142. La información de este párrafo procede de Spencer, *Guía políticamente incorrecta*, p. 93 del original en inglés.

143. Manual jurídico muy utilizado durante el malikismo andaluz, *Al-Tafri*, en Soha Abboud-Haggar, *El tratado jurídico de Al-Tafri de Ibn Al-Gallab: Manuscrito aljamiado de Almonacid de la Sierra* (Zaragoza). Edición, estudio, glosario y confrontación con el original árabe (Zaragoza: Institución «Fernando el Católico», 1999), p. 572, citado en Fernández-Morera, *Myth of the Andalusian Paradise*, p. 101.

144. Fernández-Morera, *Myth of the Andalusian Paradise*, p. 101.

145. Ibíd., p. 239, cursivas en el original.

146. Ibíd., p. 240.

147. Tony Blair, «A Battle for Global Values», *Foreign Affairs*, enero/febrero 2007, web.archive.org/web/20080621162451/http://www.foreignaffairs.org/20070101faessay86106/tony-blair/a-battle-for-global-values.html.

148. Carly Fiorina, «Technology, Business and our Way of Life: What's Next», Mineápolis, HP Speeches, 26 septiembre 2001, acceso 25 septiembre 2016, www.hp.com/hpinfo/execteam/speeches/fiorina/minnesota01.html.

149. «Remarks by the President at Cairo University, 6-04-09», Oficina del secretario de prensa de la Casa Blanca, cursivas del autor.

150. Islamofobia es «el nombre que se ha dado a un delito ideológico de nuestro tiempo. En la palabra "islamofobia", el propósito del sufijo es sugerir que cualquier temor relacionado con el islam es irracional, aunque dicho temor proceda del hecho que su profeta y algunos imanes de nuestro tiempo llamen a los creyentes a matar a los infieles, o a que los ataques terroristas del 11 de septiembre se llevaran a cabo para implementar dichos llamamientos. Peor aún, este término sugiere que esta respuesta a dichos ataques refleja un fanatismo del que hay que tener temor» (David Horowitz y Robert Spencer, «Islamophobia: Thought-Crime of the Totalitarian Future», *Frontpage Mag*, 8 mayo 2015, www.frontpagemag.com/fpm/256647/islamophobia-thought-crime-totalitarian-future-david-horowitz).

151. Naqib al-Misri, *Reliance of the Traveller*, pp. 541-42 [m10.12], cursivas del autor.

152. Fiorina, «Technology, Business».

153. Ibíd.

154. Ibíd.

155. Thomas F. Bertonneau, «The West's Cultural Continuity: Aristotle at Mont Saint-Michel», *The Brussels Journal*, 5 enero 2009, https://www.brusselsjournal.com/node/3732.

156. Fernández-Morera, *Myth of the Andalusian Paradise*, p. 6. Fernández-Morera cita a Sylvain Gouguenheim, *Aristóteles y el islam: las raíces griegas de la Europa cristiana* (Madrid: Gredos, 2009).

157. Fernández-Morera, *The Myth of the Andalusian Paradise*, p. 6.

158. Ibíd.

159. Ibíd., pp. 6-7.

160. Ver «Archbishop's Lecture—Civil and Religious Law in England: A Religious Perspective», Dr. Rowan Williams, 104º arzobispo de Canterbury, 7 febrero 2008, rowanwilliams.archbishopofcanterbury.org/

articles.php/1137/archbishops-lecture-civil-and-religious-law-in-england-
a-religious-perspective; y «"Sharia law"—What Did the Archbishop
Actually Say?», Dr. Rowan Williams, 104° arzobispo de Canterbury, 8
febrero 2008, rowanwilliams.archbishopofcanterbury.org/articles.php/1135/
sharia-law-what-did-the-archbishop-actually-say.
161. Bill Warner, *Sharia Law for the Non-Muslim*, p. 1.
162. Hirsi Ali, *Reformemos el islam*, p. 152 del original en inglés.

# Capítulo 4: Levante

1. William Harris, *The Levant: A Fractured Mosaic*, cuarta edición (Princeton:
   Markus Wiener Publishers, 2005), pp. ix-x.
2. Ibíd., p. 2.
3. Ibíd., p. xiii.
4. Ibíd., p. 1.
5. *TANAKH: A New Translation of the Holy Scriptures, According to the Traditional
   Hebrew Text* (Filadelfia: The Jewish Publication Society, 1985). Tanaj es un
   acrónimo para las Escrituras hebreas formado por las iniciales hebreas de cada
   una de sus principales secciones: *Torá* («Ley»), *Nevi'im* («Profetas») y *Ketuvim*
   («Escritos»).
6. Ibíd.
7. Ibíd.
8. Ibíd.
9. Ibíd.
10. Ibíd.
11. Ibíd.
12. Ibíd.
13. Ibíd.
14. Ibíd.
15. Ibíd.
16. Ibíd.
17. Ibíd.
18. Ibíd.
19. El material presentado hasta aquí en esta subsección («Significado del Levante
    para los judíos») se ha adaptado de Hank Hanegraaff, *El código del Apocalipsis*
    (Nashville, TN: Grupo Nelson, 2008), pp. 175-79, 205-206 del original en
    inglés. Los tres párrafos siguientes de esta subsección se han adaptado de Hank
    Hanegraaff, *The Complete Bible Answer Book*, edición de coleccionista (Nashville:
    Thomas Nelson, 2008, 2016), pp. 320-21. Los cinco últimos párrafos de esta
    subsección se han adaptado de Hanegraaff, *El código del Apocalipsis*, pp. xxiii,
    xxv-xxvi, pp. 162-63 del original en inglés.
20. «Accepted by the Central Conference of American Rabbis», 24 junio 1997,
    acceso 8 junio 2016, https://www.ccarnet.org/rabbinic-voice/platforms/
    article-reform-judaism-zionism-centenary-platform/.
21. Benny Morris, *The Birth of the Palestinian Refugee Problem, 1947-1949*
    (Cambridge: Cambridge University Press, 1987), p. 113. Cuando el gobierno israelí
    publicó más documentos, Morris revisó su estimación del número de asesinados en

Deir Yassin a unos 100 o 110. En una entrevista reveladora y provocativa, a Morris se le preguntó: «¿Cuántas masacres israelíes se perpetraron en 1948?». Su respuesta fue: «Veinticuatro. En algunos casos se ejecutaron a cuatro o cinco personas, en los demás el número oscilaba entre 70, 80 o 100. [...] Los peores casos fueron el de Saliha (70-80 muertos), Deir Yassin (100-110), Lod (250), Dawayima (cientos) y quizá Abu Shusha (70). No hay ninguna prueba inequívoca de masacres a gran escala en Tantura, pero sí se perpetraron crímenes de guerra. En Jaffa hubo una masacre de la que, hasta ahora, nada había trascendido. Lo mismo sucedió en Arab al Muwassi, en el norte. La mitad, aproximadamente, de estos actos de masacre formaban parte de la Operación Hiram [en el norte, en octubre de 1948]: en Safsaf, Saliha, Jish, Eilaboun, Arab, al Muwasi, Deir al Asad, Majdal Krum, Sasa. En la Operación Hiram hubo una concentración anormalmente alta de ejecuciones de personas contra una pared o junto a pozos de forma ordenada. Esto no puede ser fortuito. Forma parte de un patrón.

Al parecer, varios oficiales que participaron en la operación entendían que la orden de expulsión que habían recibido les permitía llevar a cabo estos actos para propiciar la huida de la población. El hecho es que nadie fue castigado por estos homicidios. Ben-Gurión silenció el asunto y encubrió a los oficiales que llevaron a cabo las masacres» (Ari Shavit, «Survival of the Fittest? An Interview with Benny Morris», *Haaretz*, 8 enero 2004, acceso 2 diciembre 2006, https://www.haaretz. com/1.5262454 y https://www.haaretz.com/1.5262428; disponible también en PDF, acceso 8 junio 2016, www.logosjournal.com/morris.pdf.

22. Jim Holstun, nota preliminar en Ari Shavit, «An Interview with Benny Morris», *Counterpunch*, 16 enero 2004, acceso 8 junio 2016, www.counterpunch. org/2004/01/16/an-interview-with-benny-morris/.

23. Shavit, «Survival of the Fittest?».

24. Joseph Weitz, *Yomani Ve'igrotai Labanim (My Diary and Letters to the Children)*, entrada del 20 de diciembre de 1940; citado en Gary M. Burge, *Whose Land? Whose Promise? What Christians Are Not Being Told about Israel and the Palestinians* (Cleveland, OH: The Pilgrim Press, 2003), p. 39 (cf. p. 130). Ver también Morris, *Birth of the Palestinian Refugee*, p. 27; Benny Morris, «Falsifying the Record: A Fresh Look at Zionist Documentation of 1948», *Journal of Palestine Studies*, vol. 24, núm. 3, 1995, pp. 44-62, www.jstor.org/stable/2537879.

25. Una carta de D. Ben-Gurión a A. Ben-Gurión, 5 octubre 1937. Citada en Burge, *Whose Land? Whose Promise?*, p. 39. Ver también Morris, *Birth of the Palestinian Refugee*, p. 25.

26. Burge, *Whose Land? Whose Promise?*, p. 92.

27. «Address by Prime Minister Benjamin Netanyahu», The Feast of Tabernacles Conference, 5 octubre 1998, National Christian Leadership Conference for Israel, acceso 26 diciembre 2006, www.nclci.org/NETANYAHU-Tabernacles.htm; citado también en Timothy P. Weber, *On the Road to Armageddon: How Evangelicals Became Israel's Best Friend* (Grand Rapids, MI: Baker Academic, 2004), p. 217.

28. Dos párrafos adaptados de Hanegraaff, *El código del Apocalipsis*, p. 179 del original en inglés.

29. Dos párrafos adaptados de Ibíd., p. 182.

30. Más adelante hablo de profecía tipológica, ver pp. 158-159.

31. Cuatro párrafos adaptados de Hanegraaff, *El código del Apocalipsis*, pp. 182-83, 198-99 del original en inglés.

32. Aquellos que presuntuosamente apelan a las palabras de Moisés —«Bendeciré a los que te bendigan y maldeciré a los que te maldigan» (Génesis 12:3)— como pretexto para apoyar de manera incondicional al moderno Estado de Israel, que prohíbe el avance del evangelio y pasa por alto la difícil situación de los palestinos, deberían, de acuerdo con sus propias normas hermenéuticas, prestar atención a las palabras del profeta Jeremías: «Así dice el Señor todopoderoso, el Dios de Israel: "Enmienden su conducta y sus acciones, y yo los dejaré seguir viviendo en este país. No confíen en esas palabras engañosas que repiten: '¡Este es el templo del Señor, el templo del Señor, el templo del Señor!'. Si en verdad enmiendan su conducta y sus acciones, si en verdad practican la justicia los unos con los otros, *si no oprimen al extranjero* ni al huérfano ni a la viuda, si no derraman sangre inocente en este lugar, ni siguen a otros dioses para su propio mal, entonces los dejaré seguir viviendo en este país, en la tierra que di a sus antepasados para siempre"» (Jeremías 7:3-8). Adaptado de Hanegraaff, *El código del Apocalipsis*, p. 226 del original en inglés.

33. Dos párrafos adaptados de Hanegraaff, *El código del Apocalipsis*, p. 200 del original en inglés.

34. Adaptado de Hanegraaff, *El código del Apocalipsis*, pp. 202-203 del original en inglés.

35. Ver Ronald B. Allen, «The Land of Israel», en H. Wayne House, ed., *Israel: The Land and the People: An Evangelical Affirmation of God's Promises* (Grand Rapids: Kregel, 1998), p. 24.

36. Dos párrafos adaptados de Hanegraaff, *El código del Apocalipsis*, pp. 177-178 del original en inglés, ver pp. 178 y ss.

37. Ver Weber, *On the Road to Armageddon*, pp. 155-86, esp. pp. 156-60, 166-71; y Stephen Sizer, *Christian Zionism: Road-map to Armageddon?* (Leicester, England: Inter-Varsity Press, 2004), pp. 63-66. Adaptado de Hanegraaff, *El código del Apocalipsis*, p. 183 del original en inglés.

38. Adaptado de Hanegraaff, *El código del Apocalipsis*, p. 186 del original en inglés.

39. Weber, *On the Road to Armageddon*, pp. 182-83.

40. Adaptado de Hanegraaff, *El código del Apocalipsis*, p. 195 del original en inglés.

41. Weber, *On the Road to Armageddon*, p. 162.

42. Ibíd. Párrafo anterior adaptado de Hanegraaff, *El código del Apocalipsis*, p. 195 del original en inglés.

43. Aunque el Corán no es nada claro sobre este asunto, la mayoría de los musulmanes sostienen que Alá le ordenó a Abraham que sacrificara a Ismael, no a Isaac.

44. «Zawahiri's Letter to Zarqawi (traducción al inglés)», carta fechada el 9 de julio de 2005, Combating Terrorism Center at West Point, www.ctc.usma.edu/posts/zawahiris-letter-to-zarqawi-english-translation-2.

# Capítulo 5: Estado Islámico

1. Thomas L. Friedman, «Our Radical Islamic BFF, Saudi Arabia», *New York Times*, Opinion, 2 septiembre 2015, acceso 16 julio 2016, www.nytimes.com/2015/09/02/opinion/thomas-friedman-our-radical-islamic-bff-saudi-arabia.html?_r=0.

2. Dan Merica, «ISIS Is Neither Islamic nor a State, Says Hillary Clinton», CNN, 7 octubre 2014, acceso 20 junio 2016, www.cnn.com/2014/10/06/politics/

hillary-clinton-isis/; ver también Robert Spencer, *The Complete Infidel's Guide to ISIS* (Washington, DC: Regnery Publishing, 2015), p. xxiv.

3. William McCants, «The Believer: How an Introvert with a Passion for Religion and Soccer Became Abu Bakr al-Baghdadi Leader of the Islamic State», Brookings, 1 septiembre 2015, http://csweb.brookings.edu/content/research/essays/2015/thebeliever.html; cf. William McCants, «Who Is Islamic State Leader Abu Bakr al-Baghdadi?», BBC News, 8 marzo 2016, acceso 17 junio 2016, www.bbc.com/news/world-middle-east-35694311.

4. David Remnick, «Going the Distance: On and Off the Road with Barack Obama», *New Yorker*, 27 enero 2014, acceso 20 junio 2016, www.newyorker.com/magazine/2014/01/27/going-the-distance-david-remnick; ver también Spencer, *Complete Infidel's Guide to ISIS*, p. xxiv.

5. Remnick, «Going the Distance».

6. David Remnick, «Telling the Truth about ISIS and Raqqa», *New Yorker*, 22 noviembre 2015, www.newyorker.com/news/news-desk/telling-the-truth-about-isis-and-raqqa. El califato se proclamó el 29 de junio de 2014 (Cole Bunzel, «From Paper State to Caliphate: The Ideology of the Islamic State», Brookings Institution, 31 marzo 2015, www.brookings.edu/wp-content/uploads/2016/06/The-ideology-of-the-Islamic-State.pdf).

7. Mindy Belz, *They Say We Are Infidels: On the Run from ISIS with Persecuted Christians in the Middle East* (Carol Stream, IL: Tyndale Momentum, 2016), p. 199.

8. Ibíd.

9. Belz, *They Say We Are Infidels*, p. 199; Belz cita a Salma Abdelaziz, «Death and Destruction in Syria: Jihadist Group "Crucifies" Bodies to Send Message», CNN, 2 mayo 2014, www.cnn.com/2014/05/01/world/meast/syria-bodies-crucifixions/; Nick Cumming-Bruce, «Beheadings in Syria Now Routine, U.N. Panel Says», *New York Times*, 27 agosto 2014, www.nytimes.com/2014/08/28/world/middleeast/syria-conflict.html?_re=0; ver también «Under-Secretary-General for Humanitarian Affairs and Emergency Relief Coordinator, Valerie Amos, Security Council Briefing on Syria», Oficina de Coordinación de Asuntos Humanitarios de las Naciones Unidas, 15 diciembre 2014, reliefweb.int/report/syrian-arab-republic/under-secretary-general-humanitarian-affairs-and-emergency-relief-13.

10. «French Govt to Use Arabic "Daesh" for Islamic State Group», France 24, 18 septiembre 2014; citado en Spencer, *Complete Infidel's Guide to ISIS*, p. 223.

11. Spencer, *Complete Infidel's Guide to ISIS*, p. 223. Spencer cita a Adam Taylor, «"Daesh": John Kerry Starts Calling the Islamic State a Name They Hate», *Washington Post*, 5 diciembre 2014, www.washingtonpost.com/news/worldviews/wp/2014/12/05/daesh-john-kerry-starts-calling-the-islamic-state-a-name-they-hate/.

12. Véase nota 41 de la Introducción, p. 221.

13. H. C. Armstrong, *Gray Wolf: The Life of Kemal Atatürk* (Nueva York: Capricorn Books, 1933, edición de 1961), p. 200.

14. «Kemal Atatürk», History.com, 2009, acceso 2 julio 2016, https://www.history.com/topics/kemal-ataturk; ver también Norman Itzkowitz, «Kemal Atatürk: President of Turkey», *Encyclopedia Britannica Online*, acceso 2 julio 2016, https://www.britannica.com/biography/Kemal-Ataturk.

15. Armstrong, *Gray Wolf*, p. 200.

16. Patrick J. Buchanan, *Suicide of a Superpower: Will America Survive to 2025?* (Nueva York: Thomas Dunne Books, 2011), p. 83.

17. Ibíd., p. 86.

18. «John Paul II in His Own Words», *BBC News*, 14 octubre 2003, news.bbc.co.uk/2/hi/europe/3112868.stm.

19. Buchanan, *Suicide of a Superpower*, p. 87.

20. Mary Eberstadt, *It's Dangerous to Believe: Religious Freedom and Its Enemies* (Nueva York: HarperCollins, 2016), p. xi.

21. Eberstadt cita a Jason Hanna y Steve Almasy, «Washington High School Coach Placed on Leave for Praying on Field», CNN, 30 octubre 2015, acceso 11 septiembre 2016, www.cnn.com/2015/10/29/us/washington-football-coach-joe-kennedy-prays/.

22. Eberstadt cita a Chuck Holton, «Military Chaplains the New "Don't Ask, Don't Tell?"», CBN News, 4 febrero 2015, acceso 13 septiembre 2016, www1.cbn.com/cbnnews/us/2015/February/Military-Chaplains-the-New-Dont-Ask-Dont-Tell.

23. Eberstadt cita a Todd Starnes, «Costly Beliefs: State Squeezes Last Penny from Bakers who Defied Lesbian-Wedding Cake Order», FoxNews, 29 diciembre 2015, acceso 13 septiembre 2016, www.foxnews.com/opinion/2015/12/29/bakers-forced-to-pay-more-than-135g-in-lesbian-cake-battle.html.

24. Eberstadt cita a Emily Foxhall, «Attorneys: Katy-Area Teacher Fired for Refusing to Address Girl, 6, as Transgender Boy», *Houston Chronicle*, 10 noviembre 2015, acceso 13 septiembre 2016, www.chron.com/neighborhood/katy/news/article/Attorneys-Katy-area-teacher-fired-for-refusing-6622339.php.

25. Eberstadt cita a Samuel Smith, «Evangelical Teacher Fired for Giving Bible to Student Supported by Gov't Commission», *Christian Post*, 8 enero 2015, acceso 13 septiembre 2016, www.christianpost.com/news/evangelical-teacher-fired-for-giving-bible-to-student-supported-by-eeoc-ruling-132293/.

26. Eberstadt, *It's Dangerous to Believe*, p. xii.

27. Ibíd., p. xvii. Eberstadt cita a Sarah Kaplan, «Has the World "Looked the Other Way" While Christians Are Killed?», *Washington Post*, 7 abril 2015, acceso 13 septiembre 2016, www.washingtonpost.com/news/morning-mix/wp/2015/04/07/has-the-world-looked-the-other-way-while-christians-are-killed/.

28. Eberstadt, *It's Dangerous to Believe*, p. xvii. Eberstadt cita a Tom Batchelor, «Christians Almost Completely Destroyed by ISIS Fanatics in Syria, Says Aleppo Archbishop», *Express*, 21 octubre 2015, acceso 13 septiembre 2016, www.express.co.uk/news/world/613514/Islamic-State-Christians-Syria-wiped-out-yihadi-militants.

29. *Kingdom of Heaven*, dirigida por Ridley Scott (Los Ángeles: 20th Century Fox, 2005), DVD.

30. Thomas Madden escribió: «Las cruzadas fueron una *guerra defensiva* en todos los sentidos. Estas constituyeron la tardía respuesta de los países occidentales a la conquista musulmana de dos terceras partes del mundo cristiano» (Thomas F. Madden, «Crusade Propaganda: The Abuse of Christianity's Holy Wars», *National Review*, 2 noviembre 2001, cursivas en el original, www.nationalreview.com/article/220747/crusade-propaganda-thomas-f-madden).

31. «Remarks by the President at National Prayer Breakfast», 5 febrero 2015, Oficina del secretario de prensa de la Casa Blanca, obamawhitehouse.archives.gov/the-press-office/2015/02/05/remarks-president-national-prayer-breakfast.

32. Para una exposición, ver Charles Strohmer, «Submit or Die: The Geostrategic Jihad of Osama bin Laden and Al Qaeda (Part 1): Its Ideological Roots in the Theology and Politics of Sayyid Qutb», *Christian Research Journal*, vol. 29, núm. 04 (2006); Charles Strohmer, «Submit or Die: The Geostrategic Jihad of Osama bin Laden and Al Qaeda (Part 2): The Totalitarian Vision of the Future in the Writings of Sayyid Qutb», *Christian Research Journal*, vol. 29, núm. 05 (2006), *online* en www.equip.org.

33. Sayyid Qutb, *Milestones*, en *SIME Journal* (majalla.org) (2005): p. 64, *online* en web.archive.org/web/20160910033311/http://thegorkabriefing.com/wp-content/uploads/2015/04/qutb-milestones.pdf.

34. Sebastian Gorka, *Defeating Jihad: The Winnable War* (Washington, DC: Regnery Publishing, 2016), p. 66.

35. Ibíd., p. 71.

36. Steve Emerson, «Abdullah Assam: The Man before Osama bin Laden», International Association for Counterterrorism and Security Professionals, s. d., www.iacsp.com/itobli3.html.

37. Citado en Emerson, «Abdullah Assam: The Man before Osama bin Laden».

38. Ibíd.

39. Spencer, *Complete Infidel's Guide to ISIS*, p. 1.

40. Ibíd., p. 2.

41. Craig Whitlock, «Al-Zarqawi's Biography», *Washington Post*, 8 julio 2006, acceso 14 julio 2016, www.washingtonpost.com/wp-dyn/content/article/2006/06/08/AR2006060800299_2.html?nav=rss_world/Africa.

42. Spencer, *Complete Infidel's Guide to ISIS*, p. 2.

43. Ibíd., p. 3.

44. Ellen Knickmeyer y Jonathan Finer, «Insurgent Leader Al-Zarqawi Killed in Iraq», *Washington Post*, 8 junio 2006, acceso 18 junio 2016, www.washingtonpost.com/wp-dyn/content/article/2006/06/08/AR2006060800114.html.

45. William McCants, *The ISIS Apocalypse: The History, Strategy, and Doomsday Vision of the Islamic State* (Nueva York: St. Martin's Press, 2015), p. 126.

46. Ibíd., p. 139.

47. Ibíd., p. 139-40.

48. Gorka, *Defeating Jihad*, p. 113.

49. Ibíd.

50. Ibíd.

51. Ibíd., pp. 113-14.

52. Jose Pagliery, «Exclusive: ISIS Makes Up for Lost Oil Cash with Rising Taxes and Fees», *CNN*, 31 mayo 2016, acceso 13 julio 2016, money.cnn.com/2016/05/31/news/isis-oil-taxes; ver también «ISIS Financing: 2015», Center for the Analysis of Terrorism, mayo 2016, acceso 13 julio 2016, cat-int.org/wp-content/uploads/2016/06/ISIS-Financing-2015-Report.pdf.

53. Gorka, *Defeating Jihad*, pp. 117-18.

54. Traducción de Raymond Ibrahim, en *The Al Qaeda Reader*, Raymond Ibrahim, ed. (Nueva York: Doubleday, 2007), p. 11, *online* en books.google.com.

55. Raymond Ibrahim, «The Islamic Genocide of Christians: Past and Present», 26 abril 2015, Raymond Ibrahim, acceso 14 julio 2016, www.raymondibrahim.com/2015/04/26/the-islamic-genocide-of-christians-past-and-present/. Ver «Notes on the Genocides of Christian Populations of the Ottoman Empire», www.genocidetext.net/iags_resolution_supporting_documentation.htm.

56. «Henry Morgenthau, U.S. Ambassador to the Ottoman Empire (1913-16)», Armenian National Institute, acceso 14 julio 2016, www.armenian-genocide.org/statement_morgenthau.html.

57. Citado en Raymond Ibrahim, «The Islamic Genocide of Christians: Past and Present».

58. Ver nota 27, p. 219.

59. Ver Tom Heneghan, «About 100 Million Christians Persecuted Around the World: Report», Reuters, 8 enero 2013, www.reuters.com/article/us-religion-christianity-persecution-idUSBRE9070TB20130108; y «World Watch List 2017», Open Doors, www.opendoorsusa.org/christian-persecution/world-watch-list/. Terry Scambray, «Islam: Victors Vanquishing Victims», *New Oxford Review*, octubre 2014, acceso 15 julio 2016, victorhanson.com/wordpress/?p=7989.

60. Graeme Wood, «What ISIS's Leader Really Wants», *New Republic*, 1 septiembre 2014, acceso 15 julio 2016, newrepublic.com/article/119259/isis-history-islamic-states-new-caliphate-syria-and-iraq.

61. William McCants, «Who Exactly Is Abu Bakr al-Baghdadi, Leader of ISIS?», *Newsweek*, 6 septiembre 2015, acceso 18 junio 2016, www.newsweek.com/who-exactly-abu-bakr-al-baghdadi-leader-isis-368907; McCants, «Who Is Islamic State Leader Abu Bakr al-Baghdadi?».

62. McCants, «Who Exactly Is Abu Bakr al-Baghdadi, Leader of ISIS?».

63. Respecto a la supresión de la cultura no islámica por parte del califato omeya, ver Darío Fernández-Morera, *The Myth of the Andalusian Paradise: Muslims, Christians, and Jews under Islamic Rule in Medieval Spain* (Wilmington, Delaware: ISI Books, 2016), pp. 78-81; Spencer, *Complete Infidel's Guide to ISIS*, p. 209. Con respecto a la misma práctica por parte del Estado Islámico, ver «Erasing the Legacy of a Ruined Nation», *Dabiq* 8 (2015): pp. 22-24, https://clarionproject.org/docs/isis-isil-islamic-state-magazine-issue+8-sharia-alone-will-rule-africa.pdf.

64. Spencer, *Complete Infidel's Guide to ISIS*, p. 212.

65. Jihadist News, «Abu Bakr al-Baghdadi Appears in Video, Delivers Sermon in Mosul», SITE Intelligence Group, 5 julio 2014, acceso 16 julio 2016, news.siteintelgroup.com/Jihadist-News/abu-bakr-al-baghdadi-appears-in-video-delivers-sermon-in-mosul.html.

66. Constance Letsch y Emma Graham-Harrison, «Istanbul Airport Attack: Turkey Blames ISIS as New Details Emerge of Assault», *The Guardian*, 30 junio 2016, www.theguardian.com/world/2016/jun/29/istanbul-ataturk-airport-attack-turkey-declares-day-of-mourning.

67. Spencer, *Complete Infidel's Guide to ISIS*, pp. 110-111.

68. Ibíd., p. 26; ver también Yousaf Butt, «How Saudi Wahhabism Is the Fountainhead of Islamist Terrorism», *The World Post*, 20 enero 2015, actualizado 22 marzo 2015, acceso 15 julio 2016, www.huffingtonpost.com/dr-yousaf-butt-/saudi-wahhabism-islam-terrorism_b_6501916.html.

69. Butt, «How Saudi Wahhabism».

70. «How Saudi Arabia Exports Radical Islam», *The Week*, 8 agosto 2015, acceso 16 julio 2016, theweek.com/articles/570297/how-saudi-arabia-exports-radical-islam.

71. Friedman, «Our Radical Islamic BFF».

72. Ibíd.

73. Anthony Cave, «Did Hillary Clinton Take Money from Countries that Treat Women, Gays Poorly?», *PolitiFact*, 11 julio 2016, acceso 16 julio 2016, www.politifact.

com/arizona/statements/2016/jul/11/donald-trump/did-hillary-clinton-take-money-countries-treat-wom/; Jon Greenberg, «Fact-checking Donations to the Clinton Foundation», *PolitiFact*, 7 julio 2016, acceso 16 julio 2016, www.politifact.com/truth-o-meter/article/2016/jul/07/fact-checking-donations-clinton-foundation/. *PolitiFact* informa que Clinton «no desempeñó ningún papel en la fundación mientras fue secretaria de Estado» y que «Arabia Saudita no hizo donaciones a la fundación mientras Clinton estuvo en el Departamento de Estado» (Cave, «Did Hillary Clinton Take Money»).

74. «US Embassy Cables: Hillary Clinton Says Saudi Arabia "A Critical Source of Terrorist Funding"», *The Guardian*, 5 diciembre 2010, acceso 16 julio 2016, www.theguardian.com/world/us-embassy-cables-documents/242073. Ver también Butt, «How Saudi Wahhabism».

75. Bob Graham, entrevista con Stephanie Sy en *Yahoo! News Now*, 15 julio 2016, acceso 16 julio 2016, https://www.yahoo.com/katiecouric/911-28-pages-get-declassified-sen-bob-graham-reacts-203040454.html.

76. «How Saudi Arabia Exports Radical Islam», *The Week*.

77. Ver Raymond Ibrahim, «Saudi Grand Mufti Calls for "Destruction of All Churches in Region"» *Jihad Watch*, 14 marzo 2012, acceso 19 julio 2016, www.jihadwatch.org/2012/03/raymond-ibrahim-saudi-grand-mufti-calls-for-destruction-of-all-churches-in-region.

78. Raymond Ibrahim, *Crucified Again: Exposing Islam's New War on Christians* (Washington, DC: Regnery Publishing, 2013), p. 231.

79. Ibíd., p. 232.

80. Ibíd., p. 234; ver también Spencer Case, «How Obama Sided with the Muslim Brotherhood», *National Review*, 3 julio 2014, acceso 20 julio 2016, www.nationalreview.com/article/381947/how-obama-sided-muslim-brotherhood-spencer-case.

81. «Mohamed Morsi During Election Campaign», The Middle East Media Research Institute, 13 mayo 2012, web.archive.org/web/20130323033308/http://www.memri.org/clip_transcript/en/3476.htm.

82. Ibrahim, *Crucified Again*, p. 235.

83. Ver Pamela K. Browne, Catherine Herridge, «Diary entry from Benghazi victim's dad: "I gave Hillary a hug", she blamed filmmaker», Fox News, 23 octubre 2015, www.foxnews.com/politics/2015/10/23/diary-entry-from-benghazi-victims-dad-gave-hillary-hug-blamed-filmmaker.html; Eugene Kiely, «The Benghazi Timeline, Clinton Edition», FactCheck.org, 1 julio 2016, www.factcheck.org/2016/06/the-benghazi-timeline-clinton-edition/; Hillary Rodham Clinton, «Statement on the Attack in Benghazi», Departamento de Estado de los Estados Unidos, nota de prensa, 11 septiembre 2012, web.archive.org/web/20140111230112/https:/www.state.gov/secretary/20092013clinton/rm/2012/09/197628.htm; Hillary Rodham Clinton, «Remarks on the Deaths of American Personnel in Benghazi, Libya», Departamento de Estado de los Estados Unidos, 12 septiembre 2012, web.archive.org/web/20140111230104/https:/www.state.gov/secretary/20092013clinton/rm/2012/09/197654.htm.

84. John Podhoretz, «Obama: "We" Are to Blame, Not Islamic Terrorism, for Massacre», *New York Post*, 12 junio 2016, acceso 19 julio 2016, nypost.com/2016/06/12/obama-says-we-are-to-blame-not-islamic-terrorism-for-orlando-massacre/.

85. «President Obama's Statement about the Orlando Shootings», *Boston Globe* en YouTube, 12 junio 2016, acceso 19 julio 2016, ver a partir del minuto 1:00, www.youtube.com/watch?v=vog1AoeX840; ver también Podhoretz, «Obama».

86. Ian Schwartz, «Loretta Lynch: References to Islam from Orlando Terrorist 911 Call Removed "To Avoid Revictimizing"», *Real Clear Politics*, 19 junio 2016, acceso 19 julio 2016, www.realclearpolitics.com/video/2016/06/19/loretta_lynch_references_to_islam_from_orlando_terrorist_911_call_removed_to_avoid_revictimizing.html. Después de las críticas, la administración Obama hizo pública una transcripción menos redactada (que aun así omitía las frases en árabe y la palabra «Alá») («Joint Statement from Justice Department and FBI Regarding Transcript Related to the Orlando Terror Attack», 20 junio 2016, Oficina de Asuntos Públicos del Departamento de Justicia, www.justice.gov/opa/pr/joint-statement-justice-department-and-fbi-regarding-transcript-related-orlando-terror-attack.

87. Barack Obama, «President Obama: Religious Freedom Keeps Us Strong», *Religion News Service*, 6 febrero 2016, acceso 19 julio 2016, religionnews.com/2016/02/06/president-obama-religious-freedom-keeps-us-strong-rns-exclusive-commentary.

88. Ryan J. Reilly, «DOJ Official: Holder "Firmly Committed" to Eliminating Anti-Muslim Training», *Talking Points Memo* (TPM), 19 octubre 2011, acceso 19 julio 2016, talkingpointsmemo.com/muckraker/doj-official-holder-firmly-committed-to-eliminating-anti-muslim-training; ver también Ibrahim, *Crucified Again*, p. 237.

89. Ibrahim, *Crucified Again*, p. 238; ver RepLungrenCA03, «Dan Lungren Questions Paul Stockton—Assistant Defense Secretary for Homeland Defense», video de YouTube, 13 diciembre 2011, acceso 19 julio 2016, www.youtube.com/watch?v=WU6n1mrpAGY.

90. Ibrahim, *Crucified Again*, p. 240; ver Julian Pecquet, «Obama Administration Pressed to Do More on Boko Haram Terror Designations», *The Hill*, 21 junio 2012, acceso 19 julio 2016, http://thehill.com/policy/international/234193-obama-administration-pressed-to-do-more-on-boko-haram-terror-designations.

91. Ibrahim, *Crucified Again*, p. 240; ver Steve Peacock, «Obama: Slaughter of Christians a Misunderstanding», *WND*, 20 mayo 2012, acceso 19 julio 2016, www.wnd.com/2012/05/obama-slaughter-of-christians-a-misunderstanding/.

92. Ibrahim, *Crucified Again*, p. 246.

93. Ibíd., p. 246, cursivas en el original; Ibrahim cita a Ken Sengupta, «The plight of Syria's Christians: "We left Homs because they were trying to kill us"», *Independent*, 1 noviembre 2012, acceso 19 julio 2016, www.independent.co.uk/news/world/middle-east/the-plight-of-syrias-christians-we-left-homs-because-they-were-trying-to-kill-us-8274710.html.

94. Os Guinness, *Renacimiento: El poder del Evangelio en tiempos de tinieblas* (Barcelona: Andamio, 2016), p. 16 del original.

95. Buchanan, *Suicide of a Superpower*, p. 83.

96. Guinness, *Renacimiento*, p. 20 del original en inglés.

# Capítulo 6: Principales errores del islam

1. Samuel M. Zwemer, *Islam and the Cross: Selections from «The Apostle to Islam»*, Roger S. Greenway, ed. (Phillipsburg, NJ: P&R Publishing, 2002), p. 69.

2. Ibíd., p. 70, cursivas del autor.

3. J. Gordon Logan, «Islam Defies Your King!», folleto de Egypt General Mission, citado en Zwemer, *Islam and the Cross*, p. 6.

4. *Sahih Musulmán*, Libro 008, Número 3371, www.usc.edu/org/cmje/religious-texts/hadith/muslim/008-smt.php#008.3371; ver también Al-Waqidi, *The Life of Muhammad: Al-Wāqidī's Kitāb al-Maghāzī*, ed. Rizwi Faizer, trad. Rizwi Faizer, Amal Ismail, y Abdulkader Tayob (Londres: Routledge, 2011), p. 202; comparar una ocasión similar consignada en *Sahih al-Bujari*, Volumen 3, Libro 34, Número 432.

5. Ver Robert Spencer, *Not Peace but a Sword: The Great Chasm Between Christianity and Islam* (San Diego: Catholic Answers, 2013), pp. 100, 101. *Sahih al-Bujari* consigna: «Abu Huraira relató: "El apóstol de Alá dijo: 'La hora no se decidirá hasta que el hijo de María (i. e., Jesús) descienda entre ustedes como justo gobernante; él romperá la cruz, dará muerte a los cerdos y abolirá la *yizia*. El dinero abundará y por ello nadie lo aceptará (como caridad)'"» (*Sahih al-Bujari*, Volumen 3, Libro 43, Número 656, www.usc.edu/org/cmje/religious-texts/hadith/bukhari/043-sbt.php#003.043.656).

6. Spencer, *Not Peace but a Sword*, p. 91.

7. Ibíd., p. 93.

8. Os Guinness, *Fool's Talk: Recovering the Art of Christian Persuasion* (Downers Grove, IL: InterVarsity Press, 2015), p. 243.

9. Cita atribuida popularmente a D. L. Moody.

10. Texto sobre datos textuales, arqueología y profecía adaptado de Hank Hanegraaff, *The Complete Bible Answer Book*, edición de coleccionista (Nashville: Thomas Nelson, 2008, 2016), pp. 140-41.

11. «How to Detect Counterfeit Money», *Los Angeles Times*, 9 agosto 1999, acceso 22 agosto 2016, articles.latimes.com/1999/aug/09/local/me-64066; ver también «How to Protect Yourself from Counterfeiting», University of Florida Police Department, www.police.ufl.edu/community-services/how-to-protect-yourself-from-counterfeiting/.

12. Ver Corán 3:45-47 (y v. 59); 19:16-22; 21:91; 66:12.

13. El Corán alude a Jesús como «intachable» (19:19) y «bendito» (19:31) y nunca da a entender que pecara (mientras que sí se le pide a Mahoma que busque el perdón de su pecado; ver 40:55; 47:19; cf. 48:2). El Corán también dice que Alá protegió a Jesús de Satanás (ver 3:35-36). El *Sahih al-Bujari* consigna: «El profeta dijo: "Cuando nace un ser humano, Satanás le toca en ambos lados del cuerpo con los dos dedos, excepto a Jesús, el hijo de María, a quien Satanás intentó tocar (pero no lo consiguió), de modo que tocó la placenta» (*Sahih al-Bujari*, Volumen 4, Libro 54, Número 506, ver www.sunnah.com/urn/30700). Ver también *Sahih al-Bujari*, Volumen 4, Libro 55, Número 641; *Sahih Musulmán* Libro 30, Número 5838. Ver también David Wood, «Jesus in Islam», *Christian Research Journal* 40, 1 (2017): p. 15.

14. Ver Corán 3:49; 19:29-31; 5:110-15.

15. Corán 61:6. Ver exposición siguiente, pp. 144-145.

16. Ver Corán 2:116; 3:59, 64; 4:171-72; 5:17, 72-75, 116-17; 6:101; 9:31; 17:111; 18:1-5; 19:30-31, 35, 88-93; 23:91; 25:2; 39:3-6; 43:15, 57-65, 81; 72:3-4; 112:1-4. Obsérvese que el Corán exhorta a los musulmanes a leer sobre Jesús (*Isa*) en la Biblia (Corán 5:46-48 [ver contexto en vv. 44-50]; 10:94-95). Isa es el nombre árabe islámico de Jesús (los cristianos árabes le llaman *Yasua*, no *Isa*). Para una útil exposición, ver Wood, «Jesus in Islam», pp. 10-17.

17. Cuando Jesús preguntó «Y ustedes, ¿quién dicen que soy yo?», Simón Pedro respondió «Tú eres el Cristo, el Hijo del Dios viviente». Entonces Jesús dijo: «Dichoso tú, Simón, hijo de Jonás [...], porque eso no te lo reveló ningún mortal, sino mi Padre que está en el cielo» (ver Mateo 16:15-17). Ver también Marcos 12:1-12; Juan 1:14, 18; 3:16-18; 5:18-23, 24-26; 10:36; 11:4; 20:31.

18. Cualquiera que lea el Evangelio de Juan con una mente verdaderamente abierta verá que a Cristo se le presenta repetidamente como Dios. Cuando Jesús demostró que tenía poder para poner su vida y tomarla de nuevo, el discípulo Tomás no le identificó como «un dios» sino como «Dios mío» (Juan 20:28). La palabra griega de Juan 20:28 es inequívoca y definitiva. Literalmente, Tomás le dijo al Cristo resucitado: «Señor de mí y Dios de mí». Como explicó el eminente erudito del Nuevo Testamento N. T. Wright: «Tomás, que no estaba presente aquella primera noche, expresa su duda de que el Señor haya resucitado realmente y adquiere su sobrenombre para siempre. A continuación es confrontado por el Jesús resucitado, quien le invita a tocar y ver por sí mismo. Tomás rechaza la invitación y articula la confesión de fe más completa de todo el evangelio» (N. T. Wright, *La resurrección del Hijo de Dios: Los orígenes cristianos y la cuestión de Dios* [Estella, Navarra: Verbo Divino, 2008], p. 664 del original en inglés). Nota adaptada de Hank Hanegraaff, *Has God Spoken? Memorable Proofs of the Bible's Divine Inspiration* (Nashville: Thomas Nelson, 2011), pp. 232, 336.

19. Ver también Corán 40:55; cf. 48:2. *Sahih al-Bujari* consigna que Mahoma dijo: «¡Por Alá! Pido el perdón de Alá y me dirijo a él arrepentido más de setenta veces al día» (Volumen 8, Libro 75, Número 319, sunnah.com/bukhari/80/4). Ver también Wood, «Jesus in Islam», p. 15.

20. El autor de Hebreos escribió: «Porque no tenemos un sumo sacerdote incapaz de compadecerse de nuestras debilidades, sino uno que ha sido tentado en todo de la misma manera que nosotros, aunque sin pecado» (4:15). Ver también Isaías 53:9; Mateo 12:18; 17:5; Lucas 2:40; 3:22; 4:1-13; 23:41, 47; Juan 8:29; 10:36-38; Hebreos 7:26; 9:14; 1 Pedro 1:19; 2 Pedro 1:17.

21. Ver Mateo 27:45 y ss.; Marcos 15:33 y ss.; Lucas 23:44 y ss.; Juan 19:28 y ss.; ver también 1 Corintios 15:1.

22. Además, en Romanos 10:13, Pablo identifica invocar a Cristo con invocar a Yahvé (Joel 2:32); y en Filipenses 2:9-11, equipara doblar la rodilla delante de Jesús y confesar su nombre con hacerlo delante de *Yahvé* (Isaías 45:22-25), demostrando que Jesús es el Dios todopoderoso. El nombre Yahvé se compuso añadiendo las vocales del título hebreo Adonai (Rey de reyes y Señor de señores) a la palabra hebrea de cuatro letras *YHWH*, que representa el nombre personal insondable y santo de Dios y transmite eternidad y existencia propia.

23. Es especialmente persuasiva la forma en que Juan presenta una serie de dos declaraciones correspondientes sobre Dios y Cristo en el libro de Apocalipsis:

   • Dios: «Yo soy el Alfa y la Omega» (1:8; cf. Isaías 44:6).
   • Cristo: «Yo soy el Primero y el Último» (1:17).
   • Dios: «Yo soy el Alfa y la Omega, el Principio y el Fin» (21:6).
   • Cristo: «Yo soy el Alfa y la Omega, el Primero y el Último, el Principio y el Fin» (22:13).

Ver Richard Bauckham, *The Theology of the Book of Revelation* (Cambridge, United Kingdom: Cambridge University Press, 1993), p. 26 (ver capítulos 2-3).

24. En su detallado estudio del uso del término θεός (*theos*, Dios) en el Nuevo Testamento, el erudito neotestamentario Murray J. Harris concluye: «Aunque, normalmente, los autores del Nuevo Testamento reservan el término θεός al Padre, de vez en cuando lo aplican a Jesús en su estado preencarnado, encarnado o después de la resurrección. Cuando se utiliza en relación con el Padre, θεός es prácticamente un nombre propio. Cuando se utiliza en relación con Jesús, θεός es un título genérico, una expresión descriptiva de su naturaleza como alguien que pertenece inherentemente a la categoría de la deidad. En este uso, la palabra θεός no apunta a la función u oficio de Cristo sino a su esencia». Ver Juan 1:1, 18; 20:28; Romanos 9:5-11; Tito 2:13; Hebreos 1:8; 2 Pedro 1:1. (Murray J. Harris, *Jesus as God: The New Testament Use of the Term Theos in Reference to Jesus* [Grand Rapids: Baker Book House, 1992], p. 298).

25. *Hilali-Khan* y *Pickthall*.

26. Además de los pasajes referenciados en esta sección que establecen la deidad de Cristo —que «Jesús de Nazaret» es Dios el Hijo—, ver también Isaías 9:6; Marcos 2:5-10; Juan 12:44-45; 13:3; 14:1, 7, 9; Romanos 9:5; 2 Corintios 4:4; 1 Timoteo 3:16; Tito 2:13; 1 Juan 5:20; ver también nota 7, p. 233.

   Además, Cristo recibe la adoración que corresponde solo a Dios: Mateo 2:11; 14:33; 28:9, 17; Juan 9:37, 38; 3:16-18; 9:37-38; Filipenses 2:9-11 (cf. Isaías 45:23-24); Hebreos 1:6; Apocalipsis 5:6, 8, 13-14; 22:1-3 (cf. Éxodo 20:3-6; Deuteronomio 4:35, 6:4, 6:13-16; 32:39; Mateo 4:10; Juan 4:24; Hechos 10:25-26; 14:11-15; Apocalipsis 19:9-10; 22:8-9). El contenido esencial de la subsección «Deidad de Cristo» en cuanto a los datos bíblicos ha sido tomado o adaptado de Hanegraaff, *The Complete Bible Answer Book*, pp. 244-45, 246-50, 275-76.

27. El siguiente relato de la obra de Miguel Ángel en la Capilla Sixtina se basa en *The Student Bible*, notas de Philip Yancey y Tim Stafford (Grand Rapids: Zondervan Bible Publishers, 1986), pp. 23-24.

28. *The Student Bible*, p. 23.

29. Ver también Romanos 5:14-21; 1 Corintios 15:21-22, 45-49; Efesios 2:3; Salmos 51:5; también Romanos 3:9 y ss.

30. El apóstol Pablo escribió: «Ahora bien, las promesas se le hicieron a Abraham y a su descendencia. La Escritura no dice "y a los descendientes", como refiriéndose a muchos, sino "y a tu descendencia", dando a entender uno solo, que es Cristo» (Gálatas 3:16).

31. Los seis párrafos anteriores han sido adaptados de Hanegraaff, *Has God Spoken?*, p. 243, y Hank Hanegraaff, *El código del Apocalipsis* (Nashville, TN: Grupo Nelson, 2008), pp. 51-52, 53 del original en inglés.

32. Tres párrafos sobre el árbol de la vida han sido adaptados de Hank Hanegraaff, *The Creation Answer Book* (Nashville: Thomas Nelson, 2012), pp. 57-58.

33. Thomas Carlyle, «The Hero as Prophet: Mahomet: Islam» (1840) en «Thomas Carlyle on Heroes Lecture II Prophet as Hero», Muhammad Umar Chand, ed., Archive.org, pp. 34, 35, acceso 27 enero 2016, archive.org/details/ThomasCarlyleOnHeroesLectureIIProphetAsHero.

34. Robert Spencer, *Onward Muslim Soldiers: How Jihad Still Threatens America and the West* (Washington, DC: Regnery Publishing, 2003), p. 126.

35. Spencer, *Not Peace but a Sword*, p. 46; contra Norman L. Geisler y Abdul Saleeb, *Islamismo al descubierto* (Miami, Florida: Vida, 2002), p. 42 del original en inglés.

36. Jane Idleman Smith e Yvonne Yazbeck Haddad, *The Islamic Understanding of Death and Resurrection* (Oxford: Oxford University Press, 2002), p. 14.
37. Ibíd., p. 12; Salaam Corniche, «*Fitrah* and Fig Leaves: Islamic and Christian Teachings on Sin», *St. Francis* magazine, vol. 9, núm. 5, 2013, acceso 1 septiembre 2016, www.stfrancismagazine.info/ja/images/stories/islamic-and-christian-teachings-on-sin.pdf.
38. *Sahih Musulmán,* Libro 033, Número 6426, inserción entre corchetes en el original, www.usc.edu/org/cmje/religious-texts/hadith/muslim/033-smt.php#033.6426. Ver también Corniche, «*Fitrah* and Fig Leaves».
39. Abdullah Yusuf Ali, *The Meaning of the Holy Qur'an,* décima edición (Beltsville, MD: Amana Publications, 1999, 2001), p. 1016 (nota 3541 en Corán 30:30). Aunque la humanidad ha sido creada débil (Corán 4:28) y olvidadiza, no hay «nada intrínsecamente vil en el hombre; se le ha dado toda oportunidad natural de vivir una vida de bienestar y honor» (Smith y Haddad, *Islamic Understanding,* pp. 14, 15).
40. Las tres ramas del cristianismo histórico (ortodoxa, católica y protestante) consideran canónicos (de la palabra griega *kanon,* que significa «vara de medir» o «regla») los mismos veintisiete libros del Nuevo Testamento griego oficialmente reconocidos como Escrituras inspiradas por la Iglesia cristiana primitiva. Los protestantes reconocen los treinta y nueve libros recibidos que constituyen el Antiguo Testamento (el canon hebreo). Por su parte, los cristianos ortodoxos y católicos mantienen estos treinta y nueve libros del Antiguo Testamento en el canon de las Sagradas Escrituras inspiradas, pero ambas ramas de la Iglesia incorporan también otros varios libros como deuterocanónicos («que forman un segundo canon»). Para quienes deseen considerar una exposición de esta cuestión, ver F. F. Bruce, *El canon de la Escritura* (Barcelona: Andamio, 2002) y «The Old Testament Books Listed and Compared», *The Orthodox Study Bible,* ed. Metropolitan Maximos, *et al.* (Nashville: Thomas Nelson, 2008).
41. I. A. Ibrahim, *Breve guía ilustrada para entender el islam* (Alejandría Asociación para la Difusión del islam, 2007), p. 5 del original en inglés.
42. Sayyid Abul A'La Maududi, *Towards Understanding Islam*, segunda edición (s. l.: International Islamic Federation of Student Organizations, 1989), p. 60.
43. Mazhar Kazi, *130 Evident Miracles in the Qur'an* (Richmond Hill: Crescent, 1997), pp. 42-43, citado en James R. White, *What Every Christian Needs to Know about the Qur'an* (Mineápolis: Bethany House Publishers, 2013), p. 250.
44. A. S. K. Joommal, *The Bible: Word of God or Word of Man?* (s. l.: Tolu-e-Islam Trust at Aftab Alam Press, 2000), acceso 25 agosto 2016, www.scribd.com/document/150077178/THE-BIBLE-WORD-OF-GOD-OR-WORD-OF-MAN-By-A-S-K-Joommal.
45. Maududi, *Towards Understanding Islam*, cursivas en el original, p. 60.
46. Ver 1 Reyes 4:29-31. A excepción del Señor Jesús, por supuesto.
47. *Sofer* (plural, *soferim*) del hebreo; literalmente, un contador o un escriba.
48. Kenneth L. Barker, «Copying the Old and New Testament Manuscripts», acceso 17 marzo 2011, helpmewithbiblestudy.org/5Bible/TransCopyingTheOTNTManuscripts_Barker.aspx.
49. Ver Hanegraaff, *Has God Spoken?*, capítulo 1.
50. Los tres párrafos anteriores han sido adaptados de Ibíd. y capítulos 6-7.
51. Rainer Riesner, «Jesus as Preacher and Teacher», en *Jesus and the Oral Gospel Tradition*, ed., Henry Wansbrough (Sheffield: JSOT, 1991), p. 203.

52. Ver Hanegraaff, *Has God Spoken?*, capítulo 2.

53. Subsección «Cultura oral» tomada de Hanegraaff, *The Complete Bible Answer Book*, edición de coleccionista, p. 152.

54. «Según Ibn Abbas, Muhammad dijo que la piedra negra procedía del paraíso, y que en el momento de su descenso era más blanca que la leche, pero que los pecados de los hijos de Adán la habían vuelto negra al tocarla» (Thomas Patrick Hughes, *A Dictionary of Islam* [Chicago: KAZI Publications, Inc., 1994, publicado originalmente en 1886], pp. 154-155).

55. Ver el fascinante trabajo de Gary Habermas sobre este tema, «The Shroud of Turin, Could It Be Real? (Gary Habermas)», *Documentary Heaven*, publicado 20 marzo 2017, www.youtube.com/watch?v=g95F5PXlI1U.

56. F. F. Bruce, *The Books and the Parchments: How We Got Our English Bible* (Grand Rapids: Revell, 1950), p. 178; Para una exposición más reciente ver Clay Jones, «The Bibliographical Test Updated», *Christian Research Journal*, vol. 35, núm. 03 (2012), www.equip.org/article/the-bibliographical-test-updated/.

57. La subsección «Papiros y pergaminos» se ha adaptado de Hanegraaff, *Has God Spoken?*, p. 55 y capítulo 3.

58. Ver Hanegraaff, *Has God Spoken?*, capítulo 4.

59. La subsección «Evidencia interna» ha sido tomada de Hanegraaff, *The Complete Bible Answer Book*, edición de coleccionista, p. 153.

60. Ver Tácito, *Anales* 15.44.

61. Ver Suetonio, *La vida de los doce césares*, Nerón 16.2 y Claudio 25.4.

62. Ver Darrel L. Bock, *Studying the Historical Jesus: A Guide to Sources and Methods* (Grand Rapids: Baker Academic, 2002), pp. 47-49.

63. Ver Gary R. Habermas, *The Historical Jesus* (Joplin, MO: College Press, 1996), pp. 187-228 (esp. pp. 224-28); Hanegraaff, *Has God Spoken?*, capítulo 5.

64. Ver Josefo, *Antigüedades* 18:63. Ver nota 38, p. 236.

65. La subsección «Evidencia externa» se ha tomado de Hanegraaff, *The Complete Bible Answer Book*, edición de coleccionista, pp. 153-54.

66. Ver Hanegraaff, *Has God Spoken?*, capítulo 6.

67. La subsección «La ciencia de la crítica textual» se ha adaptado de Hanegraaff, *The Complete Bible Answer Book*, edición de coleccionista, pp. 154-55.

68. El material siguiente se ha adaptado de Hanegraaff, *Has God Spoken?*, pp. 104-106 y tercera parte.

69. Ver James K. Hoffmeier, *The Archaeology of the Bible* (Oxford, Inglaterra: Lion Hudson, 2008), pp. 50, 87 y ss.; Paul L. Maier, «Biblical Archaeology: Factual Evidence to Support the Historicity of the Bible», *Christian Research Journal*, vol. 27, núm. 2 (2004), acceso 26 agosto 2016, www.equip.org/article/biblical-archaeology-factual-evidence-to-support-the-historicity-of-the-bible/.

70. Michael D. Lemonick, «Are the Bible's Stories True?», *Time*, 24 junio 2001, acceso 18 agosto 2016, www.time.com/time/printout/0,8816,133539,00.html.

71. Alfred J. Hoerth, *Archaeology and the Old Testament* (Grand Rapids: Baker Books, 1998), pp. 306-310.

72. Para quienes deseen considerar una exposición acerca de estas estelas y piedras, ver Hanegraaff, *Has God Spoken?*, capítulo 7.

73. Hay más detalles sobre estos estanques en Hanegraaff, *Has God Spoken?*, capítulo 8.

74. Para quienes deseen más explicaciones sobre el prisma de Senaquerib, el obelisco negro de Salmanasar y las ruinas del palacio de Sargón, ver Hanegraaff, *Has God Spoken?*, capítulo 9.

75. Ver Hanegraaff, *Has God Spoken?*, capítulo 10.
76. Craig A. Evans, *Holman QuickSource Guide to the Dead Sea Scrolls* (Nashville: Holman Reference, 2010).
77. David Damrosch, «Epic Hero: How a Self-taught British Genius Rediscovered the Mesopotamian Saga of Gilgamesh—after 2,500 Years», *Smithsonian*, mayo 2007, https://www.smithsonianmag.com/history/epic-hero-153362976/.
78. Para una exposición de la importancia de los antiguos relatos sobre el diluvio ver Hanegraaff, *Has God Spoken?*, capítulo 11.
79. La subsección «Sucesión de naciones» y el párrafo anterior se han adaptado de Hanegraaff, *The Complete Bible Answer Book*, edición de coleccionista, pp. 160-61, y Hanegraaff, *Has God Spoken?*, p. 112 (ver 113 y ss. para una exposición).
80. Estoy en deuda con dos excelentes artículos sobre la profecía tipológica en general y la naturaleza de la relación entre Isaías 7:14 y Mateo 1:22-23 en particular: James M. Hamilton, Jr., «The Virgin Will Conceive: Typology in Isaiah and Fulfillment in Matthew, the Use of Isaiah 7:14 in Matthew 1:18-23», Tyndale Fellowship Biblical Theology Study Group, 6-8 julio 2005, acceso 23 marzo 2011, www.swbts.edu/resources/SWBTS/Resources/FacultyDocuments/Hamilton/TheVirginWillConceive.7_19_05.pdf; y Duane A. Garrett, «Type, Typology», en *Evangelical Dictionary of Biblical Theology*, ed. Walter A. Elwell (Grand Rapids: Baker Book House, 1996), pp. 785-87.
81. Ver E. Earle Ellis, «Foreword» to Leonhard Goppelt, *Typos: The Typological Interpretation of the Old Testament in the New*, Donald H. Madvid, trad. (Grand Rapids: Eerdmans, 1982), p. x.
82. La subsección «Profecía tipológica» se ha adaptado de Hanegraaff, *Has God Spoken?*, capítulo 13.
83. Ver Daniel 7:13; Isaías 19:1; Ezequiel 1:4; 30:3; Joel 2:1-2.
84. Ver 1 Macabeos 1-4; 2 Macabeos 4-5; Josefo, *Antigüedades de los judíos* (XII.5.4), www.ccel.org/j/josephus/works/ant-12.htm.
85. La subsección «La abominación de desolación» se ha adaptado de Hanegraaff, *Has God Spoken?*, pp. 149-52, 162.
86. La subsección «Resurrección» se ha adaptado de Ibíd., pp. 168-70.
87. Los dos párrafos anteriores se han tomado de Ibíd., pp. 186-87 (ver pp. 186 y ss.).
88. Estoy en deuda con James White por su excelente resumen y crítica sobre la transmisión de la Biblia y el Corán. Ver James R. White, *The King James Only Controversy: Can You Trust Modern Translations?*, segunda edición (Mineápolis, MN: Bethany House Publishers, 2009), y *What Every Christian*.
89. White, *King James Only*, p. 77.
90. Ibíd., p. 78.
91. Ibíd., p. 77.
92. White, *What Every Christian*, p. 263.
93. Ver *Sahih al-Bujari*, Volumen 6, Libro 61, Números 509 y 510. White explicó: «Sin duda y afortunadamente, la serie más importante de hadices para nuestro estudio se encuentra en la colección más autoritativa de este tipo de materiales, *Sahih al-Bujari*». White sigue comentando que estos pasajes, que constituyen los relatos islámicos autorizados más antiguos sobre la recopilación del Corán, son «más honestos y francos de lo que cabría esperar algunos siglos después de los hechos» (White, *What Every Christian*, p. 254).

94. *Sahih al-Bujari,* Volumen 6, Libro 61, Número 510, www.usc.edu/org/cmje/
religious-texts/hadith/bukhari/061-sbt.php#006.061.510.
95. White, *What Every Christian,* p. 262. Ver también Sam Shamoun, «The
Compilation of the Qur'an», *Answering Islam,* www.answering-islam.org/authors/
shamoun/quran_compilation.html.
96. El apologista cristiano Abdu Murray (exmusulmán) añade que nuevos datos
muestran que «el Corán que tenemos hoy no concuerda con los ejemplares más
antiguos de que disponemos, entre ellos los manuscritos descubiertos en la mezquita
de Sana, Yemen. Tales manuscritos están entre los más antiguos y contienen
variantes del Corán actual en cuestiones de vocalización y signos diacríticos. Por otra
parte, entre los manuscritos hay palimpsestos que muestran que se borró y corrigió
un texto antiguo. Por otra parte, los manuscritos en que los musulmanes se han
basado tradicionalmente para afirmar que el Corán se ha preservado perfectamente
revelan exactamente lo contrario. El doctor Jay Smith, un polemista cristiano muy
conocido, expone excelentes argumentos en este sentido en un debate de gran
difusión frente al doctor Shabir Ally, reconocido como uno de los mejores polemistas
musulmanes actuales. Curiosamente, el doctor Ally no respondió a las críticas sobre
los manuscritos del doctor. Smith y decidió basarse en una numerología errónea.
El video del debate está disponible en youtu.be/fWHV9VnOJtc». (Extracto de una
reseña no publicada de *Musulmán,* encargada por la editorial, abril 2017.)
97. Discurso introductorio de William Lane Craig en *Will the Real Jesus Please Stand
Up? A Debate between William Lane Craig and John Dominic Crossan,* ed. Paul
Copan (Grand Rapids: Baker Books, 1998), pp. 26-27; William Lane Craig, «Did
Jesus Rise from the Dead?», en Michael J. Wilkins y J. P. Moreland, eds., *Jesús
bajo sospecha* (Terrassa: Editorial Clie, 2003), pp. 147-48 del original en inglés.
98. Ver subsección «Crucifixión», pp. 35-38.
99. Ver nota 42, p. 237.
100. Corán 5:33 Yusuf Ali.
101. Ver suras 7:124; 12:41; 20:71; 26:49.
102. Ver nota 79, p. 240.
103. *The Study Quran: A New Translation and Commentary,* ed. Seyyed Hossein Nasr
(Nueva York: HarperOne, 2015), p. 447 (nota de Corán 7:124).
104. Ibíd., p. 1366 (nota de Corán 61:6).
105. Ali, *Meaning of the Holy Qur'an,* p. 1461 (nota 5438 de Corán 61:6), cursivas y
texto entre corchetes del autor.
106. Ver White, *King James Only,* pp. 47-48; J. Ed Komoszewski, M. James Sawyer,
Daniel B. Wallace, *Reinventing Jesus: What the Da Vinci Code and Other Novel
Speculations Don't Tell You* (Grand Rapids: Kregel, 2006), Parte 2.
107. Ver Hanegraaff, *Has God Spoken?,* capítulo 6.
108. Nasr, ed., *The Study Quran,* p. 1366 [nota de Corán 61:6].
109. «49 Killed in Shooting at Florida Nightclub in Possible Act of Islamic
Terror», *Fox News,* 12 junio 2016, www.foxnews.com/us/2016/06/12/florida-
authorities-say-multiple-people-have-been-shot-at-orlando-nightclub.html;
Karen Yourish, Derek Watkins, Tom Giratikanon y Jasmine C. Lee, «How
Many People Have Been Killed in ISIS Attacks Around the World», *New York
Times,* 16 julio 2016, www.nytimes.com/interactive/2016/03/25/world/map-
isis-attacks-around-the-world.html?_r=0; cf. agente especial Dave Couvertier,
«Investigative Update Regarding Pulse Nightclub Shooting», FBI Tampa, 20

junio 2016, www.fbi.gov/contact-us/field-offices/tampa/news/press-releases/
investigative-update-regarding-pulse-nightclub-shooting.

110. «Last Words of a Terrorist», *The Guardian*, 30 septiembre 2001, www.
theguardian.com/world/2001/sep/30/terrorism.september113; Hans G. Kippenberg,
«Consider That It Is a Raid on the Path of God: The Spiritual Manual of the
Attackers of 9/11», *Numen*, vol. 52, núm. 1 (2005), www.researchgate.net/
publication/240682153_Consider_that_it_is_a_Raid_on_the_Path_of_God_The_
Spiritual_Manual_of_the_Attackers_of_911.

111. Ayman S. Ibrahim, «Why Do They Shout "Allahu Akbar"?», *First Things*, 20
septiembre 2016, www.firstthings.com/blogs/firstthoughts/2016/09/why-do-
they-shout-allahu-akbar; Robert Spencer, «Robert Spencer at Breitbart: "Allahu
Akbar" Doesn't Mean What Media Says It Means», *Jihad Watch*, 25 diciembre
2015, www.jihadwatch.org/2015/12/robert-spencer-at-breitbart-allahu-akbar-
doesnt-mean-what-media-says-it-means; «The Meaning of "Allah Akbar!"»,
Investor's Business Daily, 5 enero 2011, www.investors.com/politics/editorials/
the-meaning-of-allah-akbar/.

112. Ver suras 9:29, 30, 73, 111, 123; 47:35; *Sahih al-Bujari* 1:2:25; 4:52:63; 4:53:386;
5:59:377; *Sahih Musulmán* 20:4645.

113. La palabra *Allah* procede posiblemente del árabe *al-Ilāh*, «el Dios». Aunque los
cristianos (y judíos) que hablan árabe utilizan la misma palabra «Alá» para aludir a
Dios, es evidente que el Dios trino del cristianismo y el Dios unitario del islam no
son el mismo.

114. Ver Alexander Vilenkin, «The Beginning of the Universe», *Inference*, vol. 1, núm.
4 (2015), inference-review.com/article/the-beginning-of-the-universe.

115. Ver Génesis 1, especialmente el versículo 1; Salmos 33:6-9; Salmos 148:1-6;
Proverbios 8:22-29; Juan 1:3, 38; 3:16-18; Romanos 4:17-11; Colosenses 1:16-17;
Hebreos 1:2; 11:3.

116. Esta situación es una consecuencia directa de la doctrina fundamental del islam, el
*tawhid*. El erudito islámico Abu Ameenah Bilal Philips escribió: «Es bien sabido que
el *tawhid* es la base de la religión islámica y que su expresión más precisa está en la
fórmula «*Lā ilāha illallāh*» (No hay más dios que Alá), que declara que hay un solo
Dios verdadero y que solo él merece ser adorado. Esta fórmula aparentemente sencilla
establece la línea divisoria entre *Eemān* (verdadera fe en Dios) y *Kufr* (incredulidad),
según las doctrinas del islam. Este principio del *tawhid* hace que la creencia islámica
en Dios se considere unitaria y que, junto al judaísmo y el cristianismo, el islam se
cuente entre las religiones monoteístas del mundo. No obstante, según este concepto
islámico (*tawhid*), el cristianismo se considera una fe politeísta y el judaísmo, una
sutil forma de idolatría» (Abu Ameenah Bilal Philips, *The Fundamentals of Tawḥeed
(Islamic Monotheism)* (Riad: International Islamic Publishing House, 2005), p. 11,
www.kalamullah.com/Books/Fundamentals%20Of%20Tawheed.pdf).

117. Ver Juan 3:35; 5:20; 14:31; Romanos 5:5; 1 Juan 4:8, 16. Para una útil exposición de este
asunto ver Donald Fairbairn, *Life in the Trinity: An Introduction to Theology with the
Help of the Church Fathers* (Downers Grove, IL: IVP Academic, 2009), capítulos 2-4.

118. C. S. Lewis, *Mero cristianismo* (Grand Rapids: HarperCollins Español, 2017), p.
174 del original en inglés.

119. Craig sigue mostrando que, «según el Corán, el amor de Dios está reservado a
los que le temen y hacen el bien [ver Corán 19:96; ver también 2:277, 281]; pero

no tiene amor alguno por los pecadores y no creyentes [ver Corán 2:98, 276; 3:32, 57; 4:36; 5:87; 6:141; 8:58]. Por ello, en la concepción islámica de Dios, este no ama a todas las personas. Su amor es parcial y ha de ser ganado. El Dios musulmán solo ama a quienes primero le aman a él. Su amor no es, pues, superior a la clase de amor que, según Jesús, muestran hasta los recaudadores de impuestos y los pecadores. [...] Sin embargo, como ser preeminente, el más perfecto que podemos concebir, la fuente de toda bondad y amor, Dios ha de ser incondicional, imparcial y universal en su amor. Entiendo, pues, que la concepción islámica de Dios es imperfecta desde un punto de vista moral». William Lane Craig, «The Concept of God in Islam and Christianity», *Reasonable Faith*, 22 junio 2015, www.reasonablefaith.org/the-concept-of-god-in-islam-and-christianity, inserciones entre corchetes en base a los pasajes del Corán citados por Craig en sus discursos.

120. Ver pp. 39-41.
121. Fairbairn, *Life in the Trinity*, p. 54.
122. Leonardo Boff, *Trinity and Society* (Nueva York: Orbis Books, 1988), p. 89; ver también Millard J. Erickson, *God in Three Persons* (Grand Rapids: Baker Books, 1995), p. 233.
123. Norman L. Geisler, *Baker Encyclopedia of Christian Apologetics* (Grand Rapids: Baker Books, 1999), p. 732. Este párrafo y los cuatro posteriores sobre las tres tablas de la plataforma trinitaria se han adaptado de Hanegraaff, *The Complete Bible Answer Book*, pp. 50-51.
124. Ver nota 56, p. 238.
125. Corán 19:88-93 dice: «Dicen: el Clemente tuvo un hijo. Por cierto que han dicho algo terrible; estuvieron los cielos a punto de hendirse, la tierra de abrirse, y las montañas de caer derrumbadas porque le atribuyeron un hijo al Clemente. No es propio [de la grandiosidad] del Clemente tener un hijo. Todos los que habitan en los cielos y en la tierra se presentarán sumisos ante el Clemente» (*Sahih International*). Ver también Corán 5:18; 10:68.
126. Ver Juan 1:12; 14:16-17, 19-20; 16:13-15; 20:31; Romanos 8:15-16; 2 Pedro 1:4. Ver Fairbairn, *Life in the Trinity*, capítulo 9.
127. Ali, *The Meaning of the Holy Qur'an*, p. 236 (nota 663 en Corán 4:157).
128. Ver Norman L. Geisler y Abdul Saleeb, *Answering Islam: The Crescent in Light of the Cross*, segunda edición (Grand Rapids, MI: Baker Books, 2002), p. 67.
129. Ver Ali, *The Meaning of the Holy Qur'an*, p. 236 (nota 663 de Corán 4:157).
130. Ver Geisler, Saleeb, *Answering Islam*, Apéndice 3: «El Evangelio de Bernabé».
131. Ver pp. 183 y ss.
132. Ver Habermas, *Historical Jesus*, pp. 143-170 (esp. p. 158); Copan, ed., *Will the Real Jesus*, pp. 26-27.
133. Ver Tácito, *Anales* 15.44.
134. Ver Josefo, *Antigüedades* 18:63. Ver nota 38, p. 236. Dos párrafos adaptados de Hanegraaff, *The Complete Bible Answer Book*, p. 251, y Hanegraaff, *Has God Spoken?*, pp. 46-47.
135. La información e ideas de este párrafo proceden del discurso de apertura de William Lane Craig en Copan, ed., *Will the Real Jesus*, pp. 26-27; William Lane Craig, «Resucitó Jesús de los muertos» en Wilkins, Moreland, eds., *Jesús bajo sospecha*, pp. 146-49 del original en inglés; ver también William Lane Craig, *Reasonable Faith: Christian Truth and Apologetics*, tercera edición (Wheaton, IL: Crossway Books,

2008), pp. 367-69. La redacción de este párrafo se ha adaptado de Hanegraaff, *The Complete Bible Answer Book*, p. 252, y Hanegraaff, *Has God Spoken?*, p. 179.

136. John A. T. Robinson, *The Human Face of God* (Filadelfia: Westminster, 1973), p. 131, citado en el discurso de apertura de William Lane Craig en Copan, ed., *Will the Real Jesus*, p. 27. Y como ha observado el erudito D. H. van Daalen: «Es sumamente difícil poner objeciones al sepulcro vacío con criterios históricos; quienes lo niegan lo hacen en virtud de suposiciones teológicas o filosóficas» (William Lane Craig, «Contemporary Scholarship and the Historical Evidence for the Resurrection of Jesus Christ», *Truth* 1 [1985]: pp. 89-95, de la web Leadership University, acceso 5 septiembre 2016, www.leaderu.com/truth/1truth22.html; ver también William Lane Craig, «¿Resucitó Jesús de los muertos?» en Wilkins, Moreland, eds., *Jesús bajo sospecha*, p. 152 del original en inglés).

137. Estas palabras parafrasean a Gary R. Habermas en su entrevista por Lee Strobel en Strobel, *El caso de Cristo*, p. 233 del original en inglés.

138. La información e ideas de este párrafo proceden de Habermas, *Historical Jesus*, pp. 152-57; y William Lane Craig, *Reasonable Faith*, pp. 362 y ss. La redacción de este párrafo se ha adaptado de Hanegraaff, *The Complete Bible Answer Book*, p. 252, y Hanegraaff, *Has God Spoken?*, p. 180.

139. El filósofo y apologista cristiano J. P. Moreland explicó que las creencias esenciales del judaísmo del primer siglo giraban alrededor de los sacrificios del templo, la observancia de la ley, el sábado, el monoteísmo no trinitario y la idea de un rey mesiánico humano que liberaría a los judíos de la opresión gentil e instauraría el reino davídico, sin ninguna idea de un mesías crucificado (no digamos resucitado). Estas convicciones fueron radicalmente alteradas por la temprana Iglesia judía, tras la incomparable vida, muerte y resurrección de «Jesús de Nazaret» (J. P. Moreland, *Scaling the Secular City: A Defense of Christianity* [Grand Rapids: Baker Book House, 1987], pp. 179-180; ver también entrevista a J. P. Moreland en Strobel, *El caso de Cristo*, pp. 250-54 del original en inglés).

140. Adaptado de Hanegraaff, *The Complete Bible Answer Book*, p. 253, y Hanegraaff, *Has God Spoken?*, p. 183.

141. Charles Colson, «The Paradox of Power», *Power to Change*, web.archive.org/web/20070704044611/http://www.powertochange.ie:80/changed/ccolson.html; cf. Charles Colson y Nancy Pearcey, *How Now Shall We Live?* (Wheaton, IL: Tyndale House Publishers, 1999), pp. 275-76.

142. Ver Agustín de Hipona, *La Trinidad* 1.2 y libros 8-15; *Confesiones*, libros 10-11. Ver también Robert Crouse, *Augustine Through the Ages: An Encyclopedia,* ed. Allan D. Fitzgerald (Grand Rapids: William B. Eerdmans Publishing Co., 1999), pp. 486-88; R. C. Sproul, *The Consequences of Ideas: Understanding the Concepts that Shaped our World* (Wheaton, IL: Crossway, 2000), pp. 58-59.

143. J. P. Moreland, «A Philosophical Examination of Hugh Ross's Natural Theology», *Philosophia Christi*, 21, 1 (1998): p. 33, acceso 5 septiembre 2016, www.reasons.org/articles/philosophia-christi#heading4.

144. Ver Rodney Stark, *The Victory of Reason: How Christianity Led to Freedom, Capitalism, and Western Success* (Nueva York: Random House, 2005), pp. 22-23; Vishal Mangalwadi, *The Book That Made Your World: How the Bible Created the Soul of Western Civilization* (Nashville: Thomas Nelson, 2011), pp. 220-45.

145. White, *What Every Christian*, p. 66.

146. Atanasio, «The Incarnation of the Word of God», 54.3, acceso 5 septiembre 2014, www.ccel.org/ccel/schaff/npnf204.vii.ii.liv.html.

147. Salmos 90:2; 93:2; 102:12; Efesios 3:21; Hebreos 9:14.

148. Génesis 1:26-31; ver también Job 3; 38:4, 21.

149. Job 7; ver también Job 9; 10; 14; 34:20; Salmos 90; 102:11-12; 103:15; Isaías 40:6-8; Santiago 1:10-11; 1 Pedro 1:24-25.

150. Juan 5:26; ver también Isaías 43:10; 41:4; 44:6; 48:12; Apocalipsis 1:8, 17; 2:8; 3:14; 21:6; 22:13; y Éxodo 3:14 con Juan 8:58.

151. Hechos 17:28.

152. Job 42:2; ver también Jeremías 32:17; Mateo 19:26; Marcos 10:27; Lucas 1:37; 18:27.

153. 1 Corintios 1:25; ver también 2 Corintios 12:9; Hebreos 4:15; Job 23.

154. Job 37:16; Salmo 147:5; Isaías 40:13-14; 41:22-23; 42:9; 44:7; Jeremías 17:10.

155. Isaías 55:8-9; ver también Job 11:7-12; 21:22; 36:22-33; 37:5-24; 38:4.

156. Jeremías 23:23-24; ver también Salmos 139:7-12; Efesios 1:23; 4:10; Colosenses 3:11.

157. Salmos 139:1-12. Ver también Job 23; 37:23; 38-41.

158. Para aquellos que deseen considerar una muestra de pasajes que destacan los atributos comunicables de Dios, ver Levítico 19:2; Mateo 5:48; Juan 4:24; 13:34; Efesios 4:24; Colosenses 3:10; Hebreos 12:7-11. Para un estudio claro y conciso de los atributos de Dios, ver «The Attributes of God» en la web de CRI, www.equip.org/articles/the-attributes-of-god-what-are-the-attributes-of-god.

159. Millard J. Erickson, *Teología sistemática* (Viladecavalls, España: Editorial Clie, 2008), p. 514 del original en inglés.

160. Colosenses 3:9-10.

161. Una parte de la subsección «Encarnación» ha sido adaptada de Hanegraaff, *Has God Spoken?*, pp. 281-82, y Hanegraaff, *The Complete Bible Answer Book*, pp. 269-71.

162. Martín Lutero, *Weimarer Ausgabe* (WA) 1, 28, pp. 25-32, citado en Mannermaa, «Theosis», p. 43, citado en Veli-Matti Kärkkäinen, *One with God: Salvation as Deification and Justification* (Collegeville, MN: Liturgical Press, 2004), p. 47; ver también una exposición y una traducción ligeramente distinta de la misma cita en Kurt E. Marquart, «Luther and Theosis», *Concordia Theological Quarterly* 64, 3 (2000): pp. 186-87, www.ctsfw.net/media/pdfs/marquartlutherandtheosis.pdf.

163. Martín Lutero, *Weimarer Ausgabe* (WA) 2, pp. 247-48, y *Luther's Works* (LW) pp. 51, 58, citado en Veli-Matti Kärkkäinen, *One with God: Salvation as Deification and Justification* (Collegeville, MN: Liturgical Press, 2004), p. 47.

164. Citado en Daniel B. Clendenin, «Partakers of Divinity: The Orthodox Doctrine of Theosis», *Journal of the Evangelical Theological Society* 37, 3 (septiembre 1994), p. 374. Ver también G. Mantzaridis, *The Deification of Man* (Crestwood, NY: St Vladimir's Seminary, 1984), p. 29. Logos es «el término más común en griego para "palabra" y origen de términos como "lógica" y "sabiduría". En el griego corriente, logos significa "razón", aunque Juan utilizó ("Verbo") al comienzo de su Evangelio para aludir a Jesús: "En el principio ya existía el Verbo, y el Verbo estaba con Dios, y el Verbo era Dios. Él estaba con Dios en el principio" (Juan 1:1-2). Juan está diciendo que Jesús era y es Dios, la "Lógica de Dios" o la "Sabiduría de Dios" encarnadas. Ver Juan 1:9, 14». (Terry L. Miethe, *The Compact Dictionary of Doctrinal Words* [Mineápolis: Bethany House Publishers, 1988], p. 129).

165. Ver Agustín, *Confesiones*, VII.5.

166. La teología de la Iglesia ortodoxa subraya la palabra griega *energeia* y sus derivados cuando alude a la presencia activa de Dios en el mundo físico. Frederica

Mathewes-Green explicó que el término *energeia* y sus cognados aparecen muchas veces en el Nuevo Testamento, especialmente en los escritos de Pablo, aunque por razones lingüísticas e históricas estas palabras se traducen generalmente en términos de trabajo o acción. Utilizando una traducción literal, Mathewes-Green cita varios ejemplos de Pablo hablando de que «Dios imparte "energía" en nuestro interior», por ejemplo:

- «Dios les está impartiendo energía, tanto para querer como para energizar por su buena voluntad» (Filipenses 2:13).
- «La Palabra de Dios [...] está impartiendo energía en ustedes los creyentes» (1 Tesalonicenses 2:13).
- «Por esta razón me esfuerzo, luchando según la energía de él que me energiza con *dynamis* [poder]» (Colosenses. 1:29).

Mathewes-Green afirma: «Hay una esencia de Dios, una *ousia*, que nunca podremos entender, pero sus energías nos rodean y llenan de formas naturales y sobrenaturales». «La energía [de Dios] es la que nos da cuerpo y aliento, y también hace de nosotros más que mero cuerpo y aliento, impartiéndonos conciencia e individualidad, y capacitándonos para ver y amar a los demás. "En él estaba la vida, y la vida era la luz de los hombres" (Juan 1:4 RVR60)». Pero Mathewes-Green subraya: «El ser de Dios no se limita únicamente a las energías por las que le experimentamos en este mundo. En su esencia —su realidad interior incognoscible—, Dios trasciende cualquier cosa que podamos sentir o pensar» (Frederica Mathewes-Green, *Welcome to the Orthodox Church: An Introduction to Eastern Christianity* [Brewster, MA: Paraclete Press, 2015], pp. 118-19, cursivas en el original).

167. C. S. Lewis, *Mere Christianity: A revised and amplified edition, with a new introduction, of the three books, Broadcast Talks*, *Christian Behaviour* y *Beyond Personality* (Nueva York: HarperOne, 2001), p. 189.
168. C. H. Spurgeon, «The Believer a New Creature», sermón núm. 881, pronunciado el 18 de julio de 1869, Spurgeon Gems, www.spurgeongems.org/vols13-15/chs88.pdf. (Esta versión ha sido levemente editada para adaptar el lenguaje a nuestro tiempo; comparar original en *Christian Classics Ethereal Library,* www.ccel.org/ccel/spurgeon/sermons15.i._1.html).
169. Ver la ilustrativa presentación y exposición de este milagroso proceso en el asombroso documental en DVD *Metamorphosis: The Beauty and Design of Butterflies*, dirigido por Lad Allen (La Mirada, CA: Illustra Media, 2011), disponible por medio de Christian Research Institute en equip.org.
170. Spurgeon, «The Believer a New Creature», cursivas en el original.
171. Ver Corán 18:47-49; también 10:61; 17:13-14; 34:3-4; 45:27-35; 69:19-31; 84:6-12; 99:6-8. Ver exposición en Jane Idleman Smith e Yvonne Yazbeck Haddad, *The Islamic Understanding of Death and Resurrection* (Oxford: Oxford University Press, 2002), pp. 11-17, 76 y ss.
172. Ver, posiblemente, Corán 17:79 junto con 20:109; 43:86; 47:19; ver también 21:28; 34:23; 53:26. Contraste estos versículos con los demás que denuncian la eficacia de la intercesión, como Corán 2:48; 6:51; 32:4; 39:44; 74:48; 82:19. Ver exposición en Smith y Haddad, *Islamic Understanding of Death and Resurrection*, pp. 25-27, 80-82.
173. *Sahih al-Bujari*, Volumen 4, Libro 56, Número 676, www.usc.edu/org/cmje/religious-texts/hadith/bukhari/056-sbt.php#004.056.676.

174. White, *What Every Christian*, p. 158.

175. Ibíd., p. 159.

176. Ver Mateo 24; Marcos 13; Lucas 21. Sin embargo, en un sentido general el Señor Jesús promete: «En este mundo afrontarán aflicciones, pero ¡anímense! Yo he vencido al mundo» (Juan 16:33).

177. Ver Apocalipsis 20:1-6.

178. «Y en virtud de esa voluntad somos santificados mediante el sacrificio del cuerpo de Jesucristo, ofrecido una vez y para siempre» (Hebreos 10:10). «Él es el sacrificio por el perdón [propiciación] de nuestros pecados, y no solo por los nuestros, sino por los de todo el mundo» (1 Juan 2:2). «En esto consiste el amor: no en que nosotros hayamos amado a Dios, sino en que él nos amó y envió a su Hijo para que fuera ofrecido como sacrificio por el perdón [propiciación] de nuestros pecados» (1 Juan 4:10). Ver también Isaías 52:13- 53:12; Mateo 20:28; 26:28; Juan 1:29; Romanos 3:21-26; 5:6-9, 18-19; 8:3; 1 Corintios 15:3; 2 Corintios 5:15, 19-21; Efesios 1:7; Colosenses 1:22; Hebreos 2:17; 9:11-28; 10:1-18; 1 Pedro 1:18-19; 2:21-25; 3:18.

179. Como declara el credo de Nicea, el Señor Jesucristo «subió a los cielos y está sentado a la diestra del Padre. Y de nuevo vendrá con gloria a juzgar a vivos y muertos, y su reino no tendrá fin. [...] Espero la resurrección de los muertos, y la vida del mundo futuro». Ver Mateo 19:28; Juan 14:1-3; Hechos 1:9-11; 3:19-21; Romanos 8:18-27; 1 Corintios 3:13; 15:23-27, 51-54; 16:22; 2 Corintios 5:10; Efesios 1:9-10; Filipenses 3:20-21; Colosenses 3:4; 1 Tesalonicenses 4:16-17; Tito 2:13; 2 Timoteo 4:8; Hebreos 9:28; 11:13-16; 2 Pedro 3:5-13; 1 Juan 2:28; 3:2; Apocalipsis 3:12; 21:1-27; 22:1-5 (cf. Isaías 65:17-25; 66:22-24).

180. Ver Job 19:25-27; Salmos 16:9-11; Isaías 26:19; Daniel 12:2, 13; Mateo 8:10-11; 19:28-29; Marcos 12:26-27; Lucas 14:12-14; Juan 3:16-18, 36; 5:21-29; 6:39-40; 11:21-26; 14:2-3; 17:3, 24; Hechos 24:14-15; Romanos 4:17; 6:23; 8:11; 1 Corintios 15:12-23; 35-56; 2 Corintios 4:14; 5:1-10; Filipenses 3:11, 20-21; 1 Tesalonicenses 4:13-17; Apocalipsis 21:1-27; 22:1-5, 14.

181. Ver Daniel 12:2; Isaías 66:22-24; Mateo 3:10-12; 5:22; 5:29-30; 7:13-14, 19, 21-23; 8:10-12; 10:28; 12:32; 13:24-30, 42, 50; 18:8-9; 22:13, 33; 25:29-30, 31-33, 41, 46; Marcos 9:42-48; Lucas 16:19-31; Juan 3:18, 36; 5:28-29; Hechos 24:14-15; Romanos 2:6-8; 1 Corintios 6:9-10; Gálatas 5:19-21; 2 Tesalonicenses 1:5-10; Hebreos 10:26-27, 30-31; Judas 1:4-7, 11-15; Apocalipsis 14:9-11; 19:20; 20:10-15; 21:8, 27; 22:14-15.

182. Lo presentado hasta ahora en la subsección «Escatología» se ha adaptado de Hank Hanegraaff, *AfterLife: What You Need to Know about Heaven, the Hereafter and Near-Death Experiences* (Brentwood, TN: Worthy Publishing, 2013), y Hanegraaff, *The Complete Bible Answer Book*, pp. 10-11.

183. En la siguiente exposición sobre la muerte y el más allá según el islam, sigo a Hamza Yusuf, «Death, Dying, and the Afterlife in the Quran», en Nasr, ed., *Study Quran*, pp. 1819-1855; y Smith, Haddad, *Islamic Understanding of Death*.

184. Ver Smith, Haddad, *Islamic Understanding of Death*, pp. 37-41.

185. Ibíd., pp. 41-42.

186. *Al-Bujari* 23.67 (núm. 1351), 23.86 (núm. 1389); *Musulmán* 54.18 (núm. 7395), citado en Yusuf, «Death, Dying, and the Afterlife in the Quran», p. 1829.

187. Ibíd.

188. Ibíd.

189. Ismail ibn Umar ibn Kathir, *Tafsīr al-Qur'ān al-caẓīm*, ed. Sāmī ibn Muḥammad al-Salāmah, 8 vols. (Riad: Dār Ṭibah, 1999), 6:581 (sobre 36:48-54); citado en Yusuf, «Death, Dying, and the Afterlife in the Quran», pp. 1830-31.

190. Yusuf, «Death, Dying, and the Afterlife in the Quran», p. 1833.

191. Ibíd., p. 1834.

192. Ibíd., p. 1840.

193. Ibíd., p. 1842, cursivas en el original.

194. *Sahih Musulmán* 2.83 (núm. 473), *Aḥmad* 10 (núm. 25432), citado en Yusuf, «Death, Dying, and the Afterlife in the Quran», p. 1844.

195. Smith, Haddad, *Islamic Understanding of Death*, pp. 78-79.

196. Ibíd., p. 79.

197. Nasr, ed., *Study Quran*, p. 648, nota sobre Corán 15:43-44.

198. Smith, Haddad, *Islamic Understanding of Death*, p. 85, inserciones en árabe en el original.

199. Ibíd., pp. 85-86, las referencias entre paréntesis son del Corán (la «s» significa sura, es decir, capítulo).

200. Smith, Haddad, *Islamic Understanding of Death*, pp. 86-87.

201. Nasr, ed., *The Study Quran*.

202. Ibíd.

203. Ibíd.

204. Smith y Haddad explican que todas las alusiones a huríes son del periodo temprano de La Meca, como Corán 37:48-49; 56:35-38, 78:33, en las que la palabra *ḥūr* no aparece explícitamente, pero el contexto la implica. Smith, Haddad, *Islamic Understanding of Death*, pp. 164, 236n24.

205. Smith, Haddad, *Islamic Understanding of Death*, p. 164.

206. Ibíd., p. 165.

207. Robert Spencer, *Guía políticamente incorrecta del islam (y de las cruzadas)* (Madrid: Ciudadela, 2007), p. 104 del original en inglés.

208. Nasr, ed., *The Study Quran*, p. 146, nota de Corán 3:55.

209. *Sunan Abu Dawud*, Libro 37, Número 4310, www.usc.edu/org/cmje/religious-texts/hadith/abudawud/037-sat.php; ver también *Sahih al-Bujari*, Volumen 3, Libro 34, Número 425; y *Sahih al-Bujari*, Volumen 3, Libro 43, Número 656.

210. Samuel Shahid, *The Last Trumpet: A Comparative Study in Christian-Islamic Eschatology* (s. l.: Xulon Press, 2005), pp. 131-32.

# Epílogo

1. Gorka, *Defeating Jihad: The Winnable War* (Regnery Publishing, 2016), p. 129.

2. Ver Robert H. Bork, *Slouching Towards Gomorrah, Modern Liberalism and American Decline* (Nueva York: Regan Books, 1996); Patrick J. Buchanan, *Suicide of a Superpower: Will America Survive to 2025?* (Nueva York: Thomas Dunne Books, 2011).

3. Ver Raymond Ibrahim, «ISIS Massacre of Christians "Not Genocide", Obama Administration Insists», Gatestone Institute, 17 marzo 2016, acceso 13 septiembre 2016, www.gatestoneinstitute.org/7623/isisgenocide-christians; Raymond Ibrahim, *Crucified Again: Exposing Islam's New War on Christians* (Washington, DC: Regnery Publishing, 2013); John L. Allen, Jr., *The Global War on Christians:*

*Dispatches from the Front Lines of Anti-Christian Persecution* (Nueva York: Image, 2013).

4. Gorka, *Defeating Jihad*, p. 129.
5. Concretamente, el igualitarismo militante entendido como igualdad de resultados en contraste con igualdad de oportunidades; el individualismo radical entendido como ansias desenfrenadas de autogratificación; el multiculturalismo entendido como exigencia de que una serie de valores culturales no puedan considerarse inferiores a otros; la corrección política entendida como represión del diálogo honesto y el desacuerdo tolerante; el pluralismo religioso entendido como la idea de que todas las religiones son igualmente verdaderas y caminos válidos a Dios.
6. Os Guinness, *Renacimiento: El poder del Evangelio en tiempos de tinieblas* (Barcelona: Andamio, 2016), p. 47 del original en inglés.
7. Ibíd., 67.
8. Ibíd., pp. 25-26.
9. 1 Pedro 3:15.
10. Para ver más sobre el arte y ciencia de la interpretación bíblica, ver Hanegraaff, *Has God Spoken?*, pp. 209-279; y el rotafolio laminado de bolsillo de Hank Hanegraaff, «L-I-G-H-T-S on Your Path to Reading the Bible for All It's Worth», ofrecido por Christian Research Institute en www.equip.org.
11. Ver nota 101, p. 230.
12. Ver Corán 9:23; 53:29; ver también 3:118; 5:51, 80; *Sahih al-Bujari*, Volumen 5, Libro 59, Número 572.
13. Mateo 17:2.
14. Mateo 17:5.
15. Lucas 9:31.

# Apéndice

1. Ver p. 23.
2. Me baso en Mohammad A. Khan, «Why Aisha Likely Poisoned Muhammad, Not a Jewish Woman, Part 1», *Islam Watch*, acceso 17 septiembre 2016, www.islam-watch.org/home/112-mohammad/660-why-aisha-poisoned-muhammad-not-jewish-woman-1.html; «Fadak», *Shia Pen*, acceso 17 septiembre 2016, www.shiapen.com/comprehensive/fadak.html; Shaykh Yasser Al-Habib, «Scandal: Aisha killed the Prophet Muhammad!!». Primera parte de una serie de videos de YouTube, acceso 17 septiembre 2016, www.youtube.com/watch?v=_HiMgW9yd7w.
3. Ali ibn Abi Talib era hijo del tío de Mahoma, Abu Talib. Ali se casó con Fátima (la hija menor de Mahoma con su primera esposa Jadiya). Ali era, pues, primo hermano y yerno de Mahoma.
4. Fred M. Donner, *Muhammad and the Believers: At the Origins of Islam* (Cambridge: Belknap Press, 2010), pp. 156-57.
5. Ver Donner, *Muhammad and the Believers*, pp. 177 y ss.; Stephen Schwartz, *The Two Faces of Islam: The House of Sa'ud from Tradition to Terror* (Nueva York: Doubleday, 2002), pp. 37-38.
6. Ver Samuel Shahid, *The Last Trumpet: A Comparative Study in Christian-Islamic Eschatology* (s. l.: Xulon Press, 2005), capítulo 6.

7. David Cook, profesor de la Rice University, escribió: «La venida de Jesús dará entrada a una era mesiánica; dará muerte al anticristo y convertirá a los cristianos al islam. Las tradiciones sobre este periodo mesiánico son muy confusas: muchas sostienen que la figura mesiánica alternativa (el Mahdi) aparecerá durante el periodo anterior de las guerras apocalípticas con los bizantinos e incluso que el Mahdi saldrá victorioso. Existe un agudo conflicto entre las tradiciones de Jesús y las del Mahdi, que ponen de relieve la intensa incomodidad de muchos musulmanes con el escenario de Jesús. Puesto que Jesús es muy venerado por los cristianos, era al parecer peligroso dejarle solo al control del futuro mesiánico musulmán. Por ello, en muchas tradiciones se le ha subordinado al Mahdi, una figura musulmana puramente mesiánica a la que se asignan los roles más tradicionales de la conquista y el sometimiento de los países enemigos» (David Cook, *Contemporary Muslim Apocalyptic Literature* [Syracuse, NY: Syracuse University Press, 2005], p. 9).

8. *Sahih al-Bujari*, Volumen 3, Libro 43, Número 656, www.usc.edu/org/cmje/religious-texts/hadith/bukhari/043-sbt.php#003.043.656.

9. Cyril Glassé, «Koran» en *The New Encyclopedia of Islam*, ed. rev. (Walnut Creek, CA: Altamira Press, 2001, 2002), p. 268, *online* en Google Books, books.google.com/books?id=focLrox-frUC&lpg=PA268&dq=Uncreatedness%20of%20the%20Quran&pg=PA268#v=onepage&q=Uncreatedness%20of%20the%20Quran&f=false.

10. Cf. Jane Idleman Smith e Yvonne Yazbeck Haddad, *The Islamic Understanding of Death and Resurrection* (Oxford: Oxford University Press, 2002), pp. 11 y ss.; «The Issue of Predestination and Free Will», Al-Islam.org, www.al-islam.org/justice-of-god-ayatullah-makarim-shirazi/issue-predestination-and-free-will.

11. Ver la versión *online* de esta exposición, «Devotion in Pictures: Muslim Popular Iconography», presentada en el Bryggens Museum en abril de 2000, Muslim Devotional Posters, www.webcitation.org/63BsneOUJ?url=http://www.hf.uib.no/religion/popularikonografi/devotion04.html.

12. Ver «The World's Muslims: Unity and Diversity», Chapter 1: Religious Affiliation, Pew Research Center, 9 agosto 2012, www.pewforum.org/2012/08/09/the-worlds-muslims-unity-and-diversity-1-religious-affiliation/; y «The Future of the Global Muslim Population: Sunni and Shia Muslims», Pew Research Center, 27 enero 2011, http://www.pewforum.org/2011/01/27/future-of-the-global-muslim-population-sunni-and-shia/.

13. Ver *Sahih al-Bujari*, Volumen 1, Libro 2, Número 8; *Sahih Musulmán*, Libro 001, Número 0001. Los musulmanes chiitas categorizan estos fundamentos de la vida musulmana como prácticas o ramas de la religión, y añaden otras como yihad, *tawalla* (amistad con los amigos de Alá) y *tabarra* (enemistad con los enemigos de Alá).

# ÍNDICE GENERAL

# ÍNDICE DE TEXTOS BÍBLICOS

# ÍNDICE DE
# TEXTOS CORÁNICOS

# ÍNDICE DE TEXTOS CORÁNICOS

# ACERCA DEL AUTOR

**Hank Hanegraaff** es presidente del Christian Research Institute
(CRI) y presenta el programa radial *Bible Answer Man* y el podcast *Hank
Unplugged*. Es autor de más de veinte libros y goza de una amplia considera-
ción como uno de los pensadores cristianos más relevantes de la actualidad.
Hank y su esposa, Kathy, viven en Charlotte, Carolina del Norte, y tienen
doce hijos.

www.equip.org
facebook.com/BibleAnswerMan